창원대학교 사회과학연구소
산업도시연구 총서 제1권

취약 노동자

경남의 노동현실과 지역노동정책의 과제

창원대학교 사회과학연구소
산업도시연구 총서 제1권

취약
노동자

경남의 노동현실과
지역노동정책의 과제

심상완 · 조효래 · 권순식
황현일 · 김보배 · 진형익 지음

이담북스

이 저서는 2019년 대한민국 교육부와 한국연구재단의 지원을 받아 수행된 연구임
(NRF-2019S1A5C2A03083556)

이 책은 경상남도 노동정책 수립 연구 용역으로부터 시작되었다. 책을 만드는 데까지에는 수많은 사람들의 관심과 도움이 있었다. 먼저 7,000명이 넘는 노동자들에 대해 설문조사를 수행할 수 있었던 것은 경상남도청 노동정책과, 민주노총 경남본부, 한국노총 경남본부의 헌신 없이는 불가능했을 것이다. 경남 지역의 비정규센터들은 경남지역 비정규직의 실태에 대해 생생한 증언과 과제를 제언해 주었고, 청년유니온, 감정노동센터, 돌봄노동자센터, 경남 사회서비스원은 관련 노동자들의 실태를 파악하고 정책을 수립하는데 많은 조언을 주었다. 마창거제 산재추방운동연합과 경남 이주민센터는 오랫동안의 활동 경험을 바탕으로 산업안전과 이주노동자 문제에 관한 중요한 과제들을 제시해 주었다. 서울, 경기, 전남, 부산의 노동권익센터는 자신들의 경험을 빠짐없이 공유해주며 경남지역에서도 노동권익센터가 성공적으로 설립될 수 있도록 응원해주었다. 경남 경총과 산업안전 관련 부처에서도 안전한 일터를 만들기 위해 필요한 유용한 제안들을 해주었다. 이외에도 경남 지역의 많은 단체들과 노동자 시민들이 이 연구에 필요한 자료와 의견들을 모아주었고, 이들에게도 진심을 담아 감사의 인사를 드린다. 마지막으로 이 연구 사업을 같이 시작하고 방대한 조사를 직접 실시하였으며 조사 결과를 분석, 정리하고 정책 도출까지 함께 하며 소중한 시간을 기꺼이 내어주었던 허은 박사님, 박종식 박사님 그리고 김정호 소장님께 특별한 인사를 보낸다. 이 책이 취약노동자들의 삶을 개선하는 계기가 되어 도와주신 모든 분들에게 보답할 수 있기를 기대한다.

이 책의 공저자들은 2020년 경상남도의 요청으로 경상남도 노동
정책 기본계획 수립을 위한 공동연구를 함께 수행한 사람들이다. 연
구자들은 일단 주어진 연구를 마친 뒤에는 한동안 그 자료를 되돌아
보지 않는 일이 많지만, 이 경우에는 달랐다. 2021년 초에 연구 결
과의 최종 보고서를 제출하고 나서, 공동연구자들은 연구 과정에서
수집한 자료들, 특히 취약노동자에 관한 양적 및 질적 조사의 방대
한 자료들을 그대로 흘려버리거나 사장시키기에는 너무 아깝다고
느꼈고, 이 자료들을 다시 들여다보고 필요하다면 좀 더 공을 들여
정리한 결과를 다른 연구자는 물론이고 일반인들도 함께 음미할 수
있도록 단행본 형태로 출판하기로 뜻을 모았다. 다른 일정 등의 사
유로 일부 연구자가 동참하지 못하기는 했지만 대다수의 연구자들
이 그리하기로 했다. 그동안 경남 지역에서 비정규직 노동자에 대한
조사연구가 간혹 실시되기는 했지만 그 대상이 소규모이거나 조사
분석이 표피에 그친 문제점이 있었다. 그래서 모처럼 실시된 대규모

심층 양적, 질적 조사 자료를 활용하여 뭔가 발언하고자 하는 공감대가 형성되어 있었던 것이다.

　종래 취약노동자는 노동정책의 보호나 지원을 받지 못한 사각지대에 있기 일쑤였는데 바로 그렇기 때문에 우리는 지방정부 노동정책의 대상으로서 취약노동자의 실태를 경험적 자료에 기초하여 파악하고 문제점을 진단하고 정책적 과제를 도출하는 일이 일차적으로 필요하다고 보았다. 지역노동정책은 그동안 국가사무로, 즉 지자체의 사무범위를 넘어선 사무로 간주해 온 경향이 있었다. 지방자치법 제9조에서는 '지자체의 사무범위'를 포괄적으로 예시하고 있으나 여기에 노동정책은 포함되어 있지 않은 데다가, 제11조에서는 '지자체가 처리할 수 없는 국가사무'로 '근로기준, 측량단위 등 전국적으로 기준을 통일하고 조정하여야 할 필요가 있는 사무'를 열거하고 있다. 그러나 지역의 노동 문제가 "전국적으로 기준을 통일하고 조정하여야 할 필요가 있는 사무"만 있는가? 지역 특성에 맞추어 주민의 편의와 복리증진을 위해 노력해야 할 일도 엄청스레 존재하고 있다. 이러한 일들은 그동안 국가(지방고용노동관서)의 소관도, 지자체의 소관도 아닌, 노동정책의 사각지대로 방치되어 온 셈이다.

　이처럼 노동정책의 사각지대에 있던 취약노동자의 문제를 심층적으로 조명하고자 한 것이 이 책이다. 말하자면 이 책은 2020년 경상남도 노동정책 기본계획 수립 연구의 부산물로, 연구 과정에서 수집한 기초자료들을 재조명하여 그 의미를 함께 탐구하고자 한 결과이다. 따라서 내용 면에서 경상남도의 취약노동자 조사 자료를 재음미한 특성이 있다. 즉, 이 책은 경상남도 취약노동자의 실태가 어떠한지 고찰하고 있는 점에서 지역적 특성이 진하게 묻어나는 것을 부인할 수 없다. 하지만 그렇다고 해서 경상남도라는 지역에 한정된다는 의미만 있다고 할 수는 없다. 그것은 이 책이 단지 경상남도 취약노동자의 실태를 피상적으로 묘사하는 데 그치고 있는 것이 아니라 취약노동자의 문제점을 해결하거나 개선하기 위한 정책적 방안을 고민하는 가운데 취약노동자의 취약성과 그 원천을 파헤치는 시도를 하고 있기 때문이다.

이 책은 한 명의 저자가 쓴 것이 아니라 6명의 공동연구자가 분담하여 집필했다. 머리말을 제외하면 모두 7개의 장으로 구성되어 있는데 각 장의 내용을 일별하면 다음과 같다.

제1장에서 저자 황현일과 조효래는 취약노동자 관련 기존 논의들의 맥락을 검토한 토대 위에서 취약노동자의 개념화를 시도하고 있다. 특별히 주안점을 두고 있는 것은 그동안 한국 사회에서 비정규직 문제로 대표되는 노동의 불안정화 경향에 대한 논의이다. 노동의 불안정화를 해결하기 위한 다양한 해법들이 등장하긴 했지만 고용 형태는 갈수록

다변화되면서 대응에 어려움을 겪고 있는 가운데 최근에는 플랫폼 노동 등 새로운 기술 발전이 고용관계에 영향을 주면서 취약노동자 혹은 취약고용이라는 개념이 대두한 것으로 보고 있다. 이는 그간의 노동 불안정화의 진행이 일하는 사람들의 삶을 위태롭게 한다는 점을 반영한다. 이러한 상황과 관련하여 황현일과 조효래는 불안정화 문제에 대처하기 위한 방안으로 취약성에 주목할 필요가 있다고 제안하면서, 취약성의 세 가지 특징을 제시한다. 첫째, 저임금은 생계유지의 어려움을 지속시킨다는 점에서 취약성을 보여주는 대표적인 특징이다. 둘째, 노동 취약성은 항상 위험(risk)의 의미가 내포되어 있다. 취약노동자들이 작업장 안과 밖에서 노출되어 있는 위험의 정도와 그 위험에 대응할 역량의 정도는 취약성을 판가름하는 주요 기준이 된다. 셋째, 노동 취약성의 개념에는 고용관계에서 사용자와 노동자 사이의 권력 관계가 반영되어 있다. 권력의 불균형은 노동자들의 위험 대응 역량에 중요하게 영향을 미치기 때문이다.

비정규직 문제에 대응하기 어려운 점 중의 하나는 고용 형태가 갈수록 다변화되고 있다는 점이다. 이렇게 되면서 비정규직 문제에 대한 일관적인 원칙을 수립하기도 점점 어려워지고 있다. 그렇다고 다종다기한 고용 형태들 각각에 대해 개별적인 규제를 도입하는 것에도 한계가 있다. 이런 점에서 노동 불안정화의 결과로 발생하고 있는 취약성에 주목하는 것은 비정규직 문제와 노동의 탈경계화 문제를 풀어나가는 새로운 출발점이 될 수 있을 것이다.

제2장에서는 정부의 공식 통계 자료를 활용하여 경남 지역 노동자의 노동 실태에 대한 일종의 조감도를 제시한다. 먼저 노동자들이 일하고 있는 지역 경제의 특성으로 가) 경상남도의 지역내총생산 성장 추이를 총괄하고, 나아가서 지역 내 경제활동의 구조 변화를 크게 개관한다. 나) 경상남도 노동자들이 일하고 있는 사업체 현황을 알아보되 특별히 그 규모와 업종 구성에 주안점을 두고 살펴본다. 통계청의 지역별 고용조사 자료를 활용하여 경상남도 임금노동자의 종사상지위, 임금, 노동시간 등 일반적인 실태를 파악하되, 전국 평균과 비교하고, 경상남도 18개 시군별 특성을 비교 개관하기도 하고, 그리고 근로환경조사 자료에 기초하여 경남 지역 노동자들의 노동환경 면에서의 특성도 살펴볼 것이다. 이처럼 큰 필치로 제시한 경남 임금노동자 특성의 개관은 이후 이 책의 본론에 해당하는 경남 취약노동자 분석의 배경적 맥락이 될 것으로 기대한다.

제3장은 경남 지역 중소 제조업에서 일하는 노동자들의 실태를 파악하고, 취약성에 영향을 주는 요인들을 살펴본다. 여기에서 취약노동자란 '신체적, 생계적인 측면에서 위험이 높은 환경에서 일하면서도 그러한 상황으로부터 대응할 역량과 권리에의 접근이 부족한 노동자들'

로 정의된다. 이러한 정의는 취약성을 미래 시점에 발생할 수 있는 위험과 연관 지으며, 이 위험을 야기하는 요인으로 저임금, 사회보장제도에 대한 약한 접근성, 산업재해에 대한 노출, 노동권에 대한 약한 접근성을 포함시키고 있다. 이러한 개념 정의를 적용하여 경남 지역 중소 제조업 노동자들의 취약성의 실태와 특징을 분석한 주요 결과를 간추리면 다음과 같다.

첫째, 경남 지역 중소업체 제조업 노동자들의 임금은 평균 237만 원으로 중소 제조업 노동자들의 대다수가 안정적인 생계를 유지하기 어려운 위험에 직면해 있다고 볼 수 있다. 둘째, 청년 노동자들의 제조업 이탈 경향이 확인되었다. 중소 제조업 종사 20대 청년들은 제조업 일자리를 단기간 일자리로 인식하고 취업하거나, 지속적인 일자리로 생각하고 취업했어도 쉽게 그만두고 있다. 중소 제조업의 위험 요소가 개선되지 않는 이상 이러한 현상은 갈수록 심화될 수 있다. 셋째, 노동자들 내부에서 성별 격차가 뚜렷하다. 이 중 중년 여성 노동자들은 생계적, 신체적, 사회적 위험 모두에서 불리한 위치에 처해 있다. 마지막으로, 노동조합은 노동자들이 위험에 대처하기 위한 주된 수단이 될 수 있지만, 중소 제조업에서는 노동조합 조직률은 매우 낮으며 노동조합이 있더라도 위험 대응 역량을 발휘하기에는 아주 미흡하다. 중소 제조업 노동자들은 극단적인 갈등 상황에서 노조를 위험 대처 수단으로 삼았지만, 소규모 업체의 특성상 갈등 관계가 빨리 해소되기보다는 지속되고 있다는 점이 예상된다.

이러한 분석 결과를 고려하면 중소 제조업 취약노동자들의 보호 지원 정책의 초점은 만성적인 저임금 구조를 개선하고 중소 제조업 노동자들 스스로가 자신들의 목소리를 낼 수 있도록 이해대변기구를 활성화하는 것에 맞추어져야 할 것이다. 인구학적으로는 가장 취약한 위치에 노출되어 있는 중년 여성 노동자들에 대한 실태 파악과 개선 과제를 도출할 필요가 있으며, 청년들의 지방 제조업 탈피 경향을 막기 위한 일자리 질의 개선이 절실하다.

제4장에서는 '경남 취약계층 노동자 실태조사 - A형 비정규직 조사' 자료를 토대로 경남의 비제조업 노동자들이 얼마나 취약한지를 알아보고자 했다. 생계(고용, 임금수준)·건강(장시간 노동, 휴식시간, 산업재해 발생률 등)·인권(차별, 부당 대우) 3가지 지표에 따라 직종별 취약성을 파악하고 정책적 시사점을 모색하고자 노력했다.

취약성을 측정한 3가지 지표 중 생계를 유지하지 못할 위험은 고용 형태와 임금수준으로 측정했다. 비제조업 노동자의 고용 형태는 기간제(34.9%)가 가장 많았고, 파트 타이머(21.7%), 무기계약(18.9%), 일용직(14.3%) 순으로 나타났다. 그리고 현재의 고용 형태를 비자발적으로 선택한 노동자는 로짓모형으로 분석한 결과 기혼자, 생계책임자, 가구소득이 낮고 근속연수가 짧은 노동자였다. 비제조업 노동자의 임금수준은 전국 임금 노동자의 월평균 임금(268.1만 원)보다 낮았고 최저임금 수준 미만의 임금을 받는 노동자의 수가 많은 직종은 가사 음식 조리판매직, 청소 및 경비 관련직, 판매직인 것으로 나타났다.

노동자가 건강을 유지하지 못할 위험은 노동시간과 휴식시간, 산업재해 발생률, 산재보험 가입 여부로 측정했다. 대부분의 직종에서 법정 노동시간이 준수되고 있었지만, 운전운송관련직은 휴식시간과 편의시설이 부족했다. 그리고 매년 서비스직 노동자의 산업재해 발생률이 증가하고 있지만 이를 대처할 수 있는 산재보험 가입률은 턱없이 낮았다.

끝으로 비제조업 노동자 중 차별, 폭언 등 인권침해는 건설 및 광업 관련 단순노무직, 운전운송관련직, 판매직에서 발생하는 경우가 많았고 문제가 발생해도 그냥 참거나 가족, 지인에게 상담할 뿐 고용노동부, 노동단체를 통한 공식적 대응을 하지 못했다.

이러한 분석 결과를 종합하면 비제조업 노동자들이 저임금으로 인한 근로 빈곤층이 되는 것을 방지할 수 있는 소득보전제도가 마련되고 비제조업 노동자를 위한 쉼터와 산재보험 가입 활성화를 위해 노력해야 한다. 그리고 중앙정부 주도가 아닌 지방정부 주도의 현실성 있는 정책이 마련될 수 있도록 지역의 산업 특성과 지역성을 고려한 다양한 연구가 진행되어야 하며 지방정부의 책임과 권한을 강화하는 방안이 논의되어야 한다.

제5장은 특수고용형태근로종사자와 프리랜서 노동의 취약성을 2020년 상반기 경남의 특고/프리랜서 재난지원금 지원을 받은 인력을 대상으로 한 설문조사 자료를 분석한 후 정책적 시사점을 탐색하였다. 분석 결과 이 직종들의 종사자는 직종 내 변이보다 직종 간 변이가 도드라져 직종 간의 근로조건, 임금, 작업양태와 내용 등에서 많은 차이가 있는 것으로 나타난다. 대체로 대부분의 직종이 경기에 따른 소득 변동성이 큰데 그중에서 가장 소득 변동성이 큰 직종은 대출모집인, 보험모집인 등이었다. 월 보수에서 변동급 비율이 가장 높은 직종은 퀵서비스기사, 대출모집인, 보험모집인 등이었다. 일주일 평균노동시간이 많은 직종은 간병도우미와 택배기사였고 임금수준만족도가 낮은 직종은 대리운전기사, 노동강도와 업무 난이도 등에서 만족도가 낮은 직종은 택배기사로 나타났다. 코로나로 인한 직종 전체의 일감은 약 62%의 일감이 평균적으로 감소하였으나 이 중 일감감소율이 가장 높은 직종은 방과후교사로 약 84%의 일감이 코로나로 인해 사라진 것으로 나타나고 있다. 이같이 직종별로 차별화된 특징이 부각되는데 한국을 비롯해 세계 각국에서 이들을 보호하는 정책은 대체로 비슷한 방향으로 나아가고 있었다.

권순식은 한국을 비롯한 세계 각국의 정책 방향이 특수고용 및 플랫폼 노동의 개념을 기존 노동자 개념에서 확장한 노무제공자란 형태로 구성되고 있다는 점을 지적하고 이들을 기존의 노동법이나 사회보험적 보호 영역으로 포함하는 보편적인 정책적 방향에 부가하여 각 직종별 특이성을 보완하는 정책적 방향이 보완적으로 필요함을 주장한다. 구체적으로는 특수고용이나 플랫폼 노동 등 각 직종별 특이적 조건을 보완하기 위한 가장 효과적인 방안은 각 직종별 집단적 대변기제가 형성되어 노사 간의 자율적인 거버넌스 구조가 형성되는 것이란 입장을 취하고 있다.

제6장은 경남의 청년 노동자들에 대한 실태를 확인하고, 청년노동 정책을 위한 제언을 하고 있다. 우선 창원시 제조업 청년 노동자에 대한 실태분석을 통해 창원시 제조업에 근무하는 청년 노동자들의 일자리 유입 원인과 경로를 확인하고, 실제 제조업 현장에서 겪는 어려움이나 만족도, 그리고 창원시 청년정책에 대한 인식 등을 파악하였다. 창원시 제조업 청년 노동자들의 상당 부분은 100인 미만의 소규모 사업장에서 근로하고 있으며, 월 150~250만 원 수준의 임금을 받고 청년 노동자들이 경험하는 부당한 대우의 사례도 적지 않았다. 특히 사업체 측에서 일방적으로 근로조건을 악화시켜도 이를 해결하기보다는 대부분이 참거나 그만두는 것을 선택하고 있어 노동 현장에서 청년 노동자들이 겪는 어려움을 확인할 수 있었다. 청년 노동자들은 사업장과 직무에 대한 만족도가 보통 수준이었으나, 제조업 현장에서의 발전 가능성이 낮다고 판단하고 있었으며 복리후생도 만족스럽지 못한 것으로 나타났다. 이로 인해 5명 중 3명은 이직을 고민하고 있었고, 이직을 고

민하지 않는 경우라도 현재에 만족해서라기보다는 현실적으로 이직이 어렵고 타 근로환경도 마찬가지일 거라는 판단을 하고 있었다.

진형익은 이와 같은 실태분석의 시사점을 다음과 같이 요약한다. 첫째, 제조업 청년 실태조사에서 청년들은 초기 계약서와 실제 근로환경 및 근로조건이 다르다고 말하고 있고, 비정규직 근로 실태조사에서는 20%의 청년이 차별 대우를 경험한 것으로 나타나는데 이는 청년 노동자의 임금 및 근로환경에 대한 관리가 강화되어야 하며, 근로환경에는 차별에 대한 점검도 진행되어야 함을 시사한다. 그리고 고용노동부의 역량만으로 사업장에 대한 관리·감독이 어려울 수 있으므로 지자체 및 지역의 시민단체와 연계하는 방식으로 실질적인 관리 방안을 모색할 필요가 있다. 두 번째는 제조업 청년 실태조사 응답자 5명 중 3명은 이직을 고민하고 있었고, 비정규직 근로 실태조사 응답자의 40% 정도가 경남 지역 외 타 지역으로 이직할 생각이 있는 것을 알 수 있었다. 이에 청년들의 타 지역 유출을 방지하기 위해서 청년들에게 질 좋은 일자리와 노동환경을 제공해야 하며 이와 함께 다양한 전공과 상황에 맞는 일자리 연계 및 창출에 노력해야 할 것이다. 세 번째는 경상남도 일자리 지원 정책 혹은 청년정책에 대한 홍보 강화이다. 청년정책을 경험한 비율은 낮은 수준이었고, 응답자의 과반수가 경상남도의 지원정책들에 대해 지원받지 않은 것으로 드러났다. 따라서 현재 지원하고 있는 지원 정책을 다양한 홍보 방법을 통하여 청년 노동자 및 미취업 청년을 지원할 수 있어야 한다. 네 번째는 청년 노동자들의 노동 상황 및 일자리 문제를 해결하기 위해서는 비정규직 개선을 위한 일괄적인 정책을 집행하기보다는 각 집단의 상황에 맞는 적절한 정책이 제공되어야 한다. 청년층은 다양한 스펙트럼을 형성하고 있는데, 이러한 다양성에 맞는 노동정책이 필요한 것이다. 마지막으로 청년 노동자에 대한 실태 조사 및 연구가 계속해서 진행되어야 한다. 향후 청년의 삶에 가닿는 노동 정책이수립되기 위해서는 대표성을 확보한 충분한 크기의 표본을 대상으로 실태조사가 수행될 필요가 있고, 정성적 분석 외에도 정량적인 분석을 통해 경상남도 청년 노동자에 대한 특징을 확인해 나갈 필요가 있다.

제7장에서 조효래는 취약노동자에 대한 심층면접 자료에 기초해 직종별로 취약노동자 집단의 노동 현실을 파악하고 이를 개선하기 위한 정책 과제를 제시한다. 여기에서 '취약노동자'는 사회적으로 불리한 인적 속성이나 취약한 자원 능력으로 사용자와의 권력관계에서 취약하며, 그 결과 노동시장에서 고용과 임금, 근로조건과 복지에서 차별과 배제의 위험이 높은 집단으로 정의된다. 그리하여 취약노동자는 고용 형태와 숙련 자격을 기준으로 네 집단으로 유형화된다. 고용 형태에서 자본-임노동 관계에 포섭되어 있는지 혹은 특수고용형태의 독립계약 노동인지에 따라 취약성이 드러나는 양상이 다르며, 고숙련 노동임에도 불구하고 노동의 가치를 인정받지 못하는 경우 역시 많기 때문이다.

제7장에서는 저숙련 비정규노동자 중 이주노동자와 건설일용노동자, 저숙련 독립계약노동자로 택배기사와 대리운전기사, 숙련된 비정규노동자로 요양보호사와 돌봄전담사, 숙련 독립계약노동자로 방과후학교 강사의 사례를 분석한다.

취약노동자가 열악한 근로조건과 제도적 배제, 부당한 대우에도 불구하고 스스로 보호할 능력이 취약한 노동자라는 점에서, 취약노동자 보호를 위한 정책적 과제는 첫째, 제도적 권리 부여하기, 둘째, 사회적 보호 강화하기, 셋째, 조직적 능력 지원하기라는 세 가지 측면에서 접근할 필요가 있다. 무엇보다 취약노동자들의 고용 안정이나 권익 보호를 위해서는 '노동자성' 인정과 같은 제도적 권리와 단체교섭 활성화를 위한 조직적 능력이 중요하다. 특히 취약노동자들이 겪는 고충이나 애로 사항들은 집단별로 상이하기 때문에 집단별로 맞춤형 정책이 필요하며, 이를 위해서는 취약노동자 스스로 집단적 목소리를 통해 자신들의 요구를 공론화할 수 있어야 한다. 취약노동자의 집합적 목소리를 수렴하고 조직적 능력을 강화하는 데는 취약노동자 의제를 지역사회에서 공론화하는 '주체화' 과정이 필요하며, 이것이 가능하기 위해서는 무엇보다 노조와 시민사회의 연대, 지방정부와의 협력이 중요하다.

저자를 대표하여

심상완

목차

표 목차

그림 목차

제1장

황현일, 조효래

노동의 불안정화와 취약노동자

1. 서론

지난 20여 년 동안 한국 사회에서 비정규직 문제는 좀처럼 가라앉지 않으면서 지속적으로 발생하고 있다. 2006년 11월 정부는 일명 '비정규직 보호법안'을 제정하였지만, 그 이후 나타난 현상은 단기적인 계약직 형태의 고용 증가와 자회사나 하청 형태의 간접 고용의 증가였다. 게다가 최근에는 플랫폼 기술이 발전하면서 자영업자와 피고용자의 경계가 애매한 특수고용 노동자가 늘어나고 있다. 이렇게 되면서 한국 사회에서 비정규직은 하나의 범주로 묶기 어려울 정도로 다양화되어 가고 있다. 정규직 일자리 또한 위탁이나 무기계약직 형태의 고용이 증가하면서 과거의 안정적인 평생직장 개념에서 멀어지고 있다. 이처럼 한국 사회에서 고용 형태는 갈수록 다변화되고 있고 각기 상이한 쟁점과 과제를 낳으면서 제도적 대응에 어려움을 겪고 있는 상황이다.

이러한 상황은 한국만이 겪고 있는 것이 아니고 전 세계적으로 관찰되는 추세이다. 일반적으로 1980년대 이후 서구 사회에서 신자유주의적 정책이 확산되면서 노동유연화 추세가 강화되어 왔다고 진단되고 있다. 세넷(Sennet)은 신자유주의의 등장에 따라 인간성의 내용이 변화하게 되었다고 주장하였다. 그는 유연한 자본주의 아래에서 사람들의 불안정화는 심해지고 상호 유대 관계는 약화되면서 개인주의가 발달하게 되는데, 이는 현대인들을 표류하게 만들었다고 보았다(Sennet, 1998).

노동유연화가 사람들의 삶을 불안정하게 만들면서 다양한 대응들이 나타나고 있다. 그 하나의 대응은 과거와 같은 안정적인 정규직 고용 형태를 회복하는 것이다. 그러나 케인스주의 시기를 특징지었던 완전고용 모델에 대한 추구는 점점 더 어려워지는 것처럼 보인다. 다른 하나의 대응은 정규직 고용 형태의 보편화를 더 이상 가능한 것으로 받아들이지 않고, 다양한 고용 형태를 인정하면서 각각을 안정화시키는 방식이다. 그러나 이러한 방식은 노동자 내부의 차이를 고착화하면서 또 다른 차별을 만드는 문제가 있다. 요컨대 유연성과 안정성을 동시에 만족시킬만한 해법은 좀처럼 나타나고 있지 않다.

이러한 상황에서 기술 발전을 통한 다양한 고용 형태의 등장은 노동에 새로운 위험을 제기하고 있다. 노동자와 자영업자의 경계가 애매한 특수고용노동자, 플랫폼 노동자, 프리랜서, 종속적 자영업자 등 기존 노동법과 사회보장제도로 포괄하지 못하는 이들이 계속 늘어나고 있다. 코로나19 사태는 이들 노동자들이 사회적으로 얼마나 취약한 처지에 놓여 있는지 들추어냈고, 노동을 통한 생계 보호라는 기본적 권리의 보장을 과제로 제기하고 있다.

비정규 고용의 지속, 간접 고용 형태의 다변화, 경계가 애매한 노동자들의 출현은 노동의 불안정성의 증대로 요약할 수 있는 결과를 야기하고 있다. 노동의 형태가 다변화되면서 불안정성의 내용과 정도도 다양화되고 있다. 이는 노동 불안정화라는 과제를 해결하기 위한 유형별 대응을 어렵게 한다. 이 점에서 우리는 '취약성'에 주목한다. 노동유연화에 따른 불안정성을 경험하는 다양한 노동자들을 공통적으로 묶을 수 있는 지점은 노동의 불안정화가 삶을 위험에 처하도록 하는 취약한 위치로 몰아가고 있다는 점이다. 자본주의 사회 발전의 부산물인 다양한 사회적 위험으로부터 초래되는 여러 가지 경제적 불안을 해결하기 위해 사회보장제도가 등장한 것처럼, 우리는 노동의 유연화가 초래한 불안정화 문제에 대처하기 위해 취약성 해소에서부터 접근할 수가 있을 것이다.

이러한 문제의식 아래 이 장에서는 우리가 왜 취약성에 주목해야 되는지 그리고 취약성을 어떻게 개념화할 수 있을지에 대해 논의한다. 이를 위해 우선 노동의 불안정성을 해석하는 주요한 접근들을 검토하면서 이것이 취약성과 관련되는 지점들을 검토한다. 다음으로 그동안 정책적 차원이나 학술적 차원에서 취약성 개념이 어떻게 다루어져 왔는지를 살펴보고 취약성에 대한 적합한 정의를 내려보고자 한다.

2. 노동의 불안정화와 탈경계화

자본주의 사회에서 임금 노동은 언제나 불안정한 위치에 처해 있지만, 대체로 저임금과 비정규적인 고용 형태에 놓인 이들이 불안정한 노동자로 간주된다. 정규적인 일자리와 대비되는 불안정한 일자리는 오랜 과거에도 존재하였고, 이는 노동자 내부의 분절이라는 주제로 지속적으로 다루어져 왔던 주제이다. 19세기 영국 탄광의 아동 노동에서 볼 수 있듯이 산업화 초기의 노동자의 삶이란 대체로 궁핍 자체였다.

그러나 대중적으로 비정규직이 널리 회자되고 이들의 처우 개선과 보호의 목소리가 사회적으로 높아진 것은 비교적 최근의 현상이다. 노동의 불안정화에 대한 우려의 시선은 서구 사회나 한국 사회 모두 1990년대 정도를 기점으로 많아졌다. 이 시점은 노동의 불안정화 현상을 이해하는 데 있어 두 가지 의미를 지니고 있다.

첫째, 이는 오늘날 우리가 마주하고 있는 노동의 불안정화 현상이 1990년대를 전후로 한 거시적인 구조 변동과 맞물려 있음을 시사한다. 대체로 1980년대 미국과 영국을 필두로 한 신자유주의 정책으로의 전환은 노동유연화 정책을 추구하는 방향으로 이어졌고, 그 결과로 노동의 불안정화가 강화되었다고 진단되고 있다. 따라서 노동유연화 정책의 채택과 시행이 어떻게 노동의 불안정화를 야기하게 되었는지를 파악할 필요가 있다.

둘째, 이 과정에서 나라별로 노동 불안정화의 속도나 강도는 상이한데, 이는 각 나라의 사회 제도나 정책적 대응의 결과라 할 수 있다. 에스핑 앤더슨은 복지국가의 유형 구분에서 탈상품화의 정도를 중요한 기준으로 제시하였다(Esping-Anderson, 1990). 노동의 불안정화란 노동의 상품화가 강화된 결과로 이해할 수 있는데, 서구의 몇몇 국가들은 노동을 탈상품화함으로써 이에 대응하고자 한 것이다. 노동의 불안정화 현상이 재등장한 것이 1990년대 이후라면 지난 20여 년간은 이 문제에 대한 해법을 찾아나가는 과정이라 할 수 있고, 탈상품화는 이러한 대응의 하나의 원칙으로 작용했음 직하다. 그럼에도 불구하고 오늘날 노동의 불안정화에 대한 우려의 목소리는 잦아들지 않고 오히려 전 지구적 차원에서 확대되고 있다. 이는 노동의 불안정화 문제를 대처하는 데 있어 과거 서구 복지국가의 탈상품화 정책의 유효성이 떨어지거나 노동의 불안정화를 야기하는 새로운 조건이 출현했음을 암시한다.

이상의 논제에 대해 가장 영향력 있게 논의하는 이로는 스탠딩(Standing)을 들 수 있다. 스탠딩은 1980년대에 확고해진 신자유주의 정책과 세계화 추세로 인해 새로운 노동 집단인 '프레카리아트'(precariat)가 등장했다고 주장하였다. 프레카리아트는 불안정하다는 뜻의 'precarious'와 노동계급을 의미하는 프롤레타리아트(proletariat)를 합성한 말이다(Standing, 2011). 스탠딩은 과거와는 다른 불안정한 노동 계층이 등장하고 확산되고 있다고 본 것인데, 그는 이들의 특징을 국가의 노동시장 규제 정책으로부터 보호를 받지 못한다는 점에서 찾는다.

흔히 제2차 세계대전 이후 서유럽의 노동시장 규제를 코포라티즘(corporatism)의 산물로 본다. 코포라티즘은 노사정 타협을 통해 산업 평화를 도모하면서 노동 친화적인 사회적 규제를 이루어낸 것으로 평가받았다. 코포라티즘의 전통이 약한 미국의 경우에도 이 시기는 노동시장 규제에 관한 한 노동 친화적이었던 시절로 기록되기도 한다(Brown, Eichengreen, Reich, 2010). 스탠딩은 이 시기 구축된 노동시장 규제의 형태를 〈표 1-1〉과 같이 일곱 가지로 구분한다. 일곱 가지의 규제 내용 모두 안정을 지향하고 있다. 전후의 약 30년간은 이 모든 형태의 노동시장 규제에서 점진적인 진전이 있었다. 이때 지배적인 경제 정책은 케인스주의로 완전고용보장을 내세우면서 사회보장과 국가의 재분배를 통해 '복지국가'를 만든다는 목표를 가지고 있었다. 사회적 합의의 측면에서 보면 국가와 노동은 성장으로부터 나온 소득을 재분배하고 사회경제적인 불평등을 축소하면서 정당성과 이득을 얻을 수 있었고, 자본은 경영권을 간섭받지 않으면서 대체로 사적 소유권을 계속 유지할 수 있었다(Standing, 1997: 9).

〈표 1-1〉 서구의 노동시장 규제의 형태

구분	내용
노동시장 안정성	충분한 소득기회, 이는 거시적으로 정부의 완전고용정책에 의해 전형적으로 나타남
고용 안정성	자의적 해고로부터 보호, 채용과 해고에 관한 규제, 사용자에 고용 비용 부과
직무 안정성	직종 혹은 경력에 따라 고안된 관행, 직무경계 관행 허용, 숙련 저하(skill dilution)를 막는 장치들
작업 안정성	산업안전보건규정, 노동시간 제한, 야간 노동 제한 등을 통해 산업재해로부터 보호
숙련 재생산 안정성	견습 제도 및 직업훈련을 통해 숙련을 획득하고 유지하기 위한 기회 제공
소득 안정성	최저임금, 임금물가연동(income indexation), 포괄적인 사회보장, 진보적 조세 등을 통해 소득 보호

구분	내용
이해대변 안정성	자주적인 노조(파업권 보유)와 사용자 단체가 경제적·정치적으로 국가에 관여할 수 있어 노동시장으로부터 집단적 의사 표현을 보장 받음

자료: Standing(2011: 10)에서 요약

이처럼 여러 측면에서 노동의 안정성을 추구하는 정책은 1980년 대 이후 노동유연화 정책으로 허물어지게 된다. 국가의 노동시장 규제 능력의 침식은 노동의 불안정화를 가져오는 주요한 계기였던 것이다.

그렇다면 많은 나라들이 노동의 안정성을 포기하고 유연화 정책으로 선회하게 된 배경 혹은 원인은 무엇이었는가의 문제가 제기된다. 이에 대한 하나의 답변은 기업들의 변화이다. 챈들러는 미국 기업이 생산에서의 규모와 범위의 경제를 달성함으로써 서구 경제의 변화에 근본적인 영향을 미쳤다고 설명한다(Chandler, 1990). 그는 미국의 법인기업이 계속적인 성장을 할 수 있었던 것을 수직적, 수평적 통합을 통해 거대복합기업을 탄생시킴으로써 거래비용을 획기적으로 낮추었기 때문이라고 분석하였다.

그런데 1980년대에 들어서면 대기업의 존재가 오히려 문제가 된다. 미국 경제가 1970년대 이래 침체에 빠지게 되면서 미국의 세계적 경쟁 우위를 가져다준 대기업 형태가 오히려 장벽으로 인식되기 시작하였다(Piore and Sable, 1984; Lazonick, 1991). 소비자들의 선호가 다양해진 시대에서 대기업은 너무 경직된 구조를 가지고 있어 대처하기 곤란하다는 담론이 확산되었다. 이와 함께 기업들의 규모를 감축

해야 한다는 목소리들이 높아졌다. '핵심 기능만 빼고 모두 아웃소싱하라'는 구호는 많은 기업들이 추구해야 할 목표가 되었다.

미국의 경제학자이자 오바마 대통령의 노동정책 구상에 영향을 주었던 와일(Weil)은 지난 30여 년 동안 미국의 일터에서 벌어진 변화를 생생하게 보여주고 있다. 고용은 더 이상 고용 상황이 안정적이었던 과거의 단일 고용주와 노동자 사이에 맺어지는 관계가 아니다. 기업들은 핵심 역량으로 간주되는 부분만을 기업 내에 남겨 놓고 나머지는 모두 소규모 사업 단위로 이루어진 복잡다단한 네트워크로 이전시켰다. 와일은 이 과정을 균열(fissured)로 표현하는데, 균열일터로는 임시직, 하청, 특수고용, 프랜차이즈 등이 있다.

균열의 결과 기업과 산업은 새로운 방식으로 재편되었다. 과거 기업의 핵심 업무였던 임금 설정과 관리감독이 수많은 하부조직으로 전가됨에 따라 이들 개개 조직들은 대기업의 철저한 기준에 맞춰야 하는 한편 치열한 경쟁 압력에 봉착하였다. 엄격한 목표와 기준을 설정하고 상세한 수행 요건을 제시하는 쪽은 대기업이지만, 노동자들에 대한 실질적인 책임과 관리감독은 다른 조직의 몫이다. 직접적인 고용관계를 균열일터(fissured workplace)로 대체함으로써 고용은 그 자체로 불안정해졌고, 일터에서 벌어질 수 있는 각종 위험마저 독립사업자로 내몰린 영세 사업자와 개인 노동자들에게 떠넘겨졌다(Weil, 2014: 22~24).

와일의 시각에서 노동의 불안정화의 원인은 자본 시장의 요구와 기술 발전이다. 자본 시장의 요구란 간단히 말해 주주들의 이해가 중시되는 기업 활동을 의미한다. 이 점과 관련해서 설득력 있는 논의는 라조닉과 오설리반(Lazonick and O'Sullivan)이 펼쳤다. 이들에 따르면 1980년대 규제 완화된 금융 환경에서 기업 주식의 보유자로서 등장한 기관투자자들은 기업의 경영진들에게 생산 조직들의 이해 보다 외부의 금융 이해(배당이나 주가)에 일치시키는 방향의 사업을 요구하였다. 과거 미국의 기업들은 유보와 재투자(retain and reinvest)라는 원리에 따라 기업을 운영하였다면, 1980년대 이후부터는 자본 시장의 요구에 따라 '다운사이징과 배당'이 기업의 주요 운영 원리가 되었다고 보았다(Lazoncik and O'Sullivan, 2000). 자본 시장의 요구를 따르는 기업 최고 경영진들의 보수는 폭증하였고, 기관투자가들은 많은 배당으로 혜택을 받았지만, 그 반대편에서 고용 관계는 파편화되고 노동의 불안정성이 증가하게 된 것이다.

균열 일터의 확산 또는 고용관계의 파편화를 가능하게 했던 또다른 요인에는 기업 간의 조율 비용을 하락시켰던 기술 발전이 있었다. 20세기의 기업들은 기업과 시장의 경계선 문제를 해결할 나름의 통신 기술, 모니터링, 조율 메커니즘을 갖추게 되었다. 인터넷과 디지털 통신시스템에 힘입은 통신 확장과 편재성(ubiquity)은 정보 처리 및 공유 비용을 절감시켰다(Weil, 92). 과거에 기업들이 다른 기업들과의 거래에서 발생하는 비용을 감축하기 위해 사업을 내부화할 수밖에 없었다면, 정보통신 기술의 발전은 특정 사업을 내부화하지 않고서도 다른 기업들과, 특히 하청업체들과의 거래 관계를 유지할 수 있게 된 것이다.

이러한 기술 발전이 고용관계의 파편화에 미치는 영향은 플랫폼 노동 문제까지 이어지고 있다. 최근 들어 플랫폼 기업이 새로운 기술 혁신의 선두 주자로 주목받으면서 '플랫폼 혁명'의 시대를 전망하는 목소리도 나오고 있다. 플랫폼 기업이란 "외부 생산자와 소비자가 상호작용을 하면서 가치를 창출할 수 있게 해주는 것에 기반을 둔 비즈니스"로 정의되기도 하고(Alstyne, et al., 2017: 35), "복수의 집단이 교류하는 디지털 인프라구조로, 소비자, 광고주, 서비스 제공자, 생산자, 공급자, 심지어 물리적 객체까지도 서로 다른 이용자를 만나게 하는 매개자"로 정의되기도 한다(Srnicek, 2020: 49~50). 간략하게 보면 플랫폼 기업은 디지털 기반시설을 활용하여 이용자들 간의 상호작용을 매개함으로써 수익을 창출하는 기업이라고 볼 수 있다.

플랫폼 노동은 플랫폼 기업의 등장과 관련하여 새로이 출현하고 있는 노동이다. OECD에서는 플랫폼 노동을 어플리케이션(예를 들어, 우버)이나 웹사이트(예를 들어, 아마존)를 활용하여 금전적 보상을 대가로 소비자들에게 서비스를 제공하는 사람들로 정의한다(OECD, 2019). 유럽연합(EU)의 산하 연구기관인 유로파운드(Eurofound)에서는 플랫폼 노동을 조직 혹은 개인이 온라인 플랫폼을 활용하여 다른 조직이나 개인들에 접근하여 보상을 대가로 특정한 문제를 해결하는 또는 특정한 서비스를 제공하는 고용 형태로 정의한다(Eurofound, 2018).

여기서 문제가 되는 것은 플랫폼 노동의 등장이 기존의 일자리와는 다른 노동의 '탈경계화' 경향을 낳고 있다는 점이다. 기존에는 노동이 시공간적으로 하나의 사업장 안에서 수행되었다면, 플랫폼 노동은 사업장 경계를 넘어 시공간적으로 다양하고 유연하게 수행된다는 점에서 탈경계화의 대표적인 사례로 간주된다. 플랫폼 노동자들은 플랫폼을 매개로 노동을 수행하지만 플랫폼 기업이 이들을 고용하지는 않는다. 플랫폼은 플랫폼 노동자와 이들의 노동을 소비하고자 하는 플랫폼 수요자 사이의 거래를 중개할 뿐이다. 그래서 플랫폼 노동자는 플랫폼 기업에 고용된 노동자가 아니라 단지 플랫폼을 매개로 소비자와 거래하는 개인사업자의 형식을 취하는 경우가 많다(김철식 외, 2019).

플랫폼 기술의 등장이 가져온 노동의 탈경계화 현상은 플랫폼 노동에 한정되지는 않는다. 앞서 논의하였던 표준적 고용관계의 해체와 비정규 고용관계의 부상도 넓은 의미에서 노동의 탈경계화에 해당된다고 볼 수 있다. 비정규 노동 중에서 원청 업체의 고유 업무를 수행하지만 원청에 속하지 않는 고용 형태들—사내하청, 용역, 파견, 특수고용—은 탈경계화의 사례에 속한다. 반대로 기존에 노동자로 간주되지 않았던 자영업자나 프랜차이즈 가맹점주들이 고용관계에 점점 가까워지는 현상도 탈경계화 추세의 하나이다. 개인사업자 형식으로 음식업, 숙박업, 유통업에 종사했던 자영업자들과 프랜차이즈 점주들은 갈수록 플랫폼 기업이나 프랜차이즈 본사의 관리·감독을 받게 되면서 점점 기업에 종속된 임금노동자와 유사한 성격을 보이고 있다(김철식, 2015; 2018; 장귀연, 2015).

이상으로 우리는 노동의 불안정화의 원인으로 국가의 노동시장 규제 정책의 변화, 기업 경영의 주주가치의 이해 추구, 플랫폼과 같은 신기술의 등장을 꼽았다. 이러한 사건은 1980년대 이후 등장한 것으로 과거 안정적이고 경계가 명확한 표준적인 고용 형태를 약화시키고 불안정적이고 경계가 모호한 비정규 고용 형태를 강화하는 추세로 이어지고 있다. 비정규 고용 형태는 표준적인 고용 형태가 아닌 것으로 정의되기 때문에 특정한 직종이나 고용 형태로 일반화해서 정의하기는 어렵다. 하나의 사업장 내에 고용관계의 규율을 부과하였던 기존의 법제도는 불안정한 노동 문제를 다루는 데 한계에 봉착한 것으로 보인다. 그렇다고 시공간적으로 다양화되고 있는 다종다기한 고용 형태에 대해 일일이 규율을 만들어내는 것도 쉽지 않은 과제이다. 노동 불안정화의 다양한 양상에 대한 일관적인 대응이 어렵다면 그것이 공통적으로 야기하는 하나의 결과인 삶의 취약성에 눈을 돌리는 것은 불안정 노동 문제와 노동의 탈경계화 문제를 풀어가는 새로운 출발점이 되지 않을까 하는 것이 우리의 문제의식이다.

3. 취약노동자와 취약성

전통적인 고용관계의 파편화는 노동의 불안정화 문제를 제기하고, 이는 취약성(vulnerability)이라는 담론을 부상시키고 있다. 그동안 취약성은 최저생계 수준을 밑도는 빈곤층의 문제를 다루기 위한 사회정책적 개념으로 주로 사용되었다. 일을 해도 빈곤선(poverty line) 이하의 삶을 사는 노동자들을 '노동빈곤'(working poor) 상태로 부르기도 했지만, 이때에도 정책의 초점은 빈곤에 있었지 노동은 본격적인 고려의 대상이 아니었다. 최저생계 수준과 상관없이 노동자의 고용 지위가 불안정해진다는 점에 초점을 맞추어 이를 개념화하려는 취약노동자(vulnerable workers) 혹은 취약고용(vulnerable employment)이라는 용법은 근래에 들어 등장했다고 할 수 있다.

2004년 영국에서는 중국의 미등록 이주노동자들이 사망하는 사건이 발생하는데, 이 사건을 계기로 영국 정부는 노동조합 대표자들과 '워릭 협약'(Warwick agreement)을 체결하고, 이후 취약노동자 보호를 전면에 내세우는 대책 방안을 제출한다(DTI, 2006: 25). 이때부터 취약노동자에 대한 학술적 관심사가 증가하기 시작하였다. 2011년 캐나다의 온타리오주(Ontario) 법률위원회는 "취약노동자와 불안정 노동"이라는 연구 프로젝트를 착수하여 주정부로 하여금 취약노동자에 관한 정책을 시행하도록 촉구한 바도 있다(LCO, 2012). 이처럼 취약노동자에 대한 학술적·정책적 관심은 2000년 이후 증가하였는데, 특히 영국과 캐나다와 같이 신자유주의 정책의 영향이 컸던 나라들에서 중심적으로 일어났다는 점이 특징적이다. 이는 신자유주적인 노동유연화 정책이 강하게 펼쳐졌던 곳에서 노동의 불안정화와 취약화가 보다 심각하게 진전되었음을 시사한다.

그렇지만 누가 '취약노동자'인지, 취약노동자의 기준이 무엇인지는 그렇게 명확하지 않으며, 취약노동자 개념은 학술적 관심과 정책적 목표에 따라 다양하게 정의되었다. 우리나라에서 '사회적기업 육성법 시행령'은 '취약계층'의 판단기준을 제시하고 있지만[1] '취약계

---

1 사회적기업 육성법 시행령 [시행 2019.1.1.] [2018.11.20. 일부개정] 제2조(취약계층의 구체적 기준)「사회적기업 육성법」(이하 "법"이라 한다) 제2조제2호에 따른 취약계층(이하 "취약계층"이라 한다)은 다음 각 호의 어느 하나에 해당하는 사람으로 한다.
  1. 가구 월평균 소득이 전국 가구 월평균 소득의 100분의 60 이하인 사람
  2. 「고용상 연령차별금지 및 고령자고용촉진에 관한 법률」 제2조제1호에 따른 고령자
  3. 「장애인고용촉진 및 직업재활법」 제2조제1호에 따른 장애인
  4. 「성매매알선 등 행위의 처벌에 관한 법률」 제2조제1항제4호에 따른 성매매피해자

층'이라는 용어는 흔히 사회경제적으로 열악한 상황에 처해 있어 사회적 보호와 정책적 지원이 필요한 집단으로 간주되어 왔을 뿐, 얼마나 열악한 상황이어야 취약계층으로 규정될 수 있는지 '취약성'의 핵심적 기준과 범위는 개별 연구자의 연구 관심에 따라 상당한 차이를 보여 왔다. 국내외 선행 연구들을 검토해 보면 크게 네 가지 측면에서 취약노동자가 사용되고 있다.

첫째, '불리한 인적 속성'에 초점을 맞추는 경우이다. 예컨대, 취약노동자는 이주자, 여성, 청소년, 중고령자, 장애인 등 '사회적 지원과 보조가 없다면 자활·자립하기 어려운 불우한 집단'(나영선 외. 2003), '근로 능력이 없어 시장경제체제에 원천적으로 적응할 수 없거나 신체적, 정신적 능력의 부족으로 시장경제에 적응하기에 한계가 있는 계층'(유경준 외. 2004)으로 간주된다. 이러한 정의는 주로 정

---

5. 「청년고용촉진 특별법」 제2조제1호에 따른 청년 중 또는 「경력단절여성등의 경제활동 촉진법」 제2조제1호에 따른 경력단절여성등 중 「고용보험법 시행령」 제26조제1항 및 별표 1에 따른 신규고용촉진 장려금의 지급대상이 되는 사람

6. 「북한이탈주민의 보호 및 정착지원에 관한 법률」 제2조제1호에 따른 북한이탈주민

7. 「가정폭력방지 및 피해자보호 등에 관한 법률」 제2조제3호에 따른 피해자

8. 「한부모가족 지원법」 제5조 및 제5조의2에 따른 보호대상자

9. 「재한외국인 처우 기본법」 제2조제3호에 따른 결혼이민자

10. 「보호관찰 등에 관한 법률」 제3조제3항에 따른 갱생보호 대상자

11. 다음 각 목의 어느 하나에 해당하는 사람
    가. 「범죄피해자 보호법」 제16조에 따른 구조피해자가 장해를 입은 경우 그 구조피해자 및 그 구조피해자와 생계를 같이 하는 배우자, 직계혈족 및 형제자매
    나. 「범죄피해자 보호법」 제16조에 따른 구조피해자가 사망한 경우 그 구조피해자와 생계를 같이 하던 배우자, 직계혈족 및 형제자매

12. 그 밖에 1년 이상 장기실업자 등 고용노동부장관이 취업 상황 등을 고려하여 「고용정책 기본법」 제10조에 따른 고용정책심의회(이하 "정책심의회"라 한다)의 심의를 거쳐 취약계층으로 인정한 사람

[전문개정 2010. 12. 9.]

책적 논의에서 등장하며, 이때 취약노동자에 대한 처방은 개인들이 가지고 있는 어떤 결함이나 한계들을 정부가 지원해주는 방식으로 내려진다.

둘째, '노동시장에서의 열악한 지위'에 초점을 맞추어 취약노동자를 파악하는 경우이다. 이때 저임금과 고용형태가 취약노동자를 정의하는 대표적인 기준으로 제시된다. 저임금은 취약노동자의 핵심적인 지표이다. 만성적인 저임금은 곧 안정적인 생계 유지의 어려움을 의미하기 때문이다. 다만 저임금이 어느 수준인지에 대한 합의는 존재하지 않는다. 최저임금의 1.5배 미만, 중위 임금의 1/3 미만, 중위 임금 미만 등이 취약노동자의 기준으로 제시되고 있다(LCO, 2012; Hudson, 2006; Pollert and Charlwood, 2009).

저임금은 취약노동자가 안고 있는 대표적인 특징이 분명하지만, 이것 자체로는 취약노동자를 개념화하는 데는 지나치게 단순한 점이 있다. 따라서 취약노동자의 개념을 보다 확장시키기 위해서는 저임금과 결합되는 다양한 특징들을 고려할 필요가 있다. 대부분의 연구자들도 취약노동자 범주를 접근함에 있어 저임금과 더불어 취약노동의 특정한 특징들을 결합한다(Bazillier, et al., 2016). 예를 들어 인적속성, 노동과정에 대한 통제 여부, 사회보장제도 활용 여부, 기업 규모, 업종 특징 등이 있다.

최근에는 불안정노동이 급격히 증가하는 고용관계 변화 속에서 특수형태 근로자에 대한 사회적 보호 필요성과 관련하여 취약노동자를 정의하는 경향도 나타난다. 기술변화와 시장경쟁 속에서 노동자성을 인정받지 못해 노동법과 사회보장제도의 사각지대에 있는 특수고용노동자들이 늘어났고, 이들에 대한 사회적 보호의 필요성을 강조하기 위해 '취약노동자' 개념을 사용하는 것이다

셋째, '사회보장제도의 접근성 여부'로 취약성을 고려하는 경우이다. 이는 취약노동자를 사회적으로 수용할 수 있는 최저선의 일자리로 최저임금과 사회보장제도의 사각지대에 있는 노동자로 파악하는 것이다. 예컨대 취약노동자는 '취업 활동과 생애과정에서 각종 사회경제적 위험에 노출되어, 정책적 지원과 사회적 보호가 없을 경우 빈곤층으로 전락하기 쉬운 계층'(방하남 · 강신욱, 2017)으로 정의하거나, '최저임금 미만의 저임금을 받거나 고용보험에 가입되지 않은 노동자'로 정의하는 경우(장지연, 2017)이다.

사회보장제도의 접근성은 개인이 생계적, 신체적으로 위험한 상황을 겪었을 때 사회보장제도를 통해 그 위험을 완화하거나 보상을 받을 가능성을 의미한다. 미등록 이주노동자나 주당 15시간 미만의 단시간 노동자들은 노동법 적용에서 예외로 간주되기 때문에 취약한 위치에 있는 노동자들로 볼 수 있다. 그러나 사회보장제도의 접근성은 비단 관련 법·제도의 존재 유무만으로는 판정할 수 없다. 노동자들이 법·제도의 보호를 받을 자격이 있더라도 그러한 법·제도를 활용하지 못하는 경우가 있기 때문이다. 예를 들어 실업과 산업재해는 노동자들이 겪을 수 있는 대표적인 위험 요소인데, 이들 노동자들이 기존의 법·제도를 제대로 활용하기 어렵다면 취약함에 노출된 것으로 볼 수 있다.

넷째, 산업안전보건제도의 측면에서 취약노동자를 접근하는 경우이다. 이는 사회보장제도의 접근성이라는 측면과 관련이 있지만,

신체적 위험을 다룬다는 점에서 독자적으로 다루어지곤 한다. 산업안전보건제도의 측면에서 취약노동자는 '작업 및 근로환경의 특성상 산업재해가 빈번하게 발생하거나 고용 형태 및 사회적 지위의 취약성으로 인해 산업안전보건과 관련한 법적, 제도적 보호에서 취약한 집단'이라고 표현하거나(이경용 외, 2006), '건강 문제 발생의 위험도가 인구집단의 평균보다 높거나 부정적 건강 결과의 상대위험도가 큰 사회적 집단'으로 정의되고 있다(권영준, 2009).

산업안전보건 상 취약노동자의 개념에는 '위험'(risk)이라는 요소가 적극적으로 등장한다. 산업안전보건 행정에서 취약성은 위험한 사건 혹은 상황이 일어날 때 개인들이 이 위험을 얼마나 관리하기 어려운지 또는 이때 수반되는 손실과 비용을 얼마나 감당하기 어려운지의 측면에서 다루어진다(O'Regan, Hill and Neathey, 2005; Bocquier, Nordman and Vescovo, 2010). 이처럼 산안안전보건 연구들은 취약성을 접근할 때, 위험의 가능성과 위험 대응 역량을 구분함으로써 취약성에 대처할 수 있는 방안들을 모색하는 길을 찾고 있다. 이러한 접근은 산업안전보건에 국한하지 않고 취약노동자 전반의 문제를 대응하는데 시사점을 제공할 수 있을 것이다.

이상의 논의에서 확인할 수 있는 것은 취약노동자 개념이 연구자의 관심과 정책적 목표에 따라 다양하게 정의되고 있으며, 취약성의 내용 역시 어느 한 가지 기준으로 파악되기보다는 인적 속성, 노동시장에서의 지위, 사회안전망 등의 기준에 따라 다차원적으로 파악될 수 있다는 점이다. 그러나 대부분의 연구에서 '취약노동자'는 노동시장에서 불안정한 고용 지위, 열악한 근로조건, 사회안전망 배제라는 객관적 상황에서 공통적이다. 많은 경우 불리한 인적 속성에서 비롯되는 열악한 노동시장 지위는 부당한 대우와 인격적 무시, 차별을 낳고, 노동기본권을 침해할 뿐 아니라, 사고, 질병, 빈곤과 같은 사회적 위험의 노출 가능성을 높인다. 숙련과 같은 노동시장 자원이 있는 경우에도, 개별화된 고용 관계나 직무 가치에 대한 체계적인 저평가 때문에 교섭력이 취약하다. 이처럼 취약노동자는 노동시장에서의 열악한 지위, 제도적 자원과 사회적 보호의 부족으로 고용관계와 노동과정에서 부당한 대우와 질병, 산재, 실업과 같은 위험에 처할 가능성이 높은 노동자를 의미한다.

4. 소결

이 장에서는 1980년대 이후 노동유연화 정책의 확산, 기업의 역량을 외부로 이전하는 기업 경영 관행의 변화, 기업 간 관계망의 규율과 관리를 가능하게 기술의 발전이 노동의 불안정화와 탈경계화를 추동하였다고 보았다. 그리고 이 과정은 하나의 사업장에서 자기완결적인 고용관계의 형성을 전제로 하는 안정적인 노동 상황을 해체시키면서 고용관계를 다양한 방식으로 파편화시키고 있다. 기존의 정규직 임금노동은 하청, 용역, 파견, 자회사, (무기) 계약직 등의 형태로 비정규화되고 있고, 기존의 자영업자들은 점차 프랜차이즈 본사나 플랫폼 기업에 대한 종속성이 높아지고 있다. 플랫폼 기술의 등장은 기존의 사업장 밖에서 시공간을 달리하여 일을 할 수 있는 조건들을 만들고 있다. 갈수록 다양화되고 있는 고용관계가 가지는 문제점 중의 하나는 기존의 노동법으로는 일괄적으로 포괄하기 어려운 그래서 노동법과 사회보장제도의 사각지대에 놓인 불안정한 노동자들을 양산한다는 점이다. 우리는 이처럼 파편화되고 있는 고용 관계 문제를 접근하는 데 있어 가장 공통적으로 적용될 수 있는 지점이 취약성이라는 점에 주목하고자 하였다.

기존의 연구들을 검토했을 때 노동 취약성은 크게 네 가지 내용을 포함하고 있다. 첫째, 특정한 개인이나 집단이 귀속적으로 가지고 있는 불리한 인적 속성이 있다. 둘째, 노동시장에서의 열악한 지위에서 발생하는 취약성이 있다. 이중 저임금과 고용형태는 취약성을 드러내는 대표적인 기준이 된다. 셋째, 사회보장제도에의 접근성 여부 또한 취약성을 판결하는 기준이 된다. 여기서 사회보장제도의 적용 자격 유무만이 아니라 실질적 활용 정도가 고려되어야 한다. 마지막으로, 산재나 직업병과 같은 물리적 위험 요인과 이러한 위험 요인에 대응할 수 있는 노동자들의 역량의 관계도 취약성 여부에 영향을 준다. 이상의 네 가지 내용은 분석적으로 구분될 뿐 현실에서는 상호 연관되어 있다.

2000년대 이후 취약성 개념을 도입하였던 서구의 연구들을 보면 이 개념의 유용성은 여전히 논쟁적이다. 문제로 지적되는 점의 하나는 노동취약성 접근이 가지고 있는 개별적이고 온건한 처방 경향이다. 예를 들어 홀과 그의 동료들(Hall, et al, 2020)은 정책적 차원에서 도입되고 있는 취약성 개념이 취약성의 원천을 노동자 자신들에 있는 것으로 찾으면서 주로 교육이나 설득과 같은 온건한 처방으로 문제를 다루고 있다고 비판하였다.

이러한 비판에도 불구하고 이 글은 노동정책 측면에서 취약성 접근이 가지는 장점이 있다고 생각한다. 취약성의 원인에는 사회적이고 보편적인 성격이 존재하며, 이에 대응하기 위해서는 국가의 적극적 개입이 요구되기 때문이다. 또한 노동취약성은 최근에 벌어지고 있는 노동의 변화에 대응할 수 있는 유용한 개념이기도 하다. 디지털 기술의 발전에 따른 플랫폼 노동의 확산과 코로나19 사태는 공통적으로 노동권 사각지대의 문제를 제기하고 있다. 현재 진행되고 있는 노동의 변화는 일시적이지 않고 구조적인 성격이 강하기 때문에 법·제도적인 정비에는 상당한 시간이 요구될 것으로 전망된다. 취약성 개념은 노동권 사각지대에 놓여 있는 노동자들에 대해 정부의 시급한 대응을 주문한다는 점에서 법·제도 정비에 앞서 적극적인 노동정책 실행의 기반이 될 수 있다.

경상남도 노동 현황 개관

제2장의 목표는 정부의 공식 통계 자료를 활용하여, 경남지역 노동자의 노동 현황을 전반적으로 개관하는 것이다. 취약노동자는 노동자의 일부를 구성한다는 점에서 제2장의 작업은 이후 취약노동자 분석의 배경적 맥락을 조명하는 의미를 지닌다. 이러한 까닭에 노동 현황을 상세하게 들여다보기보다 다음 세가지 측면에서 전반적 특징을 일종의 조감도처럼 거시적으로 살펴보는 접근 방식을 택하기로 한다.

먼저 노동자들이 일하고 있는 지역 경제의 맥락적 특성을 알아보기 위해 가) 경상남도의 지역내총생산 성장 추이를 총괄하고, 나아가서 지역내 경제활동의 구조 변화를 크게 개관한다. 나) 경상남도 노동자들이 일하고 있는 사업체현황을 알아보되 특별히 그 규모와 업종 구성 파악에 주안점을 둘 것이다. 둘째, 통계청의 지역별고용조사 자료를 활용하여 경상남도 임금노동자들의 전반적인 실태를 살펴보되, 전국 평균과 비교하고, 경상남도 18개 시군별 특성도 비교하고. 고용의 질과 관련해 두드러진 특징이 무엇인지 조명하고, 셋째로 근로환경조사 자료에 의거하여 경상남도 노동환경의 주요 측면을 탐조하기로 한다.

1. 경남 지역내총생산과 경제활동의 구조

통계청의 지역내총생산(gross regional domestic product, GRDP)은 일정 기간 동안 일정 지역에서 생산된 최종 재화와 서비스의 시장가치를 합한 시·도 단위의 종합 경제지표이다. 생산자가 어느 지역에 거주하는가와 관계없이 해당 지역에서 발생한 부가가치는 모두 계상된다. 지역내총생산은 각 시도의 경제규모, 생산수준, 산업규모 등을 파악할 수 있어, 지역 경제정책 수립 및 평가, 지역경제분석 등에 중요한 기초자료로 이용할 수 있다.

가. 지역내총생산 성장률과 1인당 지역내총생산 추이

먼저 경남의 전년대비 지역내총생산(GRDP) 성장률 추이를 전국 평균과 비교해 보면(〈그림 2-1〉), 2019년 경남이 기록한 2.0%은 전국 평균 2.2%를 약간 밑도는 수준이다. 전국 평균 대비 경남의 GRDP 성장률은 전국 평균을 웃돈 적이 있었으나, 2015년 이후에는 매년 전국 평균을 하회하는 수준을 거듭했고, 2017년에는 마이너스 성장을 한 것으로 나타난다. 이처럼 경남의 경제성장률이 전국 평균보다 저조한 수준을 지속하는 것은 경남의 소득 성장률 곧 경제적 활력이 상대적으로 저조하게 되었음을 가리킨다.

〈그림 2-2〉는 경남의 1인당 지역내총생산이 2000년 이후 2013년까지는 전국 평균을 웃돌았으나 2014년에는 역전되어 이후 전국 평균을 밑돌게 되었고, 그 격차가 점점 더 벌어지는 양상을 보여 준다.

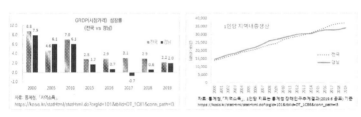

〈그림 2-1〉 GRDP 성장률; 경남 vs 전국   〈그림 2-2〉 1인당 GRDP: 경남 vs 전국

나. 산업생산의 구조

이상과 같은 경남 지역내총생산의 추이는 산업구조의 변화와 관련이 있는 것으로 보인다. 경제활동별 부가가치 생산 구성비 추이를 보면(〈표 2-1〉), 2010년에서 2015년 사이 광제조업 비중은 2010년 46.0%에서 2015년 41.5%로 하락한 반면, 서비스업은 40.9%에서 46.1%로 상승하여 경남의 부가가치 생산에서 가장 큰 비중을 차지하는 산업이 광제조업이 아니라 서비스업으로 대체되었고, 2015년 이후 해마다 광제조업 구성비는 하락세를 거듭해 2019년 39.0%로 줄어든 반면 서비스업구성비는 상승세를 거듭해 2019년 48.2%를

기록해 대조를 이룬다.

<표 2-1> 경제활동별 부가가치 생산의 구성(2010, 2015, 2019; 경남 vs 전국)

(단위: %)

	경남			전국		
	2010	2015	2019	2010	2015	2019
총부가가치(기초가격)	100.0	100.0	100.0	100.0	100.0	100.0
농업, 임업 및 어업	3.9	3.6	3.7	2.3	2.2	1.8
광제조업	47.1	41.5	39.0	30.3	29.1	27.7
전기, 가스... 공급업	2.7	3.0	2.0	1.6	2.1	1.4
건설업	4.7	5.8	5.7	5.0	5.3	5.9
서비스업	41.5	46.1	49.6	60.8	61.2	63.2

자료: 통계청, 「지역소득」, https://kosis.kr/statHtml/statHtml. do?orgId=101&tblId=DT_1C82&conn_
path=I3

2010년에서 2019년까지 전산업 생산에서 광제조업이 차지하는
비중의 변화 면에서 경남과 전국을 비교하면, 경남은 −8.1%p 하락
해 전국의 −2.6%p 보다 훨씬 더 두드러지게 그 비중이 줄어들었으
나 2019년 현재 경남의 광제조업 비중은 전국 평균(27.7%)을 월등하
게 능가하는 39.0%를 기록하여 의연히 광제조업 비중이 높은 지역
산업의 특징적 면모가 드러난다.

지역 산업 생산의 특징으로는 업종별 구성뿐만 아니라 규모별 구
조도 중요하다. 특별히 우리나라에서 현재 근로기준법과 같은 노동
법의 적용이 유보된 상시 근로자 5인 미만 영세 사업체의 실태는 각
별한 관심이 요청된다.[1] 2019년 기준 통계청의 <전국사업체조사> 자
료를 활용해 종사자규모별로 경상남도의 사업체 수 및 종사자 수

---

1 우리나라에서 상시 5인 미만 사업체는 흔히 '영세' 사업체로 분류된다. 현행 근로기준법

구성비 분포를 보면 다음과 같은 특징이 두드러진다(〈표 2-2〉). 종사자수 1-4명인 "영세" 사업체가 경남의 경우 사업체수로는 전체의 81.6%라는 대다수를 차지하고, 노동자 수 면에서는 전체의 29.3%를 차지한다. 5~9명 규모까지 포함하면 10인 미만 "영세 소기업" 비중이 사업체수의 92.4%, 종사자 수의 43.1%로 압도적이다. 경남의 영세 소규모 사업체 비중은 사업체 수 또는 종사자 수 어느 면으로 보더라도 전국 평균보다 더 높은데 이는 경남의 1~4인 영세사업체 비중이 상대적으로 더 높은 특징에서 기인한다. 경남의 종사자규모별 사업체 현황을 전국과 비교하면(〈표 2-2〉), 종사자 1~4명, 20~49명 그리고 50~99명의 세 규모에서 경남의 비중이 전국의 그것보다 높으나, 전국 대비 경남 비중의 차이는 1~4명 영세 사업체에서 가장 큰 것으로 나타난다.

〈표 2-2〉 종사자규모별 사업체 현황: 전국 vs 경남(2019년)

종사자규모별	사업체수 구성비(%, %p)			종사자수 구성비(%, %p)		
	전국	경남	비고	전국	경남	비고
	2019	2019	(경남-전국)	2019	2019	(경남-전국)
계	100.0	100.0	0.0	100.0	100.0	0.0
1 - 4명	79.6	81.6	**2.0**	26.6	29.3	**2.7**
5 - 9명	12.2	10.8	-1.4	14.3	13.8	-0.4

(제11조)은 적용범위를 상시 5명 이상의 근로자를 사용하는 모든 사업 또는 사업장에 적용한다고 규정하고 있고 상시 4명 이하에 대해서는 대통령령으로 일부 규정을 적용할 수 있도록 하고 있다. 행정감독상의 어려움이나 사용자의 법 준수능력 미비 등 고려한 것이다. 또한 상시 근로자 5명 미만 영세 사업체는 산업안전보건법 상의 안전담당자 지정 의무 및 안전보건교육 의무 조항이 적용 제외되고, 2021년 제정된 중대재해처벌법도 적용 제외되어, 영세사업장 종사 노동자들은 노동관계법의 보호를 받지 못하는 취약성을 안고 있다.

종사자규모별	사업체수 구성비(%, %p)			종사자수 구성비(%, %p)		
	전국	경남	비고	전국	경남	비고
	2019	2019	(경남-전국)	2019	2019	(경남-전국)
10 - 19명	4.5	4.0	-0.5	10.9	10.6	-0.3
20 - 49명	2.5	2.5	0.0	13.5	15.1	**1.6**
50 - 99명	0.8	0.8	-0.0	9.8	10.6	**0.8**
100 - 299명	0.4	0.3	-0.0	10.6	10.1	-0.4
300 - 499명	0.1	0.0	-0.0	3.5	2.7	-0.8
500 - 999명	0.0	0.0	-0.0	4.0	2.4	-1.5
1000명 이상	0.0	0.0	-0.0	7.1	5.4	-1.7

자료: 통계청, 전국사업체조사, https://kosis.kr/statHtml/statHtml.do?orgId=101&tblId=DT_1K
52C03&conn_path=I3

〈표 2-3〉에서 산업별 종사자규모별 경남 사업체의 종사자 수 분포 특징을 보면, 우선, 경남 전산업에서 1~4명 사업체가 종사자 418.1천 명으로 그 고용 규모가 가장 큰데, 이들의 업종별 분포는 도소매 및 음식숙박업이 220.1천 명으로 가장 많은 수의 종사자를 고용하고 있는 것이 특징적이다. 둘째, 경남 전산업에서 종사자 규모별 고용 비중이 두 번째로 큰 사업체 규모는 종사자 20~49명 사업체로, 종사자 수는 215.3천 명이다. 이 범주의 업종별 종사자 규모는 광공업 79.4천 명, 사업, 개인·공공서비스 및 기타 77.5천 명으로 나타난다. 셋째, 경남 전산업에서 세 번째로 종사자수가 큰 사업체 규모는 종사자 5~9명 사업체이다. 이 사업체들의 업종별 종사자수는 도소매 및 음식숙박업 58.3천 명, 사업, 개인·공공서비스 및 기타 56.7천 명, 광공업 52.2천 명으로 분포한다.

<표 2-3> 종사자규모별 산업(대대분류)별 경상남도 사업체 종사자 수(2019)

(단위: 천명)

		산업별(대대분류)					
		전산업	농림어업 A	광공업 B, C	전기운수 통신금융 D, H, J, K	사업개인공공 서비스 및 기타 E, L~U	건설업 F	도소매 및 음식숙박업 G, I
	계	1,427.4	3.4	413.5	112.3	477.4	86.2	334.6
종사자규모	1 - 4명	418.1	0.5	48.1	27.6	109.5	12.3	220.1
	5 - 9명	197.7	0.7	52.2	10.4	56.7	19.4	58.3
	10 - 19명	150.9	0.8	42.6	15.3	49.7	18.4	24.2
	20 - 49명	215.3	1	79.4	24.4	77.5	13.2	19.8
	50 - 99명	151.3	0.3	48.8	17.1	71.3	6.9	6.9
	100 - 299명	144.6	X	59.7	13.5	53.9	12.6	4.4
	300 - 499명	38.5		15.8	X	15.7	2.8	X
	500 - 999명	34.6		14.6	X	15.2	X	
	1000명 이상	76.4		52.1		19.3		

자료: 통계청 전국사업체조사

주: 산업분류부호는 한국산업표준분류 KSIC의 대분류. 즉, A 농업, 임업 및 어업(01~03), B 광업(05~08), C 제조업(10~34), D 전기, 가스, 증기 및 공기조절 공급업(35), E 수도, 하수 및 폐기물 처리, 원료 재생업(36~39), F 건설업(41~42), G 도매 및 소매업(45~47), H 운수 및 창고업(49~52), I 숙박 및 음식점업(55~56), H 정보통신업(58~63), I 금융 및 보험업(64~66), J 부동산업(68), K 전문, 과학 및 기술 서비스업(70~73), L 사업시설 관리, 사업 지원 및 임대 서비스업(74~76), M 공공행정, 국방 및 사회보장 행정(84), N 교육 서비스업(85), O 보건업 및 사회복지 서비스업(86~87), P 예술, 스포츠 및 여가관련 서비스업(90~91), Q 협회 및 단체, 수리 및 기타 개인 서비스업(94~96)

2. 경상남도 노동 현황 : 지역별 고용조사 자료를 중심으로

다음으로 통계청의 <지역별고용조사> 자료를 통해서 경상남도 노동의 현황을 살펴보기로 한다. 주로 2020년 하반기 지역별고용조사 마이크로데이터 A형을 활용할 것이나, 이 절의 말미에서는 이글을 집필하는 도중에 입수한 2021년 상반기 지역별고용조사 마이크

로데이터 C형도 일부 활용하게 될 것이다.[2]

가. 생산가능인구의 구조

2020년 하반기 현재 경남의 15세이상 생산가능인구는 2,852.8천 명이다. 이 가운데 경제활동인구(경활인구)는 1,808.0천 명, 비경제활동인구(비경활인구)는 1,044.8천 명으로 구성된다. 경제활동인구 중 취업자는 1,734.8천 명이고, 실업자는 73.2천 명이다(〈표 2-5〉).

---

2 통계청은 지역별고용조사 자료를 공표하는 방법의 하나로 마이크로데이터 서비스를 제공하는데, 공공용(다운로드) 서비스는 A, B, C 세가지 형태로 구분된다. A형의 경우, 지역 자료는 행정구역 및 사업체소재지 시군 지역 부호(4자리)를, 그리고 산업/직업 자료는 중분류(2자리) 부호를 제공하고; B형에서는 지역 코드는 제공하지 않는 대신 산업/직업 소분류(3자리) 부호를 제공하며; C형의 경우 지역 자료는 행정구역 및 사업체소재지 (시도(2자리) 부호), 그리고 산업, 직업 자료(대분류 1자리 부호)를 제공하고, 종사상지위(상용/임시일용/비임금근로자 3개로 구분한 부호), 기타 부가항목을 추가 제공해 왔는데, 2021년 상반기 이후 서비스유형별로 데이터셋의 제공 범위를 변경했다. 즉, A형의 경우 지역 자료로 과거에는 제공하지 않던 특광역시 지역의 시군구까지 제공범위를 확대하여 시군구 부호를 제공하는 대신, 산업, 직업 자료로는 대분류(1자리) 부호만을 제공하고, C형의 경우 직장종사자규모 코드를 추가로 제공하고 있다. 지역별고용조사에 대한 보다 자세한 내용은 통계청 (2020) 『지역별고용조사 통계정보보고서』, 2020.10. 지역별고용조사를 활용한 경남의 고용동향 분석은 심상완(2021) 참조

〈표 2-4〉 서비스유형별 지역별고용조사 마이크로데이터 제공항목(공공용)

	A형	B형	C형
지역	시군(2020년까지) 시군구(2021년부터)	×	시도
산업 직업	중분류(2자리)(2020년까지) 대분류(1자리)(2021년부터)	소분류 (3자리)	대분류
부가항목: 직장의 종사자규모코드	×	×	○ (2021년부터)

자료: 통계청 MDIS 〉 제공자료 〉 주제별 제공자료 〉 조사:노동 〉 지역별고용조사 〉 데이터셋 및 항목 (https://mdis.kostat.go.kr/ofrData/selectOfrDataDetail.do?survId=1003790&itmDiv=1&nPage=3&itemId=2004&itemNm=%EB%85%B8%EB%8F%99)

비경활인구를 활동상태별로 나눠 보면, 육아 및 가사 (450.9천명)가 가장 큰 부분을 차지하고 있고, 재학(진학준비 포함 217.8천명)이 다음으로 큰 부분을 차지하고 있고, 그냥 쉬었음 196.6천 명, 연로 109.7천명, 취업준비 42.0천 명 등도 무시할 수 없는 규모이다.

성별로 15세이상 인구는 비슷한 규모이나 경활인구, 취업자 및 실업자에서는 남자가 더 많고, 비경활인구에서는 여자가 더 많은 차이를 나타낸다. 이처럼 두드러진 성별 차이는 육아가사 부담을 여자가 거의 전적으로 담당하는 성별의 분업구조에서 주로 기인하는 것으로 보인다.

〈표 2-5〉 2020년 하반기 경남 생산가능인구 개관

(단위: 천명)

| | | 15세이상 생산가능인구 2,852.8천명 | | | | | | | | | |

| | | 경제활동인구 1,808.0천명 | | | 비경제활동인구 1,044.8천명 | | | | | | |

	15+	경활	취업자	실업자	비경활	육아가사	재학진학준비	취업준비	연로	쉬었음	기타
계	2,852.8	1,808.0	1,734.8	73.2	1,044.8	450.9	217.8	42.0	109.7	196.6	27.8
남	1,428.1	1,059.2	1,007.6	51.5	368.9	9.3	114.4	22.7	51.9	152.1	18.6
여	1,424.7	748.8	727.2	21.6	675.8	441.7	103.4	19.4	57.7	44.5	9.2
15~29	495.1	199.0	178.2	20.8	296.1	9.5	215.9	30.7		33.0	7.0
30~49	961.6	759.6	726.6	33.0	201.9	144.6	1.8	11.1		38.5	5.9
50~64	834.1	604.0	586.8	17.2	230.1	153.5	0.1	0.2	1.1	66.5	8.7
65+	561.9	245.3	243.3	2.1	316.6	143.3		0.0	108.6	58.5	6.2
초졸이하	366.6	166.8	164.7	2.1	199.8	99.8			70.8	23.7	5.5
중졸	287.3	154.3	150.7	3.6	133.1	66.4	23.8		15.4	24.0	3.5
고졸	1,067.5	683.6	654.1	29.4	383.9	166.2	105.2	7.0	16.3	77.1	12.2
전문대졸	388.1	288.3	274.3	14.0	99.8	48.0	15.7	9.0	1.1	23.5	2.7
대졸이상	743.3	515.1	491.0	24.0	228.2	70.6	73.1	26.1	6.1	48.3	4.1

자료: 통계청, 지역별고용조사 마이크로데이터 A형(시도 가중치 적용); 창원대학교 노동연구센터
'재학+진학준비'는 정규교육기관 재학 + 입시학원 재학; 취업준비는 취업준비 + 취업 위한 학원 직업훈련기관 통학; 기타는 심신장애 + 군입대대기 + 결혼준비 + 기타

2020년 하반기 경남의 15세이상 생산가능인구 중 취업자의 비율을 가리키는 고용률은 60.8%를, 그리고 15세이상 생산가능인구 중 경제활동인구의 비율인 경제활동참가율은 63.4%를 기록한 반면, 경제활동인구 중 실업자의 비율인 실업률은 4.0%, 그리고 일하고 싶은 욕구가 있음에도 일을 하고 있지 못하는 노동력을 나타내는 노동저활용률(고용보조지표2)은 8.8%로 나타났다. 코로나 19의 타격을 받은 2020년 상반기 대비로는 4가지 지표 모두 상승했으나 고용률 및 경활률은 COVID-19 위기 발발 이전인 2019년 하반기 수준을 회복하지 못한 반면, 실업률과 노동저활용률은 훨씬 더 높이 상

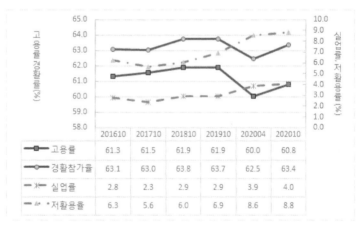

자료: 통계청, 지역별고용조사 마이크로데이터 A형, 시도승수 적용; 창원대 노동연구센터
주: 고용률 = 취업자 ÷ 15세이상인구; 경제활동참가율 = 경제활동인구 ÷ 15세이상인구; 실업률 = 실업자 ÷ 경제활동인구; 노동저활용률(LU3, 고용보조지표2) = (실업자 + 잠재경제활동인구) ÷ 확장경제활동인구

〈그림 2-3〉 경남 주요 고용지표 추이(2016H2~2020H2)

승한 특색을 보여준다(〈그림 2-3〉).[3]

나. 전국/인근 시도 VS 경상남도

경남의 주요 고용지표를 전국이나 다른 지역과 비교하면 어떠한가? 〈그림 2-4〉는 2016년 하반기에서 2020년 하반기까지 최근 5년간 전국, 부산, 울산, 경북과 경남의 고용률과 경제활동참가율(경활률) 추이를 비교 도표화한 것이다. 2020년 하반기 경남의 고용률 60.8%는 전국 평균 60.4%를 약간 웃도는 수준이나 이웃 경북 62.0%을 하회하는 반면, 부산 56.1%, 울산 58.1%를 상회하는 수준이다. 2020년 하반기 경남의 고용률은 코로나19 발발한 2020

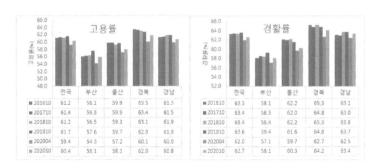

자료: 통계청 지역별고용조사 마이크로데이터 A형; 창원대노동연구센터(전국 및 시도는 시도 승수 적용)

〈그림 2-4〉 고용률 및 경제활동참가율 추이 비교:
전국, 부산, 울산, 경북 vs 경남(2016H2~2020H2)

---

3   이영호·이희영(2019)은 COVID-19 대유행 이전 2015~2018년 부산·경남 지역의 고용 변화를 인구, 경활참가율, 취업률 등의 요인으로 분해하여 각 요인별 특성과 고용에 미치는 영향을 분석하고 정책대안을 제시하고 있다.

년 상반기 60.0%보다는 개선되었으나 그 이전 2016년~2019년 수준에는 못미친다. 한편 경활률도 대동소이한 양상인데, 다만 2020년 하반기 경남의 경활률은 2020년 상반기의 저점에서 벗어나 2016~2017년 하반기 수준은 회복했으나 2018~2019년 하반기 수준에는 채 미치지 못하는 특징을 보인다.

다른 한편, 2020년 하반기 경남의 실업률은 전국 평균 또는 인근 지역들에 견주어 다소 더 높은 수준으로 나타난다. 〈그림 2-5〉에서 보듯이, 2020년 하반기 현재 경남의 실업률(4.0%)은 경북(3.4%)이나 부산(3.5%)를 웃도는 것은 물론이고 전국 평균(3.7%) 또는 울산(3.7%)을 상회하는 수준이고, 노동저활용률의 경우에도 경북(6.7%)을 현저한 격차로 능가하면서 전국 평균(8.1%)을 상회하고, 부산 8.7%보다 약간 더 높으며, 울산(8.8%)과 같은 수준이다.

자료: 통계청 지역별고용조사 마이크로데이터 A형; 창원대노동연구센터(전국 및 시도는 시도 승수 적용)

〈그림 2-5〉 실업률 및 노동저활용율 추이 비교:
전국, 부산, 울산, 경북 vs 경남(2016H2~2020H2)

다. 경상남도 내 시군별 비교

경남 내 시군별 고용지표를 비교해 보면 시지역과 군지역 간에 상당히 큰 격차가 나타난다. 〈표 2-6〉에서 보듯이, 2020년 하반기 기준 경남 시지역의 평균 경활참가율(59.5%)과 고용률(56.9%)은 군지역 평균 (경활참가율 66.7%, 고용률 65.5%)에 비해 현격하게 낮은 수준이다.

〈표 2-6〉 경상남도 시군별 경제활동인구 총괄 (2020년 하반기)

(단위 : 천명, %)

	15세 이상 인구				경제활동 참가율	고용률		실업률
		경제활동인구		비경제 활동인구			15~64세	
		취업자	실업자					
시지역	2,445.4	1,487.7	1,414.7	73.0	957.7	60.8	57.9	62.9	4.9
창원시	879.9	535.4	511.6	23.8	344.5	60.8	58.1	63.9	4.4
진주시	306.9	181.7	173.1	8.6	125.2	59.2	56.4	60.9	4.7
통영시	108.9	63.1	60.0	3.1	45.8	57.9	55.1	61.2	4.8
사천시	94.3	62.6	59.7	3.0	31.7	66.4	63.2	66.9	4.8
김해시	463.5	285.2	267.4	17.7	178.4	61.5	57.7	61.9	6.2
밀양시	91.2	54.1	52.6	1.5*	37.1	59.3	57.7	66.3	2.7*
거제시	203.0	126.3	120.0	6.3	76.7	62.2	59.1	62.3	5.0
양산시	297.6	179.4	170.2	9.1	118.2	60.3	57.2	62.9	5.1
군지역	407.4	276.1	270.4	5.7	131.3	67.8	66.4	72.8	2.1
의령군	23.4	16.0	15.9	0.2*	7.4	68.5	67.6	78.1	1.2*
함안군	56.4	35.3	34.2	1.0*	21.1	62.6	60.7	68.1	3.0*
창녕군	54.2	35.1	34.7	0.5*	19.1	64.8	63.9	72.7	1.3*
고성군	44.7	30.4	29.2	1.2*	14.3	68.0	65.3	70.8	3.9
남해군	38.2	25.9	25.3	0.6*	12.3	67.9	66.2	71.0	2.4*
하동군	36.5	26.0	25.7	0.3*	10.5	71.3	70.4	77.0	1.2*
산청군	30.3	22.3	22.0	0.3*	8.0	73.6	72.6	77.3	1.3*
함양군	33.8	23.1	22.9	0.2*	10.6	68.6	67.8	74.0	1.0*
거창군	52.3	36.0	35.1	0.9*	16.3	68.8	67.1	71.2	2.4*
합천군	37.5	25.9	25.4	0.5*	11.6	69.1	67.8	76.4	1.8*

주) * 표시는 상대표준오차 값이 25% 이상이므로 이용시 유의하여야 함

출처: 통계청 보도자료, 「2020년 하반기 지역별고용조사 시군별 주요고용지표 집계 결과」, 사회 통계국 고용통계과, 2021.02.23. p.41.

그렇다면 경남의 8개 시 중 인구 규모가 가장 큰 창원시가 다른 시지역에 비해 어떠한가에 주목할 필요가 있다. 2020년 상반기 창원시의 경활참가율(58.6%)은 경남의 시지역 평균 경활참가율(59.5%)을 -0.9%p 밑도는 수준이고 창원시의 고용률(56.1%)은 경남 시지역 평균(56.9%)를 -0.8%p 하회하는 수준이며, 한편 창원시의 실업률(4.1%)은 경남 시지역 평균(4.4%)을 0.3%p 상회하는데, 경남의 시군 중에서는 양산시(5.1%), 거제시(5.0%), 김해시(5.0%)의 실업률이 창원보다 더 높았다(〈표 2-7〉).

〈표 2-7〉 경남 시군별 고용지표

(단위: %)

		2019. 하반기			2020. 상반기			2020. 하반기		
		경제활동 참가율	고용률	실업률	경제활동 참가율	고용률	실업률	경제활동 참가율	고용률	실업률
시지역		61.7	59.6	3.5	59.5	56.9	4.4	60.8	57.9	4.9
	창원시	62.4	60.0	3.8	58.6	56.1	4.1	60.8	58.1	4.4
	진주시	59.1	57.6	2.6	56.9	54.8	3.7	59.2	56.4	4.7
	통영시	59.9	57.0	5.0	58.1	55.9	3.8	57.9	55.1	4.8
	사천시	65.5	63.9	2.3 *	63.7	61.5	3.5	66.4	63.2	4.8
	김해시	61.0	59.4	2.6	61.1	58.0	5.0	61.5	57.7	6.2
	밀양시	62.4	60.4	3.3	59.2	57.5	3.0	59.3	57.7	2.7 *
	거제시	64.9	61.9	4.7	62.7	59.6	5.0	62.2	59.1	5.0
	양산시	60.6	58.3	3.8	59.4	56.4	5.1	60.3	57.2	5.1
군지역		66.6	65.6	1.5	66.7	65.5	1.8	67.8	66.4	2.1
	의령군	66.3	65.9	0.6 *	69.7	68.4	1.9 *	68.5	67.6	1.2 *
	함안군	61.7	60.0	2.8 *	61.9	60.6	2.1 *	62.6	60.7	3.0 *
	창녕군	67.2	66.4	1.1 *	65.4	63.5	2.8	64.8	63.9	1.3 *
	고성군	65.1	63.2	2.9 *	66.4	63.8	3.8 *	68.0	65.3	3.9
	남해군	67.2	66.7	0.7 *	66.3	65.7	1.0 *	67.9	66.2	2.4 *
	하동군	71.4	70.9	0.7 *	71.8	71.3	0.7 *	71.3	70.4	1.2 *
	산청군	70.3	70.1	0.3 *	69.8	69.7	0.1 *	73.6	72.6	1.3 *
	함양군	66.2	65.3	1.3 *	68.1	67.3	1.2 *	68.6	67.8	1.0 *
	거창군	66.8	65.9	1.4 *	67.4	66.2	1.8	68.8	67.1	2.4 *
	합천군	66.4	65.0	2.0 *	65.1	64.4	1.0 *	69.1	67.8	1.8 *

주) * 표시는 상대표준오차 값이 25% 이상으로 이용시 유의하여야 함
출처: 통계청 보도자료. 「2020년 하반기 지역별고용조사 시군별 주요고용지표 집계 결과」, 사회통계국 고용통계과, 2021.02.23. p.41.

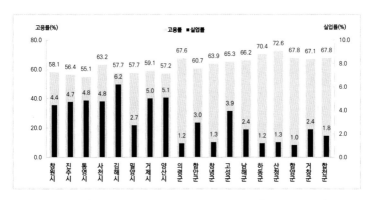

〈그림 2-6〉 경상남도 도내 시군별 고용률 및 실업률(2020년 하반기)

라. 산업별 직업별 고용 구조와 변동

1) 산업별 취업자 구조

경남의 산업별 취업자 구조(〈그림 2-7〉)를 보면, 2020년 하반기 사업·개인·공공서비스기타 취업자는 555.5천 명 (33.0%)로 6대 대대분류 산업 중 가장 큰 비중을 차지하고 있고, 그 다음으로 광공업(398.4 천명, 23.6%), 도소매음식숙박

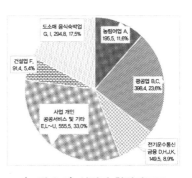

〈그림 2-7〉 산업별 취업자구조 (경남 2020H2; 천명, %)

업(294.8천명, 17.5%) 등의 순으로 구성된다. 〈표 2-8〉에서 산업별 취업자 수 추이를 보면, 전년 동기 대비로 2020년 하반기 경남의 취업자 수는 -29.9천명 감소했는데 이것은 사업·개인·공공서비스기타에서 18.1천명 증가와 전기운수통신금융에서 7.7천명 증가에도 불

구하고 광공업에서 −32.0천명 감소, 그리고 도소매 및 음식숙박업 −24.8천명 감소 등 COVID-19의 타격이 집중된 업종들에서 훨씬 더 큰 규모로 일자리 삭감이 발생했기 때문으로 풀이된다.

〈표 2-8〉 6대 대대분류 산업별 취업자 수 추이

(단위: 천명, %)

| | 조사연월 | | | | | | '19.10~'20.10 | |
	201710	201810	201910	202004	202010	구성비 (%)	증감	증감율 (%)
전산업	1,666.3	1,704.9	1,715.1	1,658.6	1,685.1	(100.0)	-29.9	(−1.7)
농림어업	196.5	203.9	194.3	194.1	195.5	(11.6)	1.2	(0.6)
광공업	429.3	421.8	430.4	411.1	398.4	(23.6)	-32.0	(−7.4)
전기운수통신금융	142.1	145.8	141.8	144.6	149.5	(8.9)	7.7	(5.5)
사업개인공공서비스및기타	488.7	511.4	537.4	531.8	555.5	(33.0)	18.1	(3.4)
건설업	102.9	101.5	91.5	86.8	91.4	(5.4)	-0.1	(−0.1)
도소매 및 음식숙박업	306.8	320.3	319.6	290.3	294.8	(17.5)	-24.8	(−7.8)

자료: 통계청. 지역별고용조사 마이크로데이터 A형, 시도가중치 적용; 창원대 노동연구센터

〈표 2-9〉은 경남의 산업을 21개 대분류 업종으로 구분하여 취업자 구조와 변동을 살펴보도록 한 것이다. 이에 따르면, 전년 동기 대비로 2020년 하반기 경남에서 산업대분류 업종별로 취업자 수 감소 폭이 가장 큰 것은 C. 제조업(-32.0천명↓, -7.4%↓), 다음으로 G. 도소매업 (-14.0천명↓, -7.7%↓), I. 숙박 및 음식점업 (-10.9천명↓, -7.9%↓) 등의 순으로 나타나고, 반면, 전년 동기 대비로 경남에서 취업자수 증가를 경험한 업종으로 Q. 보건업 및 사회복지 서비스업 (12.4천명, 8.9%), N. 사업시설관리 및 사업지원서비스업 (8.3천명, 17.1%), 등의 순으로 두드러졌으나, 이 업종들의 모두 합하더라도 얼마 되지 않은 나머지 전체적으로 취업자 감소가 진행된 것이었다.

〈표 2-9〉 산업(21개 대분류 업종)별 취업자 추이

(단위: 천명, %)

한국표준산업분류 (대분류)	조사연월						'19.10~'20.10	
	201610	201710	201810	201910	202004	202010	증감	증감율 (%)
전산업	1,696.6	1,666.3	1,704.9	1,715.1	1,658.6	1,685.1	-29.9	(-1.7)
A 농업, 임업 및 어업	224.1	196.5	203.9	194.3	194.1	195.5	1.2	(0.6)
B 광업	0.5	0.7	0.3	0.2	0.4	0.2	0.1	(31.0)
C 제조업	429.8	428.5	421.5	430.2	410.7	398.2	-32.0	(-7.4)
D 전기, 가스, 증기 및 수도사업	6.1	6.4	6.1	7.7	5.7	5.7	-2.0	(-25.6)
E 하수폐기물, 원료재생 및 환경복원	7.4	5.6	8.4	8.1	8.1	8.2	0.1	(0.8)
F 건설업	100.5	102.9	101.5	91.5	86.8	91.4	-0.1	(-0.1)
G 도매 및 소매업	181.8	169.8	179.7	182.7	166.7	168.8	-14.0	(-7.7)
H 운수업	83.7	78.4	84.6	83.2	85.8	87.5	4.3	(5.2)
I 숙박 및 음식점업	128.2	137.0	140.7	136.9	123.6	126.0	-10.9	(-7.9)
J 출판영상, 방송통신 및 정보서비스	20.0	16.6	15.2	13.8	14.8	15.5	1.7	(12.4)
K 금융 및 보험업	40.9	40.7	39.9	37.2	38.2	40.8	3.7	(9.9)
L 부동산업 및 임대업	22.1	26.8	22.7	24.8	22.3	22.7	-2.2	(-8.7)
M 전문, 과학 및 기술 서비스업	32.7	36.4	34.3	35.1	34.4	36.7	1.7	(4.7)
N 사업시설관리 및 사업지원서비스	45.3	42.4	48.5	48.4	54.7	56.7	8.3	(17.1)
O 공공행정, 국방 및 사회보장 행정	72.0	74.9	80.7	82.6	79.7	83.1	0.5	(0.7)
P 교육 서비스업	97.1	100.8	101.9	102.9	100.1	103.4	0.6	(0.5)
Q 보건업 및 사회복지 서비스업	113.5	112.6	123.7	139.9	140.6	152.3	12.4	(8.9)
R 예술, 스포츠 및 여가관련 서비스	22.8	25.1	24.4	25.1	22.4	22.6	-2.5	(-10.0)
S 협회단체, 수리및 기타개인서비스	63.5	59.4	64.5	67.8	67.4	66.4	-1.4	(-2.1)
T 가구내고용활동 및 자가활동	4.5	4.8	2.4	2.8	2.0	3.5	0.7	(25.5)
U 국제 및 외국기관	0.1	0.0	0.0	0.0	0.0	0.0	0.0	

자료: 통계청. 지역별고용조사 마이크로데이터 A형, 시도가중치 적용; 창원대 노동연구센터

주: 한국표준산업분류 대분류부호 업종명 (산업중분류부호) A 농업, 임업 및 어업 (01 ~ 03), B 광업 (05 ~ 08), C 제조업 (10 ~ 34), D 전기, 가스, 증기 및 수도사업 (35~36), E 하수폐기물, 원료재 생및환경복원 (37~39), F 건설업 (41 ~ 42), G 도매 및 소매업(45~47), H 운수업(49~52), I 숙 박 및 음식점업 (55 ~ 56), J 출판영상, 방송통신및정보서비스 (58~63), K 금융 및 보험업 (64 ~ 66), L 부동산업 및 임대업 (68 ~ 69), M 전문, 과학 및 기술 서비스업 (70 ~ 73), N 사업시설관 리 및 사업지원서비스(74~75), O 공공행정, 국방 및 사회보장 행정(84), P 교육 서비스업(85) Q 보건업 및 사회복지 서비스업(86~87), R 예술, 스포츠 및 여가관련 서비스(90~91), S 협회단체, 수리 및 기타 개인서비스(94~96), T 가구내고용활동및자가활동(97~98), U 국제 및 외국기관(99)

전년 동기 대비 2020년 하반기 경남의 제조업이 상당히 큰 폭으로 고용 감소를 경험했음을 보았거니와, 제조업의 업종을 중분류 업종으로 한 단계 더 세분해 이러한 변동을 살펴 보면(〈표 2-10〉), 전년 동기 대비로 2020년 하반기 현재 C34. 산업용 기계 장비 수리업(3.7천명), C27. 의료 정일 광학기기 및 시계 제조업(2.2천명) 등 취업자 수 증가를 경험한 업종들도 있었지만 그 규모는 미미했던 반면, C31. 기타 운송장비 제조업(-10.4천명↓), C25. 금속가공제품 제조업(기계 및 가구 제외) (-6.7천명↓), C29. 기타 기계 및 장비 제조업 (-6.6천명↓), C30. 자동차 및 트레일러 제조업(-5.8천명↓), C28. 전기장비 제조업 (-3.1천명↓) 등에서 훨씬 더 큰 규모로 취업자수가 감소해 경남의 제조업에서 이 기간 중 −32.0천명↓이라는 결코 적지 않은 수의 일자리 삭감이 이루어졌음을 알 수 있다.

〈표 2-10〉 중분류 업종별 경남 제조업 취업자 수 추이(2016H2~2020H2)

(단위: 천명, %)

제조업 중분류 업종		조사연월						'19.10~'20.10	
SIC	업종명	201610	201710	201810	201910	202004	202010	증감	증감율 (%)
C	제조업 (10~34)	429.8	428.5	421.5	430.2	410.7	398.2	-32.0	(-7.4)
10	식료품 제조업	26.7	31.6	27.4	26.5	25.2	24.2	-2.3	(-8.7)
11	음료 제조업	1.4	1.6	2.0	2.3	1.8	2.5	0.2	(11.0)
12	담배 제조업	0.3	0.7	0.9	0.8	1.1	0.7	-0.1	(-16.2)
13	섬유제품 제조업; 의복제외	5.9	4.9	4.0	5.0	5.3	5.5	0.5	(9.0)
14	의복, 의복액세서리 및 모피제품 제조업	2.4	1.7	1.2	1.0	1.2	0.8	-0.2	(-24.4)
15	가죽, 가방 및 신발 제조업	3.4	1.4	1.2	1.3	1.2	1.5	0.2	(11.5)
16	목재 및 나무제품 제조업;가구제외	1.8	2.8	2.6	2.7	2.7	2.9	0.3	(10.8)
17	펄프, 종이 및 종이제품 제조업	5.0	3.6	3.0	3.0	3.5	3.2	0.2	(7.5)
18	인쇄 및 기록매체 복제업	2.0	1.6	2.3	2.9	2.8	3.1	0.2	(8.2)
19	코크스, 연탄 및 석유정제품 제조업	0.6	0.6	0.5	0.4	0.5	0.2	-0.2	(-60.7)
20	화학물질 및 화학제품 제조업; 의약품 제외	3.8	5.7	6.9	5.3	3.5	4.2	-1.0	(-19.7)
21	의료용 물질 및 의약품 제조업	0.1	0.5	0.7	0.7	0.4	0.4	-0.4	(-49.8)
22	고무제품 및 플라스틱제품 제조업	24.4	25.1	25.6	26.3	26.8	24.3	-2.0	(-7.7)
23	비금속 광물제품 제조업	10.3	10.4	11.3	9.2	9.2	8.9	-0.3	(-3.2)
24	1차 금속 제조업	15.1	16.4	15.4	13.5	15.2	15.2	1.6	(12.1)
25	금속가공제품 제조업;기계 및 가구 제외	46.4	50.9	48.9	51.6	47.9	45.0	-6.7	(-12.9)
26	전자부품, 컴퓨터, 영상, 음향 및 통신장비 제조업	9.1	12.7	12.3	11.6	11.7	11.4	-0.1	(-1.2)
27	의료, 정밀, 광학기기 및 시계 제조업	4.8	6.4	6.0	7.5	8.8	9.7	2.2	(28.9)
28	전기장비 제조업	28.8	29.0	33.2	34.1	31.1	31.0	-3.1	(-9.1)
29	기타 기계 및 장비 제조업	65.6	67.3	68.1	69.5	69.8	62.9	-6.6	(-9.5)
30	자동차 및 트레일러 제조업	53.9	55.8	53.8	50.3	42.5	44.5	-5.8	(-11.5)
31	기타 운송장비 제조업	111.5	91.1	86.2	96.3	87.8	85.9	-10.4	(-10.8)
32	가구 제조업	3.8	3.0	3.2	4.3	3.0	3.2	-1.1	(-25.0)
33	기타 제품 제조업	2.6	3.6	4.7	4.2	4.8	3.6	-0.7	(-16.1)
34	산업용 기계 및 장비 수리업	0.0	0.0	0.0	0.0	3.1	3.7	3.7	

자료: 통계청. 지역별고용조사 마이크로데이터 A형, 시도가중치 적용; 창원대 노동연구센터

2) 직업별 취업자 구조

2020년 하반기 경남의 대분류 직업별 취업자 수는 단순노무직 275.9천명(15.9%)로 가장 큰 비중을 차지하고 있고, 다음으로 장치 기계조작 및 조립직 260.1천명(15.0%), 전문직 250.1천명(14.4%), 사무직 226.7천명(13.1%), 서비스직 214.2천명(12.3%), 농림어업 숙련 직 174.6천명(10.1%), 기능직 157.7천명(9.1%), 판매직 156.0천명 (9.0%), 관리직 19.6천명(1.1%) 등으로 집계된다(〈표 2-11〉).

전년동기 대비 증감을 보면, 기능직 13.6천명↑, 단순노무직 13.1 천명↑의 두 직종에서는 취업자수가 증가했으나 장치, 기계조작 및 조립직 -14.8천명↓, 관리직 -13.9천명↓, 판매직 -13.5천명↓, 전문직 -12.6천명↓ 등에서 훨씬 더 큰 폭으로 취업자수 감소를 경험한 나머지 전체적으로 취업자수가 -32.2천명 감소했음을 알 수 있다.

〈표 2-11〉 대분류 직업별 취업자 수 추이

(단위: 천명, %)

	조사연월						'19.10~'20.10	
	201710	201810	201910	202004	202010	구성비 (%)	증감	증감율 (%)
전직업	1,744.4	1,763.7	1,767.1	1,713.4	1,734.8	(100.0)	-32.2	-1.8
관리자	28.3	29.4	33.5	22.8	19.6	(1.1)	-13.9	-41.5
전문직	258.9	273.3	262.7	261.3	250.1	(14.4)	-12.6	-4.8
사무 종사자	245.3	264.8	233.3	228.9	226.7	(13.1)	-6.6	-2.8
서비스 종사자	211.1	199.6	211.6	210.2	214.2	(12.3)	2.6	1.2
판매 종사자	174.4	164.2	169.5	161.6	156.0	(9.0)	-13.5	-8.0
농림어업 숙련직	162.5	185.3	174.8	176.5	174.6	(10.1)	-0.2	-0.1
기능직	173.4	167.5	144.1	155.3	157.7	(9.1)	13.6	9.5
장치,기계조작 및 조립직	285.5	275.9	275.0	278.1	260.1	(15.0)	-14.8	-5.4
단순노무 종사자	204.9	203.7	262.7	218.5	275.9	(15.9)	13.1	5.0

자료: 통계청. 지역별고용조사 마이크로데이터 A형, 시군가중치 적용; 창원대 노동연구센터

마. 고용의 질

1) 고용형태: 종사상지위, 정규직, 비정규직

2020년 하반기 현재 경남의 취업자를 '종사상지위'별로 구분하면 (〈표 2-12〉), 크게 임금노동자(1,222.2천명, 70.5%)와 비임금노동자(512.6 천명, 29.5%)으로 분류되고, 임금노동자는 상용직 872.3천명(50.3%), 임시직 281.1천명(16.2%), 일용직 68.9천명(4.0%), 그리고 비임금노 동자로는 고용원이 있는 자영업자 82.2천명(4.7%), 고용원이 없는 자영업자 343.1천명(19.8%), 무급가족종사자 87.3천명(5.0%)으로 구 성된다.

〈표 2-12〉 경남의 종사상 지위별 취업자수

(단위: 천명)

	201610	201710	201810	201910	202004	202010	구성비 (%)	증감	증감율 (%)
계	1,727.9	1,744.4	1,763.7	1,767.1	1,713.4	1,734.8	(100.0)	-32.2	(-1.8)
임금 노동자	1,159.4	1,155.9	1,190.0	1,237.2	1,188.3	1,222.2	(70.5)	-15.0	(-1.2)
상용직	822.9	840.6	858.9	874.8	892.3	872.3	(50.3)	-2.5	(-0.3)
임시직	263.7	243.8	261.3	295.3	252.3	281.1	(16.2)	-14.2	(-4.8)
일용직	72.8	71.5	69.9	67.2	43.7	68.9	(4.0)	1.7	(2.5)
비임금 취업자	568.5	588.5	573.7	529.8	525.0	512.6	(29.5)	-17.2	(-3.3)
고용원 유 자영업자	104.5	108.3	112.5	100.3	87.8	82.2	(4.7)	-18.1	(-18.0)
고용원 무 자영업자	356.2	367.8	343.9	334.5	348.4	343.1	(19.8)	8.6	(2.6)
무급가족종사자	107.8	112.3	117.3	95.0	88.9	87.3	(5.0)	-7.7	(-8.1)

자료: 통계청 지역별고용조사 마이크로데이터 A형, 시도 가중치 적용, 창원대 노동연구센터

전년동기 대비 종사상지위별 취업자수의 변동을 보면, 임금노동 자(-15.0천명↓)와 비임금노동자(-17.2천명↓) 공히 감소했으나 비임금

노동자의 감소가 약간 더 많다. 이러한 취업자수 감소는 코로나 19 감염병의 유행에서 크게 영향을 받은 것임에 틀림없다. 그런데 이러한 변동을 종사상지위별로 세분해 보면, 증감의 방향과 정도 면에서 상당한 차이가 발견된다. 즉, 임금노동자의 경우, 임시직(-14.2천명↓)과 상용직(-2.5천명↓)은 감소했지만 일용직(1.7천명↑)은 근소하나마 증가한 것으로 나타나는가 하면, 비임금노동자의 경우에도 지난 1년 간 고용원이 없는 자영업자(8.6천명↑)는 그 수가 증가했으나 고용원이 있는 자영업주(-18.1천명) 및 무급가족종사자(-7.7천명)는 훨씬 더 큰 폭으로 감소한 특징을 볼 수 있다.

한국에서 고용형태는 두 가지 방법으로 분류되어 왔다. 하나는 통계청이 경제활동인구조사 등에서 전통적으로 채택하고 있는 방법으로 종사상지위에 따라 상용, 임시, 일용의 3가지로 구분하는 것이고, 다른 하나는 2002년 노사정위가 합의한 비정규직의 정의와 범주에 의거하여 고용계약기간, 근로제공방식 등을 기준으로 한시적 또는 기간제 근로자, 시간제 근로자, 파견 용역 호출 근로자, 가사 근로자, 기타 특수고용직으로 고용형태를 구분하는 것이다. 하지만 이용가능한 자료의 제약으로 인하여 여기에서는 위의 두 가지를 절충한 방법을 채택했고 따라서 이 글에서 정규직과 비정규직은 정부나 노동계 등에서 사용하고 있는 용어와는 그 개념 정의에 차이가 있음에 유의할 필요가 있다.

좀더 구체적으로 말하자면, 지역별고용조사는 직접적으로 정규직과 비경규직으로 파악하고 있지 않으나, 고용계약기간을 정했는지(기간제) 여부와 주당 노동시간이 36시간 미만(시간제) 여부 그리고 종사상지위 정보를 제공하고 있다는 사실에 주목할 때, 우리는 이러한 자료를 결합해 활용하면 통계청의 기준에 유사한 정규직과 비정규직으로 식별할 수 있다고 본다. 〈표 2-13〉는 이같은 관점에서 2020년 하반기 지역별고용조사 자료에 기초해 경남 임금노동자의 고용 유형을 식별한 결과를 보여준 것이다. 여기에서 정규직은 임금노동자 중 종사상지위가 상용직이면서 고용계약기간을 정하지 않고 시간제가 아닌 노동자로 정의하고, 그밖의 임금노동자는 비정규직으로 분류된다. 즉, 종사상지위가 상용직이되, 고용계약기간을 정하지 않은 무기상용직이면서 시간제가 아닌 즉 전일제 노동자는 정규직으로 분류되고, 그리고 비정규직은 정규직이 아닌 노동자 즉, 종사상지위상 상용직 가운데 고용계약기간을 정한 '기간제 상용직'

〈표 2-13〉 2020년 하반기 경남 임금노동자 고용형태:
종사상지위별, 고용기간 약정여부+노동시간별 정규직/비정규직

(단위: 천명)

		종사상지위별			
		상용	임시	일용	계
고용 계약기간	정함(기간제)	86.7	153.7	16.0	256.3
	정하지 않음(무기)	785.6	127.4	52.9	965.9
주당노동 시간	36시간 미만(시간제)	66.5	160.2	37.4	264.1
	36시간 이상(전일제)	790.4	114.0	31.5	935.9
정규직		734.3	0.0	0.0	734.3
비정규직		138.0	281.1	68.9	488.0
계		872.3	281.1	68.9	1,222.2

자료: 통계청, 2020년 하반기 지역별고용조사 마이크로데이터 A형, 시도 승수 적용; 창원대 노동연구센터
주: 정규직은 임금노동자 중에서 종사상지위가 상용직이되, 고용계약기간을 정한 기간제가 아니면서 전일제(주당 노동시간이 36시간 이상) 노동자; 비정규직은 위 음영진 셀 = 기간제 상용직 + 시간제 상용직 + 임시직 + 일용직. 상용 비정규직 중 기간제이면서 시간제인 노동자(15,161명) 중복 제거함.

그리고 주당 노동시간이 36시간 미만인 '시간제 상용직' 그리고 종사상지위상 임시직 및 일용직이 해당하게 된다. 이러한 기준으로 정규직과 비정규직을 식별하면, 2020년 하반기 현재 경상남도 임금노동자 1,222.2 천 명 중에서 정규직은 734.3 천 명, 비정규직은 488.0 천 명으로 나타난다(〈표 2-13〉). 따라서 여기에서 비정규직은 임금노동자를 전제로 하고 있어, 임금노동자로 분류되지 않는 자영업자, '특고' 또는 플랫폼 노동자 등의 '비임금' '노무제공자'는 포함되지 않는다.

같은 기준을 적용하여 경남의 임금노동자 중 비정규직 비율을 여타 지역과 비교하면, 2020년 하반기 경남의 비정규직 비율은 39.9%로 추산되어, 전국 42.3%, 또는 부산 44.8%보다는 낮으나 울산(38.2%)보다는 높은 수준으로 나타난다(〈그림 2-8〉).

2020년 하반기 현재 경남 내 시군별 비정규직 비율을 보면(〈그

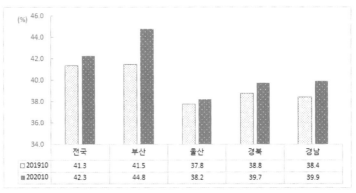

자료: 통계청, 지역별고용조사 마이크로데이터 A형, 시도 가중치 적용, 창원대 노동연구센터
주: 비정규직 비율 = 비정규 노동자 ÷ 임금 노동자 × 100.

〈그림 2-8〉 경남, 인근 시도 및 전국의 비정규직 비율

림 2-9〉), 산청군 (63.2%), 합천군 (54.8%), 남해군(55.4%), 의령군(50.3%) 등 4개군이 50% 이상으로 비정규율이 높은 지역이고, 대체로 군 지역보다는 시지역이 낮으나 통영시(49.4%), 밀양시(47.2%), 사천시 (42.2%)는 비정규율이 높은 시로 나타난다.

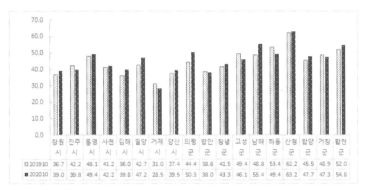

	창원시	진주시	통영시	사천시	김해시	밀양시	거제시	양산시	의령군	함안군	창녕군	고성군	남해군	하동군	산청군	함양군	거창군	합천군
□ 2019.10	36.7	42.2	48.1	41.2	36.0	42.7	31.0	37.4	44.4	38.6	41.5	49.4	48.8	53.4	62.2	45.5	48.9	52.0
■ 2020.10	39.0	39.8	49.4	42.2	39.8	47.2	28.5	39.5	50.3	38.0	43.3	46.1	55.4	49.4	63.2	47.7	47.3	54.8

자료: 통계청, 지역별고용조사 마이크로데이터 A형, 시도 가중치 적용, 창원대 노동연구센터
주: 비정규직 비율 = 비정규 노동자 ÷ 임금 노동자 × 100.

〈그림 2-9〉 경남 시군별 비정규직 비율

2) 임금과 노동시간

여기에서는 지역별고용조사 자료를 활용하여 경남 노동자의 임금과 노동시간과 같은 주요 노동조건의 실태에 대해 알아보되, 앞에서 언급한 정규직과 비정규직 등 고용유형을 구분하여 분석하기로 한다. 다만 임금노동자에 한해 노동조건을 파악하고 있는 지역별고용조사 자료의 한계로 여기서의 논의는 취업자나 노무제공자가 아니라 '비임금근로자'를 제외한 임금노동자를 대상으로 한다.

우선 임금을 보면, 2020년 하반기 현재 경남 노동자의 평균 월임금은 전국 평균 266.3만원보다 약 21.8만원 낮은 244.5만원으로 나타난다.[4] 정규직(무기전일제 상용직)은 304.1만원으로 비정규직 154.7만원의 약 두 배에 이른다. 비정규직은 정규직이 아닌 모든 노동자, 매우 다양한 종류의 노동자들을 포괄하는 용어이다. 〈표 2-14〉에서는 크게 4가지 유형별로 비정규직의 월임금이 제시되어 있는데, 2020년 하반기 현재 월 임금 수준은 기간제 상용 〉 시간제 상용 〉 일용 〉 임시로 나타나고 있다. 이같은 고용유형별 임금 위계는 2018년~2020년까지 3년 동안 유지되었으나 이 기간중 발발한 코로나 감염병의 대유행으로 인하여 시간제상용직과 임시직은 취업시간의 감소와 함께 월평균임금 하락이란 타격을 받은 것으로 보인다.

〈표 2-14〉 임금노동자 고용형태별 월임금 및 노동시간(경남, 2019H2~2020H2)

(단위: 만원, 시/주)

	월 평균임금(만원)			주당 취업시간(시/주)		
	201810	201910	202010	201810	201910	202010
계	246.4	250.7	244.5	41.4	40.3	39.1
정규직	297.0	308.1	304.1	44.9	44.5	43.8
비정규직	155.6	158.6	154.7	35.1	33.5	31.9
기간제상용	242.7	253.9	256.6	45.6	44.4	44.5
시간제상용	178.9	180.2	169.7	27.8	27.3	26.7
임시	138.5	139.3	128.0	34.2	32.6	29.7
일용	139.1	141.3	143.2	34.9	32.7	32.7

자료: 통계청 지역별고용조사 마이크로데이터 A형 (시도승수 적용, 창원대 노동연구센터)

---

4   이 수치는 지역별고용조사에서 최근 3개월간 월평균 임금 또는 보수(세금공제전 월평균 총수령액 기준, 각종 상여금 및 현물 등 포함)를 묻는 설문에 대하여 노동자가 응답한 결과이다. 따라서 기억에 기초한 수치이기에 엄밀성은 떨어질 수 있다.

지역별고용조사의 월임금 및 주당 취업시간 자료를 활용하여 노동자들의 시간당 임금 즉 평균 시급을 계산하되,[5] 월임금에는 유급 주휴수당이 반영되어 있음을 고려하면, 경남 노동자의 평균 시급은 11,663원으로 산출된다. 이는 전국 평균 12,824원보다 상대적으로 낮은 수준이다(〈그림 2-10〉). 뿐만 아니라, 고용형태별로 경남의 정규직과 비정규직 모두 전국 대비로 시급이 낮은 것으로 추정되어 경남의 임금은 전국 평균에 비해 대체로 낮은 수준이라고 할 수 있다.

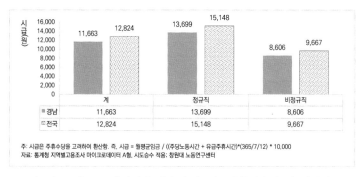

주: 시급은 주휴수당을 고려하여 환산함. 즉, 시급 = 월평균임금 / ((주당노동시간 + 유급주휴시간)*(365/7/12) * 10,000
자료: 통계청 지역별고용조사 마이크로데이터 A형, 시도승수 적용: 창원대 노동연구센터

〈그림 2-10〉 2020년 하반기, 경남 및 전국의 고용형태별 임금수준(시급)

경남 노동자 고용형태별로 시간당 임금을 보면(〈표 2-15〉), 2020년 하반기 현재 정규직(무기전일제 상용직)이 13,699원으로 가장 높고, 비정규직 중에서도 기간제 상용직(11,421원), 시간제 상용직(11,244원)이 다음 수준으로 나타나고, 일용직(8,085원), 그리고 임시직(7,377원)은

---

5   최저임금법 시행령 개정(2018.12.31.)은 시간당 임금의 계산시 유급 주휴수당 시간을 포함하도록 하고 있다.

이보다도 현격하게 더 낮은 수준으로 나타난다.

〈표 2-15〉 경남 노동자 고용유형별 시간당 임금 추이(2016H2~2020H2)

(단위: 원)

	201610	201710	201810	201910	202004	202010
계	10,831	10,757	11,333	11,718	13,216	11,663
무기전일제 상용(정규)	12,806	12,431	13,125	13,672	13,558	13,699
기간제 상용	9,196	10,174	10,579	11,289	11,512	11,421
시간제 상용	11,725	10,570	11,716	11,983	17,546	11,244
임시	6,750	6,935	7,314	7,629	8,593	7,377
일용	6,247	6,578	7,276	7,893	8,251	8,085

자료: 통계청 지역별고용조사 마이크로데이터 A형, 시도승수 적용: 창원대노동연구센터
주: 무기전일제 상용직은 고용기간의 정함이 없이 주당 36시간 이상 (전일제) 일하는 상용직 노동자임.

지역별고용조사 자료의 경남 노동자 임금을 오름차순으로 정렬하여 주요 분위별 임금 수준을 통해 임금 분배 상황을 파악한 결과가 〈표 2-16〉에 제시되어 있다. 월임금을 기준으로 보면, 2020년

〈표 2-16〉 경남 노동자 임금의 분배

		월임금			시간당임금(만원)		
		201810	201910	202010	201810	201910	202010
주요 백분위별 임금	P90	400.0	420.0	400.0	1.92	1.92	1.92
	P75	300.0	300.0	300.0	1.44	1.44	1.44
	P50	220.0	220.0	220.0	0.96	1.01	1.02
	P25	160.0	170.0	160.0	0.72	0.77	0.79
	P10	100.0	100.0	80.0	0.54	0.58	0.57
임금 분배 지표	사분편차	70.0	65.0	70.0	0.4	0.3	0.3
	P9010	4.0	4.2	5.0	3.6	3.3	3.4
	P9050	1.8	1.9	1.8	2.0	1.9	1.9
	P5010	2.2	2.2	2.8	1.8	1.8	1.8

자료: 통계청 지역별고용조사 마이크로데이터 A형, 시도승수 적용; 창원대노동연구센터

하반기 현재 경남 노동자 임금의 P9010 분배지표(제10백분위 임금 대비 제90분위 임금의 배율)는 5.0배로 2018년 하반기 4.0배에서 격차가 더 벌어진 것으로 나타난다. 임금 격차의 확대는 이 기간 중 고임금 노동자의 임금(P90)은 제자리걸음을 한 반면 저임금 노동자의 임금(P10)은 하락했기 때문으로 보인다.

〈그림 2-11〉은 지역별고용조사 자료를 활용해 OECD의 기준에 따라 저임금 노동자를 월임금 중위값(median)의 2/3 미만 노동자로 정의하여 노동자 가운데 저임금 노동자의 비율(저임금률)을 산출하고, 경남과 전국의 저임금률 추이를 비교할 수 있도록 요약한 것이다. 경남과 전국의 저임금률은 공히 2016년에서 2018년까지는 낮아지다가 2018년에 저점을 찍은 이후 2년 연속 상승했는데, 2017년까지는 전국보다 경남의 저임금률이 낮았으나 2018년 이후에는 역전되어 전국보다 경남의 저임금률이 더 높아졌고, 그 격차가 더 벌어진 특징이 발견된다.

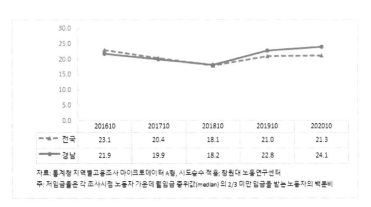

	201610	201710	201810	201910	202010
전국	23.1	20.4	18.1	21.0	21.3
경남	21.9	19.9	18.2	22.8	24.1

자료: 통계청 지역별고용조사 마이크로데이터 A형, 시도승수 적용; 창원대 노동연구센터
주: 저임금율은 각 조사시점 노동자 가운데 월임금 중위값(median) 의 2/3 미만 임금을 받는 노동자의 백분비

〈그림 2-11〉 월임금 기준 저임금 노동자 비율(경남 및 전국, 2016H2~2020H2)

경남 노동자의 성, 연령, 학력 등 인구학적 속성별로 저임금률을
보면(〈표 2-17〉), 성별로는 남자보다 여자가 현격한 격차로 더 높고,
연령별로는 65세이상 노년층 〉 15~29세 청년층 〉 50~64세 장년
층 〉 30~49세 중년층의 순으로 나타나는가 하면, 학력별로는 저학
력일수록 더 높은 특징이 발견된다. 이러한 특징들은 모두 지난 5년
간 변함없이 유지되어 구조화된 것으로 보인다.

〈표 2-17〉 성별 연령별 학력별 경남 저임금률

(단위: %)

		201610	201710	201810	201910	202004	202010
성별	계	21.9	19.9	18.2	22.8	21.6	24.1
	남	9.6	9.5	9.1	11.5	10.3	12.6
	여	40.0	35.3	31.4	38.3	37.3	39.4
연령_청중장노	15~29	25.0	22.0	20.0	24.5	22.7	24.4
	30~49	14.0	12.5	10.7	13.9	12.9	13.0
	50~64	26.0	23.1	20.1	25.8	24.6	26.6
	65+	77.0	68.8	71.0	71.5	71.7	76.8
학력5등급	초졸이하	73.3	67.7	70.0	74.1	71.6	77.0
	중졸	41.6	40.7	39.7	47.4	49.6	48.9
	고졸	23.9	19.9	17.5	23.8	22.3	24.0
	전문대졸	14.3	13.5	13.1	14.3	13.9	15.7
	대졸이상	12.0	11.2	9.9	13.2	12.8	13.7

자료: 통계청 지역별고용조사 마이크로데이터 A형, 시도승수 적용: 창원대 노동연구센터
주: 저임금률(저임금 노동자 비율) = (월임금 중위값의 2/3 미만 임금근로자수 ÷ 전체 임금
　　근로자수) × 100.

산업(대대분류)별 경남 노동자의 저임금률은 광공업에서 가장 낮
은 반면에 농림어업이 가장 높게 나타난다(〈표 2-18〉). 그리고, 도소
매 음식숙박업 및 사업 개인 공공서비스 기타 업종의 저임금률이 도
전체 평균보다 상대적으로 더 높은 특징을 보인다.

〈표 2-18〉 산업(대대분류)별 경남 저임금률

(단위: %)

산업대대6분류	201610	201710	201810	201910	202004	202010
계	21.9	20.0	18.2	22.8	21.6	24.1
농림어업 A	64.8	59.3	46.1	52.5	56.2	56.2
광공업 B,C	6.6	5.7	4.1	5.2	5.0	4.5
전기운수통신금융 D,H,J,K	10.1	8.0	7.7	11.8	14.7	16.3
사업 개인 공공서비스 및 기타 E,L~U	31.3	27.4	25.3	31.5	30.9	34.7
건설업 F	10.0	13.4	10.0	14.8	14.9	14.8
도소매 음식숙박업 G,I	41.5	39.3	36.9	41.4	38.2	38.1

자료: 통계청 지역별고용조사 마이크로데이터 A형, 시도승수 적용; 창원대 노동연구센터
주: 저임금률(저임금 노동자 비율) = (월임금 중위값의 2/3 미만 임금근로자수 ÷ 전체 임금
근로자수) × 100.

경남 노동자의 저임금률을 고용형태별로 나누어 볼 때(〈표 2-19〉)
비정규직의 저임금률이 높은 것은 결코 새삼스러운 일이 못된다. 종
사상지위가 상용이라고 하더라도 시간제 상용의 저임금률이 기간
제 상용보다 월등하게 높게 나타나는 것은 시간당 임금은 비슷하나

〈표 2-19〉 고용형태별 경남 저임금률

(단위: %)

		201610	201710	201810	201910	202010
고용형태	정규직	5.5	5.1	3.0	3.8	3.7
	비정규직	51.1	48.4	45.4	53.2	54.9
	기간제 상용	18.5	10.0	7.2	7.5	5.7
	시간제 상용	43.3	44.8	46.2	52.0	58.1
	임시	55.3	52.7	51.3	60.6	65.3
	일용	60.7	59.8	51.9	62.6	60.6

자료: 통계청 지역별고용조사 마이크로데이터 A형, 시도승수 적용; 창원대 노동연구센터
주: 저임금률(저임금 노동자 비율) = (월임금 중위값의 2/3 미만 임금근로자수 ÷ 전체 임금
근로자수) × 100.

(〈표 2-16〉) 노동시간이 짧기 때문일 것이다. 다만 2020년 하반기 경남에서 임시직의 저임금률이 일용직의 그것보다 높아진 것은 이전에는, 적어도 2016년 하반기 이후에는, 볼 수 없던 새로운 특징으로 눈여겨봄직하다.

경남 노동자 중 시간당 임금 기준으로 최저임금 미만 노동자 비율(최저시급미만율)을 산출하면 2020년 하반기 현재 15.1%로 나타난다(〈표 2-20〉). 고용유형별 최저시급미만율을 보면, 비정규직에서 이 비율이 비상하게 높다. 종사상지위별로 임시직과 일용직을 비교하면, 과거에는 일용직의 최저시급미만율이 더 높았으나 2020년 하반기에는 임시직의 최저시급미만율이 더 높고 그리고 상용직 가운데 기간제 상용직 대비 시간제 상용직의 최저시급미만율이 더 높은 특징도 두드러진다. 과거 2016년에서 2018년까지는 이 수치가 기간제상용이 시간제상용을 능가했는데 그 이후에 역전된 추이 변화도 눈여겨볼만하다. 이같은 변화의 사유에 대해 심층적인 분석이 요청된다.

〈표 2-20〉 경남 노동자 고용형태별 최저시급미만율

(단위: %)

		201610	201710	201810	201910	202004	202010
	계	12.1	12.7	14.3	16.0	10.9	15.1
	무기전일제상용(정규)	3.7	4.8	4.9	5.4	5.2	4.4
	비정규직	27.1	27.7	31.2	32.8	16.7	31.3
고용 형태	무기전일제상용(정규)	3.7	4.8	4.9	5.4	5.2	4.4
	기간제상용	10.1	10.0	11.4	9.5	9.9	8.7
	시간제상용	4.3	6.3	10.2	16.5	2.4	13.6
	임시	30.1	30.9	36.3	39.1	31.2	40.3
	일용	37.7	38.7	39.6	39.1	35.5	35.4

자료: 통계청 지역별고용조사 A형, 시군승수 적용; 창원대 노동연구센터
주: 최저임금미만율은 각년도 시급이 최저임금 미만인 노동자 비율임. 각년도 시급 기준 최저임금은 2020년 8,590원, 2019년 8,350원, 2018년 7,530원 ,2017년 6,470원, 2016년 6,030원.

바. 종사자규모별 노동실태

통계청은 지역별고용조사를 통해 노동자가 일하는 직장의 종사자 규모에 대해 조사했음에도 그 결과를 공공용으로 공개하지 않아오다가 2021년 상반기 지역별고용조사 마이크로데이터를 제공하면서부터 직장의 종사자 규모 자료를 제공 범위에 포함하기 시작했다. 직장의 종사자규모 자료는 광역 시도 수준에서만 제공되지만 이로써 시도 수준에서는 직장 종사자 규모별로 세분하여 노동실태를 한층 더 분석할 수 있게 되었다. 그래서 이 자료를 활용하여 경남의 종사자규모별 노동실태를 조명하되 소규모 영세 사업장의 노동실태를 알아보기로 한다. 다만 종사자규모별 노동실태 분석의 시간적 범위는 2021년 상반기로 제한된다. 그런 자료가 과거에는 제공되지 않았기 때문이다. 그리고 지역별고용조사는 취업자 중 임금노동자에 대해서만 고용계약기간 정함 여부, 사회보험 가입 여부, 최근 3개월 평균 임금(보수)를 파악하고 있다. 따라서 이같은 지역별고용조사 자료의 제약상 종사자 규모별로 노동실태 분석 작업은 취업자 중 임금노동자에 한하여 허용된다.

경남의 종사자규모별 노동실태를 살펴보기에 앞서 다른 지역과 비교하여 경남 종사자규모별 고용구조의 특징을 개관하기로 한다. 〈그림 2-12〉에 2021년 상반기 현재 광역 시도별로 영세(1~4명), 소규모(5~9명 및 10~29명) 직장종사자 규모별 취업자 구성비가 누적 차트로 제시되어 있다. 작은 규모로부터 누적 구성비를 구하면, 경남의 경우 5인 미만 40.5%, 10인 미만 52.2%, 30인 미만 69.3%으로 나타나는데 반해, 전국 평균은 5인 미만 36.3%, 10인 미만 50.0%,

30인 미만 67.5%으로 산출되어, 전국 평균에 견주어 경남의 영세 소규모 사업체에서 일하는 취업자 비중이 더 높은 편으로 나타난다.

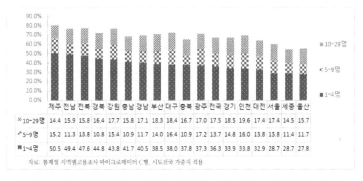

	제주	전남	전북	경북	강원	충남	경남	부산	대구	충북	광주	전국	경기	인천	대전	서울	세종	울산
※ 10~29명	14.4	15.9	15.8	16.4	17.7	15.8	17.1	18.3	18.4	16.7	17.0	17.5	18.5	19.6	17.4	17.4	14.5	15.7
⚞ 5~9명	15.2	11.3	13.8	10.8	15.4	10.9	11.7	14.0	16.4	10.9	17.2	13.7	14.8	16.0	13.8	13.8	11.4	11.7
■ 1~4명	50.5	49.4	47.6	44.8	43.8	41.7	40.5	38.5	38.0	37.8	37.3	36.3	33.9	33.8	32.9	28.7	28.7	27.8

자료: 통계청 지역별고용조사 마이크로데이터 C형, 시도전국 가중치 적용

〈그림 2-12〉 시도별 영세(1~4명) 및 소규모(5~9명 및 10~29명) 직장 취업자
구성비 누적 막대 그래프 (2021년 상반기)

어떤 지역의 직장 종사자규모별 취업자수 분포는 그 지역 산업 활동의 구조를 반영할 수 있다. 직장 종사자규모별로 산업(대대분류)별로 경남 취업자수의 분포를 알아본 결과가 〈표 2-21〉에 제시되어 있다. 여기에서 볼 수 있듯이, 취업자의 산업별 분포는 직장의 종사자 규모별로 뚜렷한 차이가 있다. 즉, 2021년 상반기 현재, 전체 취업자의 업종별 분포는 사업·개인·공공서비스 및 기타가 전체의 33.5%로 가장 큰 비중을 차지하고, 다음으로 광공업 21.7%, 도소매 음식숙박업 18.9%의 순으로 나타난다. 직장의 종사자 규모가 큰 경우에는 광공업 또는 사업·개인·공공서비스 및 기타가 압도적인 비중을 차지한다. 하지만 직장의 규모가 작은 경우 사뭇 다른 특징을 보인다. 이를테면, 종사자 1~4명 영세 사업장의 경우, 도소매 음식

숙박업(228.8천명, 32.4%)의 취업자수가 가장 크고, 다음으로 농림어업
(184.8천명, 26.1%), 사업·개인·공공서비스 및 기타(154.5천명, 21.9%) 등
의 순인데, 이 세가지 업종을 합하면 영세 사업장 취업자수의 80%
를 능가할 정도로 경남의 영세 사업장 고용에서 이들 세 업종은 지
배적인 비중을 차지하고 있다.

〈표 2-21〉 직장 종사자규모별 산업(대대분류)별 취업자수(경남, 2021년 상반기)

	직장 종사자규모								
	계		1~4명		5~9명	10~29명	30~99명	100~299명	300명 이상
	빈도 (천명)	백분비 (%)	빈도 (천명)	백분비 (%)	빈도 (천명)	빈도 (천명)	빈도 (천명)	빈도 (천명)	빈도 (천명)
계	1,748.3	(100.0)	706.9	(100.0)	204.7	306.2	268.3	121.3	140.8
농림어업 A	196.4	(11.2)	184.8	(26.1)	7.7	2.3	1.5	0.1	0.0
광공업 B,C	378.6	(21.7)	42.8	(6.1)	37.9	70.6	91.6	55.5	80.2
전기운수통신금융 D,H,J,K	149.2	(8.5)	50.2	(7.1)	12.6	33.7	31.3	15.1	6.3
사업·개인·공공서비스 E,L~U	586.4	(33.5)	154.5	(21.9)	78.9	141.8	118.6	42.0	50.7
건설업 F	106.8	(6.1)	45.9	(6.5)	24.6	22.3	10.2	3.6	0.2
도소매 음식숙박업 G,I	331.0	(18.9)	228.8	(32.4)	43.0	35.5	15.2	5.0	3.5

자료: 통계청 지역별고용조사 C형 (시도전국승수 적용, 창원대 노동연구센터)

〈표 2-22〉는 2021년 상반기 현재, 경남의 취업자가 아니라 임금
노동자의 산업별 직장 종사자 규모별 분포를 알아본 것이다. 전체
임금노동자의 분포는 사업·개인·공공서비스 및 기타 (40.5%), 광공업
(28.4%)에서 높은 비중인데, 이 두 업종의 취업자 구성비(각각 33.5%,
21.7%, 〈표 2-21〉)와 비교할 때, 경남의 임금노동자는 이 두 업종에 보
다 더 집중되어 있다고 하겠다.

<표 2-22> 직장 종사자규모별 산업(대대분류)별 임금노동자수(경남, 2021년 상반기)

	직장 종사자규모								
	계		1~4명		5~9명	10~29명	30~99명	100~299명	300명 이상
	빈도 (천명)	백분비 (%)	빈도 (천명)	백분비 (%)	빈도 (천명)	빈도 (천명)	빈도 (천명)	빈도 (천명)	빈도 (천명)
계	1,233.3	(100.0)	213.5	(100.0)	189.1	300.4	268.1	121.3	140.8
농림어업 A	17.6	(1.4)	8.0	(3.7)	5.8	2.2	1.5	0.1	0.0
광공업 B,C	349.7	(28.4)	19.4	(9.1)	34.0	69.1	91.5	55.5	80.2
전기운수통신 금융 D,H,J,K	105.5	(8.6)	7.3	(3.4)	12.5	33.0	31.3	15.1	6.3
사업·개인·공공 서비스 E,L~U	498.9	(40.5)	72.7	(34.0)	75.4	139.7	118.5	42.0	50.7
건설업 F	79.5	(6.5)	20.6	(9.7)	23.3	21.6	10.2	3.6	0.2
도소매 음식숙 박업 G,I	182.1	(14.8)	85.6	(40.1)	38.1	34.7	15.2	5.0	3.5

자료: 통계청 지역별고용조사 C형 (시도전국승수 적용, 창원대 노동연구센터)

2021년 상반기 현재 경남의 종사자 1~4명 규모 사업장 취업자 (706.9천명)의 내부 구성을 보면, 임금노동자(213.5천명)보다 비임금노동자(493.4천명)가 2.3배 더 많다(<표 2-23>). 양자의 산업별 분포에 차

<표 2-23> 2021년 상반기 경남 종사자 1~4명(영세) 사업장의
임금노동자와 비임금노동자 산업(대대분류)별 분포

(단위: 천명 (%))

	취업자		임금노동자		비임금노동자	
계	706.9	(100.0)	213.5	(100.0)	493.4	(100.0)
농림어업 A	184.8	(26.1)	8.0	(3.7)	176.8	(35.8)
광공업 B,C	42.8	(6.1)	19.4	(9.1)	23.4	(4.7)
전기운수통신금융 D,H,J,K	50.2	(7.1)	7.3	(3.4)	42.9	(8.7)
사업 개인 공공서비스 및 기타 E,L~U	154.5	(21.9)	72.7	(34.0)	81.9	(16.6)
건설업 F	45.9	(6.5)	20.6	(9.7)	25.2	(5.1)
도소매 음식숙박업 G,I	228.8	(32.4)	85.6	(40.1)	143.2	(29.0)

자료: 통계청 지역별고용조사 C형 (시도전국승수 적용, 창원대 노동연구센터)

이가 뚜렷해, 영세사업장 비임금노동자의 경우 농림어업 (35.8%)이 가장 큰 비중이고, 다음으로 도소매음식숙박업(29.0%) 등의 순서인 반면, 임금노동자의 경우에는 도소매음식숙박업(40.1%) 비중이 가장 크고, 사업개인공공서비스(34.0%)이 다음으로 크다.

직장 종사자규모별로 경남 임금노동자 고용유형의 분포를 보면, 5인 미만 영세 사업장에서 비정규직이 65.5%로 압도적인 비중을 차지하고 있고, 비정규직 중에서도 임시일용직이 53.7%로 월등히 높은 비중임을 간과할 수 없다(〈표 2-24〉). 한편 임시직은 5~9인 규모(34.5%), 10~29인 규모(29.8%)에서 그 비중이 전체 평균(20.3%)보다 훨씬 더 높은 점이 특징적이다.

경남 임금노동자의 임금 수준을 직장 종사자 규모별로 보면, 2021년 상반기 현재 경남 임금노동자의 평균 월임금은 250.4만원이나 1~4인 영세 사업장의 174.2만원에서 300명 이상 대규모 사업장 370만원에 이르기까지 규모가 큰 직장일수록 월임금이 높아

〈표 2-24〉 직장 종사자규모별 고용형태별 임금노동자 구성(경남, 2021년 상반기)

(단위: 천명, %)

	계		1~4명		5~9명		10~29명		30~99명		100~299명		300명 이상	
계	1,220.8	(100.0)	211.6	(100.0)	188.0	(100.0)	298.1	(100.0)	264.5	(100.0)	119.6	(100.0)	139.0	(100.0)
정규	723.0	(59.2)	72.9	(34.5)	92.7	(49.3)	171.4	(57.5)	178.6	(67.5)	90.2	(75.4)	117.2	(84.3)
비정규	497.8	(40.8)	138.6	(65.5)	95.3	(50.7)	126.8	(42.5)	85.9	(32.5)	29.4	(24.6)	21.8	(15.7)
기간제상용	77.2	(6.3)	9.4	(4.4)	12.1	(6.4)	18.9	(6.3)	19.0	(7.2)	10.1	(8.5)	7.7	(5.6)
시간제상용	68.7	(5.6)	15.7	(7.4)	13.0	(6.9)	17.4	(5.8)	13.8	(5.2)	5.2	(4.4)	3.5	(2.5)
임시일용	351.9	(28.8)	113.5	(53.7)	70.2	(37.3)	90.5	(30.3)	53.1	(20.1)	14.0	(11.7)	10.5	(7.6)

자료: 통계청 지역별고용조사 마이크로데이터 C형 (시도전국승수, 창원대노동연구센터)
주: 고용유형의 정의는 〈표 13〉과 동일함. 즉, 정규직은 무기 전일제 상용직; C형 자료의 종사상지위 항목은 임시직과 일용직을 구분하지 않고 하나로 합한 자료가 제공되고 있음.

지는 경향이 뚜렷하다(〈표 2-25〉). 이미 앞에서 고용형태별로 임금 격차가 큰 실태를 살펴보았지만, 이러한 경향은 고용 형태 외에 직장 규모가 노동자의 임금에 중요한 영향을 미치는 변수임을 시사해 준다. 〈표 2-25〉에서 볼 수 있듯이, 1~4명 영세 사업장의 임금 대비 300명 이상 대규모 사업장의 임금은 평균적으로 약 2.1배로 차이가 크다. 그런데 고용 형태와 직장 규모를 교차하여 1~4명 영세 사업장의 임시일용직 임금(127.5만원) 대비 300명 이상 대규모 사업장의 정규직 임금(395.3만원)을 비교하면, 그 격차는 약 3.1배로 벌어진다.

〈표 2-25〉 직장 종사자규모별 고용형태별 임금노동자 월임금(경남, 2021년 상반기)

(단위: 만원, 배)

		계	1~4명 A	5~9명 B	10~29명 C	30~99명 D	100~299명 E	300명 이상 F	격차 (F/A)
	계	250.4	174.2	209.3	237.5	272.6	294.1	370.0	2.1
고용형태	정규	311.0	245.1	270.6	294.8	317.0	315.3	395.3	1.6
	비정규	162.3	136.9	149.7	159.9	180.1	228.9	233.6	1.7
	기간제상용	262.0	214.6	237.0	270.1	267.6	270.1	314.7	1.5
	시간제상용	183.0	157.9	168.2	161.1	181.5	309.4	275.3	1.7
	임시일용	136.4	127.5	131.2	136.8	148.4	169.2	160.3	1.3
격차	정규/비정규	1.9	1.8	1.8	1.8	1.8	1.4	1.7	
	정규/임시일용	2.3	1.9	2.1	2.2	2.1	1.9	2.5	
	최상/최하	2.9	3.1	3.0	2.9	2.7	2.3	2.5	

자료: 통계청 지역별고용조사 마이크로데이터 C형 (시도전국승수, 창원대노동연구센터)
주: 임금노동자의 최근 3개월간 평균 월급여이며, 자영업자, 특고 또는 플랫폼노동자 등 비전형적인 노무제공자의 급여는 포함되지 않음.

2021년 상반기 현재 경남 임금노동자의 직장 근속년수는 전체 평균 6.3년이다(〈표 2-26〉). 직장의 종사자규모에 따라, 규모가 작을수록 근속년수가 짧은 특징을 보이는데, 1~4인 영세 사업장 임금

〈표 2-26〉 종사자규모별 산업(대대분류)별 임금노동자의 근속년수
(경남, 2021년 상반기)

(단위: 년)

	직장 종사자규모						
	계	1~4명	5~9명	10~29명	30~99명	100~299명	300명 이상
전산업	6.3	3.7	4.2	5.4	7.0	7.7	12.8
농림어업 A	3.2	3.1	2.3	6.0	2.9	0.4	
광공업 B,C	8.3	5.7	5.7	5.7	6.3	7.4	15.3
전기운수통신금융 D,H,J,K	8.3	4.8	7.0	7.8	8.5	8.8	15.7
사업·개인·공공서비스 및 기타 E,L~U	5.8	4.1	3.6	5.1	7.3	7.4	9.0
건설업 F	4.3	3.8	3.6	3.9	5.6	9.8	21.1
도소매 음식숙박업 G,I	3.9	2.9	3.6	4.6	7.1	8.3	5.9

자료: 통계청 지역별고용조사 C형 (시도전국승수 적용, 창원대 노동연구센터)

노동자의 평균 근속년수는 3.7년으로 나타난다. 산업별로도 편차가 큰데, 도소매 음식숙박업 영세 사업장 종사 임금노동자의 평균 근속 년수는 2.9년으로 산출된다.

경남 노동자의 노동시간은 2021년 상반기 현재 취업자의 경우 주당 평균 39.4시간, 임금노동자는 이보다 짧은 38.8시간으로 집계 된다. 직장의 종사자규모별로 주당 노동시간을 보면, 300명 이상 규 모가 42.1시간으로 가장 길고, 5~9명 및 10~29명 규모에서 공히 38.2시간으로 가장 짧은 것을 볼 수 있다. 여기에 종사상지위를 결 합하여 한걸음 더 세분해 보면, 30~99명 규모 비임금 노동자의 주 당 노동시간(48.3시간)이 가장 길고, 10~29명 규모 임시·일용직의 주 당 노동시간(29.1시간)이 가장 짧은 것으로 드러난다.

2021년 상반기 현재 경남 임금노동자의 사회보험 가입률은 건강 보험의 경우 가입률이 99.1%로 거의 대부분 가입되어 있고, 다음으

(단위: 시)

| | | 계 | 직장 종사자규모별 | | | | | |
			1~4명	5~9명	10~29명	30~99명	100~299명	300명 이상
종사상 지위별	취업자 계	39.4	39.2	38.2	38.2	40.0	41.5	42.1
	임금노동자	38.8	35.8	37.5	38.2	40.0	41.5	42.1
	상용	42.1	41.6	41.8	42.0	42.1	42.4	42.7
	임시/일용	30.6	30.6	30.2	29.1	31.4	35.4	34.1
	비임금노동자	40.8	40.6	46.4	41.6	48.3		

자료: 통계청 지역별고용조사 마이크로데이터 C형 (시도가중치 적용, 창원대 노동연구센터)
주: 주당 노동시간 계는 주당 주업 및 부업 노동시간의 합계임.

로 연금 가입률 79.7%, 고용보험 가입률 77.2%로, 고용보험 가입률
이 상대적으로 저조한 것으로 나타난다(〈표 2-28〉). 이를 직장 종사자
규모별로 나누어 보면, 300명 이상 대규모 사업장에서는 연금이나

〈표 2-28〉 경남 직장 종사자 규모별 사회보험 가입률(경남, 2021년 상반기)

(단위: %)

		연금	건강보험	고용보험
직장 종사자 규모	계	79.7	99.1	77.2
	1~4명	59.1	97.9	46.7
	5~9명	74.2	98.6	71.5
	10~29명	79.4	99.2	79.5
	30~99명	86.3	99.6	86.7
	100~299명	92.1	99.7	92.8
	300명 이상	95.7	99.8	95.7

자료: 통계청 지역별고용조사 마이크로데이터 C형(시도전국 승수 적용; 창원대 노동연구센터)
주: 연금 가입률은 임금노동자 중 직장가입자 + 지역가입자의 백분비; 건강보험 가입률은 임
   금노동자 중 건강보험 직장 가입자 + 지역 가입자 + 의료수급권자 + 직장가입 피부양자
   의 백분비; 고용보험 가입률은 임금노동자 중 고용보험 가입자 또는 특수직역연금 가입
   자의 백분비임

고용보험 가입률이 모두 95.7%를 기록한 반면 1-4명 영세 사업장의 경우에는 연금이나 고용보험 가입자는 절반 내외에 불과해 영세 사업장 노동자들이 사회적 위험에 취약하다는 사실을 여실히 알 수 있다.

2021년 상반기 현재 경남 노동자들이 일하는 직장의 규모별로 취업자의 성별 구성에 주목하면(〈표 2-29〉), 100명 이상 중·대규모 사업장의 경우 남자 비중이 압도적으로 높으나, 100명 미만의 소규모 영세 사업장에서는 여자 비중이 전체 평균에 비하여 상대적으로 더 높은 특징이 나타난다. 또한 연령별 구성을 보면(〈표 2-29〉), 5인미만 영세 사업장의 50~64세 장년층 및 65세 이상 노년층 비중이 전체 평균보다 더 높은 반면, 규모가 큰 직장들에서는 30~49세 중년층 또는 15~29세 청년층 비중이 더 높은 차이가 두드러진다. 아울러, 직장 규모별로 취업자의 학력 분포를 보면, 5인 미만 영세 사업장의 고졸, 중졸 및 초졸이하 저학력층의 구성비가 전체 평균보다 높은 특징이 드러난다. 다시 말하자면, 1-4인 규모 영세사업장 노동자들의 인구학적 특성이 성별로는 여성, 연령별로는 50대 이상 고령자, 그리고 학력별로는 고졸이하의 저학력자 구성비가 전체 평균에 비해 상대적으로 높은 특징을 갖고 있음이 확인된다.

경남 지역 사업장의 종사자규모별로 취업자의 종사상지위별 분포를 보면(〈표 2-30〉), 2021년 상반기 현재, 규모가 클수록 임금노동자 구성비는 올라가고, 규모가 작을수록 비임금노동자 구성비가 높아지는 특징이 발견된다. 이를테면, 종사자 규모 300명 이상, 그리고 100~299명 사업장에서는 100% 임금노동자로 구성되어 있는가 하면, 종사자 1~4명 규모 영세 사업장 취업자의 69.8%는 비임금노동자이고, 30.2%만이 임금노동자로 나타난다.

<table>
<tr><td colspan="2"></td><td colspan="14">직장 종사자규모별</td></tr>
</table>

〈표 2-29〉 직장 종사자규모별 취업자의 인구학적 속성별 분포(경남, 2021년 상반기)

(단위: 천명)

		계		1~4명		5~9명		10~29명		30~99명		100~299명		300명 이
	계	1,748.3	(100.0)	706.9	(100.0)	204.7	(100.0)	306.2	(100.0)	268.3	(100.0)	121.3	(100.0)	140.8 (10
성별	남자	1,011.0	(57.8)	399.9	(56.6)	108.1	(52.8)	161.6	(52.8)	153.5	(57.2)	83.2	(68.6)	104.6 (7
	여자	737.4	(42.2)	307.0	(43.4)	96.6	(47.2)	144.6	(47.2)	114.8	(42.8)	38.1	(31.4)	36.2 (2
연령별	15~29	201.1	(11.5)	54.1	(7.6)	34.7	(16.9)	41.3	(13.5)	35.3	(13.2)	17.3	(14.3)	18.4 (1
	30~49	705.1	(40.3)	214.8	(30.4)	84.3	(41.2)	127.5	(41.6)	130.5	(48.6)	67.8	(55.9)	80.2 (5
	50~64	592.9	(33.9)	274.0	(38.8)	63.4	(31.0)	102.3	(33.4)	83.2	(31.0)	30.9	(25.5)	39.2 (2
	65+	249.2	(14.3)	164.0	(23.2)	22.4	(10.9)	35.2	(11.5)	19.3	(7.2)	5.3	(4.4)	3.0 (
학력	초졸이하	162.3	(9.3)	106.0	(15.0)	15.7	(7.7)	22.7	(7.4)	12.7	(4.7)	3.0	(2.5)	2.1 (
	중졸	150.1	(8.6)	88.5	(12.5)	15.4	(7.5)	22.2	(7.3)	16.6	(6.2)	5.0	(4.1)	2.3 (
	고졸	651.6	(37.3)	279.5	(39.5)	72.7	(35.5)	115.7	(37.8)	96.2	(35.9)	44.6	(36.8)	42.8 (3
	전문대졸	278.5	(15.9)	92.5	(13.1)	39.7	(19.4)	54.5	(17.8)	43.1	(16.1)	22.9	(18.9)	25.8 (1
	대졸이상	505.9	(28.9)	140.4	(19.9)	61.1	(29.9)	91.1	(29.7)	99.7	(37.1)	45.8	(37.7)	67.9 (4

자료: 통계청 지역별고용조사 마이크로데이터 C형 (시도가중치 적용, 창원대 노동연구센터)

〈표 2-30〉 직장 종사자규모별 취업자의 종사상지위별 분포 (경남, 2021년 상반기)

(단위: 천명)

		계		1~4명		5~9명		10~29명		30~99명		100~299명		300명 이
종사상지위별	취업자 계	1,748.3	(100.0)	706.9	(100.0)	204.7	(100.0)	306.2	(100.0)	268.3	(100.0)	121.3	(100.0)	140.8 (1
	임금노동자	1,233.3	(70.5)	213.5	(30.2)	189.1	(92.4)	300.4	(98.1)	268.1	(99.9)	121.3	(100.0)	140.8 (1
	상용	881.4	(50.4)	100.0	(14.1)	118.9	(58.1)	209.9	(68.6)	215.1	(80.2)	107.3	(88.4)	130.3 (
	임시/일용	351.9	(20.1)	113.5	(16.1)	70.2	(34.3)	90.5	(29.5)	53.1	(19.8)	14.0	(11.6)	10.5
	비임금노동자	515.0	(29.5)	493.4	(69.8)	15.6	(7.6)	5.8	(1.9)	0.2	(0.1)	0.0	(0.0)	0.0

자료: 통계청 지역별고용조사 마이크로데이터 C형 (시도가중치 적용, 창원대 노동연구센터)

3. 경남의 노동 환경 현황 : 근로환경조사 자료를 중심으로

제3절에서는 경남 노동자들의 노동환경 특성을 개관하기로 한다. 산업안전보건연구원의 〈근로환경조사(KWCS)〉는 노동환경과 관련하여 시도별 자료를 제공하고 있어, 경남 노동자 노동환경을 여타 시도와 비교하여 파악할 수 있도록 해준다.[6] 2020년 〈6차 근로환경조사〉가 이용가능한 가장 최근 자료이므로 이 자료를 사용하되,[7] 주요한 몇가지 측면을 예시적으로 살펴볼 것이다.

가. 노동 환경의 유해·위험 요인

경남 노동자들이 일하는 환경에서 물리적, 생화학적, 인체공학적, 감정적 노동환경의 주요 유해·위험 요인(hazard)을 제시하고 이러한 요인에 노출되어 일하는 시간이 얼마나 되는지를 파악한 결과가 〈표 2-31〉에 요약되어 있다. 이에 따르면, 경남의 노동환경 중 근무시간

---

6 근로환경조사(Korean Working Conditions Survey, KWCS)는 우리나라 만15세 이상 취업자를 대상으로 산업안전보건에 영향을 미치는 다양한 노동환경을 조사하여 개선을 위한 정책 수립의 기초자료를 마련하기 위해 실시되는 조사로, 전국 5천 조사구에서 5만 가구(1 가구, 1 취업자)를 지역별 층화 표본으로 추출하여 시도 수준의 자료가 공표되고 있다(표본 오차는 95% 신뢰수준에서 ±0.53%p). 2020년 제6차 조사의 표본으로 경남은 329 조사구, 3,290명이 할당되어 있다(산업안전보건연구원, 2021. 『제6차 근로환경조사 설문지 및 자료이용 설명서』). KWCS는 유럽연합의 유럽근로환경조사(EWCS)와 거의 동일한 설문문항을 사용해 EU회원국들과 국제 비교 가능하고, 노동자뿐 아니라 자영업자 및 사업주도 조사 대상에 포함된다. 상당히 유익한 조사임이 분명하나 3년을 주기로 실시되어 그 간격이 길다는 것이 단점이다.

7 근로환경조사는 3년마다 조사하는데 제6차 조사는 COVID-19의 대유행에 따라 조사의 어려움으로 인하여 2020년 10월부터 2021년 4월에 걸쳐 조사가 진행되었고, 2021년 말에 조사결과 보고서가 공표되고 마이크로데이터도 조사기관인 안전보건공단 산업안전보건연구원 누리집을 통해 제공하고 있다.

의 1/4 이상 노출된 인체공학적 유해·위험 요인으로는 계속 서있는 자세, 앉아있는 자세, 피로하거나 통증주는 자세로 일하는 노동자 비율이 높게 나타나고, 물리적 유해·위험 요인 중에서는 진동(30.0%) 그리고 연기 흄, 분진 등의 흡입(23.7%)과 같은 화학적 유해 위험요인 노출 비율도 상당히 높다.

나. 노동 강도

경남 노동자의 업무 특성 가운데 하나는 반복 작업을 하는 노동 자들이 많다는 점이다. 제6차 근로환경조사에 따르면, 1분 이내의 초단기 반복 작업을 하는 경남 노동자 비율(21.1%)은 충남(27.8%)에 이어서 전국 16개 시도 중 두 번째로 높은가 하면, 10분 이내의 짧은 간격으로 반복 작업을 하는 노동자 비율 면에서 경남(22.9%)은 16 개 시도 중 가장 높다(〈그림 2-13〉).

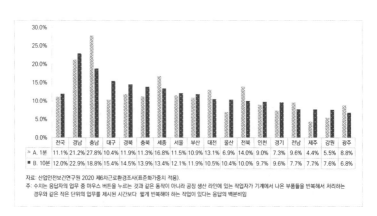

	전국	경남	충남	대구	경북	충북	세종	서울	부산	대전	울산	전북	인천	경기	전남	제주	강원	광주
A. 1분	11.1%	21.2%	27.8%	10.4%	11.9%	11.3%	16.8%	11.5%	10.9%	13.1%	6.9%	14.0%	9.0%	7.3%	9.6%	4.4%	5.5%	8.8%
B. 10분	12.0%	22.9%	18.8%	15.4%	14.5%	13.9%	13.4%	12.1%	11.9%	10.5%	10.4%	10.0%	9.7%	9.6%	7.7%	7.7%	7.6%	6.8%

자료: 산업안전보건연구원 2020 제6차근로환경조사(표준화가중치 적용).
주: 수치는 응답자의 업무 중 마우스 버튼을 누르는 것과 같은 동작이 아니라 공장 생산 라인에 있는 작업자가 기계에서 나온 부품들을 반복해서 처리하는 경우와 같은 작은 단위의 업무가 제시된 시간보다 짧게 반복해야 하는 작업이 있다는 응답의 백분비임

〈그림 2-13〉 업무중 반복 작업이 있는 비율 시도 비교

〈표 2-31〉 사업장규모별 노동 환경:
근무시간 1/4 이상 유해·위험 요인 노출률(경남, 2020)

(단위: %)

		계	1~49명	50~299명	300명 이상
물리적요인	수공구 기계 등에서 발생하는 진동	30.0	27.6	38.6	33.5
	다른 사람에게 목청을 높여야 할 정도의 심한 소음	19.0	16.7	23.5	27.1
	일하지 않을 때조차 땀을 흘릴 정도로 높은 온도	21.9	22.6	17.7	22.7
	실내/실외에 관계없이 낮은 온도	19.5	20.4	16.9	17.1
생화학적요인	연기, 흄(용접 흄 또는 배기가스), 가루나 먼지(목 분진, 광물 분진 등) 등의 흡입	23.7	22.5	27.5	26.3
	시너와 같은 유기 용제에서 발생한 증기 흡입	8.4	8.3	10.7	6.0
	화학 제품/물질을 취급하거나 피부와 접촉함	6.4	6.4	6.9	5.6
	다른 사람이 피우는 담배 연기	5.9	5.9	6.4	5.4
	폐기물, 체액, 실험 물질같이 감염을 일으키는 물질을 취급하거나 직접 접촉함	3.3	3.3	4.4	2.3
인체공학적요인	피로하거나 통증주는 자세(계속 서 있거나 앉아 있는 자세 제외)	45.2	47.2	38.5	41.5
	사람을 들어올리거나 옮김	6.9	7.5	7.2	2.7
	무거운 물건을 끌거나 밀거나 옮김	36.8	41.0	25.7	24.9
	계속 서있는 자세	70.1	73.8	62.1	57.6
	앉아 있는 자세	69.8	69.0	73.3	69.8
	반복적인 손동작이나 팔 동작	60.7	62.1	54.9	59.4
감정적요인	고객, 승객, 학생, 환자와 같은 직장동료가 아닌 사람들을 직접 상대함	47.2	52.0	35.8	32.5
	화가 난 고객이나 환자, 학생을 다룸	12.4	12.3	13.7	10.9
	정서적으로 불안해지는 상황에 놓임	10.6	10.8	12.8	6.8

자료: 산업안전보건연구원 2020 제6차 근로환경조사 마이크로데이터, 표준화 가중치 적용.
주: 수치는 노동환경의 주요 유해위험요인 노출 상황에서 일하는 시간이 어느 정도인지 질문한 문항(7점 척도)별 응답 중 근무시간의 1/4 이상이라는 응답의 백분비임. 응답은 근무시간내내, 거의 모든 근무시간, 근무시간 3/4, 근무시간 절반, 근무시간 1/4, 거의 없음, 전혀 없음의 7가지 선택지 중 택일하도록 하고 있음.

이와 연관된 특징이겠으나, 근무시간 1/4이상 매우 빠른 속도로 일하는 노동자 비율을 보면 경남은 절반을 넘는 54.6%에 달하여 16개 시도에서 가장 높고, 근무시간 1/4 이상 엄격한 마감 시간에 맞춰 일한다는 비율도 경남은 46.6%로, 대구에 이어 2위를 기록하고 있다(〈그림 2-14〉).

전세계적으로 장시간노동 문제는 점차 완화되고 있다. 최근에는 장시간 노동을 예방하고, 노동으로 신체에 피로가 누적되어 건강이 악화되는 것을 막기 위해서 휴게시간의 적절한 보장을 강조하고 있다. 이런 맥락에서 단순히 노동시간보다 적절한 휴식시간을 어떻게 보장받고 있는 것인가가 더 중요할 수 있는데 특히 신체에 무리가 간 상태에서 이와 같은 피로를 풀어주는 충분한 휴식시간 제공 여부가 긴요하다(버스, 트럭운전 기사 등은 사고 예방을 위해서도 중요). 지난 1개월 동안 퇴근 후 11시간 휴식을 보장받지 못한 취업자(노동자 포함) 비율

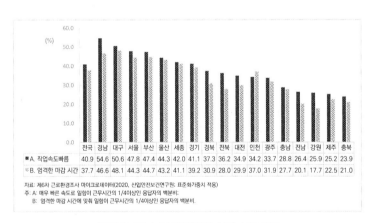

자료: 제6차 근로환경조사 마이크로데이터(2020, 산업안전보건연구원; 표준화가중치 적용)
주: A: 매우 빠른 속도로 일함이 근무시간의 1/4이상인 응답자의 백분비;
　　B: 엄격한 마감 시간에 맞춰 일함이 근무시간의 1/4이상인 응답자의 백분비.

	전국	경남	대구	서울	부산	울산	세종	경기	경북	전북	대전	인천	광주	충남	전남	강원	제주	충북
A. 작업속도빠름	40.9	54.6	50.6	47.8	47.4	44.3	42.0	41.1	37.3	36.2	34.9	34.2	33.7	28.8	26.4	25.9	25.2	23.9
B. 엄격한 마감 시간	37.7	46.6	48.1	44.3	44.7	43.2	41.1	39.2	30.9	28.0	29.9	37.0	31.9	27.7	20.1	17.7	22.5	21.0

〈그림 2-14〉 노동 강도(작업 속도) 시도 비교

을 알아본 결과, 경남(4.3%)은 전국 평균에 비해 낮으나 업종별로 전기·운수·통신·금융업과 연령별로 15~29세 청년층의 경우 경남 수치가 전국에 비해 높은 특징이 발견된다.

〈표 2-32〉 퇴근 시간 후 다음날 출근 시간까지 간격 11시간 미만 경험율

		경남	전국
계		4.3%	5.1%
성별	남성	5.1%	6.7%
	여성	3.2%	3.0%
연령별	15~29세	4.6%	3.7%
	30~49세	5.5%	6.4%
	50~64세	3.1%	4.6%
	65+	3.4%	3.7%
산업대대분류별	농림어업	1.2%	1.6%
	광공업	5.0%	5.5%
	건설업	3.6%	3.4%
	도소매 음식숙박업	3.6%	4.5%
	전기·운수·통신·금융	9.7%	9.0%
	사업 개인 공공서비스 및 기타	3.7%	4.8%

자료: 산업안전보건연구원 2020 제6차 근로환경조사 마이크로데이터(표준화가중치 적용)
주: 수치는 주업 기준으로 퇴근 시간부터 다음 날 출근 시간까지의 간격이 11시간 미만인 경우가 지난 달에 최소 한번이라도 있었다는 응답의 백분비임

기술진보 및 자동화 등이 일에 미치는 영향에 대해 다양한 우려가 있을 수 있는데 수입감소가 걱정된다고 응답자의 비율이 경남 노동자의 절반 이상으로 나타난다(〈표 2-33〉). 하지만 이러한 비율은 전국 평균보다는 낮은 수준이다.

<표 2-33> 기술진보/자동화가 자신의 일에 미치는 우려

(단위: %)

	발언권 축소	능력 활용 곤란	수입 감소	흥미없는 일	근로시간 달라짐
전국	28.7	34.1	60.2	34.3	34.8
경남	24.4	29.1	54.0	30.0	31.9

자료: 제6차 근로환경조사 마이크로데이터(2020, 산업안전보건연구원; 표준화가중치 적용)
주: 수치는 기술진보 및 자동화 등이 일에 미칠 수 있는 상황에 대한 응답 중 1) '매우 걱정
된다', 2) '걱정된다', 3) '걱정되지 않는다', 4) '전혀 걱정되지 않는다'의 응답 중 1) '매
우 걱정된다' + 2) '걱정된다' 등 걱정된다는 응답의 백분비임

다. 건강 및 노동환경 만족도

노동자들은 몸이 아프면 충분히 쉬어서 피로가 누적되어 건강
이 악화되는 것을 막고, 아울러 사고위험도 낮출 필요가 있다. 하지
만 고용이 불안정하거나 업무에 대한 압박이 높은 노동자들은 몸이
아픈데도 불구하고 쉬지 못하고 출근해서 일을 해야만 한다. 출근
하더라도 아프다면 제대로 일하기 힘든 것이 물론이다. 〈근로환경

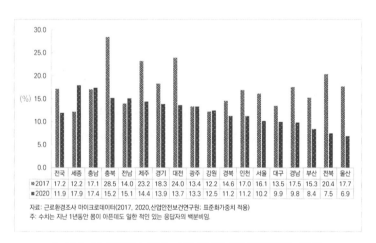

자료: 근로환경조사 마이크로데이터(2017, 2020,산업안전보건연구원; 표준화가중치 적용)
주: 수치는 지난 1년동안 몸이 아픈데도 일한 적인 있는 응답자의 백분비임.

〈그림 2-15〉 아픈데도 일하는 질병출근율 시도 비교(2017~2020)

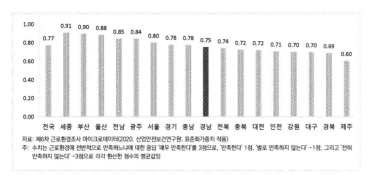

자료: 제6차 근로환경조사 마이크로데이터(2020, 산업안전보건연구원: 표준화가중치 적용)
주: 수치는 근로환경에 전반적으로 만족하느냐에 대한 응답 '매우 만족한다'를 3점으로, '만족한다' 1점, '별로 만족하지 않는다' -1점, 그리고 '전혀 만족하지 않는다' -3점으로 각각 환산한 점수의 평균값임

〈그림 2-16〉 노동환경에 대한 전반적 만족도 시도 비교

조사〉에 따르면, 경남 노동자들 중에서 몸이 아픈데도 일하는 노동자 비율(질병출근율, 프레즌티즘, presenteesm)은 2020년 9.8%로 2017년의 17.5%에서 크게 줄어든 것으로 나타난다.

노동환경에 대한 전반적 만족도를 시도별로 비교하면(〈그림 2-16〉), 경남의 만족도는 전국 평균을 다소 밑돈다.

라. 안전보건 정보 제공 및 권익대표 체계

산업안전보건 현황과 관련하여 사업장 내에서 노동자들이 안전보건 정보들을 어느 정도 제공받고 있는가에 대한 응답을 '전혀 제공받지 못한다' -3점, '제공받지 못하는 편이다' -1점, '잘 제공받는 편이다' +1점, '매우 잘 제공받는다' +3점으로 각각 환산해 평균점수를 구하면(〈표 2-32〉), 2020년 경남의 상황은 3년 전 2017년 조사의 0.541점에서 퇴보한 0.398로 산출된다. 산업별로는 농림어업(-1.272)과 도소매 음식숙박업(-0.085)로 안전보건 정보를 잘 제공받지 못하고 있으며, 종사상지위별로는 무급가족종사자(-1.168)가 가장 열악하고, 자영업자도 정보제공을 받지 못하는 편으로 나타난다.

노동자들이 직접적으로 작업환경 개선을 요구하기 쉽지 않아 노조 또는 안전보건위원회의 운영은 중요한 의사소통 통로가 된다. 사업장 내 노조 및 안전보건위원회의 존재에 대한 알아본 결과, 경남지역에서 노조가 있는 사업장에서 일하는 노동자 비율은 전국 평균 수준이었으나, 안전보건위원회 또는 직원이 의견을 표현할 수 있는 정기적인 회의를 운영하는 사업장에서 일하는 노동자 비율은 전국 평균보다 뚜렷하게 낮은 수준으로 나타난다.

〈표 2-34〉 산업대대분류별 종사상지위별 건강안전 정보 제공 정도
(경남, 2020~2021)

	계	고용원이 없는 자영업자	고용원이 있는 자영업자/ 사업주	임금 근로자	무급가족 종사자
계	0.398	-0.508	-0.095	0.741	-1.168
농림어업	-1.272	-1.087	-0.933	-1.985	-1.497
광공업	0.866	0.076	0.643	0.923	0.241
건설업	0.239	-0.630	-0.035	0.350	-1.000
도소매 음식숙박업	-0.085	-0.477	-0.321	0.352	-0.836
전기운수통신금융	0.601	-0.056	0.912	0.792	
사업 개인 공공서비스 및 기타	0.717	-0.116	-0.147	0.900	-1.986

자료: 제6차 근로환경조사 마이크로데이터(2020, 산업안전보건연구원, 표준화 가중치 적용)
주: 수치는 업무와 관련하여 '건강이나 안전에 관한 위험요인'에 관한 정보를 얼마나 잘 제공받고 있는지를 파악하는 설문에 대한 응답으로 1. 매우 잘 제공받는다 3점, 2. 잘 제공받는 편이다 1점, 3. 별로 제공받지 못하는 편이다 -1점, 4. 전혀 제공받지 못한다 -3점으로 각각 환산한 응답 점수의 평균값임.

(단위: %)

	A. 노동조합	B. 안전보건대표자 또는 안전보건위원회	C. 직원이 의견을 표현할 수 있는 정기적인 회의
전국	20.3%	21.0%	26.4%
경남	20.6%	18.4%	21.3%

자료: 제6차 근로환경조사 마이크로데이터(2020, 산업안전보건연구원; 표준화 가중치 적용)
주: 설문은 피고용자만 응답한 것이고 수치는 사업장에 노동자의 권익을 대표하는 조직이나
체계가 있다는 응답의 백분비임.

4. 소결

지금까지 정부가 공표한 통계자료를 사용해 경남의 노동현황을
전반적으로 개관했다. 크게 지역 경제의 동태 및 노동 환경에 대해
서도 주마간산식으로 묘사했지만, 경남 노동자의 현황을 파악하는
데 주안점을 두었고, 노동자 내부의 차이 분석을 시도하기도 했다.
그 요지를 간추리면 다음과 같다.

경남은 2010년대 중반 이후 경제성장률이 전국 평균을 밑돌게
될 정도로 경제활동의 활력 저하가 대두한 가운데, 제조업보다는 서
비스업이 부가가치 생산의 최대 업종으로 산업 구조의 전환을 경험
하고 있다. 취업자 구조의 변화도 맥을 같이한다. 여기서 우리의 조
명은 경남 노동실태의 질적 측면에 가급적 초점을 맞추고자 했다.
경남 취업자의 산업별 직업별 구조뿐만 아니라 임금노동자의 주요
고용형태를 식별했으며, 고용형태별 임금노동자의 임금과 노동시
간, 저임금률 등의 차이 현황을 들어내 보여주었고, 직장 종사자규
모별 특히 1~4인 영세 사업장의 임금과 노동시간 외에 사회보험가

입률 등의 노동실태에 대해서도 드문드문 조명을 가했다. 요컨대, 노동하는 환경과 조건 등 경남 노동자의 주요 현황을 전반적으로 개관하면서 노동자들이 어떠한 경우에 취약해지는지 인과적 분석에 필요한 밑그림을 다소 거칠게 그려본 것이다. 향후 취약노동자의 현실을 좀 더 심층적으로 고찰하는 데, 그 배경적 맥락에 대해 감을 잡는 안내도로서 다소라도 기여할 수 있기 바란다.

중소 제조업 취약노동자의 실태와 과제*

1. 들어가며

이 글은 취약성(vulnerability)이라는 개념을 통해 경남 지역의 중소 제조업에서 일하는 노동자들의 실태를 파악하고 이 취약성에 영향을 주는 요인들을 검토하는 것을 목적으로 한다. 근래에 들어 취약노동자 혹은 취약성에 대한 관심과 용법이 증대되고 있다. 기존에 취약성이 주로 사회복지 정책 차원에서 논의되었다면, 최근에는 고용 문제와 본격적으로 결합해서 다루어지고 있다. 이는 노동 연구에서 취약성이 하나의 개념적 지위를 획득해 나가고 있음을 의미한다.

---

*　이 글은 필자의 논문 황현일(2022). "중소 제조업 노동자의 취약성: 경남 지역을 대상으로". 『지역사회학』. 제23권 제1호. 의 일부를 수정, 보완한 것이다.

한국어로 취약(脆弱)하다는 말은 '무르고 약하다'를 의미한다. 이런 점에서 일반적으로 취약노동자는 우리 사회에서 경제적, 사회적, 정치적 측면에서 배제된 노동자들과 관련하여 사용되어 왔다(박찬임 외, 2007: 7-8). 그러나 좀 더 세부적으로 들어가면 취약성과 관련한 정의와 용법은 가변적으로 사용되고 있음을 알 수 있다. 예를 들어, 여성이나 이주노동자처럼 인적 속성에 기반하여 취약노동자를 보는 경우도 있고, 소득이 낮거나 사회보장제도에서 배제된 이들을 취약노동자로 보는 경우도 있다.

이 글에서는 기존의 연구 검토를 통해 취약노동자를 '신체적, 생계적인 측면에서 위험이 높은 환경에서 일하면서도 그러한 상황으로부터 대응할 역량과 권리에의 접근이 부족한 노동자들'로 정의한다. 이러한 정의는 취약성을 미래 시점에 발생할 수 있는 위험과 연관 지으며, 이 위험을 야기하는 요인으로 저임금, 사회보장제도에 대한 약한 접근성, 산업재해에 대한 노출, 노동권에 대한 약한 접근성을 포함시키고 있다. 이 글은 더 나아가 취약성이라는 개념이 노동의 불안정화의 문제를 이해하고 풀어나가는 데 있어 중요한 지점임을 강조한다.

IMF 이후 한국 사회에서 비정규직이 지속적으로 증가하면서 노동시장이 정규직과 비정규직으로 양극화되었다는 것은 이제 상식처럼 받아들여지고 있다. 이와 관련해서 그간 비정규직 노동자 문제에 관한 다양한 논의와 연구들이 진행되어 왔다. 특히, 비정규직 노동자의 불안정성이 어디에서 기인하는가는 중심적으로 해명해야할 과제였다. 많은 연구들은 비정규직 노동자들의 열악한 처우를 개선하기 위해서는 정규직화로 표상되는 고용 형태의 안정화를 핵심적인 과제로 꼽았다.

그러나 노동시장 분절 요인으로서 고용 형태보다는 사업장 규모의 영향이 크다는 점이 제기되었다(정이환, 2013). 정규직 형태의 고용관계를 갖더라도 사업장 규모가 작은 노동자들은 비정규직 노동자들과 유사하거나 혹은 더 열악한 노동조건에 처해 있을 수 있다는 것이다. 이병훈과 이시균의 연구(2010)는 정규직·임시일용 노동자집단이 비정규직·상용 노동자집단에 비해 더욱 열악하다는 점을 보여주었다. 이는 오늘날 노동자들의 취약성을 규명하고 대책을 수립하는 데 있어 고용 형태만이 아니라 사업장의 영세성에 주목할 필요성을 제기한다.

일반적으로 한국은 영세사업장의 비중이 상당히 크며, 여기에 종사하는 노동자들의 임금과 노동조건이 상대적으로 열악하다고 인식되고 있다. 2018년 기준 전국의 사업체 중에서 5인 미만 사업장은 사업체 비중으로는 80.5%를 차지하고 있고 종사자 수 기준으로는 28.7%를 보이고 있다. 이를 30인 미만 사업장까지 확대하면 사업체 비중은 97.9% 종사자 수 비중은 61.1%로 나타난다(통계청, 2018). 영세사업장의 규모에 대한 합의는 없지만 어떤 기준에서 보더라도 여기에 해당하는 노동자들의 규모는 상당하다는 점을 알 수 있다.

이처럼 사업장 규모를 고려하려면 취약성이라는 문제로 접근하는 것이 유용할 수 있다. 중소 제조업 노동자들은 취약성의 문제를 접근하는 적절한 대상이 된다. 제조업은 노동의 수단과 대상이 명확하고, 노사관계의 대상도 명확하여 그간 노동기준을 설정하는 데 있어 주요한 준거 지점이 되어 왔다. 제조업의 비중이 계속 감소하고 있지만 한국 경제에서 제조업이 가지는 위치는 여전히 중요하다. 또한 이 글에서 살펴보는 경남 지역은 전통적으로 제조업이 많이 입지한 지역으로 중소 제조업 노동자들의 취약성을 파악하는 것은 지역 노동정책 차원에서도 필요할 것이다.

IMF 이후 한국 사회에서 비정규직 문제가 부상하기 시작했을 때 가장 많은 관심의 대상이 되었던 부분이 제조업의 사내하청 및 파견 노동이었다. 비정규직 문제 중에서 특히 사내하청 문제에 관심이 많았던 이유에는 제조업에서의 높은 활용도, 노동자들의 저항, 고용 관계의 모호함이라는 법적 과제의 해결 필요성 등이 있었다(은수미, 2011). 이에 따라 중소 제조업의 문제는 주로 원하청 관계의 개선이나 모호한 고용 형태를 해소하는 차원에서 다루어졌고, 중소 제조업 노동자들의 처우는 열악한 것으로 전제되면서 취약성의 측면에서는 잘 다루어지지 못하였다.

이런 점에서 이 글은 경남 지역을 대상으로 중소 제조업 취약노동자들의 실태를 검토하고 취약성의 특징을 도출하는 의의를 가지고 있다. 이를 위해 2020년 경상남도가 실시한 '경남 취약계층 노동자 실태조사' 자료를 통해 제조업 종사 노동자들의 고용실태와 노동조건을 분석하고, 취약노동자 및 관련 전문가들과의 인터뷰를 통해 중소업체 노동자들의 취약성을 개선하기 위한 과제를 도출하고자 한다.

이 글의 구성은 다음과 같다. 2절에서는 중소 제조업 노동자에 대한 기존 연구를 검토하면서 취약성의 측면에서 접근할 필요성을 제기하고 연구 방법을 소개한다. 3절은 예비적 분석으로 경남 지역 중소 제조업 노동자들의 취약성의 실태를 살펴보면서 주요한 특징 들을 도출한다. 4절에서는 3절의 검토를 토대로 중소 제조업 노동 자들의 취약성에 영향을 주는 요인들을 분석한다. 5절은 연구 결과 가 가지는 함의와 과제에 대해서 논의한다.

2. 중소 제조업 노동자에 대한 취약성 접근의 필요성

가. 중소 제조업 노동자의 취약성

중소 제조업 노동자들의 실태와 특징에 대해서는 그 전체를 파악 할 수 있는 포괄적인 연구는 적지만 원하청 관계의 맥락에서 주로 업종별로 다양한 연구들이 진행되어 왔다. 특히 노동 연구자들에게 있어 IMF 이후 사내하청 노동자들과 부품업체 노동자들의 실태는 꾸준한 관심사였다. 이러한 연구들을 통해 우리는 중소 제조업 노동 자들에 대해 일정한 상을 가지고 있다. 그것은 기업 위계에 따른 상 대적 저임금, 장시간 노동과 높은 노동 강도, 고용 불안, 노동권 보장 미흡 등으로 표상된다. 여기서 주되게 해명되어야 할 문제는 상대적 저임금과 낮은 고용의 질이 어디에서 비롯되는가인데, 많은 연구들 이 고용 형태 또는 기업 간 격차에서 그 답을 찾고자 하였다.

이 중 고용 형태에 따른 노동조건의 차이, 즉 제조업의 경우 사내 하청 노동자들의 노동 실태에 대한 관심이 가장 먼저 일어났다(은수 미, 2008; 손정순, 2009; 백두주·조형제, 2009; 조효래, 2009; 은수미·이병희·박제성,

2011). 은수미(2011)는 사내하도급에 대한 다양한 사례 분석을 통해서 한국에서 사내하도급이 광범위하게 활용되었던 과정을 1970년대 정부의 정책적 지원 아래 한국적인 모델로 형성된 사내하도급 형태가 IMF 외환위기 이후 대기업 주도 아래 급속하게 표준적인 모델로 확산되는 과정으로 보았다. 포항제철 사례를 연구한 손정순(2011)도 한국적 고용체제의 특성을 강조하는데, 그는 철강 업종에서 사내하청 노동이 이미 IMF 이전에 작업장 내에서 전근대적인 형태인 신분적인 위계 구조로 자리 잡혀 있었음을 밝히고 있다. 이러한 연구들은 사내하청 문제가 1960~1970년대 한국의 발전 과정에서 비롯된 전근대적인 노무 관리 관행과 밀접하게 연관되어 있음을 보여주고 있다.

다른 한편으로 중소업체 노동자들에 대한 관심은 주로 자동차 업종을 대상으로 원하청 관계의 맥락에서 다루어졌다. 자동차 업종의 경우 소수의 대기업이 위계적인 기업 간 관계에서 최정점에 위치하면서 중층적인 거래 관계가 형성되어 있고, 하위에 위치한 기업의 노동자일수록 보다 열악한 노동조건에 처해 있다고 진단되었다(홍장표, 2003; 조성재, 2004; 김철식, 2010). 김철식(2010; 2011)은 2000년대 들어 한국의 자동차산업에서 모듈 전문기업이 등장하면서 기존의 원하청 관계가 중층화되었다고 밝혔다. 그 결과 기업 위계별로 임금 격차가 확대되고 '괜찮은 일자리'가 축소되는 불안정 고용의 확산으로 이어졌음을 보여주고 있다.

이상의 제조업 중소기업 노동자와 연관된 연구들은 오늘날 한국 사회에서 고질적으로 문제가 되고 있는 중소기업의 열악한 현실과 노동자들의 어려움을 거시적인 역사적, 구조적 차원에서 해명하고자 한 시도라고 할 수 있다. 이러한 연구들은 공통적으로 노동자들의 인적 속성이나 지역적 특성에서 취약함을 파악하기보다는 기업 간 관계의 특성이나 기업의 노무관리 관행으로부터 그 상대적 열악함을 드러내고자 하였다. 그래서 문제의 해법도 주로 재벌 구조 개혁이나 불공정한 원하청 관계의 개선이 제시되었고, 일부 논자의 경우 기업별 이해를 넘어서는 노동조합의 역할을 주문하기도 하였다.

그러나 기존의 연구들은 노동자가 처한 현실 자체보다는 노동조건의 상대적인 열악함을 전제하고 그 원인을 따지면서 법·제도적인 과제를 도출하는 방식이 많았다. 그러면서 중소 제조업 노동자 처우 개선 문제는 원하청 관계나 고용 형태를 개선하는 문제에 집중되었다. 대기업 중심의 한국 기업 구조의 특징과 다양하게 등장하면서 분화되고 있는 고용 형태는 분명 한국의 노동 문제를 풀어나가는 데 있어 핵심적인 과제일 것이다. 그러나 중소 제조업을 둘러싼 원인과 처방이 근본적이었던 것에 비해 실제의 문제해결은 더딘 것처럼 보인다.

이런 점에서 고용 형태에 따른 격차보다는 기업 규모 혹은 기업의 영세성에 따른 노동의 불안정성을 강조하는 연구는 주목할 만하다. 정이환(2007)은 정부 통계 자료를 이용하여 노동시장 불평등의 요인으로서 고용 형태와 사업체 규모의 영향을 분석하여 고용 형태보다 사업체 규모가 보다 중요하게 영향을 미치고 있다고 분석하였다. 이병훈·이시균(2010)은 정규직·임시일용 집단이 비정규직·상용직 집단에 비해 임금과 고용의 질에서 현격한 차이가 있다는 것을 보여줌으로써 고용 형태가 아니라 임시일용직 전반의 비공식적인 고용관행에 천착하는 정책적 접근이 필요함을 주장하였다. 이들 연구는 제조업에 한정되지 않지만 중소업체 노동자들의 문제에 접근할 때 고용 형태만이 아니라 고용 형태를 가로지르는 기업의 영세성과 노동자의 취약성이라는 측면을 중요하게 고려해야 함을 보여주고 있다.

이 장에서는 취약성을 저임금, 사회보장제도에 대한 약한 접근성, 산업재해에 대한 노출, 노동권에 대한 약한 접근성이라는 네 가지 범주로 규정하고 경남 지역 중소 제조업 노동자들의 취약성 실태를 검토하고 그 특징들과 함의를 도출하고자 한다.

나. 자료 소개

본 연구의 조사는 경남 중소 제조업 노동자의 실태를 살펴보기 위해 양적 자료를 중심으로 하고 질적 자료를 보완하는 형식으로 수행하였다. 양적 자료는 2020년 경상남도의 의뢰로 창원대학교 사회과학연구소 노동연구센터에서 실시한 "경남 취약계층 노동자 실태조사" 자료이다. 전체 3,846명 응답자 중 제조업 부분에 해당하는 노동자들이 해당된다.

표본 추출은 지역별, 업종별, 모집단 분포에 근거해서 할당, 표집을 했다.[2] 중소 제조업 노동자 표집 목표는 1,264명이었고, 실제 조

---

2   조사 과정에서 제조업 내에서의 업종 구분은 제대로 이루어지지 못해 업종 간 특정에 대해서는 분석을 진행하지 못하였다.

사된 표본 수는 1,580명이었다. 이 중 제조업에 종사하지만 관리직, 사무직, 영업직 등 생산직이 아닌 경우는 제외하여 총 1,274명이 최종 표본이 된다. 분석 대상에서 비생산직을 제외한 이유는 생산직과 비생산직 노동자들의 노동조건과 직무 성격이 다르기 때문이었다. 사업장 규모는 대부분 300인 이하 사업장으로 구성되어 있고, 30~99인 사업장이 전체 응답의 44%를 차지하고 있다. 고용 형태는 정규직, 일용직, 기간제, 무기계약직, 하청, 파견, 용역, 파트타이머 등 다양하게 구성되어 있고, 하청 노동자의 응답 비중이 약 43%로 가장 높게 나타났다(〈표 3-1〉 참조).

〈표 3-1〉 경남 지역 중소업체 제조업 노동자 표본 개요

구분	구분	창원	김해	진주	거제	양산	기타	전체
종업원 규모	1~4인	39	14	2	4	3	2	64
	5~9인	30	4	12	7	16	6	75
	10~29인	108	50	35	25	36	13	267
	30~99인	350	26	47	55	59	19	556
	100~299인	116	3	4	131	21	5	280
	300인 이상	23	4	0	5	0	0	32
고용 형태	정규직	73	56	4	7	14	2	156
	일용직	50	4	2	19	44	1	120
	기간제	76	9	41	7	24	14	171
	무기계약	115	9	25	2	30	15	196
	하청	331	18	6	188	0	4	547
	파견, 용역	12	2	0	1	19	1	35
	파트타이머 (단시간 노동자)	9	3	22	3	4	8	49
전체		666	101	100	227	135	45	1,274

응답자의 인구학적 특성은 〈표 3-2〉와 같다. 응답자의 성별은 남성이 988명, 여성이 276명이다. 여성의 비중이 21.7%로 제조업이 남성 중심으로 구성되었다는 일반적인 통념과는 다르게 많은 응답을 확보했다. 응답자의 평균 연령은 41.2세이고 20대부터 50대까지 모든 연령대가 골고루 분포하는 특징을 보였다. 응답자의 평균 가구원 수는 3명인 것으로 나타났다. 응답자의 결혼 상태는 배우자가 있는 기혼 상태라는 응답자가 전체 응답자의 60.5%로 가장 많았고, 학력 수준은 고졸이라고 응답한 응답자가 전체 응답자의 53.8%로 가장 많았다.

〈표 3-2〉 표본의 인구통계학적 특성

(단위: 명, %)

		빈도	비율	평균	표준편차
전체		1,274	100.0		
성별	남성	998	78.3		
	여성	276	21.7		
가구원 수 (명)				3.0	1.2
연령	18~29세	270	21.2		
	30~39세	285	22.4		
	40~49세	379	29.7		
	50~59세	281	22.1		
	60세 이상	59	4.6		
	만 나이(세)			41.18	11.4
결혼 상태	미혼/비혼	464	36.3		
	기혼(유배우자)	759	59.6		
	기타(무배우자)	52	4.1		
학력	중졸 이하	32	2.5		
	고졸	686	53.8		
	전문대(졸업, 재·휴학 포함)	340	26.7		
	4년제 대학(졸업, 재·휴학 포함)	214	16.8		
	대학원(졸업, 재·휴학 포함)	2	0.2		

중소 제조업 노동자들에 대해 취약성이라는 개념을 가지고 위의 양적 자료를 활용하는 경우 두 가지 문제가 있다. 하나는 중소 제조업 노동자들 대부분 4대 보험이 적용된다는 점이다. 기존 연구들에서 사회보험 적용 여부는 취약성을 판가름하는 주요 기준으로 사용되고 있는데, 이를 한국 상황에 바로 적용하면 대부분의 중소 제조업 노동자들이 취약노동자 범주에서 벗어나는 문제가 발생한다. 다른 하나는 자료상의 문제로 위의 양적 자료로는 조사 설계상 제조업 내 직종 간 차이를 식별하기 어렵다. 중소 제조업 노동자들의 실태를 보다 구체적으로 드러내기 위해서는 업종 간 차이나 숙련 차이를 살펴볼 필요가 있는데, 위의 조사 자료로는 이 점을 파악하는 데 한계가 있다. 이 때문에 이 연구에서는 경남 지역 중소 제조업 노동자들과 관련 전문가들에 대한 질적 조사를 병행하였다. 면접 대상은 11명이었고, 항공부품사, 판금가공업, 조선소 하청, 자동차 하청 등의 업종에 종사하는 이들이다. 면접 조사는 2020년 7월부터 2021년 9월까지 진행하였고, 네 가지 취약성 범주에 관한 실태를 파악하기 위해 반구조화된 형식으로 면접을 진행하였다.

3. 중소 제조업 노동자들의 실태와 특징

가. 중소 제조업 노동자들의 일자리 개관

'경상남도 사업체조사'에 따르면 2019년 기준 경상남도 제조업 전체에 종사하는 노동자 수는 41만 명이다. 이 중 중소 업체에 해당하는 300인 이하 사업장에 종사하는 노동자들은 33만 명으로 전체의 80%에 이른다. 이들 33만 명이 응답 표본의 모집단의 성격을 갖는다. 다만 이 연구에서 수행한 조사는 300인 이상 사업장에 종사하는 노동자들도 일부 포함하고 있으며, 지역별 표본 할당을 고려하였지만, 직종과 고용 형태는 고려하지 않았기 때문에 모집단과 정확히 대응하지는 않는다.

표본의 12%는 정규직으로 답변하였고, 나머지 88%는 일용직, 하청, 기간제 등 비정규직이라고 답변하였다. 이 중 하청 노동자가 전체의 43%를 차지하여 중소 제조업 노동자들 중 다수가 원청에 납품과 관련된 일을 한다고 볼 수 있다. 이들의 평균 근속연수는 평균 4.4년이고, 3년 미만이 전체의 63.5%로 많은 노동자들이 한 사업장에서 지속적으로 일을 하지 못하고 있다.

이들을 연령과 성별을 고려하여 교차 분석하면 중소 제조업 노동자들의 인구학적 구성의 특징을 발견할 수 있다. 평균 근속연수가 4.4년으로 나왔지만 근속연수는 청년층에서 훨씬 짧고 중년층에서는 높게 나타났다. 〈표 3-3〉에서 보듯이 35세 이하의 청년들 중 78.4%는 3년 미만의 근속기간을 보이고 있는 반면, 36세 이상의 중장년들은 66.8%가 3년 이상의 근속기간을 보이고 있다. 이는 청

〈표 3-3〉 세대별 근속연수

		3년 미만	3~5년	6~9년	10~19년	20~29년	30년 이상	전체
청년	빈도	331	54	28	9	0	0	422
	비중	78.4%	12.8%	6.6%	2.1%	0.0%	0.0%	100.0%
중년	빈도	368	202	114	137	27	4	852
	비중	43.2%	23.7%	13.4%	16.1%	3.2%	0.5%	100.0%
전체	빈도	699	256	142	146	27	4	1274
	비중	54.9%	20.1%	11.1%	11.5%	2.1%	0.3%	100.0%

년들이 제조업의 일자리를 단기직으로 여기고 있거나 오래 일할 수 있는 일자리로 생각하고 취업했어도 초기에 그만둔다는 점을 보여주고 있다.

중소 제조업 노동자 구성의 또 다른 특징은 중년 여성 노동자들의 존재이다. 전체 중소 제조업 노동자에서 21.7%를 차지하는 여성들 중 74.3%는 40대 이상이다. 이는 남성들이 각 연령대별로 동일하게 구성된 것과 비교하면 큰 차이이다. 이들 중년 여성들은 많은 경우 제품 검사와 포장 같은 저숙련 직무를 수행한다(면접조사 결과). 그리고 이들은 상대적으로 가장 취약한 상황에 놓인 집단이다.

〈표 3-4〉 성별 연령대

		18~29세	30~39세	40~49세	50~59세	60세 이상	전체
여성	빈도	31	40	99	97	9	276
	비중	11.2%	14.5%	35.9%	35.1%	3.3%	100.0%
남성	빈도	239	245	280	184	50	998
	비중	23.9%	24.5%	28.1%	18.4%	5.0%	100.0%
전체	빈도	270	285	379	281	59	1274
	비중	21.2%	22.4%	29.7%	22.1%	4.6%	100.0%

직무의 성격과 관련해서는 중소 제조업의 직무들이 아주 높은 숙련을 필요로 하지는 않지만 그렇다고 아무나 할 수 있는 일이 아니라는 점을 특징으로 꼽을 수 있다. 응답자들은 대다수의 직무를 2년 이상의 상시성을 가지는 직무로 본다. 그렇지만 해당 직무의 장기적인 유지 전망에 대해서는 부정적으로 응답하고 있다. 이는 산업 변화에 따른 직무의 축소나 변화 전망에 따른 것일 수도 있지만, 업체의 생존 전망과도 관련이 있다고 예상된다.

중간 정도의 상시성과 중간 정도의 숙련 요구라는 직무의 특징은 어느 정도 고용 형태에 대한 불만의 근거가 된다. 중소 제조업 노동자들의 가장 큰 불만은 두 가지이다. 하나는 비정규직이라는 고용 형태와 다른 하나는 임금이다. 고용 형태에 대한 불만은 평균 근속기간 4.4년이 보여주듯이 고용 불안 문제와 직결된다. 이는 노동자들이 삶의 질을 높이기 위해 개선해야 할 과제에 대한 답변에서도 동일하게 확인되고 있다.

이상 경남 지역 중소 제조업 노동자들의 일자리를 개관한 결과 확인할 수 있는 점은 다음과 같다. 첫째, 인구학적으로 보면 크게 중년 남성, 중년 여성, 청년으로 구분되는 집단군이 확인된다. 중년 남성들은 중소 제조업에서 중심적인 위치에 있다. 청년들은 한시적으로 제조업에 종사하는 경우가 많다. 중년 여성들은 저숙련 저임금 노동으로 중소 제조업에서 가장 취약한 위치에 있다.

둘째, 직무와 관련해서 보면 중소 제조업 노동자들의 일은 높은 숙련을 요구하지는 않지만 지나치게 단순한 일자리는 아니며 업무의 지속 가능성이 높은 일자리들이다. 그러나 대부분의 일자리는 비정규직 고용 형태로 채워져 있으며 안정적으로 일자리가 보장되어 있지는 않다. 서비스 부문의 비정규직처럼 단기간에 많은 일자리 변동이 발생하지는 않지만 중장기적으로 삶을 설계하기에는 안정적이지 않다. 그래서 불확실한 고용 전망과 낮은 수준의 임금은 중소 제조업 노동자들이 겪고 있는 가장 큰 어려움이자 불만 사항이라 할 수 있다. 아래에서는 중소 제조업 노동자들의 실제 노동 현장으로 들어가 어떠한 부분이 취약한지 살펴보도록 한다.

나. 중소업체 제조업 노동자들의 취약성 검토

① 임금

임금은 취약노동자를 평가하는 가장 핵심적인 지표로 사용되고 있다. 앞서 보았듯이 중소 제조업 노동자들의 가장 큰 불만 사항은 임금이다. 경남 지역 중소 제조업 노동자들의 월평균 임금은 평균 236만 원으로 나타났다. '사업체노동력조사'에 따르면 2021년 3월 기준 제조업 평균 임금이 394만 원이다. 〈그림 3-1〉에서 보듯이 중소 제조업 노동자들 중에서 제조업 평균 임금 이상을 받는 노동자들은 극히 소수에 불과하다. 또한 2020년 3인 가구 기준의 중위소득이 387만 원임을 고려하면 중소업체 제조업 노동자들의 임금은

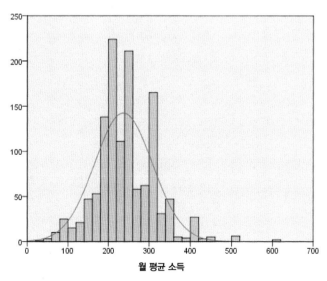

월 평균 소득

〈그림 3-1〉 경남 지역 중소 제조업 노동자들의 임금 분포

생계를 꾸려나가기에는 크게 부족하다는 점을 알 수 있다.[3] 2020년의 최저임금은 8,590원으로 주 40시간을 일할 경우 월평균 임금은 179만 원이다. 중소업체 제조업 노동자들은 대부분 주 40시간 이상 일하는 경우가 많은데, 236만 원은 초과근무나 주말근무에 따른 수당에서 발생하는 것이다. 다시 말해서 중소업체 제조업 노동자들의 임금은 최저임금이나 그보다 약간 상회한 정도의 시급에 기반해서 지급되고 있는 것이다.

② 사회보장

사회보장에 대한 접근 여부는 취약노동자를 판별하는 두 번째 중요한 기준이다. 그런데 제조업의 경우 법적 사회보장 적용이 높은 것으로 나타나고 있어, 취약성을 판별하는 데는 유효한 근거가 되기 어렵다. 〈표 3-5〉에서 보듯이 중소업체 제조업 노동자들의 4대 보험 가입률은 모두 90%를 상회하고 있어, 서비스 부문과는 큰 차이를 보이고 있다. 이 같은 결과는 제조업의 취약노동자 문제는 법적 사각지대 파악이라는 측면에서는 접근하기 어렵다는 점을 보여준다.

〈표 3-5〉 4대 보험 가입 정도

구분	국민연금	건강보험	고용보험	산재보험
가입	1,138	1,161	1,093	1,049
미가입	91	68	119	140
모름	45	45	62	85
계	1,274	1,274	1,274	1,274

---

3   한국 정부는 국민기초생활 보장법 개정에 따라 그간 수급자 선정 및 급여 기준으로 활용되어 온 '최저생계비'를 '기준 중위소득'으로 개편하여 상대적 빈곤 개념을 도입하고 있다.

③ 산업안전

제조업은 그 특성상 사고가 나면 사망이나 장애 등 신체적으로 큰 충격을 주는 위험을 안고 있다. 이로 인해 제조업에서는 산업안전 정책 측면에서 비교적 규제가 발전해 온 것으로 보인다. 〈표 3-6〉은 작업장에서 산업안전과 관련하여 대응의 정도를 파악할 수 있는 질문들에 대한 답변이다. 위험 요인 정보에 대한 제공, 위험 발생 시 대응 지침, 안전수칙 준수, 보건안전 의견 표명, 모든 분야에서 보통 이상의 답변이 80~90%를 차지하고 있다. 가장 부정적인 답변이 많이 나온 부분은 '보건안전 의견에 대해 표명할 자유'로 15%가 그렇지 못하다고 답변하였다.

〈표 3-6〉 작업장 산업안전 관련 대응 정도

구분	위험요인 정보 적절 제공		위험발생 시 작업자 대응 지침 분명		안전수칙 준수		보건안전 의견 표명 자유	
	빈도	퍼센트	빈도	퍼센트	빈도	퍼센트	빈도	퍼센트
전혀 그렇지 않다	24	1.9	20	1.6	14	1.1	40	3.1
그렇지 않다	90	7.1	117	9.2	39	3.1	139	10.9
보통	443	34.8	460	36.1	382	30.0	507	39.8
그렇다	625	49.1	583	45.8	693	54.4	512	40.2
매우 그렇다	92	7.2	94	7.4	146	11.5	76	6.0
전체	1,274	100.0	1,274	100.0	1,274	100.0	1,274	100.0

설문조사의 응답은 중소업체 제조업에서 예상보다 산업안전에 신경을 쓰는 것처럼 보여준다. 그러나 면접조사의 반응은 조사 결과와는 다른 점이 많다. 경남 지역에서 오랫동안 산업안전 활동을 해왔던 면접자의 시각으로 보자면 설문조사의 결과는 관료적 행정의 결과일 가능성도 있다. 산업안전 문제가 중요하다 보니 여러 산업안전

관련 조치들을 사업장에 강제하지만 이를 실효성 있게 관리하거나 집행하지는 못한다는 것이다. 예를 들어 현재 사업장에서 일정 시간의 안전 교육은 필수화되어 있는데, 실제로 교육이 진행되는 양상은 하루에 10분 형식적으로 교육 시간을 갖는 것으로 그친다는 것이다.

한편 사고 및 질병 경험에 대해 응답자 중의 15%가 그러한 경험이 있었다고 답변했다. 이 중 산재보험으로 치료하는 경우는 15%이고 공상 처리가 38%, 본인 부담이 45%를 보이고 있어 산재보험 제도가 적극적으로 활용되지 못하고 있다고 볼 수 있다.

〈표 3-7〉 사고, 질병 경험 유무와 산재 치료비용 부담 방식

	빈도	퍼센트		빈도	퍼센트
사고부상	86	6.8	산재보험 처리	29	15.3
질병으로 인한 결근	68	5.3	공상 처리	73	38.4
둘 다 해당	36	2.8	본인 부담	85	44.7
없음	1,084	85.1	기타	3	1.6
전체	1,274	100.0	전체	190	100.0

④ 노동권

노동권 보장 상황을 알기 위한 대표적인 지표는 차별 경험과 노동조합과 관련된 사항이라 할 수 있다. 결론적으로 중소업체 제조업 노동자들은 상대적으로 차별에 대한 불만은 적은 반면 노동조합 등 노동자 이해 대표 기구의 필요성은 적극 공감하는 특징을 보이고 있다. 〈표 3-8〉은 작업장 내 차별 경험 유무에 대한 응답인데 차별 경험은 고용 형태에 따른 차별이 29.8%로 제일 많고 그다음이 연령차별이었다. 성차별이나 학력차별 그리고 출신지역에 따른 차별은 80% 이상이 없다고 답변하고 있어 상대적으로 차별 문제가 적게 나타났다.

<표 3-8> 작업장 내 차별 경험 유무

	성차별		고용 형태에 따른 차별		학력차별		연령차별		출신지역/ 국적 차별	
있다	54	4.2	380	29.8	70	5.5	164	12.9	64	5.0
없다	1110	87.1	786	61.7	1093	85.8	1001	78.6	1095	85.9
모름/무응답	110	8.6	108	8.5	111	8.7	109	8.6	115	9.0
전체	1,274	100.0	1,274	100.0	1,274	100.0	1,274	100.0	1,274	100.0

작업장 내 폭력 경험도 일반적인 인식에 비해서는 적은 편이다. 제조업의 특성상 고객과의 마찰이 적어 주로 갈등은 관리자나 동료에 대해 발생하게 되는데, 신체적 폭력이나 성희롱·성추행, 직장 내 괴롭힘의 빈도는 1~4% 정도이다. 가장 안 좋게 나온 수치는 관리자로부터의 언어적 폭력으로 16.7%의 응답자가 그러한 경험이 있다고 답변하였다. 과거에 비해 관리자의 비인격적 대우는 줄어든 것으로 볼 수 있지만, 폭언·욕설 등의 관행은 어느 정도 유지되고 있다고 볼 수 있다.

<표 3-9> 작업장 내 폭력 경험

		언어적		신체적		성희롱/성추행		직장 내 괴롭힘	
		빈도	퍼센트	빈도	퍼센트	빈도	퍼센트	빈도	퍼센트
동료로부터의 피해	있음	145	11.4	21	1.6	19	1.5	46	3.6
	없음	1,129	88.6	1,253	98.4	1,255	98.5	1,228	96.4
	전체	1,274	100.0	1,274	100.0	1,274	100.0	1,274	100.0
관리자로부터의 피해	있음	213	16.7	30	2.4	24	1.9	50	3.9
	없음	1,061	83.3	1,244	97.6	1,250	98.1	1,224	96.1
	전체	1,274	100.0	1,274	100.0	1,274	100.0	1,274	100.0
고객으로부터의 피해	있음	51	4.0	6	0.5	6	0.5		
	없음	1,223	96.0	1,268	99.5	1,268	99.5		
	전체	1,274	100.0	1,274	100.0	1,274	100.0		

작업장에서 부당 대우가 발생했을 경우 대부분의 노동자들이 문제를 해결하는 방식은 '그냥 참거나'(28.8%) '가족과 친구들과 얘기'(36.6%)하는 것이다. 고용노동부에 진정을 넣거나 노동단체에 상담하는 것과 같은 적극적 대응은 전체의 5.3%에 불과하였다. 이처럼 적극적 대응이 적은 이유는 권력 관계의 영향이 크다고 할 수 있다. 부당 대우 경험이 있던 사람들이 그냥 참는 이유로는 '해도 안될 것 같다'(22.6%)는 생각과 '블랙리스트 선정에 대한 우려'(14.4%)가 가장 컸다.

부당 대우 발생 시 개인적인 해결 방식이 많은 이유의 하나로는 중소업체 제조업 노동자들이 개별화된 상태에 놓여 있다는 점을 들 수 있다. 이번 조사연구에서 드러난 가장 큰 특징 중의 하나는 중소업체 제조업 노동자들의 아주 낮은 노동조합 가입률을 들 수 있다. 응답자의 71.4%가 사업장에 노조가 없고, 노조가 있지만 가입하지 않거나 못 한 노동자들이 16.9%로 전체 응답자 중 88.2%가 노조에 가입되어 있지 못하다. 반면 응답자들의 65.7%는 노동자 대표 기구

〈표 3-10〉 노동조합 가입 유무 및 대표 기구 활성화 필요성

	빈도	퍼센트		빈도	퍼센트
노동조합이 없다	909	71.4	전혀 필요하지 않다	34	2.7
노동조합이 있지만, 가입대상이 아니다	144	11.3	필요하지 않다	69	5.4
노동조합이 있고, 가입대상이지만, 가입하지 않았다	71	5.6	보통이다	334	26.2
			필요하다	430	33.8
노동조합에 가입하였다	150	11.8	매우 필요하다	407	31.9
전체	1,274	100.0	전체	1,274	100.0

가 활성화될 필요성이 있다고 응답하고 있다. 이는 제조업 취약노동자 권익 개선의 핵심으로 조직화 혹은 이해대표 기구의 활성화에 주목할 필요성을 제기한다.

이처럼 중소업체 노동자들이 노동자 이해대표 기구의 필요성을 절감하면서도 노조로 조직되지 못하는 여러 장벽이 있다. 면접조사를 종합하면 다음과 같다. 가장 많이 언급되는 이유로는 기업의 지불 능력이 약하기 때문이다. 중소업체의 경우 노동조합 결성은 임금 인상과 연결된다는 인식이 강해서 사업주들은 노동조합이 만들어지는 것을 극히 꺼리며 노동조합이 만들어졌을 경우 폐업을 하는 사례도 있었다.

두 번째도 기업의 사업 관행과 관련되는데 고용의 외부화 경향이 강해지고 있다는 점이다. '소사장제' 방식으로 알려진 사업 관행이 대표적이다. 소사장제란 동일 사업장 내에서 생산라인별 혹은 공정별 책임자가 사업주로부터 도급을 받아 각각 독립된 자격으로 자기 책임하에 생산을 하는 방식을 일컫는다. 이 경우 노동자들은 최종 생산품의 일부 과정에 대해 작업을 하지만 형식상 해당 생산품에 관한 작업을 하는 기업에 속하기 때문에 노동자들이 소규모로 분할된다. 면접조사를 했던 사천의 한 항공부품회사가 이런 경우에 해당하였다. 이곳은 이 과정에서 노조가 결성되고 폐업이 단행되면서 극심한 노사 갈등을 겪고 있다.

셋째는 노조를 만든다 하더라도 소규모 조합원 구성으로 노조 운영이 어렵다는 점을 들 수 있다. 노조 설립 절차 과정의 행정적 어려움이 따르기도 하고, 대부분 상근자를 둘 수 없는 상황이기 때문에 실질적인 노조 활동이 어렵다는 점이다.

이상의 예비적 조사를 통해 알 수 있는 점은 경남 지역 중소제조업 노동자들은 특히 저임금과 노동권 측면에서 취약성에 노출되어 있다는 것이다. 특히, 노동권과 관련해서 주목되는 부분은 차별 및 부당 대우에 대한 대응 방식이다. 대부분의 노동자들은 차별 및 부당 대우에 대해 참거나 친구, 가족과 상담하는 등의 수동적 대응을 하는 편이다. 이는 노동자 이해대변 체계의 미흡과 관련되는 것으로, 많은 노동자들이 노동조합의 필요성을 인정하면서도 극히 낮은 가입률을 보이고 있는데, 이는 위험 대처 역량을 높이기 위해서는 노동자들의 집단적 이해대변 체계의 구축이 중요하다는 점을 시사한다.

4. 취약성에 영향을 미치는 요인에 대한 분석

이 절은 앞서의 조사 결과를 토대로 생계적 위험에 보다 많이 노출된 노동자들은 누구이며 그리고 권력관계 측면에서의 취약성을 완화하는 수단으로 노동조합의 영향력은 어떠한지를 분석한다. 이를 위해 다중회귀분석과 로지스틱 회귀분석을 수행하였고, 활용된 변수는 다음과 같다.

<표 3-11> 분석변수 정의

변수명		변수 정의
종속 변수	임금	로그 임금
	차별 경험	차별 경험 더미 변수 / 없음=0, 있음=1
인적 속성	성	성별 더미 변수 / 여성=0, 남성=1
	나이	만 나이
	학력	중졸 이하=6, 고졸=12, 전문대=14, 4년제 대학=16, 대학원=18
	근속연수	현 직장 근속연수
	경력연수	현 직종 경력연수
일자리 속성	고용 형태	각 고용 형태별 더미 변수 사내하청, 기간제, 무기계약, 일용직, 파견, 파트타이머
	사업체 규모	1~4인=1 / 5~9인=2 / 10~29인=3 / 30~99인=4 / 100~299인=5 / 300인 이상=6
노조 속성	노조 유무	무노조 사업장=0, 유노조 사업장=1
	노조 가입 유무	비노조원=0, 노조원=1

가. 생계적 위험 요인

중소 제조업 노동자 내에서 상대적으로 적은 임금을 받는 노동자들이 누구인지 밝히기 위해 크게 인적 속성, 일자리 속성, 노조 속성의 세 가지 모델로 다중회귀분석을 실시하였다. 독립변수는 월평균 임금(로그)이다. 각 모델은 모두 유의하다는 결과가 나왔다. 그런데 인적 속성 변수만을 넣은 모델1에 일자리 속성 변수를 추가한 모델2는 설명력이 43.6%에서 68.7%로 크게 올라갔지만, 노조 속성 변수를 추가한 모델3에서는 미미한 수준만을 보였다. 이는 저임금에 인적 속성과 일자리 속성은 영향을 미치지만, 노조 속성은 그렇지 못하다는 점을 의미한다.

<표 3-12> 모델 요약

모델	R	R 제곱	조정된 R 제곱	표준 추정 값 오류	Change Statistics					Durbin–Watson
					R 제곱 변화	F 변화	df1	df2	유의도 변화	
1	.436	.190	.188	.13145	.190	99.560	3	1270	.000	
2	.687	.472	.467	.10652	.282	74.808	9	1261	.000	1.610
3	.689	.475	.469	.10633	.003	3.228	2	1259	.040	

세부적인 결과는 아래와 같다. 모델3을 보면 인적 속성 중에서는 성별과 경력연수가 저임금에 영향을 미치고 있다. 여성일수록 임금이 낮은데, 앞으로 보겠지만 여성들은 모든 위험 상황에서 안 좋은 결과를 설명하는 변수로 등장한다. 경력연수가 작을수록 임금이 작게 나오는 것은 당연한 결과라 할 수 있다. 일자리 속성 중에서는 사업체 규모와 함께 일용직과 파트타이머 여부가 영향을 미치고 있다. 사업체 규모 또한 성별과 함께 취약성에 영향을 미치는 주요 요인으로 나타난다. 특히, 사업체 규모 10인을 기준으로 취약성이 뚜렷이 증가하는 양상을 보인다. 비정규직 중에서 일용직과 파트타이머와 같은 한시적 일자리들이 임금이 낮다는 점은 예상된 결과라 할 수 있다. 노조 속성의 경우 노조에 가입된 노동자들이 오히려 저임금을 받는 결과가 나왔다. 노조 속성은 전반적으로 취약성에 더 노출된 결과들을 보이고 있는데, 이러한 결과는 노조가 임금 상승을 가져온다는 일반적 상식과는 반대된다. 이에 대한 해석은 뒤에 가서 하도록 하겠다.

〈표 3-13〉 저임금 요인에 대한 다중회귀분석 결과

모델		비표준화 계수		표준화 계수	t	유의도	공선성 진단	
		B	Std. Error	Beta			공차	VIF
1	(Constant)	2.191	.034		64.194	.000		
	성별	.107	.009	.302	11.600	.000	.849	1.178
	학력	.000	.002	-.004	-.146	.884	.880	1.137
	나이	.001	.000	.056	1.870	.062	.644	1.552
	근속연수	.001	.001	.038	1.222	.222	.604	1.655
	경력연수	.006	.001	.322	9.341	.000	.484	2.066
2	(Constant)	2.127	.032		66.259	.000		
	성별	.083	.008	.235	10.247	.000	.796	1.256
	학력	.003	.002	.038	1.727	.084	.869	1.151
	나이	.001	.000	.058	2.219	.027	.603	1.658
	근속연수	.000	.001	-.007	-.247	.805	.587	1.703
	경력연수	.006	.001	.278	9.396	.000	.477	2.097
	기간제_더미	-.017	.013	-.041	-1.365	.173	.467	2.143
	일용직_더미	-.098	.014	-.196	-7.193	.000	.561	1.781
	무기계약_더미	.012	.012	.029	.959	.338	.470	2.130
	사내하청_더미	-.008	.011	-.028	-.721	.471	.280	3.577
	파견_더미	.012	.021	.014	.592	.554	.757	1.321
	파트타이머_더미	-.302	.018	-.398	-16.363	.000	.708	1.412
	사업체 규모	.020	.003	.148	6.005	.000	.690	1.449
3	(Constant)	2.118	.032		65.556	.000		
	성별	.084	.008	.237	10.335	.000	.792	1.262
	학력	.003	.002	.043	1.937	.053	.861	1.161
	나이	.001	.000	.059	2.245	.025	.603	1.659
	근속연수	.000	.001	.013	.467	.641	.541	1.848
	경력연수	.005	.001	.275	9.255	.000	.474	2.111
	기간제_더미	-.022	.013	-.050	-1.668	.096	.460	2.176
	일용직_더미	-.102	.014	-.204	-7.429	.000	.555	1.802
	무기계약_더미	.009	.012	.021	.710	.478	.465	2.150
	사내하청_더미	-.011	.011	-.036	-.928	.353	.277	3.607
	파견_더미	.008	.021	.009	.376	.707	.751	1.332
	파트타이머_더미	-.305	.018	-.402	-16.516	.000	.706	1.417
	사업체 규모	.022	.003	.161	6.313	.000	.644	1.553
	노조 유무	.004	.008	.012	.475	.635	.630	1.587
	노조 가입 유무	-.029	.012	-.063	-2.394	.017	.594	1.685

종속변수: 로그 임금

이상의 결과에서 부각되는 부분은 성별과 한시적 고용 형태이다. 이는 중소 제조업에 종사하면서 더욱 취약한 위치에 있는 특정 인구 집단을 포착할 수 있도록 해준다. 중소 제조업의 인구학적 구성은 크게 중년 남성, 중년 여성, 청년들로 이루어져 있다. 〈그림 3-2〉와 〈그림 3-3〉은 근속연수별, 연령별 월평균 소득 분포이다. 연령별 월평균 소득 분포를 보면 200만 원 미만을 받는 20대 청년 노동자들이 많고, 근속연수별 월평균 소득 분포를 보면 200만 원 미만의 노동자들의 근속연수가 2년 미만에 집중되어 있음을 볼 수 있다. 이는 20대 청년들이 한시적 일자리를 통해 중소 제조업에 종사한다는 점을 의미한다. 이들 청년들은 애초에 제조업 일자리를 용돈 벌이로 잠시 일하는 곳으로 생각하기도 하고, 취업 개념으로 일을 시작했어도 일자리에 대한 불만으로 빨리 떠난다는 것을 보여준다. 한편, 아래의 그림은 40대, 50대의 중년 여성들이 낮은 임금대에 폭넓게 자리하고 있는 모습을 보여주고 있다. 면접 결과에 따르면 이 여성들이 주로 하는 직무는 단순 검사나 포장 등 저숙련 직무로 이루어져 있는

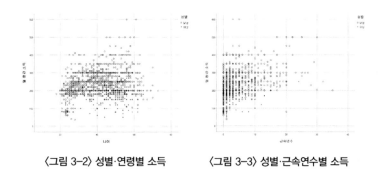

〈그림 3-2〉 성별·연령별 소득   〈그림 3-3〉 성별·근속연수별 소득

데, 구체적인 실태에 대해서는 잘 알려진 바가 없어 추가적인 연구가 필요한 상황이다.

나. 권력관계에서의 취약성 분석

사용자와 노동자의 관계는 기본적으로 권력관계의 성격을 내포하고 있다. 자본주의 사회에서는 일반적으로 사용자의 권력이 크며, 이러한 권력 불균형은 노동자의 취약성을 강화하는 요인으로 작용하기도 한다. 노동조합 관련 제도는 이러한 권력 불균형을 상쇄하는 주요 수단이다. 고용취약성을 분석한 여러 연구자들은 노동조합 가입 유무를 취약성에 영향을 주는 주요 지표로 삼고 있다(Saunders,

〈표 3-14〉 차별 경험에 대한 로지스틱 회귀분석 결과

	B	S.E.	Wald	df	Sig.	Exp(B)	95% C.I.for EXP(B)	
							Lower	Upper
성별	-.402	.174	5.333	1	.021	.669	.476	.941
학력	.041	.037	1.251	1	.263	1.042	.969	1.120
나이	.012	.007	2.548	1	.110	1.012	.997	1.026
근속연수	.022	.016	1.891	1	.169	1.023	.991	1.056
경력연수	.010	.012	.631	1	.427	1.010	.986	1.034
기간제	.938	.319	8.617	1	.003	2.554	1.366	4.777
일용직	1.462	.323	20.498	1	.000	4.316	2.292	8.128
무기계약	.742	.304	5.938	1	.015	2.100	1.156	3.813
사내하청	1.614	.285	32.125	1	.000	5.021	2.874	8.771
파견	2.006	.445	20.300	1	.000	7.433	3.106	17.788
파트타이머	.304	.496	.375	1	.540	1.355	.512	3.582
사업체 규모	.136	.074	3.437	1	.064	1.146	.992	1.324
노조 유무 더미	.509	.165	9.511	1	.002	1.663	1.204	2.297
노조원 더미	.815	.245	11.019	1	.001	2.258	1.396	3.653
상수항	-3.461	.718	23.210	1	.000	.031		

2003; Hudson, 2006; Bazillier et al., 2016).

중소 제조업에서 노조의 영향력을 파악하기 위해 차별 경험을 유무를 종속변수로 한 로지스틱 회귀분석을 진행하였다. 본 설문조사에서는 사업장 내에서 성별, 고용형태, 학력, 연령, 출신지역에 따른 차별 유무를 질문하였고, 종속변수는 이러한 사항 중 하나라도 차별받은 경험이 있는 노동자들과 그렇지 않은 노동자들로 이분항 변수로 구성하였다. 차별 경험이 있는 노동자들은 33.2%였고, 그렇지 않은 노동자들은 64.8%이다. 분석 결과는 아래와 같다.

위의 결과에서 보듯이 성별, 고용 형태, 노조가 차별에 영향을 주는 요인으로 나타나고 있다. 첫째, 여성은 저임금과 산재 및 질병 부분과 마찬가지로 차별에서도 위험에 노출되어 있다. 둘째, 비정규직으로 고용된 노동자들 대부분 차별을 경험한 것으로 나타났다. 여성과 비정규직이 차별에 보다 노출되었다는 점은 이들이 가장 취약한 인구 집단을 구성한다는 일반적인 인식을 다시 확인해 준다.

해석상 주의가 필요한 지점은 노조의 영향이다. 위의 결과에 따르면 유노조 사업장의 노동자들과 노조에 가입한 노동자들 모두 차별을 받고 있는 것으로 나타나고 있다. 이는 앞서 노조에 가입한 이들이 보다 적은 임금을 받고 있다는 결과와도 일맥상통한다. 이를 두고 노조가 저임금과 차별에 영향을 주고 있다고 단순히 해석해서는 안 될 것이다. 오히려 저임금과 차별 때문에 노조가 생긴 것으로 해석하는 것이 타당하다. 기업별 노조가 일반적인 노조 형태인 한국 상황에서 영세사업장에 노조가 만들어지기란 극히 어렵다. 중소 제조업의 경우 일단 종사자 수가 적어 노사관계가 성립하기 어렵고 노조를 만들려고 해도 이를 운영할 역량이 부족하다. 또한 업체 자체가 영세한 경우가 많아 노조를 만들더라도 취할 수 있는 이득이 적고, 심지어는 업체가 폐업으로 대응하는 경우가 있다. 이런 상황에서 노조가 만들어졌다는 것은 사업체 내에서 노사 간에 심한 갈등이 벌어졌다는 것을 암시한다. 규모가 작고 수익도 안정적이지 못한 중소 사업체 내에서의 노조 설립은 노동조건과 처우 개선으로 이어지기보다는 장기적인 갈등관계로 귀결될 가능성이 있는 것이다. 따라서 중소 제조업에서 노조가 설립된 곳의 노동자들은 취약한 노동자들일 가능성이 크며, 이들은 생계적, 사회적 위험에 대응할 수단으로 노조를 선택하였지만, 노조 설립만으로는 위험에 대처하기에는 여전히 역량이 부족하다고 할 수 있다.

5. 결론

이상 취약성이라는 개념을 통해 경남 지역 중소업체 제조업 노동자의 실태와 특징들을 검토하였다. 취약성은 비정규직 혹은 불안정성이라는 개념과 달리 미래 시점의 위험과 연관된다는 점에서 보다 적극적인 노동정책을 전개하는 데 유용한 개념이라 할 수 있다. 이 글에서는 중소 제조업 노동자들의 취약성을 분석하였고, 분석의 주요 결과와 함의는 다음과 같다.

첫째, 경남 지역 중소업체 제조업 노동자들의 임금은 평균 237만 원으로 한 가구의 생계를 꾸려나가기에는 많이 미흡하다. 조사 대상 가구가 평균 3인으로 구성되었다는 점에서 중소 제조업 노동자들의 대대수가 안정적인 생계를 유지하기 어려운 위험에 직면해 있다고 볼 수 있다. 제조업에서는 잔업과 특근 그리고 상여금을 통해 임금을 벌충하던 관행이 있다. 그러나 상대적으로 여건이 좋은 제조업 사업장들에서 정기상여금의 기본급화(통상임금 소송)와 주52시간제로의 전환 등 노동조건의 개선이 이루어지고 있는 반면, 중소 제조업의 경영진들이 이러한 제도 변화에 대해 상여금 축소와 잔업·특근 축소로 대응하면서 임금은 오히려 줄어드는 현상도 나타나고 있다.

둘째, 형식적인 제도적 측면에서 볼 때 사회보장이나 산업안전 제도는 비교적 잘 갖추어져 있다. 문제는 이러한 제도들이 실질적으로 사회보장과 산업안전에 제대로 기능하고 있는지가 될 것이다. 이 부분은 보다 심층적인 조사가 요구되는데, 면접조사에 비추어 볼 때에는 형식적 측면에 비해 실질적 측면에서는 여전히 문제가 식별된다. 특히, 산업안전의 경우가 그렇다.

셋째, 청년 노동자들의 제조업 이탈 경향이 확인되었다. 조사 대상 중 20대의 비율은 20%로 적지 않은 편이었지만, 20대 청년들의 근속은 2년 미만이 다수로 나타났다. 이는 중소 제조업 종사 20대 청년들이 제조업 일자리를 단기간 일자리로 인식하고 취업하거나, 지속적인 일자리로 생각하고 취업했어도 쉽게 그만둔다는 것을 의미한다. 양승훈이 지적하듯이 20대의 청년들은 단기적 일자리의 경험을 통해 중소 제조업의 현실을 체감하게 되고 실제 구직을 하는 상황에서는 지역 산업체에 취직을 꺼리게 된다. 그리고 이들의 출구는 수도권이 된다(양승훈, 2021). 중소 제조업의 위험 요소가 개선되지 않는 이상 이러한 현상은 갈수록 심화될 수 있다.

넷째, 제조업 중소 노동자들 내부에서 성별 격차가 뚜렷하다. 이 중 중년 여성 노동자들의 위치가 주목할 만하다. 중년 여성 노동자들은 생계적, 신체적, 사회적 위험 모두에서 불리한 위치에 처해 있다. 근속연수를 고려했을 때, 이들 여성 노동자들은 청년 시절부터 제조업에 종사한 것이 아니라 중년에 들어 제조업 일을 시작한 이들이다. 이들 여성 노동자들의 임금은 200만 원 내외로 근속이나 연령에 따른 임금 상승도 별로 없다. 이들은 제조업 노동자들 중 가장 취약한 위치에 있는 이들로 볼 수 있다. 중소 제조업에 종사하는 중년 여성이 누구이며 어떤 노동조건에 놓여 있는지 구체적으로 파악할 필요가 있다.

마지막으로, 노동조합은 노동자들이 위험에 대처하기 위한 주된 수단이 될 수 있지만, 중소 제조업에서는 노동조합 존재 자체로는 그러한 역량을 발휘하기에는 아주 미흡하다는 점이다. 노동조합이 있는 사업장의 경우 사고 및 질병 처리나 부당 대우 처리에서는 긍정적 효과가 나타났다. 그러나 임금이나 차별 경험에서는 오히려 더 위험에 노출된 것으로 나타나고 있는데, 이는 노동자들이 극단적인 갈등 상황에서 노조를 위험 대처 수단으로 삼았지만, 소규모 업체의 특성상 갈등 관계가 빨리 해소되기보다는 지속된다는 점을 예상케 한다. 많은 중소 제조업 노동자들은 노조에 가입해 있지 못하지만, 이들은 자신들의 이해대변 기구의 필요성을 절실히 느끼고 있다. 그나마 노조가 있는 사업장에서 현재의 노조가 위험을 대처하기 위한 역량으로서 부족하다면, 이를 보완하거나 강화할 수 있는 노조 차원의 연대나 정부 정책 차원의 개입이 요구된다.

김보배

제4장

비제조업 취약노동자의 실태와 과제

1. 서론

우리 사회의 비정규직 노동자가 증가한 만큼 비정규직 노동자의 취약성에 대한 논의가 증가하고 있다. 비정규직 노동자의 취약성에 대한 논의는 결국 취약노동자를 어떻게 정의할 것인가의 문제와 직결된다. 국내외 다양한 연구자들은 고용계약 형태, 임금수준, 사회보험 가입 여부 등 다양한 기준에 따라 취약노동자를 정의하고 이러한 기준에 맞춰 노동자의 실태를 파악하며 개선 방향을 찾고자 노력하고 있다.

Hudson(2006), Pollert & Charlwood(2009), Bocquier et al.(2010) 등의 선행연구에서는 노동자의 취약성을 논의할 때 고용 형태, 임금 수준, 노동시간, 노동조합 여부 등을 기준으로 논의하고 있다. 국내

연구 중 이병훈·이시균(2010)의 연구에서 고용 형태가 임시직 및 일용직 노동자들을 취약노동자로 정의하고 있으며 장지연(2017)의 연구에서는 수용할 만한 일자리(acceptable job)의 기준으로 법정 최저임금액 이상의 임금수준과 사회보험에 가입된 일자리를 제시하고 이에 미달하는 일자리의 노동자를 취약노동자로 구분했다.

따라서 이러한 기준에 따르면 고용 안정성이 보장되지 않고 저임금 노동을 할 가능성이 큰 비정규직 노동자들은 대표적인 취약노동자 집단이라고 판단할 수 있다. 하지만 비정규직 노동자라는 이유만으로 모든 업종, 모든 직종의 비정규직 노동자가 취약하다고 단정 짓기에는 무리가 있다.

김진하(2018)의 연구에서는 정규직, 비정규직의 이분법적 논리에 따라 모든 비정규직을 나쁜 일자리로만 구분하는 것은 비정규직에 대한 개선대책을 마련하는 데 어려움을 줄 수 있다고 지적하고 있다. 따라서 비정규직 중 어떤 직종이 어느 분야에서 더 취약한지 비교 분석하는 것은 비정규직의 실태를 보다 정확하게 파악할 수 있고 실효성 있는 정책을 마련하는 데도 도움을 줄 수 있다.

이에 본 연구는 선행연구에서 제시한 취약노동자의 정의를 활용해서 경남의 영세업체 정규직과 비정규직 노동자 중 비제조업 노동자들의 취약성을 고용, 임금수준, 노동시간 등 근로조건의 차이와 직장 생활 중 발생하는 부당 처우에 대해 분석해서 파악할 것이다. 그리고 이러한 비제조업 노동자들이 현 고용 형태를 자발적인 선택에 따라 선택한 것인지 직종별로 차이가 발생하고 있는지를 분석하고 경남 비제조업 노동자를 위한 정책적 함의점을 도출하고자 한다.

2. 취약노동자

노동자의 취약성에 관한 연구는 주로 취약노동자를 어떻게 정의할 것인가에 관한 개념화의 문제와 깊은 관련성이 있다. 노동자의 취약성에 관한 선행연구들은 공통으로 노동자가 얼마나 잠재적인 위험(risk)에 노출될 수 있는지를 논의한다. Chambers(1989)는 취약성을 무방비 상태에서 우발적인 상황과 스트레스에 노출되어 이를 대처할 수단이 부족할 경우라고 정의했고, O. Regan, et al.(2005)과 Taylor(2008)의 연구 역시 위험(risk)과 자신을 보호할 수 있는 역량(capacity)에 대해 논의하며 취약노동자는 불리한 처우에 노출될 위험이 크고 보호 역량이 낮은 노동자라고 정의했다. Greenan, et al.(2017)은 취약노동자는 불리한 노동조건, 즉 물리적, 심리적으로 위험한 상황에서 일하는 노동자라 정의하고 노동자의 취약성 역시 열악한 작업환경에 노출될 확률, 즉 위험에 노출될 정도로 측정한다.

몇몇 연구들은 노동자와 고용주 사이의 권력 관계로 노동자의 취약성을 논의했다. Bewley(2010)는 고용 관계에서 고용주와 노동자 사이의 권력의 불균형 정도, 즉 노동자가 고용주에게 얼마나 종속성을 가지는지를 이용해서 취약성을 정의했고 영국노총의 취약고용위원회(TUC's Commission on Vulnerable Employment, 2008)는 고용의 취약성을 "지속적인 빈곤과 불의의 위험에 처하게 하며 고용주와 노동자 사이에 권력의 불균형을 초래하는 것"이라고 정의하고 취약노동자의 범주를 임금수준, 고용계약의 형태, 교육 여부 등 구체적인 기준과 함께 제시하고 있다.

국내 선행연구들은 취약노동자의 대상 및 범주를 유형화해서 제시하는 연구가 주를 이루고 있다. 박종식(2013)은 국내외 선행연구를 바탕으로 취약노동자의 개념적 정의와 유형을 정리하며 취약노동자의 "4가지 유형-저임금노동자, 고용불안 및 차별에 노출된 노동자, 사회안전망에서 배제된 노동자, 사회적, 제도적 요인들이 인적 속성(여성, 노인, 외국인 등)에 투영되어 불리한 조건에서 일하는 노동자-"을 제시했다.

장지연(2017)의 연구는 취약노동자를 수용할 만한 일자리(acceptable job) 기준을 제시해서 이에 미달하는 일자리에서 일하는 노동자를 지칭한다고 정의했다. 장지연(2017)의 연구에서 수용할 만한 일자리의 기준은 임금수준이 법정 최저임금액에 미달하지 않고 4대 사회보험에 가입이 된 일자리를 의미했다.

따라서 본 연구는 선행연구들의 취약노동자를 정의한 기준을 고려해서 사회적 위험에 노출될 가능성이 큰 노동자를 취약노동자로 정의하고 취약노동자를 측정하기 위한 사회적 위험은 생계유지를 하지 못할 위험과 건강권을 유지하지 못할 위험, 노동자의 인권이 침해될 위험 3가지로 분류한다.

생계유지를 하지 못할 위험은 고용과 임금수준으로 측정하고 노동자가 건강을 유지하지 못할 위험은 장시간 노동과 직무 중 휴게시설과 휴식시간 유무, 산업재해 발생률 등으로 측정한다. 끝으로 노동자의 인권침해위험은 직무 중 차별 혹은 폭언, 폭력, 성희롱 등에 노출될 위험으로 측정한다. 위 3가지 취약성 측정 결과에 따라 경남 비제조업 노동자의 실태를 파악하고 정책적 시사점을 도출하고자 한다.

3. 경남 비제조업 취약노동자 실태분석

가. 직종별 인적 특성 비교

<표 4-1> 경남 비제조업 노동자 직종별 인적 특성 비교

(단위: 명, %)

구분		가사 음식	건설 광업	사무직	청소 경비	교육	판매	보건 돌봄	운전 운송	합계
전체		333 (100.0)	114 (100.0)	284 (100.0)	266 (100.0)	163 (100.0)	310 (100.0)	314 (100.0)	79 (100.0)	1,863 (100.0)
성 별	남성	53 (15.9)	107 (93.9)	63 (22.2)	170 (63.9)	12 (7.4)	76 (24.5)	22 (7.0)	73 (92.4)	576 (30.9)
	여성	280 (84.1)	7 (6.1)	221 (77.8)	96 (36.1)	151 (92.6)	234 (75.5)	292 (93.0)	6 (7.6)	1,287 (69.1)
연 령	18~29세	139 (41.7)	43 (37.7)	74 (26.1)	9 (3.4)	28 (17.2)	94 (30.3)	56 (17.8)	16 (20.3)	459 (24.6)
	30~39세	30 (9.0)	16 (14.0)	66 (23.2)	5 (1.9)	41 (25.2)	36 (11.6)	71 (22.6)	11 (13.9)	276 (14.8)
	40~49세	59 (17.7)	21 (18.4)	91 (32.0)	6 (2.3)	70 (42.9)	80 (25.8)	72 (22.9)	32 (40.5)	431 (23.1)
	50~59세	85 (25.5)	26 (22.8)	46 (16.2)	73 (27.4)	22 (13.5)	88 (28.4)	83 (26.4)	15 (19.0)	438 (23.5)
	60세 이상	20 (6.0)	8 (7.0)	7 (2.5)	173 (65.0)	2 (1.2)	12 (3.9)	32 (10.2)	5 (6.3)	259 (13.9)
결 혼 상 태	미혼/비혼	153 (45.9)	39 (34.2)	164 (57.7)	209 (78.6)	119 (73.0)	172 (55.5)	207 (65.9)	50 (63.3)	1,113 (59.7)
	기혼 (유배우자)	148 (44.4)	63 (55.3)	107 (37.7)	13 (4.9)	35 (21.5)	118 (38.1)	80 (25.5)	26 (32.9)	590 (31.7)
	기타 (무배우자)	32 (9.6)	12 (10.5)	13 (4.6)	44 (16.5)	9 (5.5)	20 (6.5)	27 (8.6)	3 (3.8)	160 (8.6)
학 력	중졸 이하	22 (6.6)	9 (7.9)	3 (1.1)	41 (15.4)	0 (0.0)	5 (1.6)	12 (3.8)	0 (0.0)	92 (4.9)
	고졸	158 (47.4)	51 (44.7)	77 (27.1)	176 (66.2)	25 (15.3)	151 (48.7)	98 (31.2)	37 (46.8)	773 (41.5)
	전문대 (졸업, 재·휴학 포함)	46 (13.8)	25 (21.9)	54 (19.0)	18 (6.8)	66 (40.5)	53 (17.1)	80 (25.5)	27 (34.2)	369 (19.8)
	대학 (졸업, 재·휴학 포함)	107 (32.1)	29 (25.4)	135 (47.5)	30 (11.3)	64 (39.3)	100 (32.3)	98 (31.2)	14 (17.7)	577 (31.0)
	대학원 (졸업, 재·휴학 포함)	0 (0.0)	0 (0.0)	15 (5.3)	1 (0.4)	8 (4.9)	1 (0.3)	26 (8.3)	1 (1.3)	52 (2.8)

경남 영세업체 정규직 및 비정규직 비제조업 노동자의 실태를 파악하기 위해 활용된 자료는 2020년 경상남도 도청의 의뢰로 창원대학교 사회과학연구소 노동연구센터에서 조사한 「경남 취약계층 노동자 실태조사」 자료이다. 본 분석에서는 A형 비정규직 조사에 응답한 3,846명 중 비제조업 노동자 1,863명의 자료를 이용해서 경남 비제조업 노동자의 실태를 파악했다. 설문조사 당시 영세업체 정규직의 경우 비정규직은 아니지만, 노동시장에서 취약할 수 있다는 것을 고려해서 서비스업의 경우 5인 미만 영세업체 정규직을 조사에 포함했다.

건설 및 광업 관련 단순노무직을 제외한 서비스직의 경우 ① 가사 음식 조리판매직, ② 사무직(경영회계 기타), ③ 청소경비 관련직, ④ 교육 관련직, ⑤ 판매직, ⑥ 보건사회복지 돌봄 관련직, ⑦ 운전 운송 관련직으로 분류해서 직종별 차이를 분석했다. 설문조사 참여자 1,863명의 직종별 인적 특성을 요약하면 다음과 같다. 〈표 4-1〉에서 가사 음식 조리판매직은 여성(84.1%)이 남성(15.9%)보다 많았고 나이는 청년층(18~29세)과 50대의 비중이 높았다. 가사 음식 조리판매직의 청년층의 비율이 높은 것은 판매 시간제 근무자의 비중이 높기 때문이다.

건설 및 광업 관련 단순노무직은 전체 응답자 중 93.9%가 남성이었으며 연령별 응답자는 청년층, 50대, 40대, 30대, 60세 이상 순으로 분포되어 있었고, 학력 수준은 고졸이 가장 많았다. 사무직은 응답자의 77.8%가 여성이었고 연령별로 다소 차이는 있었지만 60세 이상을 제외하고는 고르게 분포되어 있었으며 미혼 혹은 비혼으로 결혼 경험이 없는 응답자가 57.7%로 더 많았고 학력 수준은 대학 재학 이상의 응답자가 과반수(대학, 대학원 52.8%)이다.

청소 및 경비 관련직은 남성 비율이 여성보다 27.8%p 더 높았고 연령별 분포에서는 61.3%가 60세 이상 고령자인 것을 확인할 수 있었다. 〈그림 4-1〉의 고용보험 연령별 신규취득자 수 자료에 따르면 2021년 07월 청소 및 경비 관련직 3,808명 중 60세 이상 노인의 비중은 51.2%(1,950명)로 청소 및 경비 관련직에 고령자가 편중되어 있고 설문조사 결과와 같았다. 특정 직종에 고령자 비율이 높은 것은 고령자의 업무수행 능력이 떨어지기 때문일 수도 있지만, 고령 노동자가 능력을 발휘할 수 있는 일자리가 부족한 것을 단편적으로 보여준다.

교육 관련직(92.6%), 판매직(75.5%), 보건사회복지 돌봄 관련직(93.0%), 세 직종 모두 여성의 비율이 높았고 결혼 상태는 미혼/비혼이라는 응답자가 가장 많았다. 학력별 분포에서 대학 재학 이상의 학력 수준을 가진 응답자의 비율은 교육 관련직(44.2%)이 가장 높았다. 끝으로 운전운송 관련직은 대부분 남성(92.4%)이었고 연령별로는 40대(40.56%), 학력 수준은 고졸(46.8%)이 가장 많았다.

경남 비제조업 노동자의 직종별 인적 특성을 종합하면 직종 간 성별 쏠림 현상이 두드러졌으며 여성 응답자가 많은 직종의 학력 수준이 더 높고, 청소경비 관련직에서 고령층의 비율이 높았다. 즉 경남 비제조업 노동자의 직종별 인적 특성은 사회적으로 통용되는 인식수준과 같고 특정 직종에 유사한 인적 특징을 가진 사람들이 지원하고 있음을 간접적으로 확인할 수 있다.

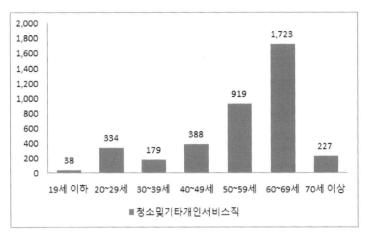

자료: 고용보험 DB

〈그림 4-1〉 청소 및 기타 개인 서비스직 연령별 고용보험 신규취득자 수(단위: 명)

나. 고용 형태와 사회보험제도

1) 고용 형태

ILO에 따르면 비표준 고용 형태(non-standard forms of employment)는 정규직 등 표준고용 관계에서 벗어난 다양한 고용 관계를 포함하는 개념으로 시간제 일자리, 임시고용(temporary employment), 독립적 계약 노동, 플랫폼 노동 등을 의미한다. 비표준 고용 형태의 노동자는 법과 사회제도의 보호를 받지 못할 가능성과 일자리 상실로 인한 생계 위협에 노출될 가능성이 크다. 노동자의 고용 안정성이 보장되지 않는다면 작업장에서 차별 등의 부당 처우가 발생했을 때 적극적으로 항의하지 않을 가능성이 있다. 따라서 비표준 고용 형태에 따른 고용 안정성의 하락은 또 다른 사회적 위험에 노출되게 만드는 원인으로 작용한다.

〈표 4-2〉 직종별 고용 형태

(단위: 명, %)

	사내하청	기간제	무기계약	일용직	정규직	파견용역	파트타이머	합계
가사음식	0 (0.0)	36 (10.8)	57 (17.1)	38 (11.4)	13 (3.9)	3 (0.9)	186 (55.9)	333 (100.0)
건설광업	1 (0.9)	7 (6.1)	23 (20.2)	77 (67.5)	0 (0.0)	0 (0.0)	6 (5.3)	114 (100.0)
사무직	1 (0.4)	150 (52.8)	72 (25.4)	9 (3.2)	31 (10.9)	4 (1.4)	17 (6.0)	284 (100.0)
청소경비	12 (4.5)	131 (49.2)	22 (8.3)	35 (13.2)	1 (0.4)	55 (20.7)	10 (3.8)	266 (100.0)
교육전문	0 (0.0)	119 (73.0)	20 (12.3)	5 (3.1)	0 (0.0)	2 (1.2)	17 (10.4)	163 (100.0)
판매직	1 (0.3)	42 (13.5)	56 (18.1)	25 (8.1)	15 (4.8)	10 (3.2)	161 (51.9)	310 (100.0)
보건돌봄	1 (0.3)	171 (54.5)	80 (25.5)	7 (2.2)	17 (5.4)	18 (5.7)	20 (6.4)	314 (100.0)
운전운송	1 (1.3)	20 (25.3)	25 (31.6)	18 (22.8)	4 (5.1)	5 (6.3)	6 (7.6)	79 (100.0)
전체	20 (1.0)	687 (34.8)	373 (18.9)	283 (14.3)	85 (4.3)	97 (4.9)	428 (21.7)	1,973 (100.0)

본 연구에서 이용한 「경남 취약계층 노동자 실태조사」의 조사대상은 영세업체 정규직을 제외한 대부분이 비정규직 노동자이기 때문에 비표준 고용 형태에 따른 취약성이 존재할 것을 예상할 수 있다.

고용 형태를 직종별로 분석하면 〈표 4-2〉와 같다. 전체 직종을 분석한 결과는 기간제가 34.9%로 가장 많았고, 응답자의 비율이 높은 3개 고용 형태는 파트 타이머(21.7%), 무기계약(18.9%), 일용직(14.3%) 순으로 나타났다.

건설 및 광업 관련 단순노무직은 일용직 비율이 67.5%로 비제조업 전체 직종 중 가장 일용직 비율이 높았다. 고용노동부의 "사업체 노동실태 현황" 조사에 따르면 2019년 건설업 종사자(1,471,574) 중 임시일용근로자의 비율은 46.7%로 상용근로자(45.3%)보다 1.4%p 더 많았고 건설업 노동자 중 상당수가 일용직인 것을 확인할 수 있었다.

코로나19로 인한 경기 악화로 상당수 건설 일용직 노동자가 일자리를 얻지 못해 생계에 위협을 받고 있으며 자주 사업장을 옮겨다니며 일을 하는 건설 일용직의 특성상 퇴직금을 제대로 정산 받지 못하는 문제들이 제기되고 있다.

가사 음식 조리판매직은 파트타이머의 비율이 55.9%로 가장 높았으며 판매직 역시 파트타이머의 비율이 51.9%로 가장 높았다. 가사 음식 조리판매직과 판매직은 여성의 비율이 각각 84.1%와 74.5%로 높은 직종이다. 여성 파트타이머는 1990년대 이후 백화점 및 대형마트에서 시간제 주부 사원을 채용한 것을 계기로 채용이 확대되고 있는데 특히 기혼 여성은 노동시간을 비교적 자유롭게 활용할 수 있다는 이점이 있고 기업은 상대적으로 임금 부담이 덜하다는 점에서 여성 파트타이머의 고용비율이 높다.[1] 이 외 직종은 운전운송 관련 직을 제외하면 고용 형태 중 기간제가 가장 높은 것으로 나타났다.

2) 비자발적 비정규직 선택 요인 분석

다음으로 경남 비제조업 노동자의 현 고용 상태 선택의 자발성 여부를 분석했다. 노동자가 현재 고용 형태를 어떤 사유로 선택했는지 파악하는 것은 매우 중요하다.

비정규 고용 형태가 발생하는 원인은 구조적 요인, 노동 수요 측 요인, 노동 공급 측 요인으로 구분할 수 있다. 구조적 요인은 산업도

---

1 "백화점, 할인점 파트타이머, 자투리 시간내 돈벌고, 나도 찾고", 한국경제 2002.05.02일 자 기사 참조.

시의 재구조화와 4차 산업혁명으로 인한 기술의 변화 등 사회 구조의 변화에서 비롯되고 노동 수요 측 요인은 기업이 비정규 노동자에 대한 수요를 늘릴 때 발생할 수 있다. 끝으로 노동 공급 측 요인은 교육수준이 낮아 정규직으로 취업할 수 없는 경우, 육아 가사로 인해 시간제 일자리가 필요해서 비정규직을 선택한 경우 등 노동자의 선택에 기인한 결과로 개인이 어떤 사유로 비정규직을 선택했느냐에 따라 자발적 선택과 비자발적 선택으로 구분할 수 있다(김영범, 2003; 김진하, 2018).

분석자료인「경남 취약계층 노동자 실태조사」의 조사대상이 영세업체 정규직과 비정규직 노동자를 조사하기 때문에 이들은 이미 취약노동자 집단에 포함된다. 하지만 본인이 원해서 현 고용형태를 선택한 경우가 아닌 원치 않는데 일자리 부족, 능력 부족 등의 사유로 비자발적으로 고용형태를 선택한 노동자는 집단 내에서도 더 취약한 노동자이다.

「경남 취약계층 노동자 실태조사」는 현 고용 상태로 일하게 된 사유에 대해 ① 가계에 보탬이 되기 위해서, ② 가정생활 등 여타 활동과 양립 가능해서, ③ 건강을 생각해서, ④ 노동시간이나 근무일이 짧아서, ⑤ 단순한 일이라 책임이 작아서, ⑥ 수입이 많아서, ⑦ 전문적 기능을 활용할 수 있어서, ⑧ 정규직으로 일할 업체가 없어서, ⑨ 조직에 얽매이지 않을 수 있어서, ⑩ 통근 시간이 짧아서, ⑪ 편리한 시간에 일할 수 있어서, ⑫ 기타로 12개의 선택 문항을 제시하고 있다.

1순위 응답 결과에 따르면 가사 음식 조리 판매직(편리한 시간에 일할 수 있음), 교육전문가 및 관련직과 보건사회복지 돌봄 관련직(전문적 기능을 활용할 수 있음)을 제외하면 모든 직종에서 정규직으로 일할 업체가 없어서 현재의 고용 상태로 일하고 있다고 응답한 비율이 가장 높았다. 즉 경남 비제조업 노동자 대부분이 비자발적으로 현 고용 상태를 선택할 수밖에 없는 상황이었음을 확인할 수 있다.

2순위 응답 결과 역시 가사 음식 조리 판매직(편리한 시간에 일할 수 있음)을 제외한 모든 직종에서 가계에 보탬이 된다는 응답(비자발적으로 현 고용 상태를 선택)이 가장 많았다.

경남의 비제조업 노동자들이 비자발적으로 고용 형태를 선택하는 데 어떤 요인들에 영향을 받았는지 확인하기 위해 로짓모형(logit model)으로 실증분석을 시행했다. 분석의 종속변수는 현재 고용 형태로 일하게 된 사유의 1순위 응답 결과로 응답 결과를 노동자의 자발적 선택, 비자발적 선택으로 분류했다.

Marshall(1989)은 가사노동, 학업 등 구직자의 선택을 제약하는 요인이 있는 모든 선택은 자발적인 것이 아닌 강제적인, 즉 비자발적인 선택이라고 주장했다. 이러한 선행연구 결과들을 종합해서 비자발적 선택은 ① 가계에 보탬이 되기 위해서, ② 가정생활 등 여타 활동과 양립 가능해서, ⑧ 정규직으로 일할 업체가 없어서라고 응답한 경우 자발적 선택은 ③ 건강을 생각해서, ④ 노동시간이나 근무일이 짧아서, ⑤ 단순한 일이라 책임이 작아서, ⑥ 수입이 많아서, ⑦ 전문적 기능을 활용할 수 있어서, ⑨ 조직에 얽매이지 않을 수 있어서, ⑩ 통근 시간이 짧아서, ⑪ 편리한 시간에 일할 수 있어서, ⑫ 기타라고 응답한 결과들로 구성했다.

〈표 4-3〉의 분석변수 정의에 따르면 독립변수는 인적 속성과 일
자리 속성으로 구분했고, 만 나이, 교육연수, 종업원 수, 근속연수를
제외하고는 모두 각 항목에 맞는 더미 변수로 구성해서 분석에 이
용했다.

〈표 4-3〉 분석변수 정의

	변수명	변수 정의
종속 변수	비자발적 고용 형태 선택	비자발적 선택=1 (응답 사유: ①, ②, ⑧) 자발적 선택=0 (응답 사유: ③, ④, ⑤, ⑥, ⑦, ⑨, ⑩, ⑪, ⑫)
인적 속성	성	성별 더미 변수 / 남성=1, 여성=0
	나이	만 나이
	교육연수	중졸 이하=6, 고졸=12, 전문대=14, 4년제 대학=16, 대학원=18
	결혼 유무	결혼 유무 더미 변수 / 기혼=1, 미혼/비혼=0
	생계 책임	생계책임자=1
	가구소득 로그값	월평균 가구소득 로그값
일자리 속성	가사 음식 조리판매직	가사 음식 조리판매직=1
	건설 및 광업 관련 단순 노무직	건설 및 광업 관련 단순 노무직=1
	사무직(경영 회계 기타)	사무직(경영 회계 기타)=1
	청소 및 경비 관련직	청소 및 경비 관련직=1
	판매직(매장, 기타)	판매직(매장, 기타)=1
	보건사회복지 돌봄 관련직	보건사회복지 돌봄 관련직=1
	운전운송 관련직	운전운송 관련직=1
	(사내) 하청근로	(사내) 하청근로=1
	기간제	기간제=1
	무기계약	무기계약=1
	일용직	일용직=1
	정규직	정규직=1
	파견용역	파견용역=1
	종업원 수	해당 사업체 종업원 수
	근속연수	해당 직종 근속연수

경남의 비제조업 노동자들의 비자발적 고용 형태 선택에 영향을
미친 요인을 분석한 결과는 〈표 4-4〉이다. 분석모형은 인적 속성만
독립변수로 활용한 Model 1, 인적 속성과 직종변수를 독립변수로
활용한 Model 2, 인적 속성, 직종변수, 고용 형태를 모두 독립변수
로 활용한 Model 3이 있다. Model 1, Model 2, Model 3에서 각 독

〈표 4-4〉 비자발적 고용 형태 선택 요인분석

비자발적 고용 형태 선택	Logit model					
	Model 1		Model 2		Model 3	
	Coe.f.	S.E	Coe.f.	S.E	Coe.f.	S.E
성별	0.191*	0.107	0.194	0.125	0.167	0.194
결혼 유무	0.165	0.159	0.331**	0.045	0.314*	0.060
나이	0.017***	0.006	0.013**	0.033	0.010	0.105
교육연수	-0.014	0.025	-0.021	0.420	-0.020	0.464
생계 책임 여부	0.241**	0.107	0.242**	0.030	0.211*	0.066
가구소득 로그값	-0.201**	0.097	-0.199**	0.043	-0.181*	0.071
가사 음식 조리판매직			0.066	0.713	0.398**	0.039
건설 및 광업 관련 단순 노무직			0.248	0.304	0.207	0.408
사무직(경영 회계 기타)			0.436**	0.015	0.571***	0.002
청소 및 경비 관련직			0.439**	0.035	0.568***	0.009
판매직(매장, 기타)			0.075	0.671	0.414**	0.030
보건사회복지 돌봄 관련직			0.002	0.992	0.138	0.468
운전운송 관련직			0.229	0.393	0.350	0.198
(사내) 하청근로					0.872*	0.097
기간제					0.641***	0.000
무기계약					0.389**	0.021
일용직					0.791***	0.000
정규직					-0.036	0.894
파견용역					0.363	0.176
종업원 수			0.112***	0.004	0.081**	0.046
근속연수			-0.027***	0.002	-0.024***	0.008
_cons	0.272	0.724	0.123	0.873	-0.385	0.624
Log likelihood	-1323.1863		-1303.9338		-1290.2933	
Number of obs	1,863		1,863		1,863	
	LR chi2(22)=88.6		LR chi2(22)=127.11		LR chi2(21)=154.4	
	Pseudo R2=0.0324		Pseudo R2=0.0465		Pseudo R2=0.0564	

legend: * p⟨0.1, ** p⟨0.05, *** p⟨0.01

립변수는 상관계수의 크기와 통계적 유의수준에는 차이가 발생했지만, 요인별로 동일한 결과가 나타났다.

Model 1에서 통계적으로 유의미하게 비자발적 고용 형태 선택에 영향을 주는 변수는 성별, 생계 책임 여부, 가구소득이다. 남성일 경우 10% 유의수준에서 유의미하게 비자발적으로 고용 형태를 선택할 가능성이 크고, 연령은 1% 유의수준에서 유의미하게 연령이 증가할수록 비자발적으로 현 고용 상태를 선택했다. 생계 책임 여부와 가구소득은 5% 유의수준에서 유의미하게 생계책임자일 경우, 가구소득은 적을수록 비자발적으로 현 고용 상태를 선택할 가능성이 증가했다.

연령이 증가할수록 갈 수 있는 일자리의 종류가 제한적이고, 남성의 경우 가구에서 생계를 담당할 가능성이 크다. 생계 책임 여부와 가구소득 역시 생계책임자이거나 가구소득이 적다면 생계유지를 위해 본인이 희망하는 일자리 수준에 미달해도 비자발적으로 현고용 형태를 선택했을 가능성이 크다.

Model 2의 분석결과 역시 Model 1의 분석결과와 유사한 결과가 나타났는데 5% 유의수준에서 유의미하게 생계책임자이거나 혹은 연령이 증가할수록, 가구소득이 적을수록 비자발적으로 고용 형태를 선택할 가능성이 컸다.

결혼 여부에 있어서는 기혼 상태일 경우도 5% 유의수준에서 유의미하게 고용 형태를 비자발적으로 선택했을 가능성이 컸다. 본 조사의 기혼 응답자들의 생계 책임 비중은 생계를 책임지는 경우가 63%이고 연령은 40대 31.3%, 50대 39.6%, 60세 이상 23.6%로 40

대 이상이 대부분이었다. 인적 속성을 이용한 요인 분석 결과에서 언급한 것처럼 연령이 증가할수록 갈 수 있는 일자리가 한정적이고 기혼 생계책임자면 부양가족이 있을 가능성이 크기 때문에 이와 같은 결과가 나타났음을 유추할 수 있다. 직종에 따른 요인분석결과에서는 사무직과 청소 및 경비 관련직이면 5% 유의수준에서 유의미하게 비자발적으로 현재 고용 상태를 선택했을 가능성이 컸다.

Model 3의 인적 속성의 요인분석결과는 통계적 유의수준에는 차이가 있었지만 Model 2와 동일한 결과가 나타났다. 일자리 속성의 직종변수는 가사 음식 조리판매직, 사무직, 청소 및 경비 관련직, 판매직이면 비자발적 선택 가능성이 컸고 정규직과 파견용역을 제외한 기간제(1% 유의수준), 무기계약(5% 유의수준), 일용직(1% 유의수준)은 통계적으로 유의미하게 비자발적으로 현 고용 상태를 선택했다. 근속연수는 1% 유의수준에서 유의미하게 짧을수록 비자발적으로 고용 형태를 선택하게 했고 이는 숙련도가 낮을수록 원하는 고용 상태로 갈 수 있는 능력이 부족하므로 발생한 결과로 유추할 수 있다.

상기 분석결과에서 세 가지 분석모형 모두 거의 유사한 결과가 나타나서 분석결과의 신뢰성이 높은 것을 확인할 수 있었다. 특히 인적 속성 중 연령이 증가할수록 비자발적으로 현재 고용 상태를 선택할 가능성이 증가하는 것은 고령자일수록 갈 수 있는 일자리 종류와 취업기회가 제한되고 이로 인해 비자발적으로 현재의 고용 형태를 선택했음을 확인할 수 있는 결과이다.

또한, 고용 형태에 대한 분석결과에서 기간제, 무기계약, 일용직에서 고용 형태를 비자발적으로 선택할 확률이 높았다. 이러한 결과는 경남의 비제조업 비정규직 노동자들은 자발적 의지로 고용 형태를 선택하지 못했고 이들이 고용에서 취약한 위치에 있음을 파악할 수 있다.

3) 직종별 사회보험제도 가입률과 수혜 여부

장지연(2017)의 연구에 따르면 한국에서 사회보험은 취약노동자를 구분하는 중요한 기준이며 소득보장 제도의 근간이 된다. 특히 고용보험은 실업급여 수급을 위한 가장 기본적인 조건이기 때문에 노동자가 갑작스러운 소득 활동의 중단으로 인해 생계를 유지할 수 없을 때 최소한의 안전장치로 위험에서 벗어날 수 있도록 한다.

경남 영세업체 및 비정규직 비제조업 응답자의 고용보험 가입률은 보건사회복지 돌봄 관련직이 89.2%로 가장 높았고, 건설 및 광업 관련 단순노무직이 18.4%로 가장 낮았다. 두 직종 간의 가입률 차이는 70.8%p로 매우 큰 차이가 나타났다.

고용보험 가입률의 직종 간 차이는 직종별 고용 형태와 관계가 깊고 건설 및 광업 관련 단순노무직의 고용 형태는 일용직이 가장 많았다. 2004년 법 개정으로 모든 일용근로자의 고용보험 가입이 의무화되었지만, 일용직 노동자의 고용보험 가입률이 낮은 것은 공공연하게 지적되던 사항이다.

고용보험 가입률이 80% 이상인 보건사회복지 돌봄 관련직, 사무직, 교육전문가 및 관련직은 고용 형태가 대부분 기간제였고 이상의 직종은 대부분 근로계약 당시 사회보험 가입이 잘 이행되고 있었다. 고령자의 소득보전을 위한 직종별 국민연금 가입률 역시 고용보험

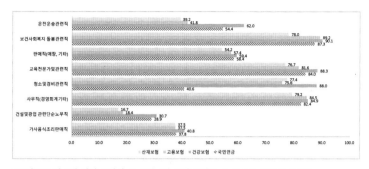

주: 비율은 업종별 전체 응답자 수 대비 4대 보험 가입자 수 비율을 산정한 결과임

⟨그림 4-2⟩ 경남 비제조업 노동자 사회보험 가입률 (단위: %)

가입률과 유사한 결과가 나타났다.

산재보험 가입률은 청소 및 경비 관련직을 제외한 모든 직종에서 국민연금·건강보험·고용보험 가입률보다 낮았다. 특히 건설 및 광업 관련 단순노무직, 가사 음식 조리판매직, 운전운송 관련직의 경우 산재보험 가입률이 각각 16.7%, 37.5%, 39.2%로 현저히 낮은 것을 확인할 수 있다(⟨그림 4-2⟩ 참조).

본 설문조사의 지난 1년간 업무 관련 사고나 질병 여부에 관한 조사결과 ⟨표 4-5⟩에 따르면 산업재해 발생률이 가장 높은 직종은 운전운송 관련직(17.7%)이고, 두 번째로 발생률이 높은 직종이 가사 음식 조리판매직(13.2%)이다. 운전 및 운송 관련 직종보다 산업재해 취약성이 상대적으로 덜 알려진 가사 음식 조리판매직은 무거운 식기류를 운반하고 고열을 다루기 때문에 산업재해 위험에 상당히 노출되어 있다.[2]

---

2   일다, "질 좋은 급식, 조리사 노동권이 먼저", 2004.02.26일 자 기사 참조.

(단위: 명, %)

	전체 응답자	산업재해		산업재해 시 비용처리 방법					
				산재보험		본인 부담		공상처리	
		빈도	비율	빈도	비율	빈도	비율	빈도	비율
가사음식	333	44	13.2	4	9.1	36	81.8	4	9.1
건설광업	114	10	8.8	0	0.0	7	70.0	3	30.0
사무직	284	17	6.0	2	11.8	13	76.5	2	11.8
청소경비	266	18	6.8	4	22.2	11	61.1	3	16.7
교육	163	15	9.2	3	20.0	10	66.7	2	13.3
판매직	310	28	9.0	1	3.6	23	82.1	4	14.3
보건돌봄	314	21	6.7	2	9.5	17	81.0	2	9.5
운전운송	79	14	17.7	1	7.1	7	50.0	6	42.9
합계	1,863	167	9.0	17	10.2	124	74.3	26	15.6

산업재해 발생률이 높은 두 직종의 산업재해 시 비용처리 방법은 본인이 부담한다는 응답이 가장 많았고, 운전운송 관련직의 경우 공상처리가 42.9%로 본인 부담비율과 거의 같았다. 하지만 가사 음식 조리판매직은 본인부담률이 81.8%로 산업재해가 발생하면 대부분의 치료비를 본인이 부담하고 있었다.

직종별 사회보험 가입률과 산재 시 비용처리 결과를 종합하면 사회보험 중 산재보험 가입률이 가장 낮았고 특히 산업재해가 발생할 가능성이 큰 건설 및 광업 관련 단순노무직, 가사 음식 조리판매직, 운전운송 관련직의 가입률이 낮았다. 그리고 산재 시 비용처리 방법에서도 모든 직종에서 본인부담률이 높았다. 특히 서비스 직종 중

(https://news.naver.com/main/read.naver?mode=LSD&mid=sec&sid1=102&oid=007&aid=0000000291)

가사 음식 조리판매직은 산업재해 발생률도 높고 산재보험 가입률이 낮았다.

제조업의 경우 산재보험 가입률이 높고 산업재해 발생 시에도 비교적 비용처리 절차가 잘 확립되어 있지만, 상대적으로 서비스업은 보험가입률, 처리 절차 등 모두 부족한 실정이다.

안전보건공단의 업종별 2020년 산업재해자 수 분석결과에 따르면 서비스업이 44.1%로 가장 큰 비중을 차지했고 제조업 26.7%, 건설업 24.6%, 기타 4.6% 순으로 나타났다. 서비스업과 서비스업 종사자 수는 매년 증가하고 있고 그에 따라 산업재해 발생빈도도 증가하고 있다. 하지만 본 연구의 분석결과에서 나타나는 것처럼 서비스업 노동자가 산재보험에 가입하고 혜택을 받는 데는 어려움이 있다. 서비스업 노동자의 산재보험 사각지대를 해소하고 노동자의 건강권 확립을 위한 사회적 관심과 법과 제도의 개편이 필요함을 확인할 수 있는 결과이다.

다. 임금

1) 직종별 임금수준

경남 영세업체 및 비정규직 비제조업 노동자의 직종별 월평균 임금을 비교한 결과 월평균 임금수준은 운전운송 관련직이 253.2만 원으로 가장 높았고 나머지 직종들은 모두 월평균 190만 원 미만의 임금을 받고 있었다. 통계청 경제활동인구 조사에 따르면 설문조사 시점인 2020년 8월 기준 임금노동자의 월평균 임금은 268.1만 원,

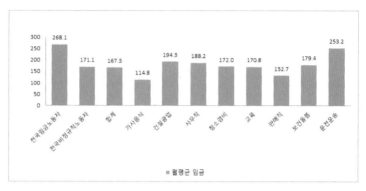

〈그림 4-3〉 직종별 월평균 임금(단위: 만 원)

비정규직 노동자의 월평균 임금은 171.1만 원으로 두 가지 모두 경
남 비정규직 비제조업 노동자의 월평균 임금수준 167.3만 원보다
높았다(〈그림 4-3〉 참조).

〈그림 4-4〉는 직종별 최저임금 수급비율을 나타낸 것으로 최저
임금 미만 수급자 비율은 가사 음식 조리판매직이 73.6%로 가장

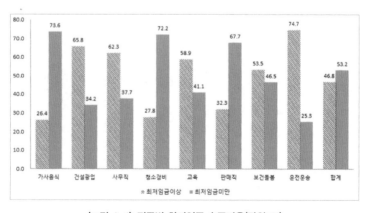

〈그림 4-4〉 직종별 최저임금 수급비율(단위: %)

높았고 청소 및 경비 관련직(72.2%), 판매직(67.7%) 순으로 나타났고
최저임금 이상 수급자 비율이 가장 높은 직종은 운전운송 관련직
(74.7%), 건설 및 광업 관련 단순노무직(65.8%), 사무직(62.3%) 등으
로 나타났다.

2) 직종별 임금수준 만족도

직종별 임금수준 만족도 응답 결과에 따르면 5점 척도 기준으로
판매직(2.7점), 사무직(2.8점), 교육전문가 및 관련직(2.9점), 운전운송
관련직(2.9점)은 전체 평균(3점)보다 약간 낮은 수준이었다. 직종별로
임금만족도가 가장 높은 직종은 청소 및 경비 관련직(3.1점)이었고
가장 낮은 직종은 사무직(2.8점)이었다.
〈그림 4-5〉의 직종별 임금수준 만족도 응답 결과에 따르면 보통
이라고 응답한 사람이 가장 많았고 보통을 제외하면 만족하지 못한
다는 응답자의 비율은 운전운송 관련직(41.7%)이 가장 높았고 건설

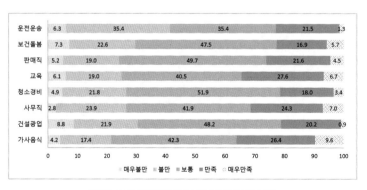

〈그림 4-5〉 직종별 임금수준 만족도(단위: %)

및 광업 관련 단순노무직(30.7%), 보건사회복지 돌봄 관련직(29.9%) 순으로 나타났다. 운전 관련직과 건설 관련직의 경우 노동 강도가 높은 직종으로 알려져 있고 높은 노동 강도에 비교해 임금수준이 낮아서 이런 결과가 나타났을 가능성이 크다.

직종별 업무 대비 임금수준은 "내가 하는 일은 가치보다 보상이 적음"이라는 설문 문항의 응답 결과로 측정했다. 5점 척도 기준 전체 평균은 3.1점, 직종별 척도 평균 역시 모두 3점 이상으로 응답자들은 하는 일의 가치보다 보상이 다소 적다고 평가했다. 가장 측도 평균이 낮은 직종은 교육전문가 및 관련직(3.6점)이고 두 번째로 척도 평균이 낮은 직종은 보건사회복지 돌봄 관련직(3.4점)이었다.

교육전문가 및 관련직의 경우 하는 일의 가치보다 보상이 적다고 응답한 사람의 비율이 과반이었고(50.3%, 그렇다와 매우 그렇다고 응답), 보건사회복지 돌봄 관련직 역시 43.6%로 다수의 응답자가 보상이 적다고 응답했다(〈그림 4-6〉 참조).

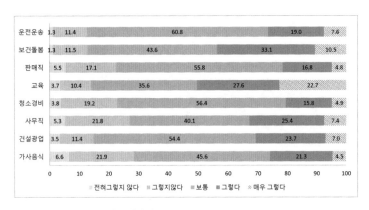

Q: 내가 하는 일은 가치보다 보상이 적음

〈그림 4-6〉 직종별 업무 대비 보상수준(단위: %)

〈그림 4-3〉의 직종별 월평균 임금을 비교한 결과에 따르면 교육 전문가 및 관련직의 월평균 임금은 170.8만 원으로 임금노동자와 비정규직 노동자의 월평균 임금보다 낮은 수준이었고, 보건사회복지 돌봄 관련직 역시 임금노동자 월평균 임금수준보다는 낮았다.

이처럼 두 직종이 사회적으로 인정받는 가치보다 임금수준이 낮은 것은 여성들이 주로 종사하는 직종이기 때문일 가능성이 크다. *"특정 일자리에 여성들이 집중되고 과잉 공급되면 저임금화가 진행된다는 과밀가설(장지연, 2020; bergmann, 1974)"*이 이러한 현상을 설명하는 데 도움을 줄 수 있는데 여성 편향적 일자리는 여성 구직자 수가 많고 이로 인한 노동 공급의 증가가 직종의 평균 임금 수준을 저하시킨다. 이러한 논리로 교육 관련직과 보건돌봄 관련직의 임금수준이 사회적으로 인정받는 가치 수준에 비해 낮은 것을 설명할 수 있다.

3) 직종별 일자리 만족도 분석

〈표 4-6〉은 응답자가 주관적으로 응답한 고용안정 만족도와 임금만족도에 영향을 미치는 요인들을 최소제곱법(OLS: Ordinary least squares)으로 추정한 결과이다. 분석모형은 다음 〈식 1〉과 같다.

$$\langle \text{식 } 1 \rangle \ \ y_i = \beta_0 + \beta_1 x_{1i} + \beta_2 x_{2i} + \beta_3 x_{3i} + \cdots + e_i$$

y_i(종속변수)=고용안정·임금 수준 만족도

$x_{1i}, x_{2i}, x_{3i}, \cdots$ (독립변수)=비자발적 고용 형태 선택, 인적 속성과 일자리 속성

e_i=오차항

분석의 종속변수는 고용안정 만족도와 임금만족도에 관한 응답 결과로 5점 척도 기준에 따라 매우 만족하지 못한다는 응답은 1점, 매우 만족한다는 응답은 5점으로 구성했다. 고용 형태에 따른 일자리 만족도를 분석한 정재우(2016)의 연구 역시 주관적으로 응답한 만족도 지표를 종속변수로 사용해서 인적 속성 및 직무 관련 환경적 요인이 직무만족도에 어떤 영향을 미치는지 추정하고 있다.

독립변수는 비자발적 비정규직 선택요인 분석에서 사용한 인적·일자리 속성에 관한 독립변수와 일자리 만족도에 영향을 미칠 수 있는 새로운 변수들을 추가했다. 특히 독립변수로 고용 형태 선택의 자발성 여부를 추가해서 비자발적으로 현재 고용 형태를 선택한 경우 1, 자발적으로 선택한 경우를 0으로 더미 변수를 구성해서 분석에 이용했다. 그리고 만족도에 영향을 줄 수 있는 시간당 임금의 로그값과 주당 평균 노동시간도 독립변수로 추가했다.

〈표 4-6〉의 일자리 만족도를 회귀분석한 결과에서 고용안정 만족도와 일자리 만족도 모두 고용 형태를 비자발적으로 선택했을 경우 1% 유의수준에서 유의미하게 만족도가 감소하는 것으로 나타났다. 연령 역시 1% 유의수준에서 유의미하게 연령이 증가할수록 고용안정과 임금 수준에 대한 만족도가 감소했고, 연령제곱 값 결과로 비추어 볼 때 만족도의 감소 폭은 줄어들고 있음을 확인할 수 있다.[3]

본 연구의 조사대상 대부분이 비제조업 비정규직 노동자인 것을 고려하면 나이가 많은 비정규직 노동자일수록 해고 위험을 느낄 가

---

3 고용 형태 선택의 자발성과 나이, 나이 제곱 값에 대한 분석결과는 직무만족도에 영향을 미치는 요인을 분석한 정재우(2016)의 연구결과와 일치한다.

능성이 크기 때문에 고용안정 만족도가 떨어지고 나이가 많아질수록 갈 수 있는 일자리의 종류가 한정되기 때문에 만족도가 감소하는 폭은 줄어들게 됨을 유추할 수 있다. 임금 수준 만족도 역시 나이가

〈표 4-6〉 일자리 만족도 분석

	일자리 만족도 분석			
	고용안정만족도		임금만족도	
	Coe.f.	*S.E*	*Coe.f.*	*S.E*
고용 형태 선택의 자발성 여부	-0.350***	0.052	-0.249***	4.960
성별	0.039	0.064	0.072	0.062
결혼 유무	0.077	0.088	-0.039	0.084
연령	-0.056***	0.014	-0.039***	0.013
연령제곱	0.001***	0.000	0.000***	0.000
교육연수	-0.012	0.013	-0.009	0.012
생계 책임 여부	-0.131**	0.055	-0.108**	0.053
가구소득 로그값	0.080*	0.048	0.142***	0.046
가사 음식 조리판매직	0.563***	0.133	0.431***	0.128
건설 및 광업 관련 단순 노무직	-0.074	0.143	0.032	0.137
사무직(경영 회계 기타)	0.610***	0.132	0.406***	0.127
청소 및 경비 관련직	0.440***	0.138	0.390***	0.132
교육전문가 및 관련직	0.697***	0.144	0.386***	0.138
판매직(매장, 기타)	0.439***	0.131	0.287**	0.126
보건사회복지 돌봄 관련직	0.485***	0.135	0.281**	0.129
기간제	0.120	0.234	0.232	0.225
무기계약	0.108	0.240	-0.081	0.230
일용직	0.172	0.244	0.326	0.234
정규직	0.324	0.260	0.108	0.249
파견용역	-0.052	0.247	-0.004	0.237
시간제 근무자	0.392	0.244	0.393*	0.234
종업원 수	-0.014	0.019	0.035*	0.018
시간당 임금 로그값	0.149*	0.080	0.294***	0.077
주당 평균 노동시간	0.003	0.002	0.001	0.002
근속연수	0.013***	0.005	0.001	0.004
_cons	2.152***	0.794	0.012	0.762
Number of obs	1,863		1,863	
	$F_{(25,1837)} = 11.98$		$F_{(25,1837)} = 7.32$	
	R-squared=0.1402		R-squared=0.0906	

legend: * $p < 0.1$, ** $p < 0.05$, *** $p < 0.01$

많아질수록 부양가족이 있을 가능성이 크고 이로 인해 만족도가 감소하고 있음을 확인할 수 있다.

가구소득과 생계 책임 여부 변수는 생계책임자일수록 고용안정·임금 만족도 모두 감소했고 가구소득이 증가할수록 만족도가 증가했다. 생계책임자라면 생계책임자가 아닌 경우보다 현재 고용 상태 및 임금 수준에 더 만족하지 못할 가능성이 크고 가구소득이 많다면 고용이 안정적으로 유지되지 않거나 임금이 낮아도 불만족을 느낄 가능성이 적다.

직종별로 분석에서는 건설 및 광업 관련 단순노무직을 제외하고는 모든 직종에서 통계적으로 유의미하게 해당 직종일수록 만족도가 증가했다. 이는 만족도를 조사한 설문조사에서 보통이라고 응답한 경우가 가장 많았고 모든 직종에서 만족한다는 응답이 더 많았음을 의미한다.

근속연수의 경우 근속연수가 증가할수록 고용안정 만족도를 증가시켰다. 현재 직장에서 근속연수가 증가한다는 것은 안정적으로 고용 상태를 유지하고 있는 경우이기 때문에 고용안정에 대한 만족도가 증가했을 것이다. 시간당 임금 수준 역시 통계적 유의수준에 차이는 있었지만 증가할수록 고용안정과 임금 수준에 대한 만족도가 증가했다.

회귀분석결과를 종합하면 고용안정·임금 수준 만족도를 증가시키거나 감소시키는 요인들의 결과가 거의 비슷한 것으로 나타났다. 즉 고용안정 만족도를 증가시키는 요인이 임금 수준 만족도도 증가시킬 수 있음을 확인할 수 있다. 따라서 경남 비제조업 노동자의 일자리 만족도를 증가시키기 위해서는 고령자와 저소득가구, 근로 빈곤층에 대한 적극적인 지원 대책을 마련해야 한다.

라. 노동시간과 휴식시간

1) 노동시간

〈표 4-7〉의 경남 영세업체 및 비정규직 비제조업 노동자의 주당 평균 노동시간은 36.7시간으로 주당 평균 노동시간이 가장 긴 직종은 청소 및 경비 관련직(46.3시간)이고 가장 노동시간이 짧은 직종은 가사 음식 조리판매직(29.5시간)이었다. 운전운송 관련직(42.3시간), 청소 및 경비 관련직(46.3시간)을 제외한 나머지 직종의 주당 평균 노동시간은 40시간 미만인 것으로 나타났다. 노동자들의 노동시간은 장

〈표 4-7〉 직종별 주당 평균 노동시간

(단위: 시간)

	주당 평균 노동시간			
	평균	표준편차	최솟값	최댓값
가사 음식 조리판매직	29.5	16.5	3	84
건설 및 광업 관련 단순 노무직	37.1	14.2	8	72
사무직(경영 회계 기타)	37.5	9.2	6	75
청소 및 경비 관련직	46.3	19.5	3	112
교육전문가 및 관련직	35.0	11.3	4	54
판매직(매장, 기타)	32.1	13.0	4	84
보건사회복지 돌봄 관련직	39.4	10.9	6	77
운전운송 관련직	42.3	13.9	4	72
합계	36.7	15.0	3	112

시간 노동도 문제가 되지만 Jacobs and Padavic(2015), Warren(2015)
의 연구에서 지적된 바와 같이 지나치게 노동시간이 짧으면 생계를
유지할 만큼 충분한 소득을 창출하지 못하고 노동자들이 노동시간
에 불만을 느끼거나 문제가 발생할 수 있다. 따라서 경남 비제조업
노동자의 노동시간 만족도를 전체, 52시간 이상 장시간 노동을 하
는 경우, 52시간 미만 노동을 하는 경우, 3가지 그룹으로 분리해서
최소제곱법(OLS)으로 회귀분석을 시행했다. 독립변수는 고용안정·
임금 수준 만족도 분석 당시 이용한 독립변수를 이용했다.[4]

〈표 4-8〉의 회귀분석결과를 살펴보면 전체 응답자를 분석한 결
과에서 1% 유의수준에서 유의미하게 노동시간이 증가할수록 노동
시간 만족도가 증가했고 주당 52시간 미만 근무를 하는 비제조업
노동자 역시 10% 유의수준에서 유의미하게 주당 노동시간이 증가
할수록 노동시간 만족도가 증가했다. 하지만 주당 52시간 이상 근
무하는 노동자들은 노동시간과 노동시간 만족도 사이에는 통계적
으로 유의미한 결과가 나타나지 않았다. 즉 주당 52시간 미만 그룹
에서는 노동시간이 길어질수록 임금이 증가하기 때문에 노동시간
만족도가 증가할 가능성이 있고 주당 52시간 이상에서는 이를 확신
할 수 없다.

고용 형태 선택의 자발성 여부는 전체, 주당 52시간 미만 일하는
그룹, 주당 52시간 이상 일하는 그룹, 3가지 모두 비자발적 선택을
한 경우에도 현 직장의 노동시간에 만족한다고 응답했다. 본 조사에

---

4 노동시간 만족도의 분석모형은 고용안정·임금 수준 만족도 분석의 모형과 동일함.

〈표 4-8〉 노동시간 만족도 분석

| | 노동시간 만족도 분석 | | | | | |
| | 전체 | | 주당 52시간 미만 | | 주당 52시간 이상 | |
	Coe.f.	S.E	Coe.f.	S.E	Coe.f.	S.E
주당 평균 노동시간	0.010***	0.003	0.026*	0.015	0.002	0.004
고용 형태 선택의 자발성 여부	0.205***	0.075	0.775**	0.347	0.172**	0.076
성별	0.021	0.093	-0.044	0.491	0.050	0.094
결혼 유무	0.184	0.126	0.766	0.593	0.137	0.127
나이	-0.024	0.020	-0.098	0.088	-0.025	0.020
연령제곱	0.000	0.000	0.001	0.001	0.000	0.000
교육연수	-0.005	0.018	0.049	0.072	-0.002	0.019
생계 책임 여부	-0.024	0.079	0.466	0.462	-0.055	0.079
가구소득 로그값	0.009	0.069	-0.180	0.356	0.024	0.069
가사 음식 조리판매직	-0.179	0.192	3.061*	1.715	-0.307*	0.184
건설 및 광업 관련 단순직	-0.104	0.206	1.846	1.730		
사무직(경영 회계 기타)	-0.349*	0.190	3.163*	1.873	-0.278	0.187
청소 및 경비 관련직	-0.408**	0.198	1.635	1.657	-0.283	0.193
교육전문가 및 관련직	-0.190	0.207			-0.112	0.207
판매직(매장, 기타)	-0.394**	0.189	2.907*	1.733	-0.414**	0.181
보건사회복지 돌봄 관련직	-0.261	0.194	3.021*	1.764	-0.227	0.192
운전운송 관련직			2.095	1.684	0.003	0.216
(사내) 하청근로			0.498	1.147	0.017	0.436
기간제	-0.329	0.337	-0.159	0.915	-0.203	0.182
무기계약	-0.161	0.346	0.116	0.884	-0.066	0.179
일용직	-0.512	0.351	-0.937	0.966	-0.383*	0.211
정규직	0.020	0.374	0.564	0.997		
파견용역	-0.280	0.355	0.089	0.955	-0.300	0.250
시간제 근무자	-0.151	0.351			-0.030	0.197
종업원 수	0.024	0.027	0.002	0.137	0.034	0.027
시간당 임금 로그값	0.129	0.115	0.981	0.659	0.105	0.115
근속연수	-0.003	0.007	0.004	0.024	-0.004	0.007
_cons	1.725	1.142	-7.604	6.527	1.857*	1.110
Number of obs	1,863		1,863		1,863	
	$F_{(25,1837)}=1.90$		$F_{(25,155)}=2.07$		$F_{(25,1656)}=1.02$	
	R-squared=0.0252		R-squared=0.2503		R-squared=0.0151	

legend: * $p < 0.1$, ** $p < 0.05$, *** $p < 0.01$

서 비자발적으로 현재 고용 형태를 선택한 사유 중 가정생활 등 여타 활동과 양립이 가능해서라는 답변이 있고 〈표 4-7〉의 분석대상의 주당 평균 노동시간은 36.7시간으로 법정 기준 근로시간이 준수되고 있다. 따라서 비자발적 비정규직은 현재의 노동시간에 만족할 가능성이 크다.

전체 응답자 중 사무직은 10% 유의수준에서 유의미하게 청소 및 경비 관련직, 판매직은 5% 유의수준에서 유의미하게 노동시간 만족도가 낮았다. 하지만 사무직, 청소 및 경비 관련직, 판매직은 주당 52시간 미만 일하는 그룹인지, 주당 52시간 이상 일하는 그룹인지에 따라 노동시간 만족도에 대한 분석결과가 정반대로 나타나는 것을 확인할 수 있다.

주당 52시간 미만 일하는 그룹에서 사무직과 판매직은 10% 유의수준에서 유의미하게 현재 노동시간에 만족했다. 그리고 주당 52시간 이상 일하는 그룹에서 판매직은 5% 유의수준에서 유의미하게 현재 노동시간에 만족하지 않는다는 결과가 나타났다. 사무직과 청소 및 경비 관련직 역시 통계적으로 유의미하지는 않았지만, 분석그룹에 따라 노동시간 만족도가 정반대로 나타나는 것을 확인할 수 있었다.

이 외 직종 역시 비록 통계적 유의수준을 모두 확보하지 못했지만 주당 52시간 미만 일하는 그룹에서는 현재 노동시간에 만족한다는 결과가 나타났고 52시간 이상 일하는 그룹에서는 모두 만족하지 않는다는 결과가 나타났다.

이러한 분석결과를 종합하면 경남의 비제조업 취약노동자들은 52시간 이상의 장시간 노동보다는 법정 표준 노동시간이 준수될 때

노동시간에 더 만족하고 있고 노동자의 권익을 보호하기 위해서는 노동시간이 지켜질 수 있도록 정책 및 제도를 보완해 나가야 한다.

2) 휴식시간과 휴게시설

〈그림 4-7〉의 "업무수행 중에 휴식시간 여부"를 묻는 설문 문항에서도 직종별로는 큰 차이가 발생하고 있었다. 사무직과 청소 및 경비 관련직의 경우 각각 응답자의 67.2%와 64.3%가 업무 중 휴식시간이 있다고 응답했지만, 운전운송 관련직은 43.1%, 교육전문가 및 관련직 38.0%가 휴식시간이 보장되지 않는 것을 확인할 수 있었다.

휴게시설 역시 운전운송 관련직의 60.8%가 휴게할 공간과 편의시설이 없다고 응답했고 공간과 편의시설이 모두 있다고 응답한 비율은 22.8%에 불과했다. 건설 및 광업 관련 단순노무직 응답자 역시 공간과 편의시설이 모두 없다고 응답한 경우가 48.2%로 가장 많았다. 휴게시설과 편의시설이 모두 잘 갖추어져 있다고 응답한 직종

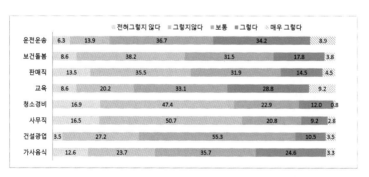

Q: 업무수행 중에 휴식시간이 거의 없음

〈그림 4-7〉 직종별 업무 중 휴식시간 (단위: %)

에는 사무직(73.6%), 보건사회복지 돌봄 관련직(69.4%), 교육전문가 및 관련직(68.7%) 등이 있었다(〈그림 4-8〉 참조).

휴게시설과 휴식시간은 노동자가 건강한 삶을 유지하기 위한 필수적인 요소이다. 현재 전국적으로 대리운전자, 택배기사, 퀵서비스 기사 등 운전운송 관련직을 비롯한 특정 장소가 아닌 이동을 하며 일을 하는 노동자들을 위한 이동노동자 쉼터가 마련되어 있지만, 분석결과에서 나타난 것처럼 운전운송 관련직과 같이 특정 거점이 없는 노동자들을 위한 휴게시설은 부족한 실정이다.

청소경비 관련직의 휴게시설 부족 실태, 코로나 19 이후 학교 돌봄전담사들이 휴식시간을 사용하지 못하는 문제 등을 해결할 수 있도록 노동자가 안전하게 일할 권리와 삶의 질을 향상할 수 있는 지속적인 지원 대책을 마련해야 할 것이다.

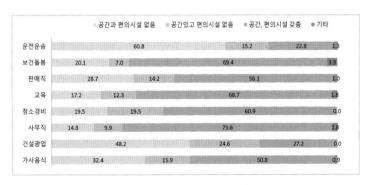

〈그림 4-8〉 직종별 업무 중 휴게시설 (단위: %)

마. 노동인권[5]

경비노동자의 자살 사건, 서비스직 노동자에 대한 성희롱 등 우리 사회 곳곳에서 노동인권침해사례가 증가하고 있고 특히 비정규직 취약노동자들은 인권이 침해되는 상황에 노출될 가능성이 크다.

취약노동자들의 인권이 침해될 가능성이 큰 이유는 첫째, 취약노동자에게 내재한 취약성 때문이다. 취약노동자는 고용계약 형태가 고용을 유지하기에 불안정하고 사회보험 가입률이 떨어져서 사회제도로부터 충분히 보호받지 못하고 있다. 따라서 취약노동자는 직무 중 폭언, 폭력, 성희롱, 직장 내 괴롭힘 등의 부당 처우를 당해도 생계유지를 위해 부당한 상황에 순응할 가능성이 크다. 둘째, 취약노동자가 법과 노동권에 대해 잘 알지 못하고 차별 및 부당 처우 등이 발생했을 때 이를 보호하기 위한 법적, 제도적 장치가 미흡한 실정이다.

이러한 문제의식으로 경남 취약노동자들의 노동인권침해 사례를 차별 경험과 부당 처우 2가지로 나누어 조사하고 경남 취약계층 노동자의 노동인권침해 실태를 파악했다. 차별 경험은 성, 고용 형태, 학력, 나이, 출신 지역 및 국적에 따른 차별을 의미하고, 부당 처우는 동료, 관리자, 고객으로부터 폭언, 신체적 폭행, 성희롱, 왕따 등의 직장 내 괴롭힘을 당했을 경우를 의미한다.

〈표 4-9〉는 성, 고용, 학력, 나이, 출신 지역 및 국적에 따라 차별 경험이 있다고 응답한 응답자를 직종별로 분류한 자료이다. 전체 응

---

5 본 절은 "경상남도 노동정책 기본계획 수립 연구" 최종 보고서의 제3장 제2절 취약계층 노동자의 내용을 바탕으로 작성하였음.

답자 중 차별을 받았다는 응답자 비중이 가장 높은 항목은 고용 형태에 따른 차별로 응답자 중 15.5%가 경험을 한 것으로 나타났다. 본 연구에 활용된 설문조사의 대상이 영세업체 정규직 및 비정규직 노동자이고 비정규직의 경우 고용 형태에 따라 차별을 받았을 가능성이 크다.

〈표 4-9〉 직종별 차별 경험

(단위: 명)

	전체	성		고용 형태		학력		연령		지역, 국적	
		빈도	비율	빈도	비율	빈도	비율	빈도	비율	빈도	비율
가사음식	333	19	5.7	23	6.9	4	1.2	36	10.8	9	2.7
건설광업	114	8	7.0	20	17.5	8	7.0	23	20.2	6	5.3
사무직	284	21	7.4	51	18.0	26	9.2	31	10.9	2	0.7
청소경비	266	12	4.5	70	26.3	7	2.6	50	18.8	6	2.3
교육	163	1	0.6	13	8.0	12	7.4	17	10.4	3	1.8
판매직	310	17	5.5	36	11.6	4	1.3	37	11.9	3	1.0
보건돌봄	314	11	3.5	53	16.9	20	6.4	35	11.1	5	1.6
운전운송	79	6	7.6	22	27.8	5	6.3	16	20.3	4	5.1
합계	1,863	95	5.1	288	15.5	86	4.6	245	13.2	38	2.0

주: 비율은 직종별 전체 응답자 수 대비 차별 경험 응답자를 의미함

고용 형태에 따른 차별을 제외한 나머지 차별에 대해 조사 항목에서 응답자 비중이 높은 것은 연령차별(13.2%), 성차별(5.1%), 학력차별(4.6%), 출신 지역 및 국적 차별(2.0%)인 것을 확인할 수 있었다.

차별에 대한 각각의 항목을 직종별로 비교해서 차별에 가장 취약한 직종을 확인한 결과 운전운송 관련직이 차별에 가장 취약한 것으로 나타났다. 운전운송 관련직은 성차별(6%)과 고용형태차별(27.8%), 연령차별(20.3%), 3가지 항목에서 차별을 경험한 응답자 비중이 가

장 높았고, 학력차별과 출신 지역과 국적에 따른 차별의 응답자 비중은 각각 사무직(9.2%)과 건설 및 광업 관련 단순노무직(5.3%)인 것으로 나타났다.

본 연구 운전운송 관련직 응답자의 정확한 직종을 확인한 결과 건설 관련 중장비 기사가 60%(45명)로 가장 많았고 고용 형태에 따른 차별을 받았다는 응답자 중 건설 관련 중장비 기사의 비율은 73%, 연령차별은 50%, 성차별은 67%였다. 건설 관련 중장비 기사의 경우 대부분 특수고용형태 노동자이고 특수고용형태 노동자의 경우 노동시간, 임금, 사회보험 가입 등 여러 가지 측면에서 차별을 받으며 임금노동자보다 법적 보호를 받지 못한다고 알려져 있다. 본 연구결과에서도 이러한 현실을 확인할 수 있었다.

직장 내 부당 처우는 회사, 동료, 고객으로부터 폭언, 폭행, 성희롱/성추행, 왕따 등 직장 내 괴롭힘을 당한 경우로 전체 응답자 중 부당 처우를 경험한 응답자 비중은 고객으로부터 경험했다는 응답자의 비중이 31.4%로 가장 높았고 회사(9.9%), 동료(8.2%) 순으로 나타났다. 이는 비제조업 응답자 중 고객 응대가 많은 서비스업 응답자의 비중이 높은 것으로부터 기인한 결과임을 유추할 수 있다(〈표 4-10〉 참조).

직장 내 부당 처우 경험을 직종별로 분석하면 직종 간 차이가 두드러지는 것을 확인할 수 있다.

(단위: 명, %)

	전체	회사 부당 처우		동료 부당 처우		고객 부당 처우	
		빈도	비율	빈도	비율	빈도	비율
가사음식	333	21	6.3	11	3.3	118	35.4
건설광업	114	30	26.3	24	21.1	8	7.0
사무직	284	36	12.7	20	7.0	86	30.3
청소경비	266	21	7.9	28	10.5	82	30.8
교육	163	10	6.1	7	4.3	17	10.4
판매직	310	21	6.8	15	4.8	150	48.4
보건돌봄	314	28	8.9	29	9.2	100	31.8
운전운송	79	17	21.5	19	24.1	24	30.4
합계	1,863	184	9.9	153	8.2	585	31.4

주1: 동료, 관리자, 고객으로부터 폭언, 폭행, 성희롱 등 직장 내 괴롭힘을 한 번이라도 당한
경우를 표시한 결과임
주2: 비율은 직종별 전체 응답자 수 대비 부당 처우 경험 응답자 수 비율을 의미함

건설 및 광업 관련 단순노무직과 운전운송 관련직의 회사로부터
부당 처우를 경험한 응답자의 비중은 각각 26.3%와 21.5%로 사무
직(12.7%)을 제외한 나머지 직종들의 부당 처우 경험 응답자 비중이
10% 미만인 것을 고려하면 10%p 이상 큰 차이가 나타났다.

동료로부터의 부당 처우를 경험한 응답자 비중 역시 운전운송 관
련직(24.1%)과 건설 및 광업 관련 단순노무직(21.1%)이 다른 직종보
다 많게는 21.1%p(운전운송 관련직과 가사 음식 조리판매직 간의 차이) 가까
이 차이가 나서 두 직종의 부당 처우 비중이 월등히 높았다. 이는 운
전운송 관련직과 건설 및 광업 관련 단순노무직의 노동환경이 타 직
종보다 매우 열악하고 노동자의 기본권이 지켜지지 않음을 간접적
으로 확인할 수 있는 결과이다.

고객으로부터의 부당 처우를 경험한 응답자의 비중은 건설 및 광

업 관련 단순노무직(7.0%)과 교육전문가 및 관련직(10.4%)을 제외하고는 직종 간에 차이가 크게 발생하지 않았다. 건설 및 광업 관련 단순노무직의 경우 고객을 응대할 기회가 적고, 교육전문가 및 관련직 역시 고객이 교육을 받는 대상과 그 가족일 경우가 대부분이기 때문에 부당 처우를 경험할 가능성이 다른 직종보다 상대적으로 작았을 것으로 판단된다.

고객으로부터 부당 처우를 경험한 응답자 비중이 가장 높은 직종은 가사 음식 조리판매직으로 응답자의 35.4%가 부당 처우를 경험했다고 응답했고 나머지 직종 역시 응답자의 30% 정도가 부당 처우를 경험했다고 응답했다.

회사, 동료, 고객으로부터의 직장 내 부당 처우를 폭언, 폭행, 성희롱/성차별, 직장 내 괴롭힘으로 분리해서 분석한 결과는 〈그림 4-9〉, 〈그림 4-10〉, 〈그림 4-11〉이다. 전체 응답자 중 회사로부터 폭언을 경험한 응답자 비중은 9.0%로 다른 형태의 부당 처우 경험과 비교

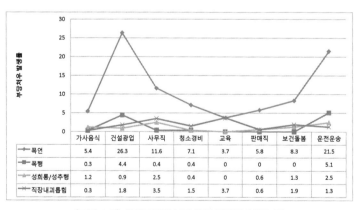

	가사음식	건설광업	사무직	청소경비	교육	판매직	보건돌봄	운전운송
폭언	5.4	26.3	11.6	7.1	3.7	5.8	8.3	21.5
폭행	0.3	4.4	0.4	0.4	0	0	0	5.1
성희롱/성추행	1.2	0.9	2.5	0.4	0	0.6	1.3	2.5
직장내괴롭힘	0.3	1.8	3.5	1.5	3.7	0.6	1.9	1.3

〈그림 4-9〉 회사로부터 부당 처우 발생률 (단위: %)

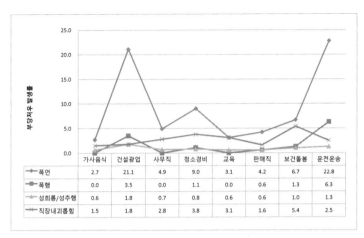

〈그림 4-10〉 동료로부터 부당 처우 발생률 (단위: %)

	가사음식	건설광업	사무직	청소경비	교육	판매직	보건돌봄	운전운송
폭언	2.7	21.1	4.9	9.0	3.1	4.2	6.7	22.8
폭행	0.0	3.5	0.0	1.1	0.0	0.6	1.3	6.3
성희롱/성추행	0.6	1.8	0.7	0.8	0.6	0.6	1.0	1.3
직장내괴롭힘	1.5	1.8	2.8	3.8	3.1	1.6	5.4	2.5

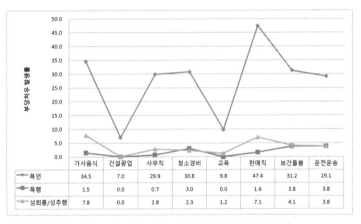

〈그림 4-11〉 고객으로부터 부당 처우 발생률 (단위: %)

	가사음식	건설광업	사무직	청소경비	교육	판매직	보건돌봄	운전운송
폭언	34.5	7.0	29.9	30.8	9.8	47.4	31.2	29.1
폭행	1.5	0.0	0.7	3.0	0.0	1.6	3.8	3.8
성희롱/성추행	7.8	0.0	2.8	2.3	1.2	7.1	4.1	3.8

했을 때 가장 높았다. 직종별로 비교한 결과에서는 그 차이가 더 뚜렷했는데 건설 및 광업 관련 단순노무직의 폭언 경험 응답자 비중은 26.3%, 운전운송 관련직은 21.5%로 다른 직종들의 응답 비중과 차

이가 발생했다. 폭행 역시 폭언과 동일한 결과가 나타났다.

회사로부터의 성희롱/성추행의 경우 응답자 수와 비율을 고려할 때 사무직이 가장 심각했고 따돌림 등의 직장 내 괴롭힘 역시 사무직(3.5%)과 교육전문가 및 관련직(3.7%) 응답자의 비중이 다른 직종보다 다소 높게 나타났다.

동료로부터의 부당 처우 역시 전체 응답자 중 폭언을 경험한 응답자 비중이 6.9%로 가장 높았고 직종별로 비교한 결과에서도 폭언, 폭행 모두 건설 및 광업 관련 단순노무직과 운전운송 관련직의 응답자 비중이 높았고 다른 직종의 응답자 비중과 차이가 있었다. 따돌림 등의 직장 내 괴롭힘을 경험한 응답자 비중은 두 직종보다 다른 직종에서 높게 나타났다.

고객으로부터의 부당 처우 중 폭언을 경험한 응답자가 30.8%로 가장 많았고, 성희롱/성추행(4.3%), 폭행(1.9%) 순인 것을 확인했다.

폭언을 경험한 응답자 비중이 높은 직종은 판매직(47.4%)이었고 폭언 경험 응답자 비중이 30%인 직종은 가사 음식 조리판매직(34.5%), 보건사회복지 돌봄 관련직(31.2%), 청소 및 경비 관련직(30.8%)이었다.

고객으로부터 폭행을 경험한 응답자의 비중은 보건사회 복지 돌봄 관련직과 운전운송 관련직이 3.8%로 가장 높은 것으로 나타났다. 고객으로부터 폭행을 경험한 보건사회복지 돌봄 관련직의 세부 직종은 요양보호사(5명), 간호사(4명), 사회복지사(2명), 학교 전문상담사(1명)였다.

돌봄 노동의 중요성이 커지고 있지만, 사회복지 및 돌봄 관련 직종의 처우는 여전히 열악한 상황이다. 전국사회서비스원 노동조합에 따르면 업무 중 성추행 등의 부당 처우가 발생해도 고용 형태의 불안정성으로 인해 부당함을 참을 수밖에 없다고 보고하고 있다.[6]

고객으로부터 성희롱/성추행을 경험한 응답자 비중이 높은 직종은 가사 음식 조리판매직과 판매직으로 각각 7.8%와 7.1%로 나타났다. 두 직종의 성희롱/성추행 경험 응답자를 성별로 분석한 결과 판매직 남성 1명을 제외하고는 모두 여성이었다. 가사 음식 조리판매직과 판매직은 주로 여성들이 종사하는 직종이고 본 연구에 활용된 설문조사의 해당 직종 응답자 역시 여성 응답자의 비율이 높았다.

성희롱/성추행 경험 응답자에 여성이 많은 것은 조사대상에 여자가 많다는 이유 이외에도 노동현장에서 서비스직 여성 노동자들이 경험하는 성희롱/성추행이 심각하다는 의견이 많다. 특히 최근에는 서비스직 미혼 여성에게 집중되던 이러한 문제들이 기혼, 중장년 여성에게도 심각하다고 보고되고 있다. 그리고 본 연구의 설문조사 결과에서도 남성들이 집중된 직종보다 여성이 많은 직종에서 성희롱/성차별 경험이 많은 것을 확인할 수 있었다.

직장에서 차별, 폭언, 폭행 등 부당 처우를 받을 때 노동자들의 해결 방법은 그냥 참는 경우가 가장 많았고, 건설광업 관련직은 과반수인 57.4%가 그냥 참는다고 응답했다. 부당 처우를 당한 응답자가 두 번째로 많이 선택한 해결 방법은 친구, 지인과 상담하는 것이었다. 고용노동부에 진정서를 제출하거나 노동단체에 상담한 응답자

---

6 "성희롱, 폭행당해도 대처 못 하는 돌봄 노동자, 처우 문제 해결돼야", 일요서울, 2021.06.28일 자 기사(http://www.ilyoseoul.co.kr/news/articleView.html?idxno=453799).

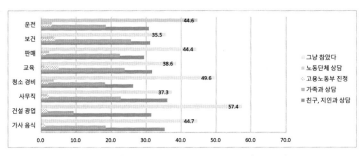

〈그림 4-12〉 직장 내 부당 처우 해결 방법 (단위: %)

는 모든 직종에서 5.0% 미만으로 나타났고 대부분 노동자가 적극
적으로 문제를 해결하려고 하지 않았다.

　대부분의 경남 비제조업 노동자가 부당 처우를 참고 넘기는 가장
큰 이유는 '해도 안 될 것 같다'라는 현행법과 제도에 대한 불신으로
부터 비롯되었다. 직종별로 응답 결과에 차이가 있었는데 교육 관련
직은 자신의 일자리에 악영향을 미칠까 봐 두려워서 참는다(일거리 및
매출 영향 40.9%)고 응답한 경우가 가장 많았다. 서비스직의 경우 고객
을 직접 상대할 경우가 많고 이 경우 부당한 대우를 당해도 일자리
에 영향을 미칠까 봐 제대로 된 대응을 하기 어렵다.

　그냥 참는다는 응답자의 비율이 가장 높았던 건설 광업 관련 단
순노무직은 해도 안 될 것 같다고 대응을 포기한 응답이 37.7%
로 가장 많았고 가사 음식 조리판매 관련직은 해도 안 될 것 같다
(28.6%)와 귀찮아서(27.1%)라고 응답한 경우가 많았다. 귀찮아서 대
응하지 않는다는 것은 문제를 해결하려고 노력을 해도 결국 해결할
수 없을 것이라는 의사가 내포되어 있고 차별, 폭언 등 부당 처우가

발생했을 때 현행 법규 및 제도를 통한 해결 방법을 신뢰하지 못하고 있었다.

4. 결론

97년 외환위기, 2008년 세계금융위기, 현재 진행 중인 코로나19 사태까지 사회 경제적인 위기가 발생할 때마다 노동자들은 새로운 문제에 직면해야 했다. 특히 비정규직 노동자들은 경제위기 등이 발생했을 때 노동시장에서 더 취약했다.

본 연구는 경남의 영세업체 정규직 및 비정규직 비제조업 노동자의 실태를 3가지 취약성 측정지표로 분석하고 경남 비제조업 노동자 중 더 취약한 노동자는 누구이고 그들을 위해 어떤 제도와 정책이 필요한지 파악했다.

취약성을 측정했던 3가지 지표 중 첫 번째 지표인 생계유지를 하지 못할 위험은 고용과 임금수준으로 측정했다. 영세업체 정규직 및 비정규직이라는 고용 형태를 비자발적으로 선택한 노동자는 자발적으로 선택한 노동자보다 더 취약할 가능성이 있다. 로짓모형으로 요인분석을 시행한 결과 비자발적으로 고용 형태를 선택한 노동자는 기혼자 혹은 생계책임자, 가구소득이 낮고 근속연수가 짧은 노동자였다.

경남 비제조업 노동자의 임금 수준은 전국 임금노동자의 월평균 임금(268.1만 원)보다 낮은 수준의 임금을 받고 있었고 가사 음식 조리판매직, 청소 및 경비 관련직, 판매직은 최저임금 미만의 임금을 받고 있었다. 그리고 고용안정·임금 수준 만족도를 분석한 결과에서 고령자와 저소득가구 근로 빈곤층의 만족도가 떨어지는 것을 확인할 수 있었다.

고용과 임금에 대한 분석결과를 종합하면 경남 비제조업 노동자 중 고령자, 저소득가구, 근속연수가 짧은 청년들이 더 취약한 상태의 노동자였고 이들을 위한 지원정책이 필요했다. 지원정책으로 노동자들이 생계부담에서 벗어나고 저소득가구를 보완할 수 있는 소득보전제도와 노동자가 스스로 능력을 향상해서 더 나은 일자리에 배치될 수 있도록 직업훈련을 지원하는 정책이 마련되어야 한다.

두 번째 건강을 유지하지 못할 위험은 노동시간과 산업재해 발생률, 그리고 산재보험 가입 여부로 측정했고 그 결과 경남 비제조업 노동자의 주당 평균 노동시간은 법정 노동시간을 준수하고 있었지만 특정 거점이 없는 운전운송 관련직의 경우 휴식시간이 잘 지켜지지 않았고 휴게시설 역시 부족했다. 그리고 경남 서비스직 노동자의 산재보험 가입률은 4가지 사회보험 가입률 중 가장 낮았다.

국내 서비스직 노동자의 산업재해 발생률이 매년 증가하고 있지만, 서비스직 노동자가 산재보험을 통해 충분한 치료를 받거나 산업재해를 예방할 수 있는 제도는 부족한 실정이다. 경남의 비제조업 노동자 역시 산업재해가 발생하고 있었지만, 산재보험 가입률은 턱없이 낮았다. 서비스업 노동자의 산재보험 가입이 더욱 강력한 법적 장치를 통해 의무화되고 안전하게 일할 수 있는 일터가 마련될 수 있도록 정부 및 지자체 차원의 모니터링 시스템이 구축되어야 한다.

끝으로 서비스직 노동자 중 차별, 폭언 등의 인권침해를 경험한 노동자들은 그냥 참거나 가족, 지인에게 상담할 뿐 고용노동부나 노동단체를 통해 문제를 해결하지 못하고 있었다. 이는 노력해도 해결할 수 없다는 패배감과 현행법과 제도에 대한 신뢰성 하락으로부터 기인된 결과임을 유추할 수 있다.

서비스직의 경우 고객을 직접 대면하는 경우가 대부분이어서 다른 직업에 비교해 인권침해를 당할 가능성이 크고 최근 서비스업 종사자의 인권침해에 대한 사회적 관심도 증가하고 있다. 하지만 여전히 이들을 보호하기 위한 제도는 부족하고 사후관리를 위한 제도만 구축되어 있다. 서비스업 노동자가 자신의 권리를 지킬 수 있도록 노동법률 교육을 확대하고 인권침해가 발생하지 않도록 예방할 수 있는 법 제도가 마련되어야 할 것이다.

본 연구는 경남 영세업체 정규직 및 비정규직 비제조업 노동자들의 실태를 3가지 취약성 지표에 맞춰 빈도분석, 교차분석, 회귀분석 등 다양한 방법론을 적용해서 보다 면밀하게 파악하고자 노력했다.

하지만 본 연구는 경남의 노동자만을 대상으로 했기 때문에 노동시장의 전체 노동자를 포괄하기에는 무리가 있고 횡단면 데이터가 가지는 한계점을 극복하지 못했다. 그러나 지역 단위의 연구가 부족한 현실에서 경남의 비제조업 취약노동자에 대해 고용, 임금, 산재, 직장 내 차별 등 다양한 주제로 연구를 수행했고 유의미한 결과를 도출해서 개선사항을 파악했다는 점에서 기존 연구와 차별성을 가지고 의의를 가진다.

향후 지역 노동시장의 다양한 문제들을 해결하기 위해서는 다양한 지역 연구가 진행되어야 하고 이러한 연구결과를 바탕으로 중앙정부 주도의 제도와 정책에서 벗어나 지방정부 주도의 현실성 있는 지역 노동시장 정책 마련과 지방정부의 책임과 권한을 강화하는 방안이 논의되어야 할 것이다.

특수고용형태근로종사자 /
프리랜서 노동의 취약성과 정책적 대응

1. 서론

특수고용형태근로종사자(이하 특고)는 근로기준법상 근로자로 규정되어 있지 않으며 산재보험법 시행령상의 특수형태근로종사자로 규정되어 있다. 산재 보험법상 9개 직종의 종사자(보험설계사, 콘크리트 믹서트럭운전기사, 학습지교사, 골프장 경기보조원, 택배기사, 퀵서비스 기사, 대출모집인, 신용카드회원모집인, 대리운전기사)를 특수고용형태근로종사자로 규정하고 있었으나 그 대상이 점차로 확대되어 가고 있다.

특수고용형태노동의 디지털화로의 진행을 플랫폼 노동이라고 할 수 있다. 즉 일하는 사람을 근로자, 특수고용형태종사자, 디지털화된 특수고용형태를 플랫폼 노동, 순수 프리랜서 및 자영업자 등으로 구분될 수 있으나 현재 플랫폼 노동 형태는 정보기술의 발전에 따라 갈수록 노동 전반으로 확대되고 있는 추세여서 최근 사회적으로 많은 관심을 받고 있다. 일하는 사람을 정리하면 다음과 같이 분류될 것이다.

근로자(정규직, 비정규직)
특수고용형태근로종사자
디지털화된 특수고용형태근로종사자(플랫폼 노동)
프리랜서 및 자영업자

최근 특수고용형태근로종사자를 포함하여 임금이 아닌 다른 형식의 보수를 받는 자를 비임금근로자 또는 독립적 계약 노동의 포괄적인 범주로 보고 근로기준법상 근로자성이 문제되는 노무 제공자들을 통칭하여 접근하자는 주장 등이 나타나고 있다. 이들 범주에는 프리랜서와 정보통신 기반의 플랫폼을 기초로 노동을 찾고 제공하는 플랫폼 노동 등이 포함된다. 특히 플랫폼 노동은 디지털 기기의 발전과 함께 등장하여 근로제공 형태나 장소, 근로시간 등이 특정되지 않을 뿐 아니라 사용자에 대한 종속성이 점점 희석되고 있다. 즉 근로자로서의 지위가 약화됨으로써 법과 제도적 사각지대에 방치되지만 그 확장성이 무궁무진한 특징을 가지고 있다. 그래서 최근 특고를 포함하여 플랫폼 노무제공자(종사자) 보호에 대한 사회적 논의가 활발하게 일어나고 있다.

플랫폼 노동은 특고의 디지털화, 프리랜서의 디지털화로 진행된 근로 형태이다. 플랫폼 노동에서는 기존의 고용관계에서 일과 고용의 분리가 이루어지므로 플랫폼 업체는 고용 업체라기보다는 서비스 수요와 공급자 사이를 연결하는 중개업체의 성격이 강하게 표출된다. 플랫폼 노동관계에서는 기본적으로 서비스의 수요자-중개자로서의 플랫폼-노동서비스 제공자(노무제공자) 등 3자 관계가 형성되는데 이에 부가하여 서비스의 수요자-프로그램 공급자로서의 플랫폼-프로그램 사용자로서의 지역업체-지역업체 등에 다중적으로 소속된 노무제공자 등 4자 관계로 형성되기도 한다. 문제의 요체는 기존의 고용자-피고용자의 고용관계를 분할하여 누가 고용자인지를 판단하기 어렵게 된 구조에 있다. 노무제공자 역시 기존의 사용종속 관계가 명확한 전통적 고용관계의 범주에서 벗어나 자율적인 노무제공자로 인정되어 프리랜서와의 차이점이 희석되어 버린다.

본 글은 기본적으로 특수고용형태근로종사자를 비롯하여 프리랜서에 이르는 노무제공자에 대한 것이다. 기본적인 입장은 특고와 프리랜서 등의 노무제공자들이 가지는 고용관계론적인 취약성을 찾고 분석하는 것이다. 그리고 이에 기초하여 이를 개선하기 위한 정책적인 조언을 찾고자 한다.

2. 연구의 배경 및 연구 문제

노동의 취약성을 언급하고 있는 기존 연구들을 보면 엄밀하게 취약성에 대한 정의나 개념을 내리고 접근하고 있지는 않다. 그만큼 취약성의 개념은 광범위하고 애매모호한 면이 있다. 기존 연구들은 주로 취약성을 노동시장 내 불안정 고용이나 비정규직 고용 형태가 가지는 차별, 소득 양극화로 인한 저소득층의 증가, 부의 양극화, 빈곤율, 고용불안 등과 같은 주제로 접근하고 있다(박자경·서예린, 2021; 정윤경, 2021; 김강식·이정언, 2010). 이런 취약성은 일시적인 현상이 아니라 장기적인 영속성을 가진다는 점에서 중요한 사회적 문제로 거론된다.

노동 취약성에 대한 개념적 접근은 정규직 노동자나 비정규직 노동자, 특고나 프리랜서 종사자 등에서도 비슷한 내용으로 접근할 수 있다고 본다. 그러나 일반적인 정규직 노동에서 말하는 취약성, 비정규직 노동에서 말하는 취약성, 청년 노동에서 말하는 취약성, 부녀자 노동에서의 취약성, 그리고 본 연구에서 주요 분석 대상인 특수고용형태나 플랫폼, 자영업자 등에 접근하는 취약성의 내용이 같은 내용일 수는 없을 것이다. 물론 일부 공유되는 내용이 있지만 미묘하게 차이 나는 점도 있다는 점을 감안할 필요가 있을 것이다.

그렇다면 특고와 플랫폼 노동 등에서 부각되는 취약성의 내용은 무엇일까? 기존 노동 취약성과 어떤 면이 공유되며 어떤 면이 차이로 부각될 수 있는가? 이것이 본 연구가 제기하는 본질적인 질문이다.

노동 취약성 접근에 있어 공통적인 면은 노동 취약성을 소득 수준, 고용안정, 산재나 직업병으로부터 보호, 사회보험의 보호, 고용차별적 관행 등 각자 비슷한 내용으로 접근할 수 있지만 정규직 노동자들에서 부각되는 내용과 비정규직 노동자들에게서 부각되는 내용, 청년이나 부녀자 노동에서 부각되는 내용, 그리고 특수고용형태나 플랫폼 종사자들에서 부각되는 내용이 고용 형태나 직업별 분류에 따라 상당한 온도차가 있을 수 있다. 본 연구는 이 중 특히 특수고용형태종사자, 플랫폼 종사자, 자영업자 등이 느끼는 취약성의 내용을 탐구하는 것을 우선적인 목표로 삼는다.

취약성의 내용은 위에서 언급한 사회보험으로부터의 배제, 낮은 소득, 낮은 고용안정성, 산재와 직업병에의 노출 등 매우 다양할 것이지만 본 연구는 그간 많은 연구가 진행되어 온 사회보험과 산재 등 주로 사회적 보호 영역에서의 주제보다는 특수고용형태 및 프리랜서 종사자 내부의 월소득과 가구 소득, 근로시간, 직업만족도 등 각 내부의 특징을 분석한다는 점에서 특징이 부각된다. 그럼으로써 특수고용형태종사자와 프리랜서 종사자의 직종별 특이성을 도출하고 이들 정책의 방향에 대한 실질적인 시사점을 제시함을 목적으로 한다. 이는 본 글의 두 번째 목적이 된다.

특수고용형태근로종사자와 프리랜서에 대한 연구는 2000년 대 초반부터 그 연구가 본격화되었는데 초기 관심은 이들 노무제공자들이 근로자로 인정받지 못함으로 인해 근로기준법이나 노동법의 보호를 받지 못할 뿐 아니라 산재 등 사회보험의 보호 역시 전혀 받지 못하는 사각에 놓여 있다는 점을 강조한다. 한국 경제가 글로벌화되고 시장경쟁이 격화됨에 따라 이 형태의 노무제공자들의 수는 증가되었고 이제는 상당히 많은 노무제공자들이 이런 고용 형태로 일하는 것으로 나타나고 있다.

2018년 한국고용정보원 조사에 의하면 한국의 플랫폼 노동 종사자는 전체 취업자의 1.7~2.0% 비중으로 약 46만 명에서 53만 명까지 추정된 바 있다. 이 플랫폼 노동의 종사 직종은 대리운전, 화물운전기사, 퀵서비스, 가사 서비스 등 지역 기반 플랫폼 노동이 압도적으로 많이 나타났다(김준영외, 2018). 2020년 고용노동부와 노동연구원이 조사한 바에 의하면 플랫폼을 넓게 정의하여 단순구인구직 웹사이트를 이용하여 일감을 구하는 종사자를 포함하면 전체 취업자의 약 7.46%(약 179만 명)이지만 플랫폼 노동을 조금 더 엄격히 정의한 협의 개념으로 보면 전체 취업자의 0.92%(약 22만 명) 규모로 추정하였다.[1] 그리고 전체 플랫폼 노동 중에서 배달이나 대리운전 등 운송 관련 일에 종사하는 자가 약 52%에 달한다는 추정 결과를 발표했다(장지연, 2020).

본 글은 2020년에 시행된 「경남 취약계층 노동자 실태조사 자료」 중 특수고용 및 프리랜서 용 설문 조사 자료에 근거하여 특수고용형태와 프리랜서 노무제공자들에 대한 근로 조건과 직업만족도 등의 특징 등을 분석하고 고용관계론적 측면에서의 취약성 등을 파악한다. 이미 특수고용형태근로종사자들에 대하여서는 과거부터 많은 연구들이 축적되어 온바 이들 직종에 대한 취약성에 대해서 알려진 바가 있다. 과거 연구들에서는 특고 종사자의 취약성으로 무엇보다 노동자성의 결여로 인해 나타나는 기존 '사회적 보호망으로부터의 배제'란 내용을 크게 부각하고 이를 개선하기 위한 다양한 쟁점 등을 논의해 왔다.

본 연구는 과거 연구들에서 이미 언급되어 온 문제점인 '특수고용형태근로자들의 사회적 보호에서의 배제'와 '노동법제적 보호', '사회적 보호'란 다소 일반화된 주제에서 미처 다루지 못한 특수고

---

1   광의의 플랫폼 종사자는 "일반적으로 플랫폼을 매개로 하여 노무를 제공하는 사람"으로, "협의의 플랫폼 종사자는 일의 배정에 영향을 미치는 플랫폼을 매개로 노무를 제공하는 사람"으로 정의할 때 이 조사에서는 협의의 플랫폼 종사자의 범위에 알바천국 등과 같은 구인구직 사이트를 통해 단순히 일감만 얻는 종사자들을 제외하였다.

용형태 근로 내부를 집중적으로 조명하는 것에 노력을 집중한다는 점에서 구별된다. 특수고용형태종사자들의 사회적 보호를 위한 기존 노동법이나 사회보험 내의 포괄 방안 등은 노동법학자나 일부 노사관계 연구자들의 논문들에서 이미 다루어진 바가 있다. 이들 논문의 특징은 특수고용형태종사자나 플랫폼 노동의 노동과정을 조사하고 그것이 가지는 공통적인 문제를 지적하고 있으며 이 문제들을 노동법상의 사회적 보호나 사회보험으로부터의 배제란 측면에서 접근한다(이승윤 외, 2020). 그리고 사회보험으로의 사각지대에 있는 특수고용형태근로종사자들을 사회보험이나 기존 노동법의 보호 영역으로 포괄하려는 다양한 쟁점과 시도 등에 주목하고 있다(한인상, 2021; 김근주, 2020; 이호근, 2020; 장지연 외, 2020; 김근주·정영훈, 2018). 이런 시도는 특수고용형태근로종사자들의 보호를 위한 정부 정책적인 의도와도 일맥상통한 측면이 있었다. 그 결과로 정부는 2020년 말 전 국민 고용보험과 산재보험 개정안을 마련해 국회를 통과시켰고 2021년 7월부터 시행에 이르게 되었다.

본 글은 사회보험과 사회적 보호 논의에 중점을 두지 않는다는 점에서 특수고용형태근로종사자에 대한 기존 연구들과는 구분된다. 이보다는 특수고용형태근로종사자들의 내부를 각 직종별로 관찰하고 이들 직종이 가지는 구체적인 취약성이 무엇인지에 대해 주목한다. 특수고용형태근로자들의 직종별 특징에 주목하여 각 직종별 임금 및 소득, 노동 시간, 근로 조건 등에서의 구체적인 특징을 상호 비교 관점에서 분석한다. 이를 통해 다음의 연구 문제 등을 탐구한다.

첫째, 특수고용형태근로종사자 등이 가지는 직종별 취약성의 내용과 특징은 무엇인가.

둘째, 특수고용형태근로종사자 직종 간의 구별되는 취약성의 내용과 특징의 차이를 탐구하고 직종 간 비교 분석을 통해 얻는 시사점은 무엇인가.

셋째, 성별, 학력, 연령, 소득수준, 노동시간, 사용자 전속성 등 인구통계학적 특징과 직종별 임금 및 근로조건에서의 취약성 간의 관계를 관찰한다. 각 인구통계학적 특징이 각 직종 간에 어떤 차이가 있는지, 그리고 이런 차이가 있다면 이 현상을 어떻게 설명할 수 있는지 등이 주요 연구 관심의 대상이다.

넷째, 특수고용종사자들의 직업만족도의 결정요인을 분석하여 특수고용종사자들의 보편적 요인과 개별적 요인을 구분하여 직종별 차이 등을 탐구한다.

다섯째, 마지막으로 특수고용형태근로자의 취약성을 개선하기 위해서는 무엇이 필요한지, 어떤 정책적 노력이 필요한지 등 정책적 방향에 대해 모색하고 조언한다.

3. 분석자료

2020년 상반기, 경남의 특고/프리랜서 대상 재난지원금 지원을 받은 인력을 대상으로 한 설문조사자 조사에 응한 총 3,157명의 자료를 중심으로 분석 자료를 형성하였다. 조사 방법은 직접면접 방식과 CAPI 방식, 그리고 온라인 설문조사 링크를 통한 조사 등을 병행하였다. 표집틀은 "코로나19 지역고용대응 특별지원사업 특수형태

근로자 프리랜서 생계비 지원사업"에 생계비를 신청했던 사람들을 대상으로 한 것이다. 이 표집틀은 특히 교육서비스 분야의 종사자(학습지교사, 방과후교사, 학원 등 강사)들이 전체 지원금 신청 직종의 약 50% 이상을 점하고 있어 경남 지역의 특고와 프리랜서에 대한 대표성을 가진다고는 볼 수 없다. 그러나 경남 지역의 특고와 프리랜서 실태를 조사한 기존의 연구가 전혀 없다는 점에서 초기 분석 자료로서의 가치와 중요도가 부각될 수 있으며 특히 최소한 200명 이상의 표본을 확보하고 있는 대리기사나 학습지교사, 학원 등 교육 부문 강사 등 일부 특수고용형태나 교육 관련 프리랜서 강사 등에 대한 분석 결과에 대해서는 주목하여 관찰할 가치가 있다. 본 연구에서는 대리운전기사, 학원 등 교육 부문 강사, 학습지교사, 보험모집인, 방과후교사 등 5개 직종은 200명 이상의 응답을 확보하였으며 이에 대해서는 따로 인구통계적 특징이 직종에 미치는 영향 등을 회귀분석결과를 통해 설명하고 있다.

그러나 기초분석에서는 수집된 전체 특수고용형태근로종사자들의 표본을 모두 포함하여 분석한 결과를 정리하였다. 이 표본에는 대리운전기사, 학습지교사, 보험모집인, 방과후교사, 교육 관련 강사 등 200명 이상의 비교적 충분한 수를 확보한 직종도 포함되지만 택배기사, 가사도우미, 덤프트럭 기사 등 충분한 수를 확보하지 못한 직종도 다수 포함된다. 본 연구에서는 의미 없을 정도의 표본수를 확보한 직종에 대해서도 분석 대상에 모두 포함하였다.

총 응답자 3,157명 중 근무지와 거주지는 창원이 45~46%를 차지하고 있고 종사 직종으로는 사회서비스(교육, 보건, 복지, 공공행정)가

50.2%로 가장 높은 비율을 차지하였다. 고용 형태로 보면 특고와 프리랜서라고 답변한 사람이 2,491명(78.9%), 기간제라고 응답한 사람이 251명(7.9%), 파트타이머라고 응답한 사람이 168명(5.3%)이다. 특수고용인 경우 평소에 대기 상태에 있다가 일감이 있을 때만 나가서 일을 하는 형태가 많아 이럴 경우 자신이 기간제나 파트타이머라고 응답했을 가능성이 있다. 3,157명 응답자 중 노동조합에 가입했다는 인원은 126명으로, 전체 응답자의 4%에 불과하였다. 국민연금에는 응답자의 35.7% 정도가 가입되어 있고, 건강보험 45.8%, 고용보험 5.4%, 산재보험 8.6% 정도가 가입되어 있다고 응답하였다. 이런 기초적 자료는 특고 및 프리랜서 노동이 기존의 사회보험에서 배제되고 있는 현실을 보여주고 있다.

4. 경남의 특수고용형태종사자 직종 간 고용 및 근로조건의 취약성 분석

가. 직종별 월평균 임금 비교

〈표 5-1〉은 각 특수고용형태종사자들의 월평균 소득과 성수기 월평균 소득, 그리고 그 변동성을 정리한 것이다.

특수고용형태종사자는 대리운전기사 233명, 보험모집인 356명 등을 비롯한 약 3,157명이 이 문항에 응답하였으며 총 19직종에 이른다. 전체 3,157명의 월평균 소득은 144만 원이며 성수기의 월평균 임금은 196만 원에 이르는 것으로 나타나 약 52만 원 정도의 월

평균 급여와 성수기 월평균 급여 간의 변동성이 보고된다. 이와 같이 특수고용형태근로종사자들의 급여는 경기 변화의 영향을 많이 받는 것으로 나타나는데 〈표 5-1〉의 네 번째 칼럼에 이 같은 변동성(성수기 월평균 임금-현 종사 직종 월평균 임금)을 표시하였다. 이 변동성이 크다는 것은 해당 직종의 특수고용형태근로자들의 급여 수준은 경기의 변화에 매우 민감함을 의미한다. 특히 대출모집인의 변동성이 145만 원, 보험모집인의 급여 변동성이 116만 원에 이르는 것으로

〈표 5-1〉 월평균 소득과 성수기 월평균 소득, 변동성

	현 종사 직종 월평균 소득		성수기 월평균 소득		변동성(성수기-월평균 소득)
대리운전기사	N=233	146.70(만 원)	N=233	192.58(만 원)	45.88
보험모집인	356	177.16	356	293.27	116.11
학습지교사	359	163.84	359	206.33	42.48
가사도우미	12	84.17	12	105.33	21.16
육아도우미	7	67.86	7	130	62.14
음식배달기사	8	138.75	8	206.25	67.50
퀵서비스기사	6	186.67	6	250	65.33
대출모집인	15	268.00	15	413.33	145.33
택배기사	13	336.92	13	387.69	50.76
골프장경기보조원	11	226.36	11	290	63.64
간병도우미	3	153.33	3	200	46.67
청소노동자	13	80.38	13	84.92	4.53
택시운전(카카오 포함)	1	150	1	150.00	-
덤프트럭기사	2	185	2	235.00	50
방과후교사	655	133.26	655	183.85	50.86
학원교육관련강사	653	129.67	653	157.05	27.38
카드모집인	10	115.00	10	177.00	62.00
건물시설관리	24	135.33	24	172.13	36.79
기타	776	137.53	776	188.24	50.94
전체	3157	144.37(만 원)	3157	196.51(만 원)	52.25

나타나 이 직종에 근무하는 종사자들의 월 급여는 경기의 변동성에 큰 영향을 받는 것으로 나타난다.

예를 들면 대출모집인의 일감과 급여는 부동산 경기와 밀접하게 관련되어 있어 신규아파트가 분양되거나 기존 아파트가 거래되면서 주택 담보 대출수요가 급증하면 그에 따라 대출모집인의 일감과 급여수준이 올라갈 수 있고 그 반대로 부동산 경기가 위축되면 일감이나 급여수준이 이에 비례해 급감하는 특징을 가진다. 정도의 차이는 있으나 대출모집인이나 보험모집인 이외 음식배달기사, 골프장 경기보조원 등 대부분의 특수고용형태종사자들 역시 월평균 소득의 경기 민감성이 높은 것으로 나타나고 있다.

종사 직종 중에 월평균 소득이 가장 높은 직종은 택배기사(월 336만 원)이며 성수기 월평균 소득이 가장 높은 직종은 대출모집인(월 413만 원)으로 나타난다. 택배기사의 이런 수입은 주로 장시간 노동의 결과인 것이며 아울러 대출모집인의 성수기 월 급여 수준은 일반적 평균적 월 급여 수준인 268만 원에 비교될 때 경기 민감성과 변동성이 매우 크게 나타남을 알 수 있다. 경기 민감성 기준으로 보면 대출모집인과 보험모집인의 경기 민감성(각 145만 원, 116만 원)이 다른 직종보다 가장 높게 나타나고 있다.

특수고용형태종사자들의 평균 월 급여 수준 144만 원은 2020년 상반기 지역별 고용조사 마이크로 데이터에서 산출한 경남 전체 취업자의 월평균 임금 266만 원에 비해 약 54%에 겨우 미치고 있어 경남의 특수고용형태종사자들의 급여 수준이 매우 낮다는 것을 확인한다. 그러나 특수고용형태종사자들의 급여 수준을 판단할 때 한

가지 주의해야 할 점은 일반 정규직 등 근로자들의 급여 수준과 직접적으로 특수고용형태근로자들의 급여 수준을 직접 비교하는 것이 쉽지 않다는 점을 유의해야 한다. 주당 근로시간이 일정하게 정해져 있는 일반적 근로자(주당 45시간)에 비해 특수고용형태근로자들은 일감이 있을 때만 일하는 방식이므로 근로기간이 일반적 근로자 등에 비해서 짧을 수밖에 없다는 것이다. 물론 일하기 위해 대기하는 시간이 있지만 특수고용형태근로자의 경우 이런 대기 시간은 근로시간으로 인정되지 못하기 때문에 근로시간이 짧을 수밖에 없다. 따라서 일반적 근로자의 잣대인 최저임금제 등 기준으로 급여 수준을 판단하는 것이 어렵다. 즉 특수고용종사자 3,175명의 월평균 임금수준이 144만 원이라고 해서 이를 2020년 당시 최저임금 이하라고 판단하는 것은 적절하지 않을 수 있다. 직종마다 임금수준이 최저임금을 초과하는지 또는 아닌지에 대한 판단은 비교 가능한 평균적인 노동시간 등에 대한 자료가 있어야 가능한 것이고 이마저도 직종마다 그 양상이 다르게 나올 것으로 예상한다.

특수고용형태종사자들은 본인이 원하는 일감이 생길 때 일을 하고 그 대가만을 받는 구조이며 가사의 주 수입과 분리되어 부수입으로만 운영되는 경우도 존재하므로 이들의 월평균 급여를 일반근로자들과 직접적으로 비교하는 것은 적절치 않다. 더구나 종사자의 일에 대한 자발성과 비자발성까지 고려하면 상황적 복잡성은 더 증가한다. 자발성이란 종사자가 시간적 유연성 등 다양한 이유로 스스로 원해 특수고용노동의 일자리에서 종사하는 것이고 비자발성이란 정규일자리를 구하고자 하지만 그렇지 못해 어쩔 수 없이 장기간 특수고용노동의 일을 하는 종사자를 의미한다.[2] 사실상 특수고용형태종사자나 플랫폼 노동의 경우 이 경계마저도 애매모호할 수 있다. 이런 이유로 특수고용종사자나 플랫폼 노동종사자의 경우 전통적인 일자리의 질을 판단하는 기준으로 동일하게 적용하여 판단하는 것은 적절치 않다.

나. 직종별 일주일 평균 노동시간과 성수기 주당 평균 시간

〈표 5-2〉는 종사 직종별 주당 평균노동시간과 성수기 주당 평균노동시간을 정리한 표이다. 19개 직종의 평균 주 노동시간은 21시간이며 성수기일 때의 주당 평균노동시간은 25시간으로 보고된다. 일주일 평균노동시간과 성수기 주당 평균노동시간이 가장 길게 나타난 직종은 간병도우미와 택배기사이다. 간병도우미의 주당 평균노동시간은 65시간, 성수기 주당 평균노동시간은 76시간에 이른다. 택배기사의 경우 주당 평균노동시간이 56시간, 성수기 주당 평균노동시간은 약 64시간에 이른다. 한편 간병도우미의 경우에는 많은 노동시간에도 불구하고 153만 원의 월평균 소득, 200만 원의 성수기 월평균 소득으로 노동시간에 비하여 월 소득수준이 매우 낮게 나

---

2 경남 지역 취약노동자 실태 분석 자료의 B형(특고와 프리랜서) 설문자료를 분석한 내용 중 특고 등 현 고용 형태로 일하게 된 제1차적 이유를 묻는 문항에서의 응답을 보면, "전문적 기능을 활용할 수 있어서"가 전체 응답(3,157명)의 25.6%, "정규직으로 일할 업체가 없어서"가 23.9%, "가정생활 등 여타 활동과 양립 가능해서"가 17.3%, "가계에 보탬이 되기 위해서"가 10.1%의 순으로 나타난다. 즉 특수고용형태와 프리랜서 직종의 경우 상당한 규모의 종사자가 개인적 유연성이나 전문성 이용 등 자발적인 이유로 현 직종에 종사하는 경우도 있는 것으로 보인다.

타나고 있다.

〈표 5-2〉 직종별 일주일 평균노동시간과 성수기 주당 평균노동시간

	일주일 평균노동시간		성수기 주당 평균노동시간		기타
대리운전기사	N=233	39.15시간	N=233	44.95	
보험모집인	356	24.40	356	30.93	
학습지교사	359	26.06	359	29.99	
가사도우미	12	22.00	12	26.17	
육아도우미	7	25.14	7	30.86	
음식배달기사	8	24.75	8	32.25	
퀵서비스기사	6	39.33	6	39.33	
대출모집인	15	24.80	15	33.98	
택배기사	13	56.15	13	64.08	
골프장경기보조원	11	31.91	11	36.45	
간병도우미	3	65.00	3	76.33	
청소노동자	13	16.15	13	17.77	
택시운전(카카오 포함)	1	48.00	1	48	-
덤프트럭기사	2	10.00	2	40.00	
방과후교사	655	13.11	655	15.62	
학원교육관련강사	653	16.81	653	20.28	
카드모집인	10	21.70	10	32.10	
건물시설관리	24	31.21	24	41.38	
기타	776	21.55	776	26.06	
전체	3157	21.29	3157	25.54	

다. 종사 직종별 월 소득 및 근로시간 차이에 대한 일원적 분산분석결과

〈표 5-3〉은 특고 종사 직종 간의 월평균 소득과 노동시간 등이 직종 간 차이가 있는지에 대하여 일원분산분석을 진행한 결과를 정리한 것이다. 현 종사 직종 월평균 소득, 성수기 월평균 소독, 주당

〈표 5-3〉 종사 직종별 월 소득 및 근로시간 차이의 유의성

		제곱합	자유도	평균제곱	F값과 유의도
현 종사 직종 월평균 소득(만 원)	집단 간	1726347	18	95908	11.01(p⟨.001)***
	집단 내	27324833	3138	8707	
	전체	29051181	3156		
성수기 월평균 소득 (만 원)	집단 간	6156350	18	342019	18.54(p⟨.001)***
	집단 내	57891106	3138	18448	
	전체	64047457	3156		
주당 평균노동시간	집단 간	171715	18	9539	35.29(p⟨.001)***
	집단 내	848253	3138	270	
	전체	1019969	3156		
성수기 주당 평균노동시간	집단 간	227363	18	12631	36.01(p⟨.001)***
	집단 내	1100772	3138	350	
	전체	1328135	3156		

평균노동시간, 성수기 주당 평균노동시간 모든 항목에서 특고 종사 직종 간에 차이가 나며 그 유의도가 0.1% 수준에서 매우 유의한 것을 확인할 수 있다. 이것은 전체 19종의 특수고용형태 직종간의 소득과 근로시간 등이 차이가 유의하므로 이들 근로조건의 향상을 위한 정책적 접근을 할 때 직종 간 차이를 무시할 수 없으며 직종마다 특유의 접근을 하는 것이 필요하다는 것을 시사한다. 즉 특수고용을 전체 산업으로 간주하여 동일하게 접근하여 정책 대안을 도출하기 보다는 직종별 특징을 잘 파악하고 이에 특유한 정책 대안 등을 도출해야 한다는 의미이다.

라. 직종별 각종 직업만족도 비교

〈표 5-4〉 특고 직업만족도 비교

직업만족도 비교 (5점 척도, 평균만 표시)		고용안정	임금수준	노동시간	노동강도	업무 난이도	소통 인간관계
대리운전기사	N=233	1.92	1.88	2.30	2.33	2.64	2.44
보험모집인	356	2.63	2.66	3.29	3.15	3.04	3.24
학습지교사	359	2.44	2.34	2.69	2.65	2.87	3.04
가사도우미	12	2.42	2.50	2.92	2.50	3.08	3.42
육아도우미	7	2.57	2.71	2.43	2.86	3.00	3.00
음식배달기사	8	2.50	2.13	2.25	2.13	2.38	3.00
퀵서비스기사	6	2.50	2.17	2.50	2.67	2.67	2.83
대출모집인	15	2.07	2.60	3.20	3.27	2.73	3.20
택배기사	13	1.62	2.23	1.31	1.46	1.85	2.15
골프장경기보조원	11	2.45	3.27	2.82	2.27	2.64	3.18
간병도우미	3	2.33	2.33	2.67	2.33	2.00	3.00
청소노동자	13	2.46	2.38	2.92	2.62	2.77	2.85
택시운전(카카오 포함)	1	4.00	4.00	4	4	4	4
덤프트럭기사	2	3.00	3.00	3	3	3	3
방과후교사	655	1.92	2.76	3.57	3.38	3.49	3.25
학원교육관련강사	653	2.61	2.57	3.17	3.15	3.31	3.37
카드모집인	10	2.10	2.10	2.70	2.50	2.20	2.70
건물시설관리	24	2.67	2.29	2.79	2.67	2.88	3.08
기타	776	2.60	2.55	3.10	3.06	3.22	3.37
전체	3157	2.39	2.53	3.11	3.04	3.17	3.21

〈표 5-4〉는 각종 만족도에 대한 특고 직종별 비교를 한 것이다. 각 특수고용종사자들에게 현 직업의 만족도를 고용안정, 임금수준, 노동시간, 노동강도, 업무난이도, 소통인간관계 측면에서 5점 척도(1점=매우 낮음, 5점=매우 높음) 범위에서 평가하게 한 후 이것의 평균을 각 직종별로 정리하였다. 특수고용종사자 전체의 평균을 보면 고용안정에 대한 만족도가 2.39로 가장 낮고 임금수준에 대한 만족도가

2.53, 노동강도에 대한 만족도가 3.04, 노동시간에 대한 만족도가 3.11, 업무난이도에 대한 만족도가 3.17, 소통인간관계에 대한 만족도가 3.21로 나타나고 있다. 모든 항목에서 직업만족도가 높음(4점) 미만으로 나타나고 있어 전체 특수고용형태종사자의 직업만족도는 각 항목 전체에서 비교적 낮게 나타나고 있다.

각 항목별로 보면 고용안정만족도에선 전체 특고 평균이 2.39로 다른 항목보다 가장 낮으며, 직종별로는 택배기사가 1.62로 가장 낮고 이어 대리운전기사(1.92), 방과후교사(1.92)이다. 택배기사나 대리운전기사, 방과후교사 등은 특히 고용안정에서 많은 불안감을 가지고 있는 것으로 해석된다.

임금수준만족도에선 전체 특고 평균이 3.21이며, 직종별로는 대리운전기사가 1.88로 가장 낮게 나타났다. 이어 카드모집인(2.10), 음식배달기사(2.13), 퀵서비스기사(2.17) 순으로 낮다. 대리운전기사, 카드모집인, 음식배달기사, 퀵서비스기사 등은 임금수준에 대해 만족하지 않는 것으로 보인다.

노동시간만족도에선 전체 특고 평균이 3.11이며, 직종별로는 택배기사가 1.31로 가장 낮다. 이어 대리운전기사가 2.30, 음식배달기사가 2.25 등 순으로 낮다. 택배기사의 경우에는 노동시간이 길고 늦은 밤 비사교적인 시간까지 일하는 특징을 가지므로 노동시간만족도가 매우 낮게 나타난 것으로 보인다. 또한 대리운전이나 음식배달 등도 대부분 저녁시간부터 새벽까지의 비사교적인 시간에 노동을 제공하기 때문에 노동시간만족도가 낮은 것으로 추론된다.

노동강도만족도에 대해선 전체 특고 평균이 3.04이며, 직종별로는 택배기사가 1.46으로 가장 낮으며 이어 음식배달기사(2.13), 골프장경기보조원(2.27) 순으로 낮다. 이것은 택배기사, 음식배달기사 등은 하루 일과를 처리하기 위해 항상 시간이 촉박하다고 느끼며 일하는 시간에선 노동강도가 높은 것으로 인지하고 있다는 의미이다.

업무난이도만족도에선 특고 전체 평균이 3.17이며, 직종별로는 택배기사가 1.85로 가장 낮다. 이어 간병도우미(2.00), 음식배달기사(2.38)의 순으로 낮다. 이는 택배기사나 간병도우미, 음식배달기사 등은 자신들이 하는 직무가 숙련이 요구될 정도의 난이도가 별로 없는 것으로 인지하고 있고 누구나 쉽게 진입할 수 있는 직업 영역이라고 보는 경향이 있다는 것이다.

소통인간관계만족도에선 특고 전체 평균이 3.21이며, 직종별로는 택배기사 2.15로 가장 낮다. 이어 대리운전기사(2.44), 퀵서비스기사(2.83) 등의 순으로 낮다. 이는 택배기사나 대리운전기사, 퀵서비스 기사 등은 소통인간관계 등으로 다소 고립된 작업을 하는 것으로 자신들이 인지한다는 의미이다. 아울러 이들 직종은 개인 간 경쟁이 심해 개인 간 인간관계나 소통 구조가 잘 형성되지 않는 특징을 가지는 것으로 보인다.

전체 특고의 직업만족도를 고용안정, 임금수준, 노동시간, 노동강도, 업무난이도, 소통인간관계 등 6가지 차원으로 평가할 때 전반적으로 택배기사, 대리운전기사, 음식배달기사, 퀵서비스 기사 등 배달 및 운전에 종사하는 직종이 다른 직종에 비해 만족도가 낮게 나타나고 있다. 반면 학원강사나 방과후교사 등 직종은 다른 직종에 비해 노동시간, 노동강도, 업무난이도, 소통인간관계 등에 대한 만족도에서 다소 높게 나타나고 있다. 단 여기서 표본의 수가 충분히 확보되지 않은 택시운전, 덤프트럭기사 등에 대한 논의는 예외로 하였다.

마. 각 직종별 코로나로 인한 일감 감소

〈표 5-5〉는 코로나로 인한 일감 감소 비율을 특고 각 직종별로 정리한 것이다. 특고 전체로 보면 코로나로 인해 평균 약 62.53% 의 일감의 감소가 있었다고 한다. 특고 직종별로 보면 방과후교사가 코로나로 인해 83% 정도의 일감 감소가 있었고 이어 육아도우미(68%), 기타(63.23%), 학원관련 교육강사(62.73%) 등의 일감 감소가

〈표 5-5〉 코로나로 인한 일감 감소 평균 비율

	코로나로 인한 일감 감소 평균 비율	
대리운전기사	N=232	47.28(%)
보험모집인	349	59.53
학습지교사	349	38.40
가사도우미	12	58.33
육아도우미	6	**68.33**
음식배달기사	7	44.29
퀵서비스기사	5	44
대출모집인	15	57.60
택배기사	4	**30**
골프장경기보조원	9	21.67
간병도우미	3	50
청소노동자	12	60.83
택시운전(카카오 포함)	1	40
덤프트럭기사	2	45
방과후교사	650	**83.61**
학원교육관련강사	626	62.73
카드모집인	10	45.00
건물시설관리	23	51.30
기타	752	63.23
전체	3067	62.53

있었다고 한다. 앞서 특수고용근로종사자가 일감이나 소득이 경기에 민감하였는데 코로나로 인한 영향도 일반근로자에 비하면 높은 것으로 판단된다. 최근 고용노동부 자료에 의하면 2020년 코로나19 창궐 이후 일감 감소로 인한 특수고용종사자와 프리랜서 등의 소득이 약 69% 감소하였다고 보고하였다.

바. 각 직종별 월 가구 소득 비교

〈표 5-6〉 특고 직종별 월 가구 소득 비교

독립적 노동 직종	빈도	월 가구 소득, 단위: 만 원 평균(편차)임	비고
대리운전기사	233	183.05(78.22)	남성 215명
보험모집인	356	323.98(179.23)	여성 263명
학습지교사	359	327.51(172.14)	여성 337명
가사도우미	12	175.42(144.78)	모두 여성
육아도우미	7	150.14(109.47)	모두 여성
음식배달기사	8	192.50(115.11)	남성 7명
퀵서비스기사	6	200(85.79)	남성 5명
대출모집인	15	265.33(136.38)	남성 14명
택배기사	13	361.54(179.11)	전체가 남성
골프장경기보조원	11	333.64(117.07)	여성 10명
간병도우미	3	250(132.29)	모두 여성
청소노동자	13	235.46(135.91)	여성 12명
택시운전(카카오택시 포함)	1	150	
덤프트럭기사	2	275.00(176.78)	남성
방과후교사	655	314.32(164.23)	여성 606명
학원(교육관련)강사	653	331.69(202.22)	여성 569명
카드모집인	10	257.00(143.92)	여성 9명
건물/시설관리노동자	24	213.71(161.96)	남성 21명
기타	776	284.81(167.19)	여성 562명
전체	3157	**300.76(175.48)**	-

〈표 5-6〉은 특고 직종별 월 가구 소득의 평균을 정리하고 있다. 전체 특고의 월평균 가구 소득의 평균은 약 300백만 원이다. 택시 운전자의 월 가구 소득이 150만 원이라고 응답하였지만 1명만의 응답이므로 일단 논의에서 제외하고 특고 종류별로 보면 가장 월 가구 소득이 적은 직종은 육아도우미(150만 원)이고 이어 가사도우미 (175만 원), 대리운전기사(183만 원) 등의 순서로 나타난다. 육아도우미 나 가사도우미, 대리운전 등을 하는 종사자들의 월 가구 소득이 낮은 것으로 확인된다.

이를 2020년 4인 가족 기준 중위 소득인 387만 원과 비교할 때 전체 특수고용형태종사자들의 월 가구 소득과 직종별 평균 소득이 매우 낮다는 것을 확인할 수 있다.

또한 특수고용형태근로종사자들은 각 직종에 따라 성별 분리가 명확하다는 것이 특징으로 나타난다. 택배기사나 음식배달기사, 퀵 서비스, 건물시설 관리 등 주로 배달과 운전, 경비를 주요 업무로 하는 직종의 경우 대부분 남성으로 구성되지만 반면 학원교육관련 강사, 방과후교사, 골프장 경기 보조원, 카드모집인, 기타의 에어로빅 강사 등은 여성들이 대부분을 차지하고 있는 직종이다.

사. 가족 수에 따른 월평균 가구 소득 비교

〈표 5-7〉은 특수고용형태종사자의 가족 수에 따른 월 가구 소득 과 보건복지부가 고시한 2020년 기준 중위 소득을 비교한 것이다. 특수고용형태종사자의 가족 수가 3인이나 4인으로 가정하면 3인기 준 약 292만 원의 월 가구 소득을 벌고 4인 기준 약 361만 원의 월

〈표 5-7〉 가족 수에 따른 월 가구 소득과 기준 중위소득 비교

가족 수	N	월평균 가구 소득(단위: 만 원) 평균(표준편차)으로 표시됨	2020년 기준 중위소득
1인	449	174.99(119.45)	175.7
2	499	258.74(193.7)	299.2
3	758	292.36(155.6)	387.1
4	1128	361.48(165.6)	474.9
5	260	339.16(177.53)	562.8
6	53	383.77(161.17)	650.6
7	8	414.25(201.06)	739.0
8	2	320.00(254.56)	827.3
전체	3157	300.76(175.48)	

가구 소득을 벌고 있다. 이는 2020년 같은 기간의 기준 가구 소득인 3인 기준 387만 원, 4인 기준 474만 원에 크게 미치지 못하는 수준이다.

전반적으로 판단할 때 특수고용형태근로자들의 월 가구 소득은 2020년 동기 기준의 중위 소득에 미치지 못하고 이는 특수고용형태종사자들의 전 직종에 해당된다. 즉 가구 소득이란 측면에서도 특수고용근로종사자들이 대체로 취약하다는 것을 보여준다.

아. 성별에 따른 직업만족도 비교

〈표 5-8〉은 성별에 따른 특수고용형태종사자들의 직업만족도를 5점 척도로 측정, 그 하위 요소를 고용안정만족도와 임금수준, 노동시간, 노동강도, 업무난이도, 소통인간관계 등의 차원으로 나눠 평가한 것을 비교한 것이다. 전반적으로 보면 남성이나 여성 등 각 차원별 만족도는 보통 이하이지만 그중에서 남자의 직업만족도가 여성

만족도		제곱합	자유도	평균제곱	평균, F값과 유의도
고용안정 만족도	집단 간	5.84	1	5.84	남(2.01), 여(2.41) 5.521(p〈.05)*
	집단 내	3337.2	3155	1.08	
	전체	3342.9	3156		
임금수준	집단 간	58.36	1	58.36	남(2.29) 여(2.61) 68.37(p〈.001)***
	집단 내	2693.4	3155	.86	
	전체	2751.79	3156		
노동시간	집단 간	91.04	1	91.04	남(2.80), 여(3.20) 101.32(p〈.001)***
	집단 내	2835.04	3155	.89	
	전체	2926.08	3156		
노동강도	집단 간	38.62	1	38.62	남(2.84), 여(3.10) 46.14(p〈.001)***
	집단 내	2640.47	3155	.84	
	전체	2679.09	3156		
업무난이도	집단 간	29.49	1	29.49	남(2.99) 여(3.22) 36.38(p〈.001)***
	집단 내	2557.52	3155	.81	
	전체	2587.01	3156		
소통인간관계	집단 간	38.08	1	38.04	남(3.01) 여(3.27) 44.61(p〈.001)***
	집단 내	2693.35	3155	.854	
	전체	2731.44	3156		

의 직업만족도보다 더 낮은 것으로 나타났다.

고용안정만족도의 남성 평균은 2.01, 여성 평균은 2.41로 그 차이는 5% 수준에서 유의하다. 임금수준만족도에 대한 남성 평균은 2.29, 여성 평균은 2.61로 그 차이는 0.1% 수준에서 매우 유의하다. 노동시간만족도에 대한 남성 평균은 2.80, 여성 평균은 3.20로 그 차이는 0.1% 수준에서 매우 유의하다. 노동강도만족도에 대한 남성 평균은 2.84, 여성은 3.10으로 그 차이는 0.1% 수준에서 매우 유의하다. 업무난이도만족도에 대한 남성 평균은 2.99, 여성은 3.10으로 그 차이는 0.1% 수준에서 매우 유의하다. 소통인간관계만족도에 대한 남성 평균은 3.01, 여성 평균은 3.27로 그 차이는 0.1% 수준에서 매우 유의하다.

전반적으로 보면 여성의 직업만족도보다 남성의 직업만족도가 더 낮은 것으로 나오는데 그 원인을 추정하면 특수고용종사자들은 직종별로 성별 분리가 명확한 편인데 주로 남성들이 집중되어 있는 택배 및 배달, 대리운전 등의 직종이 여성들이 집중되어 있는 직종인 학습지교사, 골프장 경기보조원, 학원 및 교육 관련 강사 등에 비해 고용안정, 급여 수준, 노동시간 등의 직무 여건이 좋지 않기 때문인 것으로 보인다. 급여의 경기 민감성을 나타내는 변동급의 비율 역시 여성의 경우 57%, 남성의 경우 66%로 나와 이것 역시 직업만족도에 좋지 않은 영향을 줄 것으로 판단된다.

그러나 이런 성별 차이는 각 종사자의 직종을 통제한 이후에는 다소 완화될 것으로 추측한다. 왜냐하면 특수고용이나 프리랜서의 경우 직종에 따라 성별 구성이 분리되는 경향이 있기 때문에 직종을 통제하면 성별 차이는 다소 완화될 가능성이 높기 때문이다.

자. 성별에 따른 가구 소득 비교

〈표 5-9〉는 성별에 따른 가구 소득을 비교한 내용을 정리하였다. 남성의 가구 소득이나 여성의 가구 소득 양자 모두 보건복지부의 고시 중위 소득에 미치지 못하고 있다. 그런데 전체 특수고용형태종사자 중 남성은 743명이고 평균 가구 소득이 298만 원인 반면 여성은 2,414명, 평균가구소득은 311만 원으로 특이하게도 여성이 남성보다 오히려 평균 가구 소득이 높게 나타났다. 이는 여성이 많은 특수

〈표 5-9〉 성별에 따른 가구 소득 비교

구분	N	평균(편차)	비고
남성	743	298.32(183.98)	3인 가구 중위 소득(387.1)
여성	2414	311.43(131.76)	4인 가구 중위 소득(474.9)
전체	3157	300.76(175.48)	

고용직종(학습지교사, 골프장 경기보조, 교육관련 강사 등)이 배달과 운전 중심으로 편재된 남성 중심의 특수고용직종(택배기사, 대리운전기사, 퀵서비스 기사)보다 상대적인 고임금 직종이기 때문인 것으로 사료된다.

그러나 특수고용종사자 표본에서 본 연구표본에서 여성이 차지하는 직종(예를 들면 본 표본에는 교육관련 강사가 가장 다수를 차지하고 있음)이 다소 많이 조사되어 응답된 편이가 존재할 것으로 보아 이에 대한 결론을 내리는 것은 사실상 쉽지 않다. 그럼에도 불구하고 적어도 특수고용형태 직종별로 성별의 분리가 매우 명확하다는 점은 확실해 보이며 앞에서도 언급하였듯이 직종을 통제한 이후라면 성별로 인한 급여 수준의 차이는 다소 완화될 것으로 추측할 수 있다. 그만큼 남녀 급여수준 결정에서도 직종의 효과가 클 것으로 사료된다.

차. 5개 직종을 대상으로 한 로지스틱 회귀분석: 인구통계적 변수가 미치는 영향 중심

본 연구의 표본에서 최소 200인 이상의 비교적 충분한 표본의 수가 확보되었다고 추정되는 5개 직종을 대상으로 하여 인구통계적 변수들이 미치는 영향에 대해 로지스틱 회귀분석을 실시한 후 그 결과를 〈표 5-10〉에 정리하였다. 표본의 수 3,157개 중에서 5개 직종은 학원강사, 대리운전기사, 보험모집인, 학습지교사, 방과후교사이다. 이 분석을 통해 각 5개 직종의 특징을 설명하는 인구통계적 변수와 직종 자체의 구조적 성격들의 이질적 차이를 규명하고자 한다.

〈표 5-10〉은 이 5개 직종을 해당 직종에 해당하는 경우를 1로, 해당하지 않는 경우를 0으로 코딩하여 각 종속변수를 형성한 후 로지스틱 회귀분석을 시행한 결과를 정리한 것이다. 회귀분석 결과는 해당 직종인 경우와 그렇지 않은 경우를 비교한 것으로 주의하여 해석되어야 한다. 독립변수로 투입된 인구통계변수들은 연령, 학력, 성별 가변수(0=남성, 1=여성), 거주 가족 수, 월 가구 총소득, 종사 직종 월평균 소득, 가구에 대해 본인이 생계책임을 지는지를 묻는 가변수(본인이 생계책임일 경우 1, 그렇지 않을 경우 0임), 월 급여에서의 변동급 비율, 현 직종의 경력, 주당 평균노동시간, 주당 성수기 평균노동시간, 코로나로 인한 일감 감소 비율, 사업체 전속성 등을 포함하였다. 통계분석결과 나타난 유의한 효과를 중심으로 살펴볼 필요가 있다.

1) 학원 및 교육 관련 강사

학원강사의 경우, 연령은 학원강사가 아닌 나머지 특고종사자와 비교할 때 3.5% 정도 낮으나 학력은 44% 정도 높게 나타나고 있다.[3] 전반적으로 보면 학원강사는 학원강사가 아닌 특고 종사자들에

---

3 학원강사의 로지스틱 회귀분석결과 연령 계수(표준오차)유의도인 -.035(.066)***의 해석에 유의할 필요가 있다. 엄밀하게는 어떤 사람 1사람을 임의적으로 선택했을 때 이 사람의 연령이 학원강사를 제외한 다른 특수고용형태종사자들의 평균적 나이보다 3.5% 정도

〈표 5-10〉 로지스틱 회귀분석결과: 인구통계적 특징의 영향 중심

변수명	학원강사	대리운전기사	보험모집인	학습지교사	방과후교사
연령	-.035(.006)***	.054(.010)***	.033(.008)***	.014(.008)	-.027(.007)***
학력	.441(.056)***	-.508(.098)***	-.789(.072)***	.603(.079)***	.756(.067)***
성별	.366(.147)*	-3.56(.288)***	.448(.163)**	2.20(.25)***	1.13(.184)***
거주 가구 수	-.082(.043)†	.005(.077)	.143(.056)*	.169(.057)**	.184(.049)***
월 가구 총소득	.001(.0002)***	-.005(.001)***.	.001(.0004)**	-.001(.0006)†	-.001(.0008)
종사 직종 월평균 소득	-.004(.001)***	-.001(.002)	.003(.001)**	.000(.001)	.002(.001)*
본인이 가구 생계책임	.041(.119)	.656(.377)†	.462(.162)**	.189(.157)	-.088(.128)
월 급여에서 변동급 비율	-.013(.001)***	.020(.003)***	.026(.002)***	.009(.002)***	.004(.001)**
현 직종 경력	.055(.008)***	-.081(.015)***	-.020(.010)†	.037(.010)***	-.010(.009)
주당 평균노동시간	-.010(.007)	.017(.010)	-.023(.007)**	.025(.008)**	.007(.009)
주당 성수기 평균노동시간	-.002(.006)	.007(.009)	.020(.006)**	-.011(.008)	-.033(.008)***
코로나로 인한 일감 감소	-.004(.002)*	-.031(.005)***	.005(.003)	-.036(.003)***	.029(.002)***
사업체 전속성	-.072(.100)	-.072(.197)	1.47(.149)***	1.42(.154)***	-.904(.112)***
관측 수 (N)	626	232	349	349	649
Cox와 Snell의 R제곱	.132***	.256***	.163***	.184***	.265***

비표준화계수(표준오차) 유의도를 표시한 것임. p<.001***, p<.01**, p<.05*, p<.10† 양측검증

비해 연령이 낮고 학력은 높으며, 여성이 타 직종에 비해 37% 정도 더 많다. 또한 거주 가족 수가 8% 정도 적고 종사 직종 월평균 소득도 0.4% 정도 더 낮다. 월 급여에서 변동급 비율은 타 직종에 비해 1.3% 정도 더 낮은 편이고 현 직종의 경력은 나머지 특고 종사자보다 5.5% 정도 더 긴 것으로 나타나고 있다.

코로나로 인한 일감 감소는 학원강사가 나머지 특고 종사자에 비해 0.4% 정도 덜 나타난 것으로 해석되며 사업체 전속성은 유의하지 않다. 즉 학원강사는 사업체 전속성이 있는 직종이라고 할 수 없고 종사자가 한 사업체에 전속되지 않고 여러 사업체에서 일을 하는 형태이다.

2) 대리운전기사

대리운전기사의 경우, 연령은 타 특수고용종사자보다 5.4% 정도 더 많고 학력은 50% 정도가 더 낮다. 여성이 356% 정도 더 적고 월 가구에서의 총소득은 타 직종에 비해 0.5% 정도로 적다.

월 급여에서의 변동급 비율은 타 직종보다 2% 정도 더 높다. 대리운전기사의 직종 경력은 타 특수고용형태보다 8% 정도 더 낮으며 코로나로 인한 일감 감소도 약 3% 정도는 더 낮게 나타났다.

더 어린 사람이라면 이 사람은 학원강사에 소속된다는 의미인데 본 글에서는 이를 의역하여 제시하고 있다. 마찬가지로 학원강사의 학력이나 성별도 비슷하게 의역하여 제시하고 있는데 학력의 경우 학원강사가 다른 직종의 종사자보다 학력이 44% 정도 더 높다는 것으로 의역하여 서술하였다. 다른 직종에서도 설명 방식은 이와 동일하다.

3) 보험모집인

보험모집인의 경우, 타 특수고용종사자에 비해 연령이 3% 정도 높고 학력은 7.9% 정도로 더 낮다. 여성이 45% 정도 더 많고 거주 가족 수는 14.3% 정도로 더 많다. 또한 종사 직종의 월평균 소득은 다른 직종에 비해 0.3% 정도 더 높다. 본인이 가구의 생계를 책임 지는 종사자인 경우가 다른 직종보다 46.2% 정도로 더 높고 월 급 여에서의 변동급 비율은 2.6% 정도 더 높게 나타났다. 주당 평균노 동시간은 타 직종보다 약 2.3% 정도로 더 낮지만 주당 성수기 평균 노동시간은 2% 정도 더 높게 나타남으로써 비수기와 성수기의 노 동시간 차이가 큰 특징을 보인다. 사업자 전속성은 타 직종보다 약 1.47배 정도 높게 나타난다.

4) 학습지교사

학습지교사의 경우, 타 특수고용종사자에 비해 학력이 60% 정 도 더 높고 여성이 약 2.2배 정도 더 많다. 직종에서의 경력은 타 직종에 비해 3.7% 정도 더 길고, 주당 평균노동시간은 약 2.5%가 더 길다.

거주 가족 수는 타 직종보다 16.9% 정도 더 많고 변동급 비율은 0.9% 정도로 더 높다. 직종 경력은 타 직종보다 3.7% 정도로 더 높 고 코로나로 인한 일감 감소는 3.6% 정도 더 낮게 나타났는데 이는 다른 특수고용직종에 비해 학습지교사가 안정적 일감을 유지하는 직종이며 코로나로 인한 일감 감소도 다소 낮음을 의미한다. 학습 지교사의 사업자 전속성은 타 직종에 비해 142%(타 직종의 1.42배) 정도 더 높다.

5) 방과후교사

방과후교사의 경우, 타 특수고용종사자에 비해 연령이 2.7% 정도 낮고 학력은 75% 정도로 더 높다. 종사 직종 월평균 소득은 타 직종보다 0.2% 정도 더 높다. 그리고 여성이 타 직종에 비해 113% 정도 더 많아서 여성이 선호하고 종사하는 직종으로 나타난다. 월 급여에서의 변동급 비율은 4% 정도 더 높고 코로나로 인한 일감 감소는 타 직종보다 2.9%(0.029배)가 더 높다. 방과후교사의 사업자 전속성은 타 직종보다 90%(0.9배)가 더 낮게 나타나는데 이는 방과후교사는 타 직종보다 사업자 전속성이 약하다는 것으로 해석되며 여러 사업장(학교 등)에서 노동을 진행한다는 의미라 할 수 있다.

6) 정리

이상의 5개 직종을 대상으로 비교해 보면 연령, 학력, 성별 분리, 월 가구 총소득, 월평균 소득, 변동급 비율, 직종의 경력, 코로나로 인한 일감 감소 등 다양한 분야에서 직종별 이질성 등이 도드라지고 있음을 확인할 수 있다.

대리운전기사나 보험모집인 등의 연령은 타 직종보다 높은 편이고 학원강사, 학습지교사, 방과후교사들의 학력은 타 직종보다 유의미하게 높다. 월 급여에서 변동급 비율은 대리운전기사, 보험모집인, 학습지교사, 방과후교사 등이 타 직종보다 높게 나타나고 있어 일감이 경기의 변동성에 많은 영향을 받음을 알 수 있다.

방과후교사의 경우 코로나로 인한 일감 감소가 다른 직종보다 유의하게 높았으며 대리운전기사나 학습지교사는 상대적으로 일감 감소가 조금 낮게 나타났다.

사업체 전속성의 측면에서 비교하면 보험모집인과 학습지교사가 사업체 전속성이 높은 편이지만 방과후교사는 사업체 전속성이 매우 낮다.

이 같이 특수고용형태종사자와 프리랜서 직종은 그 직종별로 인구통계적인 구성이 다르고 경력이나 급여수준, 노동시간, 사업체 전속성 등에서 많은 차이가 있음을 발견하는데 이는 특수고용형태와 프리랜서 종사자에 대한 연구와 정책적 방안 등이 이 같은 직종의 특수성을 반영하는 방향으로 설계되어야 한다는 시사점을 제시한다.

카. 특고/프리랜서 직업만족도 요인 비교

특수고용형태종사자와 프리랜서 종사자에 대해 직업적 만족도를 결정하는 요인에 대해 분석하였다. 〈표 5-11〉은 그 결과를 정리한 것이다. 특수고용형태종사자들의 직업만족도는 일반적인 정규직 근로자들의 직무만족도와는 다소 다른 개념으로 본 연구에서는 임금수준만족도, 고용안정 정도, 노동시간, 노동강도, 업무의 난이도, 소통인간관계 등에 대한 만족도를 5점 척도로 측정한 구성 개념으로 접근하였다.

정규직 근로자들의 직무만족도는 임금, 동료들과의 관계, 승진, 감독자와의 관계 등으로 직무 만족을 측정하는 것이 일반적이지만 특수고용형태근로종사자와 프리랜서 종사자의 경우엔 이런 표준적

변수명	임금수준만족도	고용안정만족	노동시간만족	노동강도만족	업무의 난이도에 대한 만족 정도	소통인간관계에 대한 만족도
연령	-.010(.002)***	-.007(.002)**	-.012(.002)***	-.004(.002)*	-.004(.002)*	-.003(.002)
학력	-.027(.018)	-.082(.020)***	-.041(.018)*	-.013(.018)	.050(.018)**	-.033(.019)†
성별(남=0, 여=1)	.129(.047)**	-.069(.052)	-.007(.047)	-.118(.046)*	-.098(.046)*	-.053(.048)
거주 가구 수	-.003(.014)	-.023(.015)	-.023(.013)†	.000(.013)	-.015(.013)	-.003(.014)
월 가구 총소득	.0004(.0001)***	.0002(.0002)	.0003(.0001)***	.0005(.0002)*	.0005(.0001)***	.0005(.0001)***
생계 책임	-.115(.039)**	-.182(.043)***	-.107(.039)**	-.074(.038)†	-.080(.038)*	.013(.039)
종사 직종 월평균 소득	.002(.0005)***	.000(.000)	.000(.000)	-.00002(.0003)	.000(.000)	.003(.001)*
월 급여에서 변동급 비율	-.002(.0004)***	-.005(.0001)***	-.001(.0006)†	.000(.000)	-.001(.0007)	-.002(.0005)***
현 직종 경력	-.001(.002)	.001(.003)	.004(.003)	.002(.002)	.006(.002)*	.007(.003)*
주당 평균노동시간	.002(.002)	.002(.002)	-.002(.002)	-.006(.002)**	-.006(.002)**	-.007(.002)**
주당 성수기 평균노동시간	-.002(.002)	-.004(.002)*	-.007(.002)**	-.003(.002)†	.000(.002)	.000(.002)
사업자 전속성	.028(.033)	.067(.037)†	.062(.033)†	.023(.033)	.001(.033)	.089(.034)*
보험모집인 가변수	.448(.082)***	.665(.091)***	.721(.082)***	.676(.086)***	.280(.081)**	.659(.083)***
학습지 교사 가변수	.084(.088)	.432(.097)***	.083(.088)	.190(.086)*	.061(.086)	.448(.090)***
가사도우미 가변수	.464(.261)†	.316(.288)	.408(.260)	.080(.256)	.411(.256)	.814(.265)**
육아도우미 가변수	.721(.336)*	.438(.372)	-.013(.335)	.467(.330)	.344(.330)	.450(.342)
음식배달기사 가변수	.127(.313)	.386(.347)	-.266(.312)	-.367(.308)	-.399(.308)	.364(.319)
퀵서비스기사 가변수	.069(.360)	.514(.398)	.007(.359)	.290(.354)	.024(.354)	.440(.366)
대출모집인 가변수	.334(.233)	.110(.258)	.637(.233)**	.759(.229)***	-.070(.229)	.651(.238)**
텔레마케터 가변수	-.197(.251)	-.514(.277)†	-1.110(.250)***	-.842(.246)**	-.726(.246)**	-.264(.255)
골프장경기보조원 가변수	.790(.272)***	.235(.301)	.179(.271)	-.164(.267)	-.100(.267)	.596(.277)*
간병도우미 가변수	.432(.508)	.418(.561)	.628(.506)	.331(.498)	-.393(.499)	.657(.517)
청소노동자 가변수	.271(.252)	.204(.279)	.361(.252)	.105(.248)	.033(.248)	.187(.257)
택시운전 가변수	2.01(.871)*	1.70(.96)†	1.791(.869)*	1.74(.86)*	1.49(.85)†	1.48(.89)†
임포터 가변수	.905(.620)	.982(.686)	.558(.618)	.390(.609)	.087(.609)	.341(.631)
방과후교사 가변수	.475(.086)***	-.133(.095)	.852(.085)***	.796(.084)***	.571(.084)***	.616(.087)***
교육관련 강사 가변수	.269(.084)**	.448(.093)***	.451(.084)***	.579(.083)***	.389(.083)***	.668(.086)***
카드모집인 가변수	.064(.283)	.157(.313)	.221(.283)	.063(.278)	-.554(.278)*	.127(.288)
건물/시설관리노동자 가변수	.264(.188)	.529(.208)*	.382(.188)*	.244(.185)	.125(.185)	.514(.191)**
기타 가변수	.343(.075)***	.477(.083)***	.469(.075)***	.549(.074)***	.400(.074)***	.736(.076)***
N	3155	3155	3155	3155	3155	3155
R제곱과 유의도	.145***	.145***	.201***	.153***	.123***	.108***

인 성격을 물어볼 조건이 되지 않으므로 위 여섯 가지의 차원으로 직업에 대한 만족도를 측정한 것이다.

임금수준만족도는 현 직종에서 느끼는 임금수준에 대한 만족도를 5점 척도로 측정했고, 고용안정 정도에 대한 만족도는 현재 종사하는 직종에서 종사자가 어느 정도 고용안정감을 느끼고 있는지를 5점 척도로 측정한 것이며 노동시간만족도는 종사자가 해당 직종에서 노동시간에 대한 본인의 만족도를 5점 척도로 측정한 것이다. 만약 종사자 본인이 감당하지 못할 정도로 장시간 노동을 해야 한다거나, 시간 이용의 유연성이 부족하다거나 비사교적인 시간에 노동을 해야 하는 경우 노동시간만족도는 매우 낮게 나타날 것이다.

노동강도에 대한 만족도 역시 5점 척도로 측정한 것으로 종사자가 현 직종에서 느끼는 노동강도의 정도를 반영한 것으로 노동강도가 높다고 느낄수록 만족도는 낮게 나타날 것이다. 업무의 난이도에 대한 만족도는 종사자 본인이 해당 직종의 업무의 난이도가 본인이 감당할 수 있을 정도인지에 대한 인지를 반영한 것으로 업무의 난이도가 충분히 감당할 수 있다고 인지할수록 업무 난이도에 대한 만족 정도는 높게 나타날 것이다.

마지막으로 소통인간관계에 대한 만족도는 종사자가 현 직종에서 일할 때 소통과 인간관계의 형성이 어느 정도 원활한지에 대한 판단을 반영하는 것이다.

1) 임금수준만족도 결정요인

임금수준만족도를 결정하는 요인으로 연령(-), 성별(+), 월 가구 총소득(+), 생계책임(-), 종사 직종 월평균 소득(+), 월 급여에서 변동급 비율(-) 등으로 나타났다. 연령이 낮은 종사자가 임금수준만족도가 높고 여성이 남성보다 임금수준만족도가 높다. 그리고 종사 직종에서의 월 급여수준이 높을수록 임금만족도가 높다는 것은 당연한 결과이지만 변동급 비율이 높을수록 임금수준만족도가 낮다는 것은 주목할 만하다. 변동급의 비율은 결국 종사자에게는 수입의 불안정성을 의미하는 것으로 해석된다.

직종별로 임금수준만족도를 비교하면 보험모집인, 가사도우미, 골프장 경기보조원, 방과후교사, 교육관련 강사에 종사하는 사람이 대리운전기사보다 임금수준의 만족도가 유의하게 높다.

2) 고용안정만족도 결정요인

고용안정에 대한 만족도를 결정하는 요인으로 연령(-), 학력(-), 본인이 생계책임을 지는지의 여부(-), 월 급여에서의 변동급 비율(-), 주당 성수기 평균노동시간(-) 등이 유의한 요인으로 나타나고 있다. 종사자의 연령이 높을수록 고용안정에 대한 만족도가 낮은 것으로 나타나고 있어 고령자들이 고용불안을 많이 느끼고 있는 것으로 해석된다. 일감이 있어야 일을 할 수 있는 직업의 성격상 고연령 종사자들이 젊은 종사자보다 상대적으로 일감 확보에 대한 기대가 낮다는 것을 의미한다.

또한 학력이 높을수록 고용안정에 대한 만족도는 낮게 나타나고 있는데 이는 학력이 높은 사람일수록 그에 걸맞은 기대감에 비해 일감 확보 등 직업적 성격에 대해 실망감이 높다는 것을 의미한다.

그리고 본인이 가구의 생계책임을 지는 자가 그렇지 않은 종사자 보다 고용안정에 대한 만족도가 낮은데 이는 생계책임에 대한 삶의 무게가 고용안정 등 직업적 태도에 투영된 결과라 추측된다. 아울러 월 급여에서 변동급 비율이 높은 종사자일수록 고용안정에 대한 만족도는 낮으며 주당 성수기 평균노동시간이 높은 종사자일수록 고용안정에 대한 만족도는 낮다. 월 급여(수입)에서의 변동급 비율은 수입의 불안정성을 의미한다는 점에서 고용불안감과 연결된다. 또한 주당 성수기의 평균노동시간이 높다는 것은 일감의 변동성을 의미하는 것으로 일감 확보의 불안정성을 의미한다는 점에서 고용안정 인식감에 대해 부정적 영향을 주는 것으로 해석될 수 있다.

대리운전기사를 기준으로 하여 고용안정만족도를 직종별로 비교하면 대리운전기사보다 고용안정만족도가 높은 직종은 보험모집인, 학습지교사, 교육관련 강사, 건물과 시설관리노동자 등이며 오히려 대리운전기사보다 고용안정만족도가 유의하게 낮은 직종은 택배기사(p<.1)이다. 특수고용종사자의 고용안정의 의미는 '지속적으로 안정되게 일감을 확보할 수 있는가'와 '종사자에게 일감을 안정적으로 확보해 주는 사업체가 있는지' 등이 될 것이다. 보험모집인과 학습지교사, 건물 및 시설관리 노동자 등은 고용자에 대한 전속성이란 측면과 지속적이고 안정적인 일감 확보란 측면에서 대리운전기사에 비하면 고용안정에 대한 만족도가 높게 나타난 것으로 보인다. 반면 택배기사의 고용안정만족도가 낮은 근거는 최근 코로나로 인해 많은 자영업자들이 택배업에 뛰어들어 기사 간 경쟁이 격화된 배경을 들 수 있을 것 같다. 진입 장벽이 낮은 택배일의

경우 신체 건강하고 체력적으로 문제가 없는 스포츠 강사 등 다양한 프리랜서 등이 진입하여 나름 경쟁이 격화되었는데, 이들은 투잡 때론 쓰리잡 등 다양하게 일감을 소화한다. 또한 택배의 경우 코로나로 인해 택배배달물량이 늘어남에 따라 노동강도가 상대적으로 매우 강화되었다.

3) 노동시간만족도 결정요인

노동시간만족도에 유의하게 영향을 미치는 요인으로 연령(-), 학력(-), 월 가구 소득(+), 본인이 생계책임을 지는지(-), 주당 성수기 평균노동시간(-), 사용자 전속성(+) 등으로 나타났다. 종사자의 연령이 많을수록 노동시간만족도가 낮고 학력이 높을수록 노동시간만족도가 낮다. 월 가구 소득이 높을수록 노동시간만족도가 높고 본인이 가계의 생계책임을 지는 경우가 그렇지 않은 경우보다 노동시간만족도가 낮다. 또한 주당 성수기 평균노동시간이 높을수록 노동시간만족도는 낮으며 비록 한계적 유의 수준이긴 하지만 사용자(사업체) 전속성이 높으면 노동시간만족도가 높은 것으로 나타났다. 사업체 전속성이 높다는 것은 해당 종사자가 비교적 안정된 일감을 확보하여 규칙적인 시간대에 일할 수 있다는 점을 의미한다는 점에서 노동시간만족도에 긍정적 영향을 주는 것으로 해석된다.

노동시간만족도에 대해 직종별로 비교하여 보면, 보험모집인, 대출모집인, 택시 운전, 방과후교사, 교육관련 교사, 건물과 시설관리 노동자 등은 대리운전기사에 비하여 노동시간만족도가 높으며, 반면 택배기사는 그와 반대로 노동시간만족도가 낮다. 특수고용 및 프리랜서 종사자의 경우 노동시간만족도는 노동시간의 예측성이나 규칙성, 유연성, 비사교적인 시간대에 일하는 경향 등이 결정하는 것으로 판단된다. 이 개념에서 보면 택배기사는 어느 다른 직종보다 노동시간의 예측성, 유연성이 낮고 노동강도가 강해 비사교적인 시간대에도 중점적으로 일을 해야 하는 상황이 빈번하므로 이것이 노동시간만족도에 영향을 준 것으로 예측한다.

4) 노동강도만족도 결정요인

노동강도만족도에 영향을 주는 요인으로 연령(-), 성별(-), 월 가구 총소득(+), 생계책임(-), 주당 평균노동시간(-), 주당 성수기 노동시간(-) 등으로 나타났다. 연령이 낮을수록 노동강도만족도가 높고 여성이 남성보다 노동강도만족도가 낮다. 월 가구 소득이 높으면 노동강도만족도가 높고 본인이 가구의 생계책임을 지는 종사자가 그렇지 않은 종사자보다 노동강도만족도가 낮다. 주당 평균노동시간이나 성수기 평균노동기간이 높은 종사자가 낮은 종사자보다 노동강도만족도가 낮다. 이 중 특이한 점은 여성이 남성보다 노동강도만족도가 낮다는 것인데 이는 종사 직종을 통제한 결과란 점에서 주의해야 할 것이다.

이를 직종별로 비교해 보면 보험모집인, 학습지교사, 대출모집인, 택시운전, 방과후교사, 교육관련 강사, 건물시설관리 노동자 등이 대리운전기사에 비해 노동강도만족도가 높은 반면, 택배기사는 노동강도만족도가 유의하게 낮다.

5) 업무난이도에 대한 만족 결정요인

업무난이도에 대한 만족도에 영향을 주는 요인으로 연령(-), 학력(+), 성별(-), 가구 총소득(+), 생계책임(-), 현 직종 경력(+), 주당 평균 노동시간(-) 등으로 나타났다. 종사자 연령이 높을수록 업무난이도에 대한 만족도가 낮고 학력이 높을수록 업무난이도만족도가 높다. 여성이 남성보다 업무난이도에 대한 만족도가 낮고 월 가구 소득이 높은 종사자가 그렇지 않은 종사자보다 업무난이도에 대한 만족도가 높다. 본인이 가구의 생계책임을 지는 종사자가 그렇지 않은 종사자보다 업무난이도만족도가 낮으며 직종 경력이 오래된 종사자가 그렇지 않은 종사자보다 업무난이도만족도가 높다. 업무난이도만족도가 크다는 것은 본인의 능력상 업무를 처리하는 것에 무리가 없다는 의미이며 반대로 업무난이도만족도가 낮다는 것은 본인의 능력상 업무를 처리하는 것에 어려움을 느낀다는 것으로 해석된다.

이를 직종별로 비교하면 택시운전종사자, 방과후교사, 교육관련 강사 등은 대리운전기사에 비해 업무난이도만족도가 높지만 카드모집인은 대리운전기사보다 업무난이도만족도가 낮게 나타났다.

6) 소통인간관계에 대한 만족도 결정요인

종사자의 소통인간관계에 대한 만족도에 영향을 주는 요인으로 학력(-), 월 가구 소득(+), 종사 직종 월평균 소득(+), 변동급 비율(-), 직종 경력(+), 주당 평균노동시간(-), 사업자 전속성(+) 등이다. 월 가구 소득이 높은 종사자가 소통인간관계만족도가 높고 월 소득이 높은 종사자가 소통인간관계만족도가 높다. 월 급여에서 변동급 비율이 높은 종사자일수록 소통인간관계만족도가 낮고 경력이 높을수록 소통인간관계만족도가 높다. 주당 평균노동시간이 높은 종사자일수록 소통인간관계만족도가 낮고 사업자 전속성이 높은 종사자일수록 소통인간관계만족도는 높다.

이를 직종별로 비교해 보면, 보험모집인, 학습지교사, 가사도우미, 대출모집인, 골프장 경기보조원, 방과후교사, 교육관련 강사, 건물시설관리노동자, 기타 등이 대리운전기사보다 소통인간관계만족도가 높다. 반면 대리운전기사와 비교할 때 이보다 소통인간관계만족도가 유의하게 낮은 직종은 없다.

이상을 종합하면, 특수고용형태종사자들의 직업만족도를 결정하는 요인으로 연령(-), 학력(-), 월 가구 총소득(+), 변동급 비율(-), 성수기 노동시간(-), 사업자 전속성(+) 등이 대체적으로 지적된다.

7) 직업만족도 요인 전체 정리

지금까지 특수고용형태와 프리랜서 직종의 직업만족도 결정 요인을 임금수준만족도, 고용안정만족도, 노동시간만족도, 노동강도만족도, 업무난이도만족도, 소통인간관계에 대한 만족도 등으로 나누어 각 내용에 대한 요인을 분석했다. 그 결과로 나타난 전반적인 내용을 정리하면 다음과 같다.

대체로 직업만족도에 부정적 영향을 주는 요인으로는 연령, 학력, 월 급여에서 변동급 비율, 주당 노동시간 변동성(주당 성수기 평균노동시간), 본인의 생계책임 여부 등이며 직업만족도에 긍정적 영향을 주는 요인으로는 월 가구 소득, 사업자 전속성 등이다.

연령이 높은 종사자는 연령이 낮은 종사자보다 직업만족도가 낮은데 그 이유로는 대부분의 종사 직종 등이 많은 육체적인 노동을 요구하는 특징을 가지고 있다는 것에 기인하는 것으로 추정된다. 대부분의 특수고용형태 직종들이 고객을 직접 찾아 이동하여 서비스를 제공하는 형태이거나 야간이나 새벽 등 비사교적인 시간대에 일을 하는 경우가 많아, 나이가 많으면 육체적으로 많은 어려움이 예상된다는 것이다.

학력이 높은 종사자는 그렇지 않은 종사자보다 직업의 만족도가 낮게 나타났는데 이는 학력이 높을수록 현재의 직종에 종사함으로써 오는 수입이나 근로 조건 등이 기대에 미치지 못한다는 점을 느끼는 것에 기인하는 것으로 예측한다.

월 가구 총소득이 높을수록 특수고용직종의 종사로 인한 수입과 생계의존에 대한 부담이 다소 경감되므로 직업만족도에 긍정적인 영향을 주는 것으로 추정된다. 월급에서의 변동급의 비율은 월수입과 생활의 안정성을 의미하는 것으로 변동급 비율이 높을수록 종사자는 월수입과 생활의 안정이 저하되는 것으로 인지하는 것으로 추정된다. 성수기 노동시간이 많을수록 경기 민감성이 높은 직종이라 그런 직종에서 일하는 종사자는 수입이나 생활의 안정성이 낮다고 인지하는 경향이 있으므로 직업만족도에 좋지 않은 영향을 주는 것으로 추정된다. 사업자 전속성이 높은 종사자는 그렇지 않은 종사자보다 비교적 안정되고 지속적인 고용관계를 형성할 수 있으므로 직업적 만족도를 높게 인식하게 될 것이다.

또한 직업만족도에 대하여 직종별 차이도 특징적으로 나타나고 있는데 본 연구에서는 이를 대리운전기사를 기준으로 하여 비교해 보았다. 그 결과 대리운전기사에 비해 보험모집인, 학습지교사, 대출모집인, 방과후교사, 교육관련 강사 등이 직업만족도가 상대적으로 높지만 택배기사는 오히려 대리운전기사보다 더 직업만족도 내용 측면에서 비교적 낮게 나타났다. 이런 비교결과는 전반적인 특수고용형태종사자들의 직업만족도가 높지 않음을 전제로 하고 있다는 점을 유념하여 해석할 필요가 있다.

마지막으로 〈표 5-11〉의 분석결과를 〈표 5-8〉의 성별에 따른 직무만족도 비교 내용과 비교하여 볼 필요가 있다. 〈표 5-8〉에 의하면 임금수준, 고용안정만족도, 노동시간, 노동강도, 업무난이도, 소통인간관계 등의 모든 만족도에서 여성이 남성보다 압도적으로 높게 나타난 것이 특징이다. 그런데 각 직종을 비롯해 여러 변수들을 통제한 〈표 5-11〉의 결과에서는 성별의 효과가 임금수준만족도에만 여성이 남성보다 높게 나타났고 나머지 4개 부문의 만족도는 오히려 여성이 남성보다 낮은 것으로 나타났다. 특히 노동강도에 대한 만족도와 업무난이도에 대한 만족도는 여성이 남성보다 유의한 수준에서 낮게 나오고 있다는 점이 부각된다. 즉 직무만족도에서의 성별 차이는 결국 직종에 따라 성별 분리에서 나온 것으로 기본적으로 직종의 효과 등 다양한 변수를 통제하면 성별 차이로 인한 효과가 다소 감소한다는 것을 보여준다.

이 결과는 특수고용형태종자자들의 성별로 인한 임금, 근로조건, 직무 만족 등 야기되는 다양한 차이는 결국 직종별 특징에 의해 설명되는 부분이 많다는 것을 의미하는 것으로 향후 특수고용형태 근로와 플랫폼 노동의 경우 동일한 산업으로 간주하기보다는 각 직종별 특이성을 인정하고 반영하는 연구가 이뤄질 필요가 있으며 아울러 향후 논의할 정책적 방향에서도 전체 특고와 플랫폼을 아우르는 보편적 보호 정책 못지않게 직종별 특이성을 고려한 정책 지원 방향도 매우 중요하다는 것을 시사해 준다.

5. 직종별 특고/플랫폼 노동 취약성의 정리

이상의 분석 내용을 중심으로 해 특수고용형태종사자들의 직종별 노동 취약성을 월 급여 수준, 급여의 경기민감성(변동성), 주당 노동시간 등 근로 조건을 중심으로 고찰한 결과와 직업만족도(고용만족도, 임금수준만족도, 노동시간만족도, 노동강도만족도, 업무난이도, 소통인간관계)를 중심으로 나타난 내용상의 특징을 〈표 5-12〉에 정리하였다.

경기에 따른 소득의 변동성이 높은 직종은 대출모집인, 보험모집인이고 월 보수 구조에서 변동급 비율이 높은 직종은 퀵서비스기사, 대출모집인, 보험모집인 등이다. 경기에 대한 소득 변동성이나 월 보수 구조에서의 변동급의 비율은 수입의 안정적 확보란 측면에서의 취약성이 도드라진 것으로 대체로 해당 직종의 직업적 만족도에 부(-)적 영향을 주는 요소이다.

주당 평균노동시간이 높은 직종은 간병도우미와 택배기사이고 특히 택배기사는 대리운전기사와 더불어 노동시간만족도도 매우 낮게 나타나고 있다. 이런 직종들은 노동시간이 많기도 하지만 대부분의 노동이 이루어지는 시간대가 비사교적인 시간대이기 때문에 노동시간에 대한 만족도가 타 직종에 비해 낮은 것으로 파악된다.

<표 5-12> 노동취약성 내용별 정리

내용 분류	직종
경기에 따른 소득 변동성이 큰 직종 (성수기 월평균 소득−월평균 소득)	대출모집인(월 145만 원 차이), 보험모집인(월 116만 원 차이)
월 보수 구조에서 변동급 비율이 높은 직종	퀵서비스기사(88.93%), 대출모집인(88,67%), 보험모집인(81.50%),
일주일 평균 노동시간이 많은 직종	간병도우미(65시간), 택배기사(56.15시간)
고용불안 등 고용만족도가 낮은 직종	택배기사(1.62), 대리운전기사(1.92), 방과후교사(1.92)
임금수준만족도가 낮은 직종	대리운전기사(1.88), 카드모집인(2.10), 음식배달기사(2.13)
노동시간만족도가 낮은 직종 (긴 노동시간, 비사교적인 시간)	택배기사(1.31), 음식배달기사(2.25), 대리운전기사(2.30)
노동강도 등 만족도가 낮은 직종	택배기사(1.46), 음식배달기사(2.13), 골프장 경기보조원(2.27)
업무난이도만족도가 낮은 직종	택배기사(1.85), 간병도우미(2.00)
소통인간관계만족도가 낮은 직종	택배기사(2.15), 대리운전기사(2.44), 퀵서비스기사(2.83)
코로나로 인한 일감 감소가 높은 직종	특고 전체 평균 62% 감소, 방과후교사(83.61% 감소)
월 가구 소득이 낮은 직종	가사도우미(월평균 175만 원), 대리운전기사(183만 원) 등

고용불안 등을 포함하여 고용만족도 면에서는 택배기사, 대리운전기사 등이 타 직종에 비해 낮게 나타나고 있다. 특히 택배기사의 경우 고용만족도, 노동시간만족도, 업무난이도만족도, 소통인간관계에 대한 만족도 등에서 매우 낮게 나타나고 있다. 코로나로 인한 일감 감소가 가장 높은 직종은 방과후교사로 나타나고 있으나 특수고용형태와 프리랜서 전체가 평균 62% 정도의 일감 감소가 있었다고 해 상당히 많은 일감의 상실을 경험하였음을 알 수 있다.

지금까지 정리한 내용을 중심으로 특수고용종사자들의 직종별 특징에 대해 다음의 내용을 발견할 수 있다.

첫째, 특수고용형태근로종사자들의 직업적인 취약성은 사회적 보호망에서 이들 직종이 벗어나 있다는 것 이외에도 월 급여 수준, 경기변동에 따른 급여의 변동성, 근로조건 등에 대한 종사자들의 만족도, 가구 소득 등에서 명확하게 나타났다.

둘째, 독립적 계약자 직종에 따른 소득 수준, 성수기 소득 수준, 평균 출근 일수, 평균노동시간, 각종 만족도 지수 등에서 직종 간 변이가 직종 내 변이보다 훨씬 두드러지고 있다는 점이다. 이는 특수고용형태근로종사자에 대한 향후 정책 연구 등이 이를 하나의 산업이나 범주로 처리하여 접근하기보다는 각 개별 직종 등의 특이성을 파악하고 개별적인 직종의 특징을 이해함으로써 접근할 필요가 있다는 것을 의미한다.

셋째, 특수고용형태 직종별로 성별 분리 현상이 비교적 뚜렷하다는 점을 발견한다. 대부분 남성들로 구성되는 직종과 대부분 여성들로 구성하는 직종 등이 명확하게 구분된다. 남성들의 일감들은 주로 배달노동이나 운전 등에 치중되어 있고 여성들은 주로 학습지교사나 골프장 경기보조원, 돌봄 노동, 학원 등 교육 강사 등에 집중되어 있다. 그러나 특이하게도 여성들의 급여수준이나 근로조건, 직업만족도보다 남성들의 그것들이 더 낮게 나타나고 있다. 이는 남성들이 다수를 구성하는 직종이 여성이 다수를 구성하는 직종보다 급여나 근로조건, 직업만족도가 낮다는 것인데 이 역시 특고 직종별 특이성의 하나로 간주될 수 있을 것이다.

넷째, 본 연구에서 충분한 수의 표본이 확보된 학원강사, 대리운전기사, 보험모집인, 학습지교사, 방과후교사 등 5개 직종에 대해 인구통계적 구성과 특징이 어떻게 각 직종과 연결되는지를 로지스틱 회귀분석을 통해 분석한 결과 연령별, 성별, 학력별, 소득별, 노동시간별, 사업체 전속성별 각 직종들의 특징이 차이가 나며 직종 간의 차이가 분명하게 나타남을 다시 확인할 수 있었다.

학원강사와 방과후교사가 다른 직종보다 상대적으로 젊은 인력들이 많지만 보험모집인이나 대리운전기사의 경우 다른 직종보다 연령이 높은 인력들이 많다. 학원강사와 보험모집인, 학습지교사, 방과후교사 등 직종에는 여성이 남성보다 많으며 대리운전기사의 경우 그 반대로 남성 인력이 여성 인력보다 압도적으로 많다. 이와 같이 직종마다 연령별 분포가 상이하고 성별 구성도 상이하게 나타났다. 사업체 전속성이란 측면에서 이들 직종을 비교하면 보험모집인과 학습지교사는 사업체 전속성이 비교적 높고 학원강사와 대리운전기사는 유의하지 않았으며, 반면 방과후교사는 사업체 전속성이 타 직종보다 매우 낮은 것으로 나타나고 있다.

전반적인 직업만족도에 대한 결정 요인에 대한 분석에서는 연령(-), 가구소득(+), 생계책임(-), 노동시간(-), 사용자 전속성(+) 등이 주요 요인으로 유의하였는데 이런 결과는 직종 효과를 통제한 이후에 나왔다는 점에서 유의해야 한다. 대리운전기사를 기준으로 한 직종별 만족도 비교에서는 대리운전기사에 비해 보험모집인, 학습지교사, 대출모집인, 교육관련 강사 등이 만족도가 높았고 반면 택배기사는 대부분의 만족도 차원(6개 부문 중 4개 부문)에서 대리운전기사보다 낮게 나타났다.

본 연구의 표본에서는 학원 및 교육관련 강사 등 프리랜서적 성격을 가진 직종과 택배기사나 퀵서비스기사 등 배달 노동(On-delivery) 등의 직무적 특징 및 직업만족도 차원에서의 차이가 높게 나타나고 있다.

이런 결과는 G20 국가의 플랫폼 노동을 설문조사 하여 보고한 ILO의 최근 보고와도 다소 일치하는 결과이다. ILO는 2017년부터 G20 국가의 플랫폼 노동을 대상으로 그 실태와 특징 등을 조사하여 분석한 결과를 발표하였는데 플랫폼 노동의 직종에 따라 소득의 격차가 크게 나타날 뿐 아니라 직종에 의해 남성 편중 혹은 여성 편중 현상 등이 뚜렷하며, 특히 프리랜서 직종은 마이크로 워크나 배달 노동과는 다른 종사자의 학력, 일에 대한 동기 등이 나타나고 있음을 보고하였다(ILO, 2021).

이런 결과는 향후 특수고용형태근로종사자들 개별 직종에 대한 상세한 연구를 요구하고 있으며 각 직종별로 보편적 접근 그 이상의 깊이 있는 특이성에 관한 연구를 요구한다. 아울러 각 개별 직종의 특이성을 반영하는 정책 개발이 필요하며 이 정책의 내용에 직종별 특이성을 반영함으로써 직종별 특이성에 대한 포용 정도를 확보해야 할 것이다.

6. 정책적 대응과 시사점

가. 세계 각국의 대응

특수고용형태근로자들의 취약성에 대한 직종별 특이성에도 불구하고 그간 특수고용형태근로종사자들에 대한 사회적 보호 정책의 방향은 이들을 일괄적으로 보편적인 사회적 법제도의 보호 범위 내로 포함하는 것에 초점이 맞추어져 있었다. 즉 특수고용형태근로종사자를 일반 근로자들이 받는 노동법제의 범위 내로 포괄하고 사회보험의 범위 내로 포함하는 것이다.

기존 근로자의 보호법제 내로 특수고용형태근로자들을 포함하여 적용하려면 일반적으로 인정되는 근로자성의 판단기준이 특수고용근로종사자들에게도 확장되어야 한다. 이에 세계 각국은 다양한 시도를 진행해 왔다.

국제노동기구(ILO)의 종사상 지위 기준에 의하면, 일하는 사람을 임금노동자와 자영업자로 분류한 기존의 방식에서 좀 더 확장 분기하여 일하는 사람을 고용주(Employer), 고용인 없는 독립노동자(Independent Contractors without Employee), 종속적 계약자(Dependent Contractors), 고용인(근로자, Employee) 등 5개 항으로 분류하였다. 국제노동기구는 플랫폼 노동이 비즈니스와 노동에 보다 많은 기회와 도전을 제공하지만 비즈니스의 자유경쟁과 노동의 보호 간의 적절한 균형을 찾는 것이 중요하며 그러기 위해서 노동에 대한 정확한 분류기준과 노동에 대한 보호장치 등이 필요하다고 주장한다(ILO, 2021).

이 같은 분류 사례는 독일을 비롯한 유럽 국가들에서도 발견된다.

전 세계적으로 고용인과 독립노동자 사이에 유사노동자(Employee like Person, 독일), 노무제공자(Worker, 영국), 사용자 조정에 의한 프리랜서 종사자(Employer coordinated Freelance work, 이태리), 경제적으로 종속된 자영근로자(Economically dependent self-employed workers, 스페인) 등의 개념을 도입하여 일정한 조건하에서(이런 사용자 종속성이 비교적 명확히 인정되는 범위라면) 일반 근로자처럼 연차휴가, 가족 병가, 퇴직 급여 등을 적용받을 수 있게 하고 노조 등 대변단체를 설립하여 단체교섭이나 쟁의행위 등을 가능하게 하는 방향으로 고용 정책이 흘러가고 있다(장희은·김유희, 2020).

독일의 경우 유사근로자 개념을 취업자(Beschäftigte)로 확장, 플랫폼 노동자들을 보편적 동등보호법과 연방정부 보호법에 의해 사회보험 및 유급휴가, 단체 협약 등을 적용할 수 있도록 했고(박지순·조준모, 2018) 영국의 경우 노동자(Labor)를 노무제공자(Worker)란 개념으로 확장 해석, 특고를 비롯한 플랫폼 노동종사자가 이에 해당되는 것으로 판정이 나면 노무제공자는 최저임금법, 근로시간 규칙, 유급휴직, 최저임금, 생활보호, 내부고발자 보호 등 일반 노동자들이 가지는 보호를 받게 하였다.

프랑스의 경우, 기존 노동법과는 달리 플랫폼 노동을 분리하여 법적으로 명문화한 것에 특징이 있다. 노동법전(Code du Travial)의 개정을 통해 플랫폼 노동자를 "전자적 방식으로 플랫폼을 이용하여 직업활동을 하는 비임금 노동자"로 정의하되 이들에게 플랫폼 사업자가 부담하는 산재보험과 직업교육의 기회, 노동조합을 결성할 수 있는 노동권 등을 광범위하게 부여하였다(장유은·김유희, 2020; 한인상·신동윤, 2019).

미국의 경우, 50개 주의 정치적 성향에 따라 일부 주 정부에서 우버 기사 등 플랫폼 노동을 노동자로 인식하여 사회적 보험에 포괄하기도 하지만 오히려 이들의 노동자성을 부인하고 자영업자에 해당한다는 판정의 사례가 제시된다. 2015년 캘리포니아주 연방지방법원에서는 우버 운전기사를 주 법상의 근로자(Employee)로 인정한 사례가 있지만 2017년 플로리다주 연방지방법원에서는 우버 운전기사를 해당 주 산업재해 보상보험법상의 근로자성을 부인하였다(한인상·신동윤, 2019).

아울러 2019년 미국 캘리포니아주에서 플랫폼 노동 종사자를 보호할 수 있는 법안(AB-5: Assembly Bill 5)이 통과되었다. 이에 의하면 플랫폼 및 특수고용종사자는 사용자가 ABC 테스트를 입증하지 못하는 한 근로자로 인정되어 최저임금, 산재보험, 실업보험, 유급병가, 가족 휴가 등 일반 근로자가 받는 법적인 혜택을 받게 했다. ABC 기준은 (A) 기업의 통제와 지시를 받지 않는지, (B) 기업의 상시적 업무 외의 업무를 수행하는지, (C) 독립적인 사업 영역(소비자 층)을 가지는지 등이다. 이 세 가지 조건 중 하나라도 만족되지 않는다면 이를 독립적 계약자(특수고용종사자)가 아닌 근로자로 인정하여 근로자가 받는 사회보장과 노동법적인 보호를 적용한다는 취지의 내용이다 (https://edd.ca.gov/Payroll_Taxes/ab-5.htm).

나. 한국의 대응

한국의 경우에도 이와 같이 기존의 노동자 보호 영역을 특고와 플랫폼으로 확장하려는 방향, 즉 유사한 정책적 방향으로 나아가고 있다. 2021년 한국의 고용노동부는 근로기준법상의 근로자와 산업재해보상법에 의한 특수고용형태근로종사자, 자영업자의 과거 분류에 근로자의 개념을 다소 확장하여 '노무제공자'란 개념을 도입함으로써 사용자 종속성이 비교적 뚜렷한 12개 형태의 특수고용형태종사자와 플랫폼 노동의 일종인 퀵서비스기사와 대리운전기사 등을 우선적으로 하여 고용보험 등 사회보험의 보호를 받을 수 있도록 법안을 개정하였다.[4]

고용노동부에서는 특수고용형태종사자 등을 포괄적인 의미의 노무제공자로 정의하고 기존 산재보험적용 직종을 중심으로 한 보험설계사 등 12개 직종(보험설계사, 학습지강사, 방문강사, 택배기사, 대출모집인, 신용카드회원모집인, 방문판매원, 대여제품 방문점검원, 가전제품 배송설치기사, 방과후학교강사, 건설기계조종사, 화물차주) 등은 21년 7월부터, 퀵서비스기사와 대리운전 등 플랫폼 이용 직종은 22년 1월부터 고용보험을 단계적으로 적용한다는 것이다. 이로써 향후 특수고용형태종사자와 프리랜서, 플랫폼 노동 등을 포괄하는 용어로 노무제공자란 용어를 사용하고 일정 정도의 사용자 종속성이 인정되면 일반적인 근로자가 받는 노동법적인 보호와 사회보험의 보호 영역으로 이들을 포함하는 제도적인 기초가 만들어졌다. 고용노동부는 특수고용종사자들의 경우 피보험자 적용을 위한 보험료 산정과 사업자 전속성이 약화될 때 나타나는 소득합산 등의 기준을 마련하여 특수고용종사자들을 사회보험의 보호 영역으로 포괄하려고 노력하고 있다(고용노동부, 2021).

---

4 노무제공자란 "근로자가 아니면서 자신이 아닌 다른 사람의 사업을 위하여 직접 노무를 제공하고 해당 사업주 또는 노무수령자로부터 일정한 대가를 지급받기로 하는 계약(노무제공계약)을 체결한 사람 중 대통령령으로 정하는 직종에 종사하는 사람(고용보험 제77조의 6, 노무제공자인 피보험자에 대한 적용)"을 지칭한다.

다. 향후 과제

이상에서 기술한 보편적인 정책에 의한 보호 조처는 특수고용형태종사자들의 직종별 특이성을 반영하여 적용하는 것에 일정한 한계가 있다. 그 이유는 본 연구의 분석결과에서 보듯이 특수고용형태종사자들은 그 직종별로 특이성이 강해 이들을 동질적인 집단으로 전제하여 추진하는 정책적인 노력이 이 특이성이 요구하는 조건 등을 충분히 반영하지 못하기 때문이다. 그렇다면 이런 특이성을 보전하고 개선할 수 있는 보완적인 정책과 조처 등이 무엇인지를 찾아볼 필요가 있다. 특수고용형태 간의 이질성과 특이성으로 말미암아 직종 간 성격, 근로조건 등에서 많은 차이가 난다면 이를 일률적으로 규제하거나 적용하는 보호 법안 등이 가지는 한계를 이해하고 이를 보완하기 위한 다른 대안을 모색해야 한다는 주장이다.

더구나 특수고용근로형태종사자의 범위는 장차 정보 기술 등 디지털화의 영향으로 갈수록 플랫폼 노동으로 진화하고 확장되고 있는 추세이다. 이런 확장성은 특수고용형태나 플랫폼 노동의 각 직종의 특이성을 더욱 확대하고 심화시킬 것으로 보인다. 따라서 향후 종사자들을 고용이란 범주에서 분리하고 종사자들의 일감을 쪼개어 파편화시킴으로써 종사자들의 급여, 근로 조건 및 환경을 저하시킬 뿐 아니라 이들을 직업적인 위험에 노출시킬 가능성이 높아진다.

이를 개선하고 보완하는 가장 적절한 대안은 해당 직종의 노무제공자와 사업자 등 이해당사자들이 스스로 당사자 거버넌스를 형성하여 협상과 대화, 또는 행동 강령(Ethnic Code) 등을 통해 스스로 각자의 특이성을 지배하고 개선하는 것이라고 본다. 당사자는 각 직종이 가지고 있는 특이성을 누구보다 잘 이해하고 있을 뿐 아니라 이의 해결 방안도 거버넌스 대화구조를 통해 얻을 수 있다. 이를 위해 정부는 사회보험 영역으로의 보호 못지않게 특수고용 및 플랫폼 노무 제공자들에 대한 직종별 종사자의 대변단체 형성과 이에 상응하는 사업자 단체의 형성을 적극적으로 지원하거나 조장할 필요성이 제기된다.

특수고용형태근로종사자들의 의견대변단체로 협동조합과 노동조합 등이 가능한데 종사자들은 주로 노동조합을 선호한다. 이는 과거 전통적 특수고용형태종사자가 노동법상 근로자에서 배제되어 왔는바, 이에 대한 상당한 피해의식이 있고 이를 보전하기 위해서는 협동조합보다 좀 더 내부 결속력이 강하고 일반노동자와 같이 노동 3권이 동등하게 인정되는 노조의 형태를 선호하기 때문일 것으로 보인다. 특고나 프리랜서 등 직종에 따라 종사자 대변단체의 필요성은 매우 긴요하게 느끼고 있으나 그것이 꼭 기존 노동조합이어야 한다는 점에서 약간의 이견이 있는 편(노조 또는 협동조합의 형태 등)이다. 그럼에도 불구하고 정부나 지자체(광역, 기초)가 어떤 형태로든 가능할 수 있는 노동자 대변단체와 사용자단체의 형성을 촉진하여 자율적인 대화와 협상의 기제를 우선적으로 만드는 것을 지원할 필요성이 있다.

문재인 정부가 들어선 이후 특수고용형태종사자와 플랫폼 노동의 노동자 성에 대해 종사자에 우호적으로 판정하는 경향이 많아지고 있다. 이는 정부의 정책상 일반적 노동권의 보호를 받지 못하고 있는 이 영역의 노동종사자를 사회적 보호의 범위로 끌어들이려는 선한 시도라고 생각된다. 그러나 아무리 정부가 법제도적으로 특수고용형태종사자와 플랫폼 노동을 법제도적인 차원에서 그 노동자성을 인정한다고 해도 특수고용형태의 구조적이고 특수한 성격으로 인해 일반적인 노동자들이 향유하는 노동 3권(단결권, 단체행동권, 단체교섭권)을 행사하기란 쉽지 않다. 특히 특수고용형태종사자들이 노조를 형성한다 하더라도 단체교섭을 하기란 정말 쉽지 않을 것으로 예상된다.

2017년 전국택배노조가 노동조합 설립 필증을 받아 전국단위의 법 내 노조로 인정되었고 전국대리운전노동조합(대리운전노조)이 2020년 8월에 고용노동부 서울서부지청으로부터 노동조합 설립신고 필증을 받아 합법적인 노조가 되었다. 이로써 이 노조들은 단결권, 단체교섭권, 단체행동권 등 노동 3권을 확보하였으나 사용자들에 대한 단체교섭에 대해 사용자들이 거부를 함에 따라 다소 쉽지 않은 과정을 겪고 있다.

예를 들면, 최근(2021년 상반기) 택배연대노조와 CJ대한통운의 경우 노조가 단체교섭을 요구하였으나 CJ대한통운은 이를 거부하였다. 이에 노조는 중앙노동위원회에 진정하여 교섭해태 결정을 받았지만 CJ대한통운은 이에 불복하였고 이런 중앙노동위의 결정이 헌법과 법률에 반하는 것이라는 입장을 유지하고 있다(매일노동뉴스, 2021. 06. 03.). 핵심 쟁점은 사용자 전속성과 지휘 통제권 등이며 이 기준으로 볼 때 택배연대노조가 대한통운을 정당한 사용자로 볼 수 있는지에 관한 것이다.

비슷한 사례는 대리운전노조에서도 발견된다. 노조 설립 필증을 받은 후 대리운전노조는 카카오모빌리티를 상대로 단체교섭을 요구했으나 회사 측이 거부했다. 이를 진정하여 2020년 10월 경기지역노동위원회에서 단체교섭해태 판정을 받았고 중앙노동위원회의 재심에서도 초심유지판정을 받았다. 하지만 회사 측은 노동위의 판정을 거부하고 대리기사가 '개인사업자'란 입장을 고수하며 행정소송을 제기하였다. 김범수 카카오 의장이 국회 정무위원회 국정감사에 불려가는 등 플랫폼 기업에 대한 사회적 압력이 심해지자 카카오모빌리티는 최근 행정소송을 취하하고 교섭요구사실을 공고하였으나 향후 성실한 교섭이 진행될지는 지켜봐야 할 것이다(매일노동뉴스, 2021. 10. 08.).

중앙노동위원회의 교섭해태 결정을 받은 CJ대한통운과 카카오모빌리티가 이에 불복한 것은 우리나라 사용자들이 가지고 있는 대규모 연대 노조에 대한 반감이 얼마나 심한지를 보여주는 것이다. 이같이 사용자들이 특수고용형태종사자들이 설립한 연합 노조에 대해서 가지는 반감은 기존 기업들이 특수고용형태종사자들을 그간 사회적으로 근로자로 인정하지 않았던 기존의 관성에 머무르고 있기 때문인 것으로도 보인다.

그러나 이런 갈등은 특수고용형태종사자의 대변단체 인정 단계에서 반드시 거쳐 가야 할 과정으로 보이며 특수고용형태 및 플랫폼, 프리랜서 노무 제공자들의 집단적 권익 보호와 미래를 위해 거쳐 가야 하는 필연적인 과정으로 인식할 필요가 있다.

노동조합을 주축으로 한 노사 협상 방식 이외 자발적인 플랫폼 업체의 행동강령 선언과 준수 등도 직종별 특이성을 통제하고 보완하는 거버넌스 형태임을 주목해야 한다. 이런 자발적 거버넌스 방식은 경직적이고 의무적인 노사협약 방식보다는 노사 당사자의 협력과 자발적인 참여에 기초하여 행동규범을 도출하므로 사업체들의 반노조주의 등 예상되는 반발을 피해 갈 수 있다는 점에서 주의를 끈다. 특수고용형태근로종사자나 플랫폼 노동 형태의 종사자들이 모여 전국단위나 지역단위의 연합노조를 형성한다 하더라도 이들의 단체교섭을 가능하게 할 상대방이 될 사용자 단체를 찾는 것이 쉬운 과정이 아니며 특고와 플랫폼 노동에 대한 노동자성의 논란 못지않게 이 또한 단체교섭을 위해 넘어가야 할 거대한 장벽인 것이다. 택배연대노조란 연합노조가 택배 사용자 단체가 아닌 단일회사인 CJ대한통운에 대해 단체교섭을 요구한 점도 이에 따른 한계가 있어서라 할 수 있다. 우리나라의 사용자들은 단일회사로서 산별노조 형태나 연합노조 형태의 노조 구성체와 협의하는 구조를 달가워하지 않을 뿐 아니라 이에 대해 반드시 대응해야 한다는 의무감을 가지고 있지 않다는 점에서 이런 노사협상 구조에 대해 회의적이며 적극적으로 반대하는 성향이 높다.

기업들은 연합노조와 단일회사의 경직적인 단체협상으로 인해 그 파장이 동종 업계인 인근 다른 회사에도 미칠 수 있다는 우려와 경직적인 노조 규칙을 협약에 넣어 향후 경영 환경 대응을 위하여 신속히 이루어져야 하는 기업 의사결정의 시점에서 상호 대립적인 노사협약에 의해 오히려 발목을 잡히는 것을 우려한다. 그런 점에서는 기업은 행동규범 선언이나 신사협정과 같은 형태 등 자율적인 거버넌스 형태를 향후 대립적 논쟁을 불러일으킬 수 있는 노사협약보다 선호할 수 있다.

이에 대한 외국의 사례로 2017년 Testbirds 등의 8개 독일의 플랫폼 기업들은 크라우드 소싱 행동윤리(The Crowdsourcing Code of Conduct)로 10가지 행동규범을 마련하였는데 이 당시 독일의 금속노조가 행동규칙을 만드는 작업에 함께 참여하였다(장희은·김유희, 2020; 한인상·한동윤, 2019). 이 행동규칙에는 법적인 준수, 종사자에 대한 사려 깊은 처우, 공정한 임금지급, 공개적이고 투명한 의사소통, 명확한 작업 시간과 과업 부여, 자발성과 유연성 등의 기본 원칙을 담고 있으며 이를 기초로 지역별 임금 표준을 플랫폼 수수료 산정에 반영하였다. 이 사례는 플랫폼 노동의 대변자로 독일의 금속노조가, 그리고 플랫폼 기업들은 연합을 형성하여 노사 상호 간 대화구조를 통해 행동규칙이 형성되어 실행된 사례이다. 이 행동 규범의 실행은 노사 상호 간 강제성에 기초한 단체협약과는 달리 노사 간 자발성과 상호 신뢰에 기초하고 있다는 점에서 다소 유연하다. 만약 플랫폼 노동종사자와 플랫폼 업체 간의 분쟁이 발생할 경우 해당 사건을 자발적인 분쟁조정시스템인 Ombuds Office에 진정하여 이에 대한 조정 및 중재를 할 수 있게 했다. Ombuds Office는 자발성에 근거하여 운영되는 분쟁조정기구로서 2019년 패널의 구성으로 프랑크푸르트 노동법원의 부원장, 크라우드 소싱 협회의 대표, Testbirds에서 파견한 1인, 독일금속노조의 크라우드 소싱 담당 1인, 크라우드 노동자 1인 등으로 이루어져 있다. 2019년에 14건의 진정사건이 있었는데 13건의 진정은 크라우드 노동자들이 제기하였고 1건의 분쟁만 크라우드 업체가 제기하였다. 14건의 진정 중 6건이 해소되었으며 나머지 사건들은 논의가 진행되고 있는 것으로 나타나고 있다(Ombuds Office, 2020).

특수고용형태나 플랫폼 노동의 성격상 단일조직에 소속된 노조를 형성하는 것이 아니라 조직의 경계를 넘어선 연합노조로 형성될 가능성이 높지만 이에 대응하는 사용자 단체를 찾기가 쉽지 않으며 사용자들 입장에서는 특별한 자발성이나 윤리적 이유가 없다면 구태여 연합노조에 대응하는 파트너로서의 사용자(또는 사업자) 연합단체를 형성할 유인이 거의 없다.

특수고용형태나 플랫폼 노동으로 구성된 노동조합의 경우 단체교섭을 주요 미션으로 하는 일반적인 노동조합과는 달리 법제도의 개혁을 위한 정치적 로비나 자율적 코드 형성 등에 참여하는 등 미션의 방향을 전통적인 노조와는 다르게 개발해야 하는 현실적 선택을 할 수도 있다. 즉 특수고용형태나 플랫폼 노동의 대변단체로 기존의 노동조합과 단체교섭의 틀에서 벗어나 별개의 형태로 노동자를 보호하는 새로운 역할을 모색하는 사실상의 준노조적 존재가 될 가능성이 있다(박명준·김이선, 2016).[5] 특수고용형태와 플랫폼 노동 종

---

5 박명준·김이선(2016)에 의하면 준노조 개념을 제시한 대표적인 연구로 Heckscher and Carre(2006)을 소개하면서 노조를 "저임금이나 주변부 노동자, 이주 노동자, 정보통신 등 미디어 종사자 등의 새로운 서비스 노동자들을 전통적인 노조가 아닌 형태로 조직화하여 자신들의 이해관계를 집합적으로 대변해 내는 조직구조"로 간주하였다. 준노조의 영역을 크게 두 가지로 나누었는데 낮은 임금을 받는 불완전 임시 노동자와 전문성을 인정받으며 시장이 주는 특혜를 누리는 새로운 사업 영역의 노동자로 나누었다. 나(본 연구)는 특수고용이나 플랫폼 노동 종사자들의 집단적 대변단체가 비록 사회적으로 합법노조로 인정된다고 하더라도 향후 그 기능은 준노조와 가까울 것이라고 예상한다.

사자로 구성되는 노동조합이 사회적 또는 정치적 시류에 편승하여서 합법적인 노동조합으로 인정이 되고 이들의 노동자성이 향후 법이나 판례 등에서 인정된다고 하더라도 사용자와 단체교섭을 하는 정도의 정상적 기능을 하기 위해서는 조직단위와 교섭단위에서의 불일치성, 협상 당사자로 인정하지 않는 사용자(또는 사업체)들의 완강한 태도 등을 극복할 수 있을지는 향후 두고 봐야 할 사안이다.

이런 현실에도 불구하고 직업적인 특이성이 높은 특수고용형태나 플랫폼 노동의 경우 노동정책이 이런 특수성을 반영하기 위해서는 노사 대변기제의 형성을 지원해야 한다는 당위성이 있다고 판단이 되며, 그 대화구조가 어떤 형태로 되는지에 대해서는 향후 노사가 현실적으로 차근히 풀어나가야 할 과제가 될 것이다.

Hoang et al.(2020)은 플랫폼 노동에 대한 연구에서 플랫폼 노동이 직업적으로 특이성이 매우 높아 동질적인 산업으로 간주되기보다는 직업별 특성을 고려해 분리하여 접근하여야 한다고 결론을 내리고 있는데 이는 본 연구의 주장과도 일맥상통한다. 국내 연구 중에서는 윤상우(2021)의 연구가 이와 비슷한 특징적인 내용을 주장한다. 윤상우(2021)는 외국과 한국에서 시도되고 있는 플랫폼 노동에 대한 법제도적 대응 방안을 살피고 그 정책적 타당성과 한계를 비판적으로 검토하였다. 그의 주장의 핵심은 플랫폼 노동의 다양성과 향후 변화 가능성을 전제로 할 때 법률적인 규제만으로 파생되는 노동문제를 해결하기에는 부족하다는 점이다. 따라서 플랫폼 노동이 포괄하는 하위 고용유형별로 부각되는 특징을 감안하여 사안에 따라 다양하지만 구체적인 접근이 필요하다는 것이다. 즉 정부 중심의 법

규제적인, 위로부터의 법제도적 대응 방식은 아래로부터의 대응 방식인 플랫폼 노동자, 노조, 시민단체, 플랫폼 산업 부분 업체나 종사자 등의 조직화나 거버넌스적 대응으로 상호 보완될 필요가 있다는 것이며 이런 주장은 본 논문의 취지와도 일치하고 있다.

현재 우리 사회에서는 코로나19 사태로 인해 필수노동자로 포함되어 정책개발 등의 대상이 되고 있는 배달노동자 등의 과로사 문제 해결, 플랫폼 노동의 사회보험 포함 방안과 배달노동자 등의 적정 임금 보장 등의 주제 등이 부각되고 있다. 그러나 무엇보다 갈수록 확대되어 가고 있는 특고와 플랫폼 노무제공자들에 대한 취약성 개선과 보호를 위해 이해당사자 스스로의 해결 방식, 즉 노사협상이나 거버넌스 방식의 자율적 해결 방식이 보완적으로 필요하며 이를 위해 노사 이해당사자 간 서로 상응하는 대변단체의 형성이 촉진되어야 할 것으로 보인다. 물론 특수고용형태와 플랫폼 노동으로 구성된 대부분의 노동조합이 합당한 협상 파트너를 찾아 단체협상에 임할 수 있다면 이만큼 종사자들에게 유리한 조건은 없을 것이라고 판단되지만 노조의 조직단위와 노사의 교섭단위가 심하게 불일치하는 특수고용형태종사자나 플랫폼 노동 종사자의 경우에는 특히 그럴 가능성이 당장은 나타날 것 같지는 않다. 그러나 노동자성이나 근로자성에 대한 사회적 논쟁이나 사용자의 노조에 대한 여러 가지 거부반응에도 불구하고 최근의 특수고용종사직종에 대한 노동위에서의 친노동적 판정 등에서 보면 조금의 희망은 있어 보인다. 아울러 만약 CJ대한통운이 교섭해태란 노동위원회의 판결에 불복하여 행정소송을 제기하여 이마저 최종적으로 패소판정이 난다면 파급효과가 클 것이다. 그럼에도 불구하고 이들을 제외한 다양한 플랫폼 노동종사자들이 대변단체로 노조를 결성하여 단체협약에 이를 가능성은 정말 어려울 것으로 판단된다. 왜냐하면 노조 자체적으로는 교섭단위와 조직단위가 불일치하여 상대적인 협상 당사자를 찾기 쉽지 않을 뿐 아니라, 사업자나 사용자들로부터 여전히 노동자성, 근로자성을 부인당할 가능성이 높기 때문이다.

이것을 고려한다면 특수고용형태나 플랫폼 노동의 취약성에 대해 노사자율에 의한 신사협정, 자발적 거버넌스 방식은 법제도적 규제 방식이 가지는 거대한 행정적 비용을 줄일 수 있고 각 직종별로 나타나는 근로조건이나 각 직종 환경의 특이성에 적합한 조처 등 직종별로 최적화된 해법을 만들 수 있다는 점에서 장점이 부각될 수 있다. 그리고 자발적 거버넌스 구조가 전통적인 단체협상에 의해 진행되든 아니면 자발적 윤리 규범 등 신사협정이나 윤리 코드 형성을 통해 진행되든 간에 어떤 방향이든 진행되어야 한다는 주장에 대해서 별다른 이의가 없다.

이에 대한 국내의 의미 있는 사례로써 민주노총 서비스 연맹과 플랫폼 노사가 주도한 2020년 플랫폼 배달서비스 협약의 예를 들수 있다. 일찍이 플랫폼 노동연대가 2019년 3월부터 활동을 시작한 이래 2020년 11월에 배달 플랫폼 노동인 라이더 유니온이 고용노동부의 신고필증을 교부받아 합법적인 노조로 인정되었다. 배달서비스 협약은 2020년 10월 플랫폼 노사가 체결한 것으로 회사는 배달라이더의 노조할 권리를 존중하고 단체교섭 주체로 인정하고 업무의 공정배분, 산재보험 가입 등 처우개선에 합의하였다. 이에 참여한 기업은 배달의민족, 요기요, 스파이더크래프트, 코리아스타드 포럼이고, 노조 측은 민주노총 서비스 연맹, 라이더유니온 등이 참여하였다(시사저널, 2020. 10. 06.). 플랫폼 배달서비스 협약은 노조가 사용자와 협약한 이행강제성을 가진 단체 협약이라기보다는 일종의 자율협약의 성격을 가지므로 분쟁발생 시 단체협약과 같은 법적 효력을 인정받을 수 있을지에 대해서는 장담치 못한다. 따라서 이 자율협약은 한마디로 윤리적 행동 지침, 즉, 자율적 윤리 코드에 좀 더 가깝다.

향후 자율협약에서 공시한 바와 같이 단체협상의 주체로 인정받은 라이더유니온이 향후 단체교섭을 진행하는 데 있어 어떤 역할을 할지는 두고 볼 일이지만 원만한 단체협상을 위해서는 라이더유니온 노사의 조직단위와 교섭단위의 불일치성을 노사가 어떻게 극복하는지에 대한 과제가 아직 남아 있다. 따라서 라이더유니온 노사가 주체적으로 진행하는 단체교섭까지는 상당히 많은 어려움이 노정되어 있을 것이라고 판단한다.

이같이 노사 간 거버넌스 구조에서 특수고용형태종사자들의 대변단체는 노조일 수 있으나 기존의 노조와는 다른 새로운 역할을 수행하는 다른 미션이 부여될 가능성이 있고[6] 기존의 노조는 이런 역할에 대해 익숙하지 않다. 이 점에서 특수고용형태종사자와 플랫폼 노동종사자의 대변단체는 기존의 노조에 의존하기보다는 특고와 플랫폼 노동자들이 스스로 주체가 되어 자신의 역할을 담당하고 지

---

6   예를 들면 단체교섭활동보다는 사회적 대화 참여, 국회나 도의회 등에 대한 로비 등 대외적인 활동을 통한 법제도 개정 등 다양한 소통과 대화, 참여 활동 위주로 개발할 수 있다.

위를 개발하는 역량이 필요하다. 따라서 노조가 되든, 준노조가 되든 이 플랫폼 노동 대변단체들이 주는 공익적 이점은 분명하므로 사용자도 이를 거부하고 단절하는 것보다는 맞대응하는 파트너로서의 구조와 역할을 정립하는 것이 바람직할 것이다. 즉 특고와 플랫폼 노동의 고용관계가 다양한 사회주체들이 모여 파생되는 노동문제를 구체적인 협치의 구조로 풀어나가는 것을 지원하고 기대할 수 있는 방향으로 발전되었으면 한다.

과거의 전통적 노사관계가 노조와 사용자 간의 대립적 차원의 단체협상과 협약 중심으로 규율되었다면 특수고용형태종사자와 플랫폼 노동 종사자들의 등장은 노사관계의 미래 흐름을 어쩌면 협력적 구조, 즉 협치 구조로 바꿀 기회가 될 수 있을 것이다. 과거 전통적 노사관계에서 노사파트너십이 변칙적인 구조이며 비정상적인 노사관계로 환영받지 못하고 역사 속으로 사라진 이후 이제 새로이 주류로 등장하고 있는 고용 형태에서 협력적 거버넌스의 필요성이 대두되고 있다. 과거에 전통적 노조와 사용자가 실패했던 노사파트너십이 특수고용종사직종과 플랫폼 산업 등 새로운 섹터에서 발전할 수 있을 것이란 조그만 희망을 가지게 된다.

청년 노동자의 실태와 정책 과제*

1. 서론

경상남도는 조선, 자동차, 일반 기계, 금속가공 등의 제조업 중심의 산업구조를 형성해 왔다. 과거에는 제조업을 기반에 두고 상당한 성장을 이루었지만, 최근에는 기술 고도화, 설비 투자 저하, 인구구조 변화 등의 경제 사회적 변화에 유연하게 대응하지 못해 어려움을 겪고 있다. 실제로 마산 수출자유지역의 경공업은 1990년대 이후로 성장세가 감소하고 있으며, 부품조립가공과 조선업은 2010년대 이후 경쟁력이 약화하고 있다. 이는 실업률을 통해서도 알 수 있다.

---

* 이 글은 진형익·이미숙(2019) "심층면접조사를 통한 창원시 제조업 청년노동자 실태 분석"과 경남사회조사연구원(2011) 『경남 청년 비정규직 근로실태조사』(경남 비정규직 노동자 지원센터) 자료 등을 중심으로 수정 및 재구성한 것이다.

2010년 이후 경상남도의 실업률은 전국 평균보다 전반적으로 낮게 나타나고 있다. 하지만 추이를 살펴보면 최근에는 전국 실업률과 비슷해진 것을 알 수 있다. 이는 2010년 이후로 약화된 주력산업의 경쟁력, 성장 동력 상실 등이 경상남도 실업률 증가에 영향을 미친 것으로 보인다. 특히 경상남도 청년층의 실업률을 살펴보면, 과거에는 대체로 전국 청년층 실업률에 비해 낮게 유지해 왔지만, 2018년을 기점으로 전국보다 높은 청년 실업률을 보이고 있다.

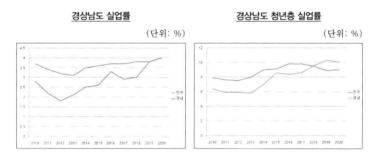

주: 청년층은 15-29세를 기준으로 함
출처: 통계청 원자료를 가공하여 저자 작성.

〈그림 6-1〉 경상남도 실업률 변화 추이

IMF 외환위기 이후 청년층 실업률 문제를 해결하기 위해 정부는 계속해서 일자리 정책을 수립해 왔지만, 청년층 실업 문제는 쉽게 해결되지 못했다. 실제로 정부는 청년층 실업 문제를 해결하기 위해 산업 지원 정책, 인건비 지원 등의 사업을 위주로 진행해왔지만, 청년 실업을 해소에 큰 영향을 미치지 못했다.

국무조정실에서 진행한 청년정책 수요조사(2019)에 따르면, 청년들이 필요하다고 생각하는 정책으로 1순위 인권 경영 및 갑질 근절(92.6%), 2순위 안전한 노동환경(92.3%)으로 나타났다. 이는 일자리 직접 제공, 중소기업 청년 소득 지원, 진로 및 취업 교육 지원 등에 대한 정책보다 높은 순위의 결과다. 이를 통해 확인할 수 있는 것은 청년이 생각하는 좋은 일자리는 인권경영와 안전한 노동환경이 있는 일자리로 볼 수 있고, 이런 점에서 청년 실업 및 일자리 정책을 개선하기 위해 청년의 노동 실태를 잘 파악하고, 노동환경을 개선하는 작업이 필요하다고 볼 수 있다.

최근 광역지방정부 중심으로 노동정책 기본계획 등이 만들어지고 있다. 이에 다양한 노동 실태조사 및 연구가 이루어지고 있지만, 청년 노동자에 대한 실태 및 연구는 부족한 실정이다. 실제로 지방 정부에서는 한정된 예산 및 인력 등에 따라 청년으로 세대별 실태조사 및 연구보다는 근로 형태별 실태조사 등이 진행되고 있고, 대체적으로 노동정책을 세대별 정책으로 보고 있지 않기 때문에 청년층에 대한 별도의 정책 및 연구를 진행하고 있지 않다는 특징을 가지고 있다.

그런데도 지방 정부를 위협하고 있는 지방 소멸, 청년 인구 유출 등의 문제를 해결하기 위해 청년 노동자에 대한 실태 및 연구를 진행하고, 이를 통해 지역에 좋은 일자리 환경을 조성해 나가야 한다. 따라서 경남 청년 노동자에 대한 연구를 진행하고, 경남 청년 노동자에 대한 특징을 확인해 볼 필요가 있다는 것이다.

본 장은 경남 청년 노동에 대한 실태를 확인해 보는 것을 목적으로 경남의 청년 비정규직 노동자들에 대한 실태를 확인하고, 청년노동정책을 위한 제언을 진행하고 있다. 경남 청년 노동자에 대한 실태분석을 통해 경남 지역에 근무하는 청년 노동자들의 일자리 유입 원인과 경로를 확인하고, 실제 현장에서 겪는 어려움이나 만족도, 그리고 청년정책에 대한 인식 등을 살펴보고자 한다.

2. 기존 연구 검토

우리나라의 청년실업 문제는 IMF 외환위기 이후 계속해서 제기되어 오다가 2007년 서브프라임모기지 사태로 촉발된 미국발 금융위기와 맞물려 심각한 사회문제로 대두되었다. 그동안 청년 노동자와 관련해 진행된 선행연구는 주로 일자리 및 실업, 소득에 집중된 경향이 있었지만, 최근에는 청년의 노동에 영향을 미치는 다양한 요인을 반영하여 부채, 주거, 교육, 문화, 건강 등을 복합적으로 고려하는 연구가 지역별로 이루어지고 있다. 예를 들어 임유진(2016)은 고졸 청년의 일자리 취득 과정을 분석하여 청년실업 문제의 해법을 찾고자 하였으며, 박근수(2017)는 고졸 청년노동자의 노동관 형성에 영향을 준 다양한 요인들을 탐색하고 그 영향력을 분석하였다. 이와 더불어 김정선 외(2016)는 광주 지역 특성화고 출신 고졸 청년층을 대상으로 진로·취업 현황을 분석하고 고용문제의 개선 방안을 도출하였으며, 남재욱 외(2018)는 고졸 청년 노동자들이 진로탐색과 노동시장 진출 등에서 겪는 빈곤, 차별 등을 분석하여 삶의 불안정성을 개선하기 위한 대안을 모색하고 있다.

관점의 차이는 있지만 고졸 청년뿐만 아니라 대졸 청년을 대상으로도 유사한 연구들이 진행되었다. 조막래(2005)는 대졸 청년을 대상으로 개인 및 가족의 특성, 출신 대학 및 지역 노동시장의 특성 등이 노동시장 진입과 지위 결정에 어떤 영향을 미치는지 경험적 분석을 통해 연구를 진행하였다. 그리고 김현아(2015)는 대졸 청년 중 노동 경험이 있는 20~30대 대졸 기혼 여성들을 대상으로 청년 여성의 불안정한 노동 경험에 대해 분석하고 있다. 이광석(2017)은 청년의 대부분이 취업을 준비하는 과정에서 비정규직 노동을 경험하게된다는 사실에 주목하였으며, 온라인 설문(118명 대상)과 심층 인터뷰(9명 대상), 그리고 참여 관찰기록 등을 이용하여 비정규직 청년 노동자의 모바일 노동문화 양상에 대해 분석하였다.

본 연구의 관점과 유사하게 지역별로도 청년층에 특화된 연구가 진행되고 있다. 서울시 청년허브(2016)는 첨단지식산업이 많은 구로공단의 청년 노동자 20명을 대상으로 심층 면접을 실시하여 실태조사를 진행하였고, 광주청년유니온(2018)은 광주 산업단지 내 사업장에서 종사하고 있는 청년 노동자의 임금, 근로조건 및 생활실태를 조사하기 위해 148명에 대한 설문조사를 추진하였다. 또한 박주상(2018)은 부산 지역 대졸 청년층의 취업 실태와 노동시장 성과에 대한 연구를 진행하였다.

경상남도 지역의 청년을 대상으로도 일부 연구가 수행되었다. 김영순(2013)은 청년층 경제활동인구 대비 청년 취업자 수를 통해 청년층의 취업 현황을 파악하고 경남 청년층의 고용현황을 분석하였다. 이와 함께 송부용·김기영(2011)은 경상남도 내 다양한 실업군 중 청년층에 대한 일자리 수요와 공급 사이에 발생하는 불일치의 실태와 원인을 분석하였으며, 심인선(2017)은 지역 청년실업 문제의 현황과 실태를 파악하기 위해 통계자료와 설문 등을 통해 경남 지역 내 청년들의 교육, 생활, 경제활동 등을 분석하였다. 이 외에도 진금주(2017)는 경남 남해안 20~30대 청년 어업인 후계자들을 대상으로 수산업과 어촌 정주 환경에 대한 인식을 조사·분석한 바 있다.

이처럼 고졸 및 대졸 청년 노동자들의 취업과 노동 실태에 대한 연구, 청년 노동자들의 노동에 영향을 미치는 요인에 대한 연구가 계층별 및 지역별로 수행되어 왔으나, 경상남도 전반의 청년 노동자들을 대상으로 한 심층적인 실태조사는 부족하다. 또한 지금까지 고용에 관한 연구는 대부분 전국단위로 이루어져 왔기 때문에 지방정부 정책에 필요한 구체적인 자료를 제공하지 못하고 있다(한국노동연구원, 2012). 따라서 본 연구는 선행연구의 한계를 보완하고 경상남도 청년정책 수립에 유용한 정보를 제공할 수 있을 것으로 판단된다.

이 장은 진형익·이미숙(2019)과 경남사회조사연구원(2021)의 조사와 연구, 그리고 2020년 진행된 경상남도 노동정책 기본계획 수립 연구 용역에서 실시한 면접조사를 기반으로 작성되었다. 진형익·이미숙(2019)은 경남 지역의 산업경제의 중심적 역할을 하는 창원을 중심으로 제조업 청년 노동자에 대한 실태를 제공하고 있는데, 창원은 9,000여 개가 넘는 제조업체와 10만 명이 넘는 제조업 종사자를 보유하고 있는 도시이다. 창원시 제조업에 종사하는 청년 노동자를 대상으로 설문조사를 진행하였고, 심층 면접조사를 통해 결과를 분석하고 있다. 설문조사에는 129명이 응답하였고, 심층 면접조사는 설문 응답자 중 10명이 참여하였다. 그리고 경남사회조사연구원(2021)은 경남 지역 청년 비정규직 노동자의 근로 실태와 애로사항을 조사하고 있으며, 이를 통해 경상남도 차원에서 청년 비정규직 일자리 개선과 근로자 지원을 위한 정책 방향을 위한 기초자료를 제공하고 있다. 설문조사에는 552명의 청년 비정규직 노동자가 참여하였고, 30일간 설문조사가 진행되었다. 경상남도 노동정책 기본계획 수립 연구 용역에서는 청년 노동자 5명에 대한 면접조사를 수행하였다. 이들은 청년단체 활동, 협력업체 노동, 편의점 아르바이트, 의류 매장 및 행사 진행 아르바이트의 경험이 있거나 일을 하는 청년이다.

3. 청년 일자리 문제

2020년 기준 경상남도 청년 인구(만 19~34세)는 약 58만 6천 명으로 경상남도 전체 인구의 17.5%에 달하고 있지만, 최근 5년간 청년 인구는 지속해서 감소하고 있다. 특히 2016년부터 청년 인구의 순유출이 계속해서 증가하고 있는데, 2019년에는 그 규모가 약 1만 4천 명에 달한다. 경상남도 청년실태조사(2020)에 따르면 청년 인구가 순유출이 되는 이유로 직업, 교육, 주거 문제로 나타났는데, 그중 가장 큰 원인으로 직업(일자리)으로 설명하고 있다.

국내 인구 이동통계 마이크로데이터 분석을 통해 경남 청년인구 순유출을 연구한 김유현·김기형(2021)에 따르면, 2020년 경남 청년 인구의 순유출은 2015년에 비해 약 1만 5천 명이 증가했는데, 이 중 직업을 사유로 증가한 인원이 1만 1천 명, 교육을 사유로 증가한 인원이 3천 명으로 분석하였다. 이를 통해 청년 유출의 사유로 직업과 교육이 대부분을 차지하고 있다고 설명하고 있는데, 특히 직업을 사유로 인한 순유출의 증가 현상의 원인으로 조선업 쇠퇴 등에 따른 전입 감소와 양질의 일자리를 찾아 떠나는 전출 증가가 복합적으로 나타난 결과로 보고 있다. 따라서 경남 청년인구의 순유출 증가를 완화하려면 청년이 원하는 양질의 일자리 창출과 일자리 환경을 위한 투자가 필요한 것을 알 수 있다.

(단위: 천 명)

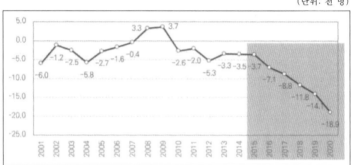

자료: 김유현·김기현(2021) 재인용

〈그림 6-2〉 경상남도 청년 인구의 순이동 추이

또한 제조업 산업은 많은 일자리를 만들어내는 고용 창출 효과가 있지만, 상대적으로 여성의 질 좋은 일자리가 부족하다는 특징도 가지고 있다. 특히 제조업 위주의 산업은 상대적으로 여성의 사무직 일자리를 부족하게 만들고 있다. 울산과 창원의 여성 일자리 실태와 특징을 연구한 허은(2020)은 "제조업 양질의 일자리 부문에서 청년 여성은 전적으로 배제되었고, 서비스업에서도 고부가가치 부문의 일자리 규모는 더 작다"고 설명하고 있다. 이러한 실상은 제조업 현장에서 남성은 힘들어 보이는 기계 조작, 수리 등 고도화된 작업을 하고 여성은 상대적으로 단순하고 쉬워 보이는 검사, 포장 등의 일을 하는 것을 통해 느낄 수 있다. 결국 이러한 직무의 차이는 성별 임금 격차를 발생시키고 관리직군의 여성 비중을 소수화하는 현상을 초래한다.

이러한 청년 일자리 문제는 경상남도 청년실태조사(경남연구원, 2020)를 통해서도 알 수 있는데, 조사에 따르면 경남 제조업 생산직의 정규직 일자리는 청년들에게 상당히 매력적이었으나 주력산업에서 대기업 정규직 일자리가 충분히 공급되지 않고 중소기업 노동자 처우가 상대적으로 악화한 지금은 청년들의 요구와 부합하지 않을 가능성이 있다고 설명하고 있다. 따라서 경상남도 중소기업 청년 노동자의 구체적 처우를 파악하고, 이를 개선하기 위한 노력이 필요하며, 추가로 여성 청년의 낮은 고용 안정성과 인사상의 불이익 요소를 해결할 방안도 마련되어야 할 것이다. 결국 청년이 원하는 양질의 일자리가 경상남도에 만들어지기 위해서는 청년들이 겪고 있는 노동환경에 대한 구체적 실태를 파악하고 개선하기 위한 심도 깊은 논의가 지속되어야 한다.

4. 노동 실태 현황

가. 개관

〈지역별 고용조사〉에서 확인한 경상남도의 임금노동자는 2019년 상반기 현재 1,195,713명이다. 제한적이기는 하지만 고용계약기간을 정했는지의 여부와 주당 노동시간, 그리고 종사상지위 정보를 활용하여 정규직과 비정규직을 어느 정도 구분할 수는 있다. 예를 들어 상용직이면서, 노동시간은 주 36시간 이상이고 고용계약기간을 정하지 않은 경우에는 정규직이라고 할 수 있는 것이다. 이러한 기준으로 정규직과 비정규직을 구분한 결과 경상남도 임금노동자 119.5만 명 중에서 63.8%인 76.3만 명이 정규직, 36.2%인 43.2만 명을 비정규직이라고 할 수 있다. 이는 전국 비정규직 비율 41.0%보다는 상대적으로 낮게 나타난 비율이다. 대체로 제조업 비중이 높은 지역은 비정규직 비율이 낮은데, 경상남도도 이와 비슷한 맥락에서 낮은 것으로 유추할 수 있다. 연령별로 보면 20대 이하는 16.1%로 전국 평균 18%보다 낮고, 30대는 24.5%로 전국 평균 23.1%보다는 높다.

〈표 6-1〉 2019년 경상남도 및 전국 노동자 현황

구분		경상남도		전국	
		인원수(명)	비율(%)	인원수(명)	비율(%)
정규직		763,105	63.8	11,983,384	59.0
비정규직		432,608	36.2	8,317,544	41.0
합계		1,195,713	100	20,300,928	100
임금 노동자	29세 이하	192,853	16.1	3,651,334	18.0
	30대	292,985	24.5	4,697,187	23.1
	40대	301,432	25.2	4,916,210	24.2
	50대	272,302	22.8	4,409,197	21.7
	60세 이상	136,140	11.4	2,627,000	12.9

자료: 경상남도(2021), 재편집

경남사회조사연구원(2021)을 통해 비정규직 청년 노동자의 근로 기본 현황을 살펴본 결과, 비정규 근로자의 직무로는 '판매/서비스

직'이 37.1%로 가장 높게 나타났고, 다음으로 '사무직' 32.6%, '전문직/관련직' 11.8% 등의 순으로 나타났으며 '단순노무직'의 비율이 7.6%로 가장 낮은 것을 알 수 있었다. 또한 비정규 근로자의 고용 형태로는 '기간제 근로자'가 43.7%로 가장 높게 나타났고, 다음으로 '시간제 근로자' 37.1%, '일일 근로자' 9.8% 등의 순으로 나타났으며 '기간제 근로자'와 '시간제 근로자'가 50% 이상의 비율을 차지하고 있었다. 그리고 직장 사업장의 업종으로는 '공공/교육 서비스'가 28.6%로 가장 높게 나타났고, 다음으로 '숙박 및 음식점업' 25.2%, '제조업' 13.8% 등의 순으로 나타났으며 '운수, 운송업'의 비율이 1.6%로 가장 낮은 것으로 나타났다.

다음으로 진형익·이미숙(2019)을 통해 확인한 청년 제조업 노동자의 근로 현황을 살펴보면, 청년 제조업 노동자가 종사하고 있었던 사업장 규모는 10인 미만 21%, 10~99인 53.6%, 100인 이상 25.6%로 나타나, 10~99인 규모의 사업장에 가장 많이 근무하고 있는 것으로 나타났다. 즉, 청년 응답자의 약 75%가 100인 미만의 제조업체에 종사하고 있는 것을 알 수 있었다.

나. 노동 유입 경로

진형익·이미숙(2019)은 심층 면접조사를 통해 청년들의 제조업 유입 과정을 확인하였는데, 주된 유입 원인으로는 가정의 경제적 상황 등에 따라 돈을 빠르게 벌기 위한 목표가 크게 작용한 것을 알 수 있다. 또한 일부 청년들은 제조업에서 근무하게 되면 수당이 많아 임금이 높을 것으로 생각하기도 하였다.

"가정의 경제적인 문제 때문인데 등록금이 부담되어서 바로 취업을 해야겠다고 생각했다. … (중략) … 기술을 배우려면 상당한 시간과 노력이 필요한데 당장 경제적인 문제로 돈이 필요하기 때문에 제조업으로 취업하게 되었다."

"졸업하고 먹고살기 위해 공장으로 갔다. 공장은 바로 돈을 벌 수 있는 곳이고 벌이도 비교적 안정적이라고 생각했기 때문이다."

"제조업에 유입하게 된 것은 돈을 빨리 벌고 싶어서였다. 우리 집이 잘사는 것이 아니고 못살기 때문에 빨리 돈 벌어야겠다고 생각했다."

결국 제조업 취업 동기는 제조업 직무에 대한 적성이나 관심보다는 짧은 시간에 많은 돈을 모으기 위한 목적이 크게 작용한다. 이런 점에서 청년들의 제조업 진입은 최선의 선택이 아닌 차선의 선택이라 할 수 있는데, 바로 비정규직으로 취업하는 이유가 되기도 한다. 경남사회조사연구원(2021)을 통해 비정규직 노동으로 유입하게 된 경로를 확인해 본 결과, 1순위로 '당장 수입이 필요해서'가 53.3%로 과반수를 차지했고, 다음으로 '원하는 정규직 일자리를 구하기가 어려워서' 10.7%, '학업과 병행하기 위해서' 10.5% 등의 순으로 나타났다. 그리고 2순위로는 '당장 수입이 필요해서'가 25.7%로 가장 높게 나타났고, '원하는 정규직 일자리를 구하기가 어려워서' 15.9%, '학업과 병행하기 위해서' 14.5% 등의 순으로 이어졌다.

1순위	2순위

1순위

당장 수입이 필요해서	53.3%
원하는 정규직 일자리를 구하기 어려워서	10.7%
학업과 병행하기 위해서	10.5%
원하고 싶은 직종이라서	8.3%
경험을 쌓아 정규직으로 이동하기 위해서	6.7%
육아 및 가사로 일을 병행하기 위해서	3.8%
근무시간을 조정하여 개인 시간을 갖기 위해	2.9%
전공 및 경력에 부합하는 일자리가 없어서	2.0%
기타	1.8%

2순위

당장 수입이 필요해서	25.7%
원하는 정규직 일자리를 구하기 어려워서	15.9%
학업과 병행하기 위해서	14.9%
원하고 싶은 직종이라서	10.7%
경험을 쌓아 정규직으로 이동하기 위해서	8.3%
근무시간을 조정하여 개인 시간을 갖기 위해	8.2%
전공 및 경력에 부합하는 일자리가 없어서	6.7%
육아 및 가사로 일을 병행하기 위해서	4.3%
기타	5.0%

〈그림 6-3〉 비정규직으로 일하게 된 이유

다. 임금 및 노동시간

경남 지역 청년 비정규직 노동자의 경우 월평균 수입은 '151~200 만 원'이 38.2%로 가장 높게 나타났고, 다음으로 '51~100만 원' 20.1%, '50만 원 이하' 17.2% 등의 순으로 나타났으며 '301만 원 이상'의 비율이 1.6%로 가장 낮았다. 200만 원 이하로 응답한 비율 을 모두 합하면, 85.6%로 대다수가 최저임금 수준 혹은 그 이하에 그치고 있다는 것을 알 수 있다. 진형익·이미숙(2019)의 조사에서도 대부분의 청년 노동자들은 월 150~250만 원 수준의 임금을 받고 있었다.

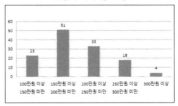

〈그림 6-4〉 경상남도 청년 노동자 임금 수준

청년들의 제조업 일자리는 기본급이 대체로 낮고, 이를 벌충하기 위해서는 초과근무, 야간근무 등을 통해 더 많은 일을 해야 한다. 대체로 주야간 근무를 해야지 300만 원을 넘게 받을 수 있다. 게다가 수습 기간 명목으로 최저임금보다 낮게 지급하는 사례도 있다.

"임금이 너무 적은 것 같다. 대략 180만 원에서 세금 떼면 164만 원을 받는데 너무 부족한 것 같다. 바로 앞 직장에 근무했을 때는 120~150을 받기도 했다. 최저시급도 못 받았다."

"주, 야간을 하면 380만 원을 벌었다. 한 달에 한 번 쉬거나 쉴 수도 없었고, 2주에 한 번씩 철야근무를 하게 될 때 정말 힘들었다. 하루에 19시간 동안 일을 할 때도 있었다."

"공장 3곳을 경험해 봤다. 소득은 200~300만 원 사이로 받았다. 하지만 모두 주야로 일을 해서 받은 임금이다. … 하지만 업무에 비해 많이 받았다고 생각하지 않았다."

청년 제조업 일자리에서 장시간 노동이 문제라면 반대로 서비스직 일자리는 단시간 노동이 문제이다. 아르바이트를 고용하는 사업주들은 최저임금 인상 등 노동기준 상승에 대해 초단시간 노동을 고용하는 방식으로 대응하였다. 4대 보험 가입 회피, 주휴수당 및 퇴직금 미지급을 위해 일명 '쪼개기 고용'이라 불리는 초단시간 노동을 활용하는 경우를 예로 들 수 있다.

"초단시간 노동자가 작년 기준으로 95만 명 정도라고 합니다. 4~5년 전만 해도 70만 명 정도로 기억하는데 최근에 되게 많이 늘면서 사실 최저임금이 오르고 하면서 사업장에서도 그것을 이제 잘라가지고 쪼개기로 해서 계약을 하면 실제로 그러면 아르바이트 두 탕을 뛰는 분들도 있어요. 그럼 이분들은 내가 일하는 노동시간은 주 15시간을 총량으로 넣는데, 그게 사업장이 다르니까 여기서도 주휴수당을 못 받고 다른 데에서도 주휴수당을 못 받으니까, 임금 총액은 한 곳에서 일한 것보다 적어요."

라. 직장 만족도

경남사회조사연구원(2021)에서 청년 비정규직 노동자의 직장 만족도를 조사한 결과, '근무시간'의 만족도가 58.97점으로 가장 높게 나타났고, 다음으로 근무환경 57.70점, '조직문화' 55.43점, '업무강도' 49.86점, '임금수준' 49.59점, '직업전망' 47.83점, '복지후생'

(단위: 점)

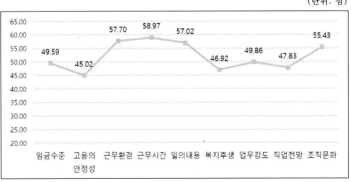

〈그림 6-5〉 비정규직 노동자의 직장 만족도

46.92점, '고용의 안정성' 45.02점 순으로 나타났다. 그리고 가장 낮게 나타난 만족도는 '고용안정'으로 45.02점으로 나타났다.

이에 반해 진형익·이미숙(2019)에서 진행한 제조업 청년 노동자의 직장 및 업무에 대한 만족도는 대다수가 보통으로 응답하였다. 5점 척도 기준으로 인간관계(3.19), 안정성/근로환경(3.07), 임금(3.03)은 보통 이상으로 나타났으나, 발전 가능성(2.89)이나 복리후생(2.84)에 대해서는 불만족인 것으로 보였다.

<표 6-2> 직장 및 업무에 대한 만족도

(단위: 명)

구분	매우 만족 (5)	만족 (4)	보통 (3)	불만족 (2)	매우 불만족 (1)	평균 (5점 기준)
임금	5	29	65	25	5	3.03
안정성	7	32	57	29	4	3.07
근로환경	9	25	66	24	5	3.07
근로시간	10	23	60	29	7	3.00
발전 가능성	4	20	70	28	7	2.89
인간관계	13	31	58	22	5	3.19
복리후생	6	23	55	34	11	2.84

비정규직 청년 노동자 조사에서는 근무시간이 가장 큰 만족도를 보였고, 고용의 안정성이 가장 적은 만족도를 보인 반면, 제조업 청년 노동자 조사에서는 인간관계가 가장 큰 만족도를 보였고, 복리후생이 가장 적은 만족도를 보이고 있었다. 만족도 차이가 나는 이유는 응답자의 상황이 다른 점으로 유추할 수 있는데, 비정규직 청년 노동자는 고용 형태가 비정규직이기 때문에 고용 안정성에 대한 만족도가 가장 낮은 것으로 예상할 수 있다. 또한 제조업 청년 노동

자는 비정규직 청년 노동자보다 고용안정에 대한 불안은 적기 때문에, 고용안정보다 제조업 노동을 하면서 추가로 혜택을 받을 수 있는 복리후생에 대한 고민이 큰 것으로 예상할 수 있다.

마. 불만 및 고충 사항

경남사회조사연구원(2021)을 통해 청년 비정규직 노동자들이 정규직에 비해 부당·불리하다고 생각하는 사항을 살펴보면, 1순위로 '저임금'이 31.0%로 가장 높게 나타났고, 다음으로 '재계약에 대한 불안' 20.8%, '근로계약에 규정된 것 외 다른 업무 수행' 10.5% 등의 순으로 나타났으며, '저임금'과 '재계약에 대한 불안'이 50% 이상의 비율을 차지하는 것을 알 수 있었다.

청년들의 일자리 경험에 불만의 강도를 알기 위해서는 이직 성향을 확인할 필요가 있다. 경남사회조사연구원(2021)에서 다른 지역으로의 이직 의향을 확인해 본 결과, 다른 지역으로 일자리를 옮길 생각이 있는 응답자는 39.1%, 옮길 생각이 없는 응답자 60.9%로 나타났다. 그리고 진형익·이미숙(2019)에서는 다른 지역으로의 이직이 아닌, 단순히 이직에 대한 고민을 확인해 본 결과, 응답자의 63.6%가 그렇다고 응답하였다. 이직을 고려하는 이유로는 근로조건이 좋지 않아서(34.1%), 현재의 직장과 일에 전망이 없다고 느껴져서(30.5%) 등이 있었다. 두 가지 조사를 통해 유추해 볼 수 있는 것은 더 좋은 근로조건이 있는 현장으로의 이직을 많은 청년 노동자들이 하고 있을 것으로 추정되고, 다른 지역으로 옮기는 것은 오히려 보수적인 입장을 지니고 있을 것으로 예상된다.

정규직에 비해 부당·불리한 요소

다른 지역으로 이직 의향

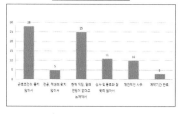

이직을 고려하는 이유

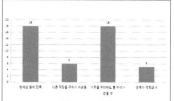

이직을 고려하지 않는 이유

〈그림 6-6〉 불만 및 고충 사항

면접조사를 통해 확인한 불만 및 애로 사항은 다음과 같다. 첫째, 근로시간과 관련해 불규칙한 근로시간과 주말 근무로 인한 스트레스가 상당하다. 특히 회사 및 상사와의 관계 때문에 휴식을 자유롭게 취하지 못하는 경우도 있고, 몇몇 현장에서는 보수적이고 수직적인 노동 관념으로 인해 청년 노동자에게 불합리한 근로 환경이 제공되는 경우도 있었다.

"서서 일하는 생산직 근로자도 2시간 일하고 10분 쉬는 시간과 식사하는 시간 말고는 앉을 시간이 없다. … (중략) … 공장에는 꼰대 어른들이 많다. 요즘 젊은 사람들이 성실하지 못하고 시키는 대로 안 한다고 하는데 이런 태도에서 화가 난다. 그리고 개인적인 잦은 사소한 심부름도 많이 시킨다."

"근로는 하면서 중간에 쉴 수는 있는데 쉬게 되면 같이 일하는 파트너가 고생한다. 그래서 눈치도 보이고 공휴일에도 쉬지 못하고 근무를 하는 경우가 많다."

"연차, 월차 그런 것도 쓰지 못한다. 왜냐하면 위에 상사들이 안 쓰기 때문에 눈치 보여서 쓸 수가 없다. 지금 일한 지 1년이 되어 가는데 한 번도 쓸 수 없었고….."

둘째, 근로계약서와는 다른 업무 지시에 대한 불만이 있다. 경남사회조사연구원(2021)의 근로계약서 작성 유무를 살펴보면, 근로계약서를 작성한 경우가 75.9%, 작성하지 않은 경우가 24.1%로 나타나 대부분 근로계약서를 작성하는 것을 알 수 있다. 그렇지만 근로계약서는 작성했지만 근로계약과 달랐던 노동에 대한 불만이 있었다. 특히 추가 수당을 받지 못하거나 주말에 일하는 것에 대한 불만이 두드러지게 나타나고 있다.

"처음 계약조건에서는 출퇴근 시간이 명확히 정해져 있지만 실제로는 1시간 더 연장근무를 강제로 하게 되었다. 1시간 연장근무는 연장근무수당을 받지 못했다. 그리고 임금은 최저임금에 딱 맞게 받고 있었다."

"수습기간 때까지는 근로환경이 좋았다. 그런데 막상 일을 시작하게 되니 … (중략) … 계약은 주 5일로 했는데 실제는 주 6일 근무가 당연한 듯 주말에 나오라고 했다. 임금은 연봉제로

되어 있어서 추가 수당이나 특근비를 더 받을 수 없다."

"기본금은 150만 원이고 잔업하고 해야 200~250만 원 받을 수 있다. 그리고 처음에 계약할 때는 주중까지 일하는 건 줄 알 았는데 실제로는 토요일까지 일하니, 일하는 게 너무 힘들다."

셋째, 노동기본권의 준수이다. 법적으로 보장된 노동기본권만 제 대로 보장되어도 청년들의 일자리 질은 높아질 수도 있다. 기본적으 로 낮은 임금이 문제이지만, 이외에도 청년들은 기본적인 노동환경 을 요구하고 있다. 사업주들이 수습 기간 명목으로 최저임금보다 낮 은 임금을 지급하고, 4대 보험은 어떻게든 피하려고 하며, 아르바이 트 일자리에 휴게 시간 및 공간을 제공해야 한다는 의식이 없는 한 청년들에게 노동은 고달픈 것일 수밖에 없을 것이다.

"수습기간이 없어졌으면 좋겠어요. 왜냐하면, 최저시급도 그렇 게 많지 않은데, 최저임금보다 더 적게 주는 꼼수인 거 같고요. 그리고 최저임금이 오르면 좋겠어요. 그리고 주휴수당이랑 4대 보험이 의무화되었으면 좋겠어요. 그리고 노동인권교육도 의무 화되면 좋을 것 같은데, 일하는 사람도 필요하겠지만 고용주도 의무화로 듣게 되었으면 좋겠습니다."

"4대 보험 의무화가 되었으면 좋겠습니다. 제가 일하고 있는 곳은 사각지대인 것 같아요. 휴게시설이 많이 생겼으면 좋겠습니 다. 휴게시설에는 누울 수 있는 공간이 꼭 있었으면 좋겠습니다."

바. 부당 대우 및 대처 방안

경남사회조사연구원(2021)의 조사에서는 부당한 차별을 경험한 적이 있는 청년은 20.1%였다. 그리고 이 경우 대처 방법으로는 '아무런 조취를 취하지 않았음'이 79.6%로 가장 높게 나타났고, 다음으로 '개인적으로 회사에 항의' 9.7%, '회사 동료들과 집단적으로 회사에 항의' 3.5% 등의 순으로 나타났다. 개별적인 대응이 압도적으로 높다는 사실을 확인할 수 있다.

 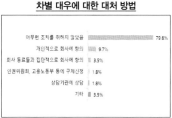

〈그림 6-7〉 경남사회조사연구원(2021) 부당 대우 및 대처 방안

진형익·이미숙(2019)에서는 직장 내 부당 경험을 확인하였는데, 부당잔업, 특근, 연차수당 등의 각종 수당을 지급받지 못했다는 응답이 37.2%로 가장 많았고, 상사의 폭언과 폭행(28.7%), 일방적인 근로조건 저하(27.9%) 등의 부당한 경험이 많았던 것으로 나타났다. 이 외에도 청년노동자들은 성희롱(15.5%), 최저임금 위반(13.2%), 임신 및 출산으로 인한 권고사직과 해고압력, 임금체불 등의 부당한 대우를 받았다고 응답했다. 그리고 이에 대한 대응은 별다른 조치 없이 참거나 일을 그만두었다는 응답이 48.8%로 가장 많았다. 상사나 관

리자, 동료를 통해 내부적인 해결을 모색했다는 응답은 32.6%로 나타났지만, 정부기관(7.8%)이나 노동조합(2.3%)을 통해 문제를 해결하는 경우는 미흡한 수준에 그쳤다.

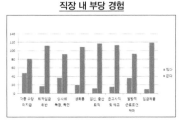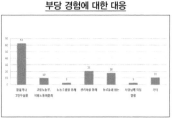

<그림 6-8> 진형익·이미숙(2019) 부당 대우 및 대처 방안

그리고 부당 대우 경험으로는 일반적인 직장 내 부당 경험도 있었지만, 제조업에서 일하는 것 자체에 대해 부정적으로 보는 차별적인 시선도 있는 것으로 나타났다.

"상사가 종교적으로 괴롭히기도 했다. 식사할 때는 일어선 상태로 '맛있게 드세요'라고 하게 했으며 상사의 식사가 다 끝나면 문 열어주게 하기도 했다. 성희롱도 있었다."

"공장 안에서 청년들을 바라보는 인식이 있다. 공장에서 50대 삼촌분이 계신데 그분이 항상 '젊은 사람은 여기서 일할 것이 아니고 다른 데 구해'라고 하신다."

"기공이나 공고 나와 제조업에 왔냐, 공부를 못해서 제조업에 왔냐, 사회에 부적응해서 제조업으로 왔냐…"

"네가 대학 나오고 그만큼 배웠는데 아직 제조업이냐, 이런 이
야기가 있다. … 단순히 제조업을 바라보는 시선이 아닌 최종
학력에 따라 제조업을 바라보는 시선이 다양한 것 같다."

5. 결론 및 시사점

제조업 청년 노동자들의 상당 부분은 100인 미만의 소규모 사업
장에서 근로하고 있으며 월 150~250만 원 수준의 임금을 받고 청
년 노동자들이 경험하는 부당한 대우의 사례도 적지 않았다. 특히
사업체 측에서 일방적으로 근로조건을 악화시켜도 이를 해결하기
보다는 대부분이 참거나 그만두는 것을 선택하고 있어 노동 현장에
서 청년 노동자들이 겪는 어려움을 확인할 수 있었다. 제조업 청년
노동자들은 사업장과 직무에 대한 만족도가 보통 수준이었으나, 제
조업 현장에서의 발전 가능성이 낮다고 판단하고 있었으며 복리후
생도 만족스럽지 못한 것으로 나타났다. 이로 인해 5명 중 3명은 이
직을 고민하고 있었고, 이직을 고민하지 않는 경우라도 현재에 만족
해서라기보다는 현실적으로 이직이 어렵고 타 근로환경도 비슷할
것이라는 판단이 있었다.

비정규직 청년 노동자의 근로 기본 현황은 '판매/서비스직'이
37.1%로 가장 높게 나타났고, 고용 형태로는 '기간제 근로자'가
43.7%로 가장 높게 나타났다. 비정규직 청년 노동자들이 비정규직

으로 일하는 이유로 현재의 경제적인 어려움을 극복하기 위해 비정규직 일자리를 가장 많이 선택하는 것으로 보였다. 그리고 비정규직으로서 정규직보다 가장 부당·불리하다고 느끼는 것은 역시 임금 문제와 재계약에 대한 불안 요인으로 나타났다. 타 지역 이직 의사는 40%가 있는 것으로 나타났는데, 이유로 다양한 일과 경험을 위해서 전공과 맞는 일자리가 없다는 응답이 이어졌다.

이와 같은 실태를 통해 제시하고 있는 시사점은 다음과 같다. 첫 번째는 초기 계약서와 실제 근로환경 및 근로조건이 다른 경우가 있고, 청년이기 때문에 고용조건이나 대우에서 차별받는 경우가 있었다. 따라서 청년 노동자의 임금 및 근로환경에 대한 관리가 강화되어야 하며, 차별에 대한 점검도 진행되어야 한다. 고용노동부의 역량만으로 사업장에 대한 관리·감독이 어려울 수 있으므로 지자체 및 지역의 시민단체와 연계하는 방식으로 실질적인 관리 방안을 모색할 필요가 있다. 퇴직금, 임금 체불, 연장·야간 수당, 포괄임금제 등에 대한 지속적인 상담과 지원도 수행할 필요가 있을 것이다.

두 번째는 제조업 청년 실태조사 응답자 5명 중 3명은 이직을 고민하고 있었고, 비정규직 근로 실태조사 응답자의 40% 정도가 경남 지역 외 타 지역으로 이직을 할 생각이 있는 것을 알 수 있었다. 이에 청년들의 타 지역 유출을 방지하기 위해 청년들에게 질 좋은 일자리와 노동환경을 제공해야 하며 이와 함께 다양한 전공과 상황에 맞는 일자리 연계 및 창출에 노력해야 할 것이다. 또한 저숙련 청년 노동자들을 위한 교육 및 기술 지원도 병행될 필요가 있다.

세 번째는 경상남도 일자리 지원 정책 혹은 청년정책에 대한 홍보 강화이다. 제조업 청년 실태조사에서 창원시 및 중앙정부의 청년 정책 인지도 조사에서 청년정책을 경험한 비율은 현저히 낮은 수준인 것으로 나타났다. 또한 비정규직 근로 실태 조사에서는 청년 노동자를 위한 정책의 홍보 및 정보 교류의 비활성화로 인해 과반수 정도가 경상남도의 지원정책들에 대해 지원받지 않은 것으로 드러났다. 따라서 청년층들을 위한 더 좋은 일자리를 지원하기 위해서는 현재 청년을 지원하는 지원정책을 다양한 홍보 방법을 통하여 청년 노동자 및 미취업 청년에게 다가갈 수 있어야 한다.

네 번째는 청년 노동자들의 노동 상황 및 일자리 문제를 해결하기 위해 비정규직 노동 개선을 위한 정책을 넘어 각 집단의 상황에 맞는 적절한 정책을 제공해야 한다. 실제로 청년층은 다양한 스펙트럼을 형성하고 있으며, 이러한 다양성에 맞는 노동정책의 개선방안이 청년 노동자의 삶을 개선하는 데 실제적인 효과를 발휘할 수 있다.

마지막으로 청년 노동자에 대한 실태조사 및 연구가 계속해서 진행되어야 한다. 향후 청년의 삶에 가닿는 노동정책이 수립되기 위해서는 선별적인 통계, 연구, 실태조사가 필요하다. 특히, 통계적 기법을 통해 대표성을 확보한 충분한 크기의 표본을 대상으로 조사 및 연구가 진행될 필요가 있고, 정성적 분석 외에도 정량적인 분석을 통해 경상남도 청년 노동자에 대한 특징을 확인해 나갈 필요가 있다.

경남지역 취약노동자의
노동 현실과 정책과제

1. 머리말

앞 장에서 "경남 취약노동자 실태조사"를 분석한 글들이 양적 자료를 기반으로 경남지역 취약노동자에 관한 개괄적인 윤곽을 제시하는 것이라면, 이 글의 목적은 심층 면접자료를 토대로 직종별로 취약노동자 집단의 노동 현실과 구체적인 경험을 파악하는 것이다. 이 글에서는 주요 취약노동자 집단을 선정해 이들의 고용실태, 임금과 근로조건, 산업안전 및 사회적 관계의 실태를 파악하고, 지역 차원에서 취약노동자 보호를 위한 정책과제를 도출한다. 이를 위해서 먼저 취약노동자의 몇 가지 유형을 구분한 후, 정부통계와 정책보고서를 중심으로 각 집단의 고용실태를 개관하고, 심층 면접을 통해 취약노동자들의 노동환경을 분석한다.

면접은 해당 직종의 노동자나 관련 활동가들을 대상으로 인당 2~3시간씩 진행했다. 주요 면접내용은 고용 관계의 특성, 노동조건 및 업무형태, 산업안전 현황, 부당처우 및 차별 경험과 이에 대한 대응 등이다. 이 책의 다른 글에서 다루고 있는 제조업 하청노동자와 청년 아르바이트노동자를 제외하고, 이 글에서는 산업재해 위험이 큰 건설일용노동자, 노동시장 최하층에 있는 이주노동자 지원 활동가, 서비스직종의 돌봄 전담사와 요양보호사, 특수고용직에서 방과후학교 강사와 택배기사, 대리운전기사에 대한 면접 조사내용을 포함했다. 개별노동자들의 면접 시점에서는 차이가 있지만, 면접결과가 해당 직종의 고용실태와 근로조건, 문제점을 이해하는 데는 큰 문제가 없어 그대로 활용하였다. 면접 참여자의 특성은 아래와 같다.

〈표 7-1〉 면접대상 개요

직종/직업	구분	성별	지역	연령대	고용형태	면접일시
건설일용노동자	건설노동자	남	창원	40대	일용직	2020.11.11
방과후학교 강사	교육노동자	여	진주	40대	개인사업자	2020.11.09
돌봄전담사	돌봄노동자	여	창원	50대	무기계약직	2020.11.05
돌봄전담사	돌봄노동자	여	창원	40대	무기계약직	2020.11.05
택배기사	이동노동자	여	창원	40대	개인사업자	2019.06.20
대리운전기사	이동노동자	남	창원	40대	개인사업자	2019.06.20
이주민센터활동가	이주노동자	남	창원	50대	활동가	2020.09.02
이주민센터대표	이주노동자	남	창원	50대	활동가	2020.09.02
돌봄노동자지원센터대표	돌봄노동자	여	창원	50대	활동가	2020.09.16
사회서비스원노조지회장	돌봄노동자	남	김해	40대	활동가	2020.11.11

2. 취약노동자의 유형

앞에서 우리는 취약노동자가 어느 한 가지 기준으로 파악되기보다는 인적 속성과 노동시장 지위, 사회보장제도 접근성, 산업안전과 관련한 위험에의 노출 등 다차원적으로 파악될 수 있다는 점을 지적한 바 있다. 취약노동자를 정의하는 기준의 다양성에도 불구하고 공통적인 것은 취약노동자가 가진 '취약성'으로 인해 이들이 사회정책의 주된 대상이 된다는 점이다. 최근에 지방정부 노동정책이 주목을 받으면서, '취약노동자'는 지방정부 노동정책의 주요대상으로 인식되고 있다. 코로나 사태 이후 다수의 취약노동자가 '필수노동자'라는 점에서, '취약노동자 권익 보호'를 노동 존중 정책의 중심에 두어야 한다는 논의가 활발하게 이루어졌다.

김도균은 노동 취약계층이 작업현장에서 갖가지 노동인권 침해와 산재·안전사고의 피해를 보고 있다는 점에서, 지역노동정책이 노동 취약계층에 대한 정책적 지원을 목표로 해야 한다고 주장한다(김도균, 2016). 윤영삼은 지역노동정책의 대상인 '취약노동자'를 속성에 따라, ① 노동조건이 열악한 상태의 임금노동자, ② 노동조건에서 차별·차등·배제의 가능성이 큰 노동자, ③ 노동조건의 차별·차등·배제가 제도적으로 수월하여 노동기본권이 실질적으로 배제되거나 시장의 작동만으로는 일자리의 질적 개선을 기대하기 힘든 노동자, ④ 노동시장 분절이 심각해 일자리 이동이 제약되는 노동자, ⑤ 노동조건이 열악한 비임금 노동자 등으로 분류하고 있다(윤영삼, 2019). 이 경우 취약노동자는 지방정부가 사회적 보호의 대상으로 정책적 노력을 기울여야 할 집단이라는 의미를 담고 있다. '취약노동자'는 지역의 노동여건 및 환경개선을 위한 우선적 정책지원 대상 집단이며 이들의 정책 수요가 지방정부의 노동정책에 적극적으로 반영되어야 한다는 인식이 확산하고 있다(장연주, 2020).

박종식(2013)은 다양한 취약노동자를 저임금, 고용불안, 사회안전망 배제, 인적 속성이라는 4가지 유형으로 분류한다. 첫째, 저임금노동자는 다시 반복적인 실업을 경험하는 노동자, 최저임금 미달 노동자, 차상위 소득계층 및 노동 빈곤층으로 세분되며, 둘째, 고용 형태 취약노동자는 차별 및 고용불안에 노출된 노동자와 노동자성을 인정받지 못해 권리를 침해당하는 노동자로 나뉜다. 셋째, 사회안전망 배제 노동자는 4대 보험의 적용을 받지 못하는 노동자와 근로기준법에 따른 비법정복지의 적용을 받지 못하는 노동자로 구분되며, 마지막으로, 여성, 고령, 장애인, 외국인, 저학력, 저숙련 노동자 등 인적 속성별 취약노동자가 있다. 이처럼 취약노동자 범주는 그 포괄범위가 매우 넓고 형태도 다양하지만, 이들은 모두 제도적, 운동적 사각지대에 위치해 각별한 관심과 노력이 필요하다는 의미에서 '취약노동자'다.

취약노동자는 집단별로 취약성의 원인에서 차이가 있고, 저임금, 장시간 노동, 단시간 노동, 높은 산재 위험, 사회보험, 차별과 인격적 무시 등 취약성의 형태 역시 다양하다. 취약노동자는 인구학적 속성이나 권력 자원의 부족으로 인해 고용과 임금, 근로조건, 복지에서 차별과 배제의 대상이 될 위험이 크고, 자신을 보호할 능력과 수단을 갖고 있지 못한 경우가 대부분이다. 그 때문에 이들은 정부의 사회적 보호나 시민사회의 조직적 지원이 필요한 노동자이다. 정책적으로 이들에 대한 사회적 보호를 강화하고, 노동기본권을 보장하며 이익을 대변할 수 있는 집합적 수단을 제공할 필요가 있다.

취약노동자의 범위가 넓고 형태가 다양하다는 점에서, 분석적으로 이들을 쉽게 구분할 수 있는 한 가지 기준은 고용 형태다. 비정규직이지만 직접 고용 관계를 맺고 있는 임금노동자인지 고용 관계가 모호한 독립계약 노동자인지에 따라, 취약성의 형태는 매우 다르다. 또한, 취약노동자들은 학력이나 자격, 숙련과 같이 노동시장에서 인정되는 인적자원에서 상당한 차이가 있다. 취약노동자들은 노동시장에서 숙련이나 학력이 낮아 쉽게 대체할 수 있고 단순반복 작업을 수행하는 경우가 대부분이지만, 상당한 숙련이나 자격, 학력에도 불구하고 고용과 근로조건에서 차별과 부당한 대우를 받는 경우도 적지 않다. 특히 여성들이 주로 고용된 직업에서 높은 자격과 숙련이 필요하면서도 직무에 대한 가치평가가 낮고 차별이 일상화된 경우가 많다.

고용 형태와 숙련자격을 기준으로 취약노동자를 유형화하면, 가장 대표적인 취약노동자는 단순반복 작업을 주로 수행하는 미숙련 하청·비정규직 노동자다. 수적으로도 가장 많고 사회적으로 불리한 인적 속성을 가진 노동자 대부분이 이 범주에 포함된다. 외국인 이주노동자와 청소·경비 등 고령의 시설관리노동자, 청(소)년 알바 노동자, 여성 판매서비스노동자, 근로기준법이 적용되지 않는 영세 하청업체 노동자, '노가다'로 불리는 건설일용직 노동자가 여기에 해당한다.

둘째로, 상당한 숙련이나 자격이 필요하지만, 노동 가치가 체계적으로 저평가되어 고용불안과 저임금을 벗어나지 못하는 숙련 비정규노동자이다. 돌봄 노동과 사회복지 등 여성노동력을 주로 고용하는 사회서비스직종이 대표적이다. 사회서비스업에서 노인과 장애인을 돌보는 요양보호사나 사회복지시설 노동자와 같이 중년 여성이 많은 분야, 학교나 학원, 유치원에서 아동을 돌보는 돌봄 전담사와 보육교사, 민감한 정보를 취급하는 콜센터 노동자 등 여성이 집중된 직업군, 가전제품 수리와 같이 간접 고용 형태의 방문서비스노동자가 여기에 해당한다.

셋째로, 공식적인 고용 관계가 존재하지 않아 도급계약 형태로 노동을 제공하며 숙련이 크게 필요하지 않고 노동시장에 대한 진입장벽도 거의 없는 특수고용직 노동자들이다. 대표적으로 대리운전과 음식배달, 퀵서비스, 택배기사, 가사노동자가 여기에 속한다. 남성 노동자가 많으며 진입장벽이 없는 완전경쟁의 노동시장인 경우다. 대부분 저임금과 취약한 사회안전망에도 불구하고 장시간 노동을 통해 수입을 보전하며, 숙련형성을 통한 직업적 전망을 기대하기 어렵다.

마지막으로, 높은 수준의 전문성이 필요한 특수고용직 노동자들이다. 대부분 고학력이고 전문성을 갖고 있지만, 방과후학교 강사나 프리랜서처럼 프로젝트별로 단시간 노동의 용역계약을 맺는 경우가 많아 노동자성을 인정받지 못한다. 업무의 전문성에 비해 개별화된 노동형태와 용역계약으로 인해 노동에 대한 보상이나 자율성이 취약하다. 비교적 장기적 고용 관계를 맺는 학습지 교사나 보험설계사 역시 대표적인 특수고용직 노동자들로 자영업자와 노동자의 성격이 혼재되어 노동기본권을 확보하는 데 어려움이 크다.

<표 7-2> 취약노동자의 유형

취약노동자 직종		고용형태	
		비정규직·불안정노동자	특수고용직·독립계약노동자
숙련	저숙련	- 이주노동자(외국인) - 건설일용노동자 - 시설관리노동자(노인) - 알바노동자(청소년) - 영세제조업비정규직노동자	- 택배기사 - 대리운전노동자 - 배송노동자(음식배달, 퀵) - 가사노동자
	숙련 (여성)	- 요양보호사 - 돌봄전담사·보육교사 - 사회복지노동자·콜센터 - 방문서비스노동자	- 방과후학교 강사 - 프리랜서 - 학습지 교사 - 보험설계사

이 글에서는 취약노동자들의 유형과 관련하여 ① 저숙련 하청·
비정규노동자의 사례로 이주노동자와 건설일용노동자, ② 숙련 비
정규노동자 사례로 요양보호사와 돌봄 전담사, ③ 저숙련 특수고용
노동자로 택배기사와 대리운전기사, ④ 숙련 특수고용노동자 사례
로 방과후학교 강사를 분석하였다. 사례분석은 경남지역 내 각 집단
의 고용현황과 고용 형태, 임금과 사회안전망, 노동시간과 산업안전,
작업장 내 차별과 무시, 노동기본권과 정책과제에 초점을 맞추었다.

3. 경남 지역 취약노동자들의 현실

가. 저숙련 하청·비정규노동자

1) 이주노동자

이주노동자는 비전문 취업(E-9) 비자로 입국한 외국인 노동자,

'방문취업제'(H-2) 비자와 재외동포 비자(F-4)를 가진 동포, 단기 취업비자(C-4)를 가진 계절노동자, 취업 중인 결혼이민자(F-2-1, F-6)와 영주권자(F-5), 전문 인력(E-1~E-7), 취업할 수 없는 유학생(D-2, D-4-1) 일부와 한국 국적을 취득한 귀화자, 비자 기간이 만료되었는데도 일하고 있는 미등록노동자로 나누어볼 수 있다.

현재 경남의 외국인 주민 수는 2011년 74,517명에서 2016년 114,594명, 2019년 134,675명으로 꾸준히 증가해 왔다. 〈표 7-3〉 2019년 경남의 외국인 주민 134,675명 중 외국 국적자가 105,908

〈표 7-3〉 지역별 외국인 인구분포(2019)

		전국	경남	부산	울산
외국인 인구	합계	2,216,612	**134,675**	77,968	37,284
	남자	1,184,176	81,804	40,549	20,671
	여자	1,032,436	52,871	37,419	16,613
외국 국적자	합계	1,778,978	**105,908**	60,502	28,604
	남자	1,017,408	71,212	34,021	17,419
	여자	761,510	34,696	26,481	11,185
외국인근로자	합계	515,051	**43,162**	13,855	8,338
	남자	403,330	38,187	12,230	7,085
	여자	111,721	4,975	1,625	1,253
결혼이민자	합계	173,882	10,305	7,257	3,503
유학생	합계	160,610	3,640	12,475	1,704
외국국적동포	합계	303,245	9,413	3,815	4,830
	남자	150,687	5,584	1,804	2,931
	여자	152,558	3,829	2,011	1,899
기타 외국인	합계	626,130	39,388	23,100	10,229
	남자	352,715	23,854	12,724	5,704
	여자	273,415	15,534	10,376	4,525
한국 국적자	합계	185,728	**9,691**	5,998	3,145
	남자	37,684	721	701	419
	여자	148,044	8,970	5,297	2,726

자료: 행정안전부, 지방자치단체 외국인 주민현황

명, 한국 국적자가 9,691명이다. 외국 국적자의 70%가량이 남성이며 한국 국적자의 90%가량은 여성이다. 외국 국적자 중 합법적으로 체류하고 있는 외국인 근로자는 43,162명이고 그중 88.5%는 남성이다. 결혼이민자가 10,305명, 외국 국적 동포 9,413명이며, 기타 외국인이 39,388명인데 상당수가 미등록노동자로 추정된다. 부·울·경남 전체로, 외국 국적자는 19만 5,014명이고, 한국 국적자 18,834명으로 외국인 근로자는 6만 5,355명이다. 2020년 이민자 체류실태 및 고용조사 결과에 따르면, 지역별로 2020년 전체 외국인 취업자 84만 7,900명 중에서 수도권이 51만 7,700명으로 61.1%를 차지하고, 부산·울산·경남은 9만 1,500명으로 10.8%를 차지했다[1](통계청, 2020년 이민자 체류실태 및 고용조사, 2020, 12).

〈표 7-4〉를 보면, 2019년 현재 경남 전체의 등록 외국인 76,123명 중에 김해 거주자가 19,013명으로 가장 많고, 그다음으로 창원 15,073명, 거제 8,302명, 양산 6,319명, 진주 5,219명, 통영 3,962명, 함안 3,498명, 사천 3,417명, 밀양 2,870명, 창녕 2,789명, 고성 1,256명의 순이다. 진주와 창원, 밀양, 양산과 군 지역에서 여성 비중이 상대적으로 높으며, 통영과 함안, 거제, 김해, 남해, 사천 등 중소공단이 있거나 어촌 지역에서 남성의 비중이 높다. 국적별로는 베

---

1 외국인 취업자 수는 산업별로 광·제조업이 37만 9,600명으로 가장 많고, 도소매·음식숙박업 16만 4천 명, 사업 및 개인 공공서비스 14만 2,300명, 농림어업 5만 6,900명, 건설업 8만 5,500명이다. 외국인의 사업체 종사자 규모별 취업자는 4명 이하 기업에 19만 3,200명, 5~9명 기업 15만 3,900명, 10~29명 기업 23만 9,500명, 30~49명 기업 8만 4,400명, 50~299명 기업 14만 9,800명, 300명 이상 기업 2만 7,100명이다(통계청·산업인력관리공단, 2020년 이민자 체류실태 및 고용조사).

<표 7-4> 경남 지역 외국인 국적별 등록현황(2019)

구분	계	전체 남자	전체 여자	베트남	인도네시아	우즈베키스탄	중국	중국(한국계)	필리핀	태국	파키스탄	방글라데시	기타
경남	76,123	51,952	24,171	18,763	6,705	6,620	6,271	5,845	3,621	2,012	1,015	847	20,981
창원	15,073	9,247	5,826	4,403	901	1,036	2,186	2,010	744	248	248	184	2,207
진주	5,219	3,175	2,044	2,059	139	343	530	223	184	83	154	56	1,141
통영	3,962	3,234	728	1,169	1,379	72	267	239	57	18	13	9	674
사천	3,417	2,664	753	977	987	156	277	124	129	32	30	18	471
김해	19,013	13,693	5,320	4,220	1,301	2,390	1,360	1,504	1,037	567	292	315	5,612
밀양	2,870	1,411	1,459	388	47	145	109	131	150	207	21	34	1,551
거제	8,302	6,057	2,245	1,138	440	1,148	464	506	380	200	3	8	3,147
양산	6,319	4,116	2,203	1,407	313	450	569	630	427	308	71	102	1,753
의령	765	490	275	273	30	77	33	29	15	21	10	6	260
함안	3,498	2,885	613	892	348	278	119	149	249	119	147	59	1,094
창녕	2,789	1,937	852	470	166	385	70	89	101	68	9	37	1,369
고성	1,256	926	330	337	214	52	59	48	49	52	6	1	403
남해	861	710	151	183	382	5	67	11	11	2	-	1	177
하동	525	233	292	206	31	5	36	24	17	6	-	-	179
산청	608	290	318	180	1	24	20	20	11	13	-	4	312
함양	504	291	213	135	10	13	44	28	12	15	-	8	207
거창	547	273	274	178	7	20	37	56	21	18	9	3	163
합천	595	320	275	148	9	21	24	24	27	35	2	2	261

자료: 경상남도, 경상남도 기본통계 – 1,000명 내외의 미국, 일본, 인도, 대만, 캐나다는 제외

트남 국적이 18,763명으로 전체 외국인의 24.6%를 차지하고 있고, 그다음으로 인도네시아, 우즈베키스탄, 중국, 중국동포, 필리핀 순으로 비중이 높다. 성별로는 베트남, 중국, 중국동포, 필리핀, 미국 국적자에서는 남성과 여성의 비중이 큰 차이가 나지 않지만, 인도네시아, 우즈베키스탄, 태국, 파키스탄, 방글라데시 국적자의 경우는 남성의 비중이 압도적으로 높다.

이주민단체에서는 '출입국 외국인 통계월보' 자료를 기초로, 2020년 현재 경남에 거주하는 등록 외국인 7만 2천 명과 거소 신고자(국내 체류 동포) 1만 3천 명, 전국 단기체류자 45만 명의 7%인 3만 1,500명을 더해 최소한 11만 7천 명의 이주민이 경남에 있다고 추정하며, 일상적으로 12~13만 명 정도로 보고 있다. 이 중, 60~70% 정도가 노동을 목적으로 한국에 거주하고 있는 이주노동자라고 볼 수 있다는 것이다(경남이주민센터).

(1) 이주노동자의 고용 형태

동포가 아닌 외국인이 국내에서 취업할 수 있는 고용허가제와 국내에 연고가 없는 외국 국적 동포의 취업을 허용하는 '방문취업제'는 이주노동자가 합법적으로 취업할 수 있는 대표적 제도이다. 고용허가제는 고용허가를 받는 주체가 이주노동자가 아니라 외국인을 고용하려는 사용자라는 점이 특징이다. 고용허가제는 고용주가 외국인 고용을 요청하면 정부가 정한 분야의 정해진 인원의 외국인을 선별하여 고용하는 것이다. 외국인 정책위원회에서 외국 인력 도입 업종과 규모, 송출 국가를 결정하고, 송출국 정부는 한국어 시험에 합격한 외국인 구직자 명부를 작성하여 한국 정부에 보낸다. 고용지원센터가 내국인 구인노력 의무를 이행한 사업주에게 고용허가서를 발급하여 사업주가 근로계약을 체결하면, 외국인 근로자는 비전문취업(E-9) 사증을 받아 입국할 수 있다. 비전문취업 비자를 가진 이주노동자들은 매년 근로계약을 갱신하며 입국일로부터 3년간 체류할 수 있는데, 사용자의 요청이 있을 때 1년 10개월까지 연장할 수 있다. 4년 10개월의 체류 기간을 다 채운 경우, 이주노동자는 잠시 본국으로 귀국했다가 '성실근로자 재입국제도'를 이용해 다시 4년 10개월을 근무할 수 있다. 이들의 사업장변경은 체류기간 동안 3회 이내로 제한된다.

동포를 대상으로 한 방문취업제 역시 정해진 총량 쿼터 내에서 요건을 갖춘 인력의 입국을 허용하지만, 허용된 업종 내에서 이주노동자의 자유로운 직업선택과 사업장변경이 가능하다. 동포들은 취업교육을 받은 후 고용센터의 알선이나 구직활동을 통해 특례고용허가를 받은 사용자와 근로계약을 맺어야 하며, 사용자에게는 근로개시 신고의무가 부과된다.

고용허가제는 중소기업의 인력 부족을 해결하면서 이주노동자가 내국인과 일자리 경쟁을 벌이는 것을 방지하기 위해, 외국 인력의 도입 규모와 업종, 사업장별 인원을 엄격하게 제한한다. 이주노동자는 한국인 인력이 부족하거나 취업을 기피하는 3D 업종에만 취업할 수 있고 사업장변경도 자유롭게 할 수 없도록 제한을 받는다. 또한, 정부는 이주노동자의 국내 정주를 방지하기 위해, 이주노동자의 취업 허용 기간을 3년에서 4년 10개월로 제한하여 계약 기간이 만료되면 본국으로 귀국하도록 하는 단기순환 원칙을 적용하고, 국내 입국 시 가족 동반을 금지했다. 성실 근로자 재입국제도는 농·축산업이나 어업, 30인 이하 제조업체(뿌리 산업은 50인 이하)에서 사업장변경 없이 4년 10개월을 계속 근무한 외국인노동자에 대하여 3개월 출국 후 재입국하여 종전 사업장에서 4년 10개월간 더 일할 수 있게 한 것이다. 2020년 현재, 고용허가제 체류 기간 만료로 출국 후 재입국한 노동자가 전체의 36.7%에 달한다(2020년 이민자 체류실태 및 고용조사).

현행 고용허가제의 가장 큰 문제는 이주노동자가 합법적인 방법으로는 사업장변경을 자유롭게 할 수 없다는 점이다. 이주노동자는 사용자가 근로계약을 해지하거나 근로계약 갱신을 거절하는 경우, 휴업·폐업, 고용허가 취소, 사용자의 근로조건 위반이나 부당한 처우 등 노동자의 책임이 아닌 사유로 계속 일할 수 없는 경우를 제외하면, 사업장변경을 신청할 수 없다. 사업장변경의 주요 사유인 휴·폐업, 임금체불, 열악한 작업환경, 상해, 언어폭력이나 성폭력의 문제가 있어도, 이주노동자가 이를 입증해야 한다. 한국어가 익숙하지 않은 이주노동자가 인권 침해와 부당한 처우를 당해도 사용자의 귀책사유와 변경사유를 증명하기란 쉽지 않다. 이주노동자는 어렵게 사업장변경 승인을 받아도 3개월 이내에 새 일자리를 구하지 못하면, 체류자격을 상실한다. 1년 단위 근로계약의 갱신을 거절할 수 있는 권리를 사용자에게만 부여함으로써, 고용 관계는 매우 불평등하다. 이처럼 고용허가제는 1년 단위의 계약 갱신 규정으로 강제근로의 위험과 노동권의 무력화라는 결과를 낳고 있다. 고용허가제라는 제도적 특성이 이주노동자의 사업장변경 사유와 횟수, 기간을 과도하게 제한함으로써, 이주노동자의 인권과 직업선택의 자유를 심각하게 훼손하고, 이주노동자의 체류자격을 고용주의 결정에 위임하는 사적 통치를 허용하고 있다.

한편, 농촌의 노동력 부족이 심각해지면서 정부는 농번기 때 극심한 구인난을 해소하기 위해 계절노동자제도를 도입했다. 계절노동자제도는 이주노동자들이 단기취업(C-4) 비자로 농번기에 입국해 90일 이내로 체류하면서 지정된 농가에서 일하고 본국으로 돌아가는 제도로 2015년 시범사업으로 시작해 2017년부터 확대 시행되고 있다. 계절노동자제도의 운영은 기초자치단체가 필요한 인력을 법무부에 요청하면, 법무부가 검토 후 지자체별로 인원을 배정하고 지자체가 개별농가에 인원을 배정하는 방식이다. 계절노동자는 단체로 입국해 농가로 배정되고, 취업 기간이 종료되면 단체로 출국한다. 체류 기간연장은 허용되지 않으며, 재입국은 농번기 때만 가능하다. 3개월의 체류 기간이 다하면 1개월 동안 본국으로 귀국한 후다시 입국해 3개월을 더 일할 수 있도록 했다. 정부는 현실적으로 농어촌 노동이 90일 이상의 기간이 필요한 점을 반영해, 2019년 12월부터 최대 5개월간 체류할 수 있는 계절근로(E-8) 비자를 새롭게 신설했다. 그리하여 2020년부터 기존의 90일 단기 취업(C4) 비자와 계절근로(E8) 비자를 선택하여 운영할 수 있게 되었고, C-4 비자 역시 허용 인원이 농어가 당 5명에서 6명으로 늘어났고, 8세 미만 자녀를 양육하는 농어가는 출산장려정책으로 별도로 1명씩 더 추가할수 있도록 했다.[2] 〈표 7-5〉 계절노동자를 배정받은 지자체와 인원

---

2   시·도별로 보면, 강원도(1,756명)와 충청북도(1,058명)가 전체 인원의 63.8%를 차지하

〈표 7-5〉 계절노동자 운영 현황

〈표 7-5〉 계절노동자 운영 현황

	배정		운영		이탈		
	지자체	인원 수	지자체	인원 수	지자체	인원 수	불체율 (%)
2015	1	19	1	19	0	0	0
2016	8	261	6	200	2	4	2
2017	24	1,547	21	1,085	6	18	1.7
2018	44	3,655	42	2,824	18	100	3.5
2019.11.	54	4,211	47	3,211	-	-	-
합계	131	9,693	117	7,339	26	122	3.0

자료: 법무부

은 매년 증가하여 2019년 11월까지 전국 54개 기초자치단체에 모두 4,211명이 배정되었고, 2021년에는 37개 지자체가 신청한 계절 근로자 4,631명을 확정했다.

이미 산업연수생제도가 도입될 당시부터 농·축산업에 이주노동 자가 배정되었고, 2009~2010년에는 그 수가 2,000명에서 3,100명 으로 늘었다. 법무부 통계에 따르면 2019년 6월 현재, 전국 농업 분 야에서 일하는 등록 외국인(E-9-3 비자)은 3만 645명이다.[3] 농·축산 업은 근로기준법상 근로시간, 휴일·휴게의 적용을 받지 않아 장시간 노동과 저임금 상황에 내몰리는 경우가 많고, 임금체불, 언어폭력과 폭력, 성희롱과 성폭력, 주거 문제 등 인권과 노동권이 침해당하는

는 반면, 경기도는 2가구에 5명에 불과하고, 경상남도는 1명도 없다.

3 E9 비자의 경우, 한국어 시험 성적이 좋은 사람들은 우선적으로 제조업체로 들어오지만, 상대적으로 성적이 낮은 사람들은 신청 경쟁률이 낮은 농어촌으로 들어오게 된다. 고용노 동부가 EPS 시스템 안에서 인력을 선발해서 데려오고 이를 다시 지자체에 배정하는 것이 다. 농번기 작물 재배 농가는 '짧은 기간, 필요할 때' 고용이 가능한 노동자를 선호한다. 그 러나 농촌 현장에서 일하는 외국인 일용노동자 중 계절노동자 비중은 1.4%에 불과하고 대부분이 미등록노동자이다(한겨레신문, 2021.5.11.).

경우도 적지 않다. 특히 계절노동자는 3개월 단기 노동이기 때문에 퇴직금을 지급할 필요가 없고, 건강보험과 산재보험 의무가입 대상이 아니어서 다쳤을 때 제대로 치료받기 어렵다.

최근 코로나19로 계절노동자 공급이 어려워지자, 정부는 코로나19로 귀국하지 못하고 있는 이주노동자에 대해 '한시적 계절 근로 허용'제도를 시행했다. 이는 취업이 허용되지 않는 방문 동거(F-1) 및 동반(F-3) 비자로 체류 중인 외국인과 체류 기간이 만료되었으나 코로나로 출국하지 못하고 있는 방문취업(H-2) 동포, 비전문 취업(E-9) 외국인 등 79,000명을 대상으로 일손이 부족한 농·어촌에 3개월 계절 근로의 기회를 부여한 것이다. 각 지자체는 농어촌 취업을 신청한 외국인 노동자들을 개별 농·어가에 배정하고 근로계약을 체결하게 된다. 법무부에선 이들의 체류자격을 기타(G-1) 비자로 변경하고, 이들이 농어촌 근무를 마치면, 추후에 다시 비전문취업(E-9) 비자로 재입국할 수 있도록 했다.

문제는 계절노동자를 고용한 사용주가 영세한 농민들이고, 지방자치단체가 농민들의 최저임금 위반이나 임금 체불, 부당노동행위에 대한 근로감독이나 규제를 강화하기 어렵다는 점이다. 현행 고용허가제를 통해 농업노동자를 활용하려면 1년의 근로계약을 보장해야 하지만 농민들은 농번기에만 집중적으로 인력이 필요하기 때문에 단기취업(C4) 비자나 미등록 노동자를 활용한다. 원래 C4 비자는 '일시적 흥행 활동, 광고 패션 활동, 수익이 따르는 강의 강연, 연구 기술지도, 공사 기관과의 계약에 의한 직업 활동, 용역제공 및 정보기술 등 첨단 기술 분야' 등 각종 전문 직종 분야의 단기 비자인

데, 단기간에 노동력을 쓸 수 있는 편법으로 활용된 것이다.

"농민들 같은 경우는 당장 농번기 시절에 농촌 인력이 너무 부족하니까 외국 인력이라도 써야겠다고 정부에다가 건의를 많이 합니다. 현재 고용허가제에 따라 농업노동자로 데려오려면 고용 기간도 1년으로 보장해 줘야 합니다. 농민은 몇 달만 쓰고 안 쓰고 싶거든요. 그러니까 고용허가제 말고 국제기준 안에서 단기간에 노동력을 잘 쓸 수 있는 비자가 C4인 거예요. 지방자치단체가 나서서 보증하는 식으로 불법체류가 없도록 만들어 주면 법무부는 큰 문제가 없다고 생각하는 거죠."

(2) 임금과 사회보험

〈표 7-6〉 2020년 이주노동자의 월평균 임금을 보면, 200~300만 원 미만인 노동자가 전체의 50.5%로 가장 많고, 200만 원 미만인 노동자는 33.2%이며 100만 원에 못 미치는 경우도 4.9%였다. 특히 여성의 경우 51.7%가 200만 원에 못 미치는 최저임금 수준이었다. 체류자격별로 재외동포(F-4)와 방문취업자의 임금이 상대적으로 높아 300만 원 이상이 각각 19.9%와 16.6%, 200~300만 원 미만이 51.3%와 54.2%를 차지한다. 비전문 취업(E-9)자는 200~300만 원 미만이 63.8%, 100~200만 원 미만이 26.8%를 차지한다. 단시간 노동이 다수인 유학생과 대부분 여성인 결혼이민자의 임금수준이 가장 열악하다.

〈표 7–6〉 월평균 임금 수준별 외국인 취업자

(2020. 단위: 천 명, %)

구분	외국인 임금근로자	100만 원 미만	100~200만 원 미만	200~300만 원 미만	300만 원 이상
합계 (구성비)	828.3명 (100.0)	40.7명 (4.9)	234.8명 (28.3)	418.5명 (50.5)	134.3명 (16.2)
남자 (천 명)	100.0 (556.8)	2.6	22.1	54.6	21.2
여자 (천 명)	100.0 (271.5)	10.6	41.1	42.2	6.1
비전문취업(E-9)	100.0 (251.1)	-	26.8	63.8	9.4
방문취업(H-2)	100.0 (116.3)	3.8	25.5	54.2	16.6
전문인력(E-1~E-7)	100.0 (38.7)	-	0.8	51.9	29.5
유학생(D-2, D-4)	100.0 (26.8)	56.7	39.9	3.4	-
재외동포(F-4)	100.0 (186.4)	3.5	25.3	51.3	19.9
영주(F-5)	100.0 (71.4)	4.9	24.8	43.3	27.0
결혼이민(F-2-1, F-6)	100.0 (52.5)	10.7	40.2	36.4	13.0
기타	100.0 (60.5)	4.6	37.2	34.7	23.5

자료: 통계청, 2020년 이민자 체류실태 및 고용조사

이주노동자들의 임금은 연장근로와 휴일근로 시간에 따라 총액에 차이가 난다. 영세사업장의 경우 종종 임금체불이 많이 발생하고, 이주노동자의 상담 사례 중 가장 많은 것이 임금체불이다.[4] 임금체불 외국인 노동자 수는 2017년 23,885명에서 2020년 31,998명으로 3년 새 34% 증가했고 체불 금액도 2017년 783억 원에서 2020년 1,287억 원으로 늘었다. 정부가 대신 지불한 체당 금액도 591억 원으로 증가 추세이다(한겨레신문, 2021.10.4.).

---

4 이주민 지원단체의 경우, 이주노동자의 임금체불 상담이 들어오면, 회사로 연락해 협의하고 해결 방안을 조율한다. 사업주가 이에 불응하면 노동청에 진정하고, 이 단계에서 해결되지 않으면 체불 확인을 받아 소액체당금을 신청한다. 체당금은 회사가 임금이나 퇴직금을 지급하지 못할 때 국가가 근로자에게 이를 지급하고 이후 회사에 대해 구상을 청구하는 제도인데, 소액체당금은 회사가 도산하지 않았는데 체불된 금품이 있으면, 퇴직금 포함 최대 1,000만 원까지 받을 수 있는 체당금이다.

〈표 7-7〉 노동시간은 40~50시간 미만이 55.0%로 가장 많지만, 50시간 이상이 26.4%나 되며, 60시간 이상도 11.8%를 차지해 장시간 노동의 비중이 상당히 높다. 특히 여성의 경우에는 60시간 이상 초장시간 노동이 15.2%나 되며, 30시간 미만의 단시간 노동도 16.1%를 차지해 노동시간이 양극화된 특징을 보인다.

〈표 7-7〉 취업시간대별 외국인 취업자

(단위: 천 명, %)

	외국인 취업자	일시 휴직	20시간 미만	20~30시간 미만	30~40시간 미만	40~50시간 미만	50~60시간 미만	60시간 이상
전체	100.0 (847.9)	2.3	4.3	5.5	6.8	55.0	14.6	11.8
남자	100.0 (574.3)	1.8	3.0	3.8	5.4	59.7	16.5	9.9
여자	100.0 (273.6)	3.5	7.1	9.0	9.8	44.9	10.6	15.2

자료: 통계청, 2020년 이민자 체류실태 및 고용조사

"보통 이주노동자들이 10시간에서 12시간 정도 근로하는 게 제일 많다고 보이고요. 저희가 실태조사를 하면 한 달 휴일은 월 하루나 이틀 정도 쉰다고 나옵니다. 휴가 경우에는 사업장마다 달라서 뭐라고 말씀드리기가 어려운데 정말 모범적인 곳들은 연차를 잘 지켜서 때로는 모아서 고국에 다녀올 수 있도록 해주고요. 좀 못된 곳들은 휴가로 고국을 다녀오면 다녀온 기간 동안 월급을 안 줍니다."

사회보험의 경우, E9(비전문취업), H2(방문취업)의 고용보험은 임의가입이며, 건강보험과 산재보험은 의무가입이지만 실제 가입률은 매우 낮다. 〈표 7-8〉 이주노동자의 54.3%만이 고용보험에 가입되

구분	전체 (%)	가입함 (%)	가입 않음 (%)	모르겠음 (%)
합계 (구성비)	100.0	54.3	37.2	8.5
남자 (천 명)	100.0	56.7	34.9	8.3
여자 (천 명)	100.0	49.0	42.2	8.8
비전문취업(E-9)	100.0	62.3	33.2	4.5
방문취업(H-2)	100.0	41.2	46.9	11.8
재외동포(F-4)	100.0	54.2	38.1	7.6
결혼이민(F-2-1, F-6)	100.0	56.8	34.5	9.0
기타	100.0	47.1	39.7	13.2

자료: 통계청, 2020년 이민자 체류실태 및 고용조사

어 있을 뿐, 나머지는 가입하지 않았거나 가입 여부를 알지 못했다. 남성보다 여성의 고용보험 가입률이 낮으며, 제조업에 취업하는 비전문취업자의 가입률이 62.3%인 데 비해, 서비스 부문에 주로 종사하는 방문취업자의 가입률은 41.2%에 불과했다.[5]

2020년 한 해 코로나19로 많은 노동자가 일자리를 잃었고, 실업자 수는 7만 명으로 전년 대비 1만 9천 명(38.2%) 증가했고, 실업률은 7.6%로 전년 대비 2.1%p 상승했다. 제조업보다는 서비스 부문의 가사도우미, 간병인, 식당 종업원으로 일하던 결혼이민자나 동포들이 코로나19의 영향을 더 크게 받았다. 고용허가제(E-9) 이주노동

---

5   경기도가 2020년 파견 이주노동자 305명을 대상으로 한 조사결과, 경기도 영세 중소제조업 산업단지 노동력의 70%가량을 비정규 이주노동자가 차지하는 것으로 파악되었으며, 파견 업체나 직업소개를 통해 취업한 응답자의 58.9%는 근로계약서를 작성하지 않았으며, 64.5%는 자신의 급여명세서도 받지 못했다. 응답자의 57.9%는 하루 9~12시간 이상 일하는 것으로 나타났다. 그러나 이 중 30%는 연장근로수당을 받지 못했다. 산재보험이 적용되지 않는 경우도 50%를 넘었으며 건강보험에 가입되지 않은 경우도 55%에 달했다 (한겨레신문, 2020.11.30.).

자는 2019년 상반기 21만 8,581명에서 2020년 상반기 19만 9,451명으로 줄었다. 2021년 서울·경기 지역 E-9 이주노동자 278명과 미등록노동자 250명을 대상으로 한 조사에 따르면, 코로나19의 영향으로 응답자의 31.6%가 주 수입원을 잃은 경험이 있으며, 65.3%는 월평균 소득이 줄었다. 소득이 감소한 경우 월평균 76.8만 원이 줄어들었다. 건강보험에 가입한 비율은 48.1%로 절반에 채 미치지 못했다. 미가입자의 88.7%는 불법 취업 등으로 '보험 자격이 안 돼서' 건강보험에 가입하지 못한 것으로 나타났다(한겨레신문, 2021.6.4.).

정부는 2019년 이주민의 건강보험 가입을 의무화해 건강보험 체납 3회 이상이면 체류를 제한하도록 했지만, 이주노동자는 지역가입자 비중이 높아 보험료 부담이 적지 않다. 2020년 7월 기준, 내국인은 지역가입자 비율이 26.8%인데, 이주민은 43.4%였다. 2021년 국가인권위원회 보고서에 따르면, 이주민의 건강보험 가입이 의무화된 2019년 외국인 가구의 월평균 보험료는 그 전해에 비해 30.6% 높아졌는데, 정부가 외국인의 자산과 소득을 정확하게 파악하기 어렵다는 이유로 보험가입자의 소득을 근거로 책정한 건강보험료와 전년도 전체 가구당 평균보험료(2019년 12만 3,080원) 중에 금액이 많은 쪽을 부담하도록 했기 때문이다. 이주민의 월평균 근로소득은 내국인의 67% 수준에 불과한데, 외국인의 보험료 책정에 내국인 가입자의 평균보험료를 기준으로 삼은 것이다. 또한, 이주민의 세대 개념을 내국인과 달리 적용해 노인 부모와 만 19살이 넘은 자녀를 피부양자로 등록할 수 없도록 했다(한겨레신문, 2021.4.12.).

특히 농어촌 지역에서는 사용자가 아예 사업자등록이 없는 경우가 많다. 이 경우 이주노동자는 원천적으로 4대 보험에 가입할 수 없으며, 6개월이 지나면 자동으로 지역 건강보험에 편입되어 본인이 건강보험료 전액을 부담해야 한다. 문제는 체류 기간이 6개월 미만으로 사업체 등록이 안 된 경우 이주노동자가 건강보험에서 배제될 수 있다는 점이다. 현행 고용허가제 신청 단계에서 제조업·건설업·서비스업은 필수적으로 사업자등록증을 제시해야 하지만, 농·축산업은 국립농산물품질관리원이 발급하는 농업경영체 등록확인서만으로 고용허가를 받을 수 있어 직장 건강보험이 적용되지 않는 경우가 많다.[6] 실제 2019년 말에 포천시 비닐하우스에서 사망한 캄보디아 이주노동자는 입국 후 3년간 건강보험에 가입되지 않았고, 2019년 이주노동자의 건강보험 의무가입에 따라 지역 건강보험에 가입된 사례였다(경향신문, 2021.1.1.).

2020년 상반기 기준 산업재해를 당한 이주노동자 수는 3,542명으로 사망자는 47명이었고, 2015~2020년 6월까지 산재 피해자는 3만 7,798명, 사망자는 610명이었다(경향신문, 2020.12.12.). 2017년 기준 이주노동자의 산재 발생률은 1.16%로 내국인 노동자(0.18%)에 비해 6배나 높았고 계속 증가 추세다(경향신문, 2019.10.3.). 2020년 한 해 동안 비전문취업(E9) 노동자의 6.0%가 작업 중 부상을 경험하였고, 부상의 주된 원인은 실수로 56.3%, 사용법(다루는 법)을 몰라서 15.9%, 한국말을 잘 몰라서 11.9%, 안전장치 미설치 또는 보호구

6　이에 정부는 사업자등록이 되지 않은 농어촌의 경우 입국 뒤 6개월이 지나야 건강보험 가입이 적용되던 것을 2021년 3월부터 이주노동자가 입국하는 즉시 건강보험 직장 가입자로 가입시키기로 했다(한겨레신문, 2021.3.3.).

미착용으로 9.9%, 사전 안전교육을 받지 않아서 5.3%였다. 결국, 산재 원인의 43%가 이주노동자의 책임이라기보다 안전장치와 교육의 부족 때문이다(2020년 이민자 체류실태 및 고용조사). 이주노동자들의 산재 발생률이 높은 것은 작업환경이 열악해 산재 위험요인이 많고, 내국인에 비해 힘들고 어려운 작업을 주로 수행하여 유해물질 노출 빈도가 더 높기 때문이다. 산재가 발생할 가능성이 높아도 이를 인지하지 못하는 경우도 많고, 산재 위험에 대한 불안과 공포가 있더라도 작업장을 변경할 수 없기 때문에 대처가 어렵다.

"일 때문에 건강이 나빠지는데 입증하기 어려운 사례가 너무 많다는 겁니다. 사장님이 아프다고 인정해 주면 아픈 거고, 인정을 안 해주면 안 아픈 거예요. 병원 진단서 같은 것은 아무 소용이 없어요. 용접 노동자가 질 나쁜 보안경을 쓰고 계속 일을 하니 눈이 아프고 잘 안 보인대요. '사장은 거짓말하지 마라, 월급 많이 주는 회사로 가려고 네가 수 쓰는 거지, 병원 가 봤자 소용없어'라고 합니다. 사고는 눈에 보이니까 차라리 나을지도 몰라요. 서서히 깊어지는 고통, 입증하기 어렵고 사장이 인정하지 않는 직업병, 회사를 그만두고 싶어도 그만둘 수 없는 고통을 이주노동자들이 외롭게 견디고 있어요"(우다야 라이, 한겨레신문, 2020.12.5.에서 재인용).

〈표 7-9〉 이주노동자의 23.1%는 산재보험에 가입되어 있지 않았고 가입 여부를 잘 모르는 경우가 8.8%였으며, 특히 여성의 경우는 산재 미가입률이 36.6%에 달했다. 상대적으로 비전문취업

자 산재 가입률은 92.3%지만, 방문취업자는 50.8%, 결혼이민자는 59.2%에 불과했다.

<표 7-9> 이주노동자 산재보험 가입률

구분	전체 (%)	가입함 (%)	가입 않음 (%)	모르겠음 (%)
합계 (구성비)	100.0	68.1	23.1	8.8
남자 (천 명)	100.0	74.9	16.9	8.2
여자 (천명)	100.0	53.2	36.6	10.2
비전문취업(E-9)	100.0	92.3	5.0	2.7
방문취업(H-2)	100.0	50.8	37.6	11.5
전문인력(E-1~E-7)	100.0	72.6	11.1	16.3
재외동포(F-4)	100.0	60.2	30.8	9.0
영주(F-5)	100.0	66.4	24.2	9.4
결혼이민(F-2-1, F-6)	100.0	59.2	29.1	11.6
기타	100.0	59.8	26.0	14.2

자료: 통계청, 2020년 이민자 체류실태 및 고용조사

실제, 비전문취업 이주노동자가 산재를 당했을 경우, 산재로 처리한 경우는 35.1%에 불과했고, 사업주가 치료비 전액을 부담하는 공상 35.1%, 건강보험으로 처리 11.3%, 사업주와 공동으로 치료비 부담 7.9%, 본인이 전액 부담 7.3%, 기타 3.3%였다(2020년 이민자 체류실태 및 고용조사).

(3) 미등록노동자 문제

정해진 체류 기간을 넘긴 미등록 이주노동자는 노동법이나 사회 보장제도의 혜택을 받을 수 없을 뿐 아니라, 사용자의 임금 체불이나 인권 침해에 대항해 자신을 보호할 수 없는 대표적인 취약노동자

이다. 2019년 3월 현재 미등록 체류자는 356,095명으로 전체 체류자 237만 9,805명의 14.9%에 달하며, 2000년부터 2017년까지 단속으로 강제 퇴거 된 사람만 340,800여 명에 달했다. 이러한 급증세에는 2018년 평창올림픽 성공과 외국인 관광객 유치를 위한 무사증 확대가 크게 작용했다. 2018년 상반기에 증가한 미등록 체류자 61,305명 중 52,213명이 무사증 입국자였다(한겨레신문, 2019.5.13.). 이들은 사용자와의 관계에서 자신의 권리를 주장하기 어려운 사회적 보호 대상이지만, 동시에 체류 기간을 넘긴 단속과 추방 대상이기 때문에 사회적 보호에 어려움이 있다.

> "우리가 보통 불법체류자라 하면, 듣는 어감에 이 사람들이 불법적이고 탈법적인, 아주 못된 사람들 같고 잡아가야 할 것 같은데, 엄밀히 얘기하면, 체류 기간 초과(over stay)예요. 체류 허가 받은 기간보다 조금 더 머물고 있을 뿐입니다. 이런 경우는 보통 과태료 대상인 거죠. 실제로는 가벼운 일들인데 공무원들은 통보하게끔 되어 있으니까. 체류 기간을 넘긴 이주민들한테는 늘 부담이고 두려운 문제이지요."

미등록노동자들은 법적으로 불법체류자로 단속과 추방의 대상이지만, 이들이 불법으로 내몰리게 된 것은 현행 이주노동자 제도의 한계 때문이다. 제도적으로 이주노동자가 사업장변경을 할 수 없도록 하여 사용자의 인권 침해가 발생하기 쉽도록 만든 것이다.

> "사실 불법체류자가 있는 이유는 불법체류자를 쓰는 사업주가

있기 때문이에요. 사업주가 쓰지 않으면 불법체류자가 있을 수가 없습니다. 이주노동자는 일이 없으면 떠날 수밖에 없거든요. 불법체류자를 쓰는 사업주에 대해서 엄격하게 단속하고 처벌하면 아마 단시간 내에 해결될 것입니다. 하지만 그렇게는 하지 않습니다. 그러면 당장 사업주들에게서 반발이 나오겠죠. 그런 부분에 대한 부담을 다 이주노동자들에게 떠넘기는 거죠. 어떻게 보면 강제노동으로 볼 소지가 있습니다. 이런 제도 속에서 인권 침해가 계속 일어나는데, 이 인권 침해들이 사업장변경을 할 수 있는 사유에 해당한다는 것을 명확하게 하지 않으면, 이 사람들은 이탈할 수밖에 없거든요."

문제는 법적으로 불법체류자인 미등록이주노동자에 대한 정부의 사회적 보호가 가능하고 적절한가 하는 점이다. 현재 미등록이주노동자가 임금체불이나 부당노동행위를 당했을 때 상담이나 법률구제와 같은 보호를 받을 수 있는 제도는 거의 존재하지 않는다. 미등록이주노동자가 임금체불을 당했을 때 노동부에 진정을 넣으면, 근로자 여부와 체불 여부만 판정하고 불법 여부를 따지지는 않지만, 실제 이들에 대한 상담이나 지원 사업은 거의 이루어지지 않는다. 산업인력공단의 제도적 지원을 받는 외국인노동자 지원센터가 미등록 이주노동자를 대상으로 한 사업은 하지 않기 때문이다. 출입국관리법 46조에 공무원은 불법체류자임을 확인하면 출입국관리소에 통보하게 되어 있어, 지방자치단체가 미등록노동자를 행정적으로 지원하기가 어렵다. 특히 코로나 사태로 선제적 검사가 필요한 상황에서, 미등록노동자에 대한 행정적 관리가 이루어지지 못하면 방역

상의 허점이 발생할 위험이 크고, 인권 보호와 방역 관리라는 측면
에서 이들에 대한 정책적 지원의 필요성이 적지 않다.

(4) 주거환경

'외국인 근로자 숙식 정보제공 및 비용 징수 관련 업무지침'에 따
르면, 이주노동자를 고용한 사업주는 숙식을 제공한 뒤 그 비용을
징수할 수 있고, 적법한 절차를 거쳤다면 사전 공제도 가능하다. 아
파트·단독주택·다세대 주택 등에서 숙식을 제공하면 매월 통상임금
의 20%를 상한액으로 비용을 징수할 수 있다. 비닐하우스 같은 시
설은 13%까지 징수한다(경향신문, 2020.12.12.). 이주노동자 전체 133만
명 중 일반주택 거주자가 75만 9백 명, 아파트 255,900명, 기숙사
195,400명, 기타 129,600명이다. 기타 주거시설 거주자 중에는 여
성이 38,300명이다(이민자 체류실태 및 고용조사). 농어촌의 경우, 농장에
서는 이런 환경을 제공하면서 보통 이주노동자 1인당 월 10~30만
원 정도 숙식비를 공제한다(경향신문, 2021.1.2.).

> "현재 외국인 노동자 대부분이 회사 내에, 농장이라면 농장 옆
> 에 거주하고 있거든요. 제조업체면 엄청난 소음과 진동이 있잖
> 아요. 그런데도 그런 기숙사를 용인하고 있습니다. 그러면서 임
> 시 주거시설까지도 주거시설로 인정하고 있고요. 적게는 8%에
> 서 20%까지 숙식비를 공제하게 되어 있습니다. 이건 잘못된 제
> 도이거든요. 왜 이주노동자에게 숙식을 제공하냐면 사용자는
> 이주노동자가 바로 옆에 기숙사에 있어야 일 시키기가 편합니
> 다. 그래서 사실은 사용자 편의를 위해서 숙식을 제공해 왔거든

요. 그런 게 아니면 누가 시끄럽고 막 더럽고 진동이 심한 곳에서 살려고 하겠어요. 그런데 2017년도에 최저임금이 올라가니까 숙식비를 공제할 수 있도록 지침을 통해 실질적인 임금 삭감을 하는 거죠."

현재 이주노동자의 주거환경은 매우 열악하다. 외국인 고용허가를 받은 사업장 15,773곳 중 노동부가 정한 외국인 숙소 최저기준에 못 미치는 곳이 5,003곳으로 31.7%에 달했다(한겨레신문, 2020.12.24.). 2021년 캄보디아 노동자가 비닐하우스 숙소에서 사망한 사건과 관련해, 경기도가 도내 외국인노동자 주거환경에 대한 전수조사를 벌인 결과, 비거주 지역에 숙소를 둔 곳이 49%를 차지했고, 비닐하우스 안 가설건축물은 38%로 조사됐다. 겨울철 난방대책으로 보일러가 설치된 숙소는 60%에 불과했고, 25%는 화장실이 외부에 있었고, 11%는 샤워 시설이 숙소 밖에 있었다(한겨레신문, 2021.2.26.).

"어촌에 있는 사람들은 배에서 잡니다. 바다 한가운데서 띄워진 배에 숙소를 대충 만들어 놓고 자거든요. 뱃멀미하면서 자는 거예요. 양식장 비슷하게 해둔 그런 곳에서 생활하는 사람들도 있거든요. 농촌에서는 까만 비닐하우스 안에다가 샌드위치 패널로 대충 만들어서 그 안에 사람들이 삽니다. 그건 근로기준법 상의 기숙사 환경에 분명히 못 미치는데 다 피해 가는 거예요. 주거환경에 대한 최저기준뿐 아니라 필수기준을 두어서, 일하고 난 뒤 편하게 쉴 수 있도록 소음, 진동, 더위, 추위와 화장실,

세탁에서 스트레스에 노출되지 않고 편히 쉴 수 있는 그런 기숙사가 마련되어야 해요. 농어촌의 영세사업주가 그걸 맞출 수 없다면, 지자체가 지원해서 그 사람들이 살 수 있는 동네, 읍내에라도 숙소를 마련해서 일부라도 지원해야지요."

이에 고용노동부는 '비닐하우스 안 가설건축물'을 금지하는 대책을 발표했다. 고용노동부는 비닐하우스 내 컨테이너와 조립식 패널을 숙소로 제공하는 경우 고용주의 신규 고용허가를 불허하고, 비닐하우스 안 가설건축물을 숙소로 이용 중인 외국인 근로자가 희망한다면 사업장변경을 할 수 있도록 했다.[7] 다만 이주노동자가 사업장을 바꾸려면 정부 고용복지센터에 신고하고 변경 사유를 증명해야 한다. 농지법 시행규칙에서 규정하는 창고 용도의 '농막'을 이주노동자 숙소로 제공하는 일도 빈번했다. 농지 위에 지어진 '비닐하우스 안 가설건축물' 숙소는 농지를 농사 외에 다른 용도로 사용하는 것이기 때문에 원래 금지된 것이었다. 그런데 농장주가 지방자치단체로부터 '가설건축물축조 신고필증'을 받고 정부가 현장 점검을 마치면 가설건축물이라도 이주노동자 숙소로 활용할 수 있게 했다. 정부가 가설건축물을 전면금지하기 어려운 것은 농업단체 반대 때문이다. 영세농들은 농가 주택을 짓거나 전세 보증금을 마련할 형편이

---

7 정부는 2021년 3월 '외국인근로자 근로조건 보호 사각지대 해소 방안'을 발표하고, 이주노동자가 사업장 변경신청을 할 때 적용되는 '본인 책임이 아닌 사유'를 확대했다. 정부는 고시 개정을 통해 이주노동자의 책임이 아닌 사유에 비닐하우스 등 불법 가설건축물을 숙소로 제공한 경우, 농한기 및 금어기에 권고 퇴사한 경우, 사업장에 중대재해가 발생한 경우, 외국인 근로자가 3개월 이상의 휴업이 필요한 신체적, 정신적 부상 또는 질병이 발생한 경우를 추가했다(한겨레신문, 2021.3.3.).

안 되기 때문이다. 이에 현재 경남 밀양시에는 817명의 농업 이주노동자와 388개의 농가가 있는데, 밀양시는 이주노동자를 고용한 농가에 임대 보증금 명목으로 저리로 3천만 원을 융자해 주기로 했고 노동계에서는 지자체가 관리하는 이주노동자 공공기숙사를 제안하기도 했다(매일노동뉴스 2021.4.1.).

경기도는 '외국인노동자 쉼터 환경개선 사업'을 추진하기로 했는데, 이주노동자 쉼터는 재해나 실직으로 갈 곳이 없는 이주노동자들이 임시로 거주하는 시설이다. 사업 첫해인 올해는 외국인 지원 관련 비영리법인 및 단체들이 운영하는 쉼터 20여 곳을 대상으로 500~1,000만 원의 비용을 지원해 생활공간을 개선하기로 했다(프레시안, 2021.2.22.). 전주시도 사업장 폐쇄나 실직으로 거처를 잃은 이주노동자(2020년 11월 기준 1,082명)에게 무료로 임시 쉼터를 최대 10명까지 제공한다(2021.7.15.).

(5) 부당한 대우와 인권 침해

고용허가제 내에서 이주노동자들이 겪는 가장 큰 어려움은 사용자 허락 없이는 사업장변경이 불가능하다는 점과 함께 출국만기보험, 퇴직금 문제다. 퇴직금은 원래 퇴직 후 14일 이내에 지급해야 하는데, 이주노동자들은 출국할 때 공항에서 받도록 하고 있기 때문이다.

비전문취업 이주노동자의 35.1%는 직장을 옮긴 경험이 있고, 이전 직장의 퇴사 이유는 '회사의 사정이 안 좋아서' 26.8%, '임금이 낮아서' 18.5%, '일이 힘들거나 위험해서' 16.3%였고, '임금이 체불 되어서' 7.9 %, '더 좋은 일자리가 생겨서' 6.7%, '숙소 또는 작업장 환경이 안 좋아서' 5.4%, '다치거나 아파서' 2.0%의 순이었다.[8] 현재 직장으로 이직 시 가장 힘들었던 사항 중 9.5%의 노동자는 '이전 직장에서 동의해 주지 않아서'를 가장 중요한 요인으로 꼽았다(이민자 체류실태 및 고용조사).

> "ㄹ은 임금을 제대로 못 받았고, ㅁ은 사용자가 무면허로 지게차를 운전하라고 요구해서 다른 직무를 요청하니 출신국으로 돌려보내겠다고 협박했습니다. ㅂ은 근로기준법에 금지된 위약금 명목으로 사용자가 300만 원을 갈취하려 들었고, ㅅ은 유해한 유기용제를 다루다 산재를 당했음에도 보호 장구 지급 요구를 거절당했고, ㅇ은 중대 산재 사고로 극심한 트라우마에 시달리면서도 같은 회사에서 계속 일해야 했습니다. 누구라도 일을 계속하고 싶지 않을 만한 상황입니다만, 법률과 고시에 나열된 '변경 사유'에 해당하지 않는다는 이유로 고용노동부는 이 노동자들을 내쳤고, 사용자는 '놓아주지' 않았습니다. 이들은 사실상 '노예노동', '강제노동' 상태에 놓여 있습니다"(우다야 라이, 2020.12.5. 한겨레신문 재인용).

비전문취업 이주노동자들이 지난 1년간 한국 내 직장에서 경험한 어려운 사항은 복수 응답으로 '빠른 작업 속도로 인한 어려움'이 9.2%로 가장 많았고, '작업 중 부상' 6.0%, 욕설 4.2%, 직장 내 한

---

8 비정규 이주노동자들은 한국에서 생활하는 데 언어불통(17.4%)과 장시간 노동(13.2%), 내국인과의 차별(11.2%)을 힘든 점으로 꼽았다. 가장 필요한 일로는 '고용 안정'(22.4%)과 '언어 지원'(15.3%)을 꼽았다. 이주노동자 임금 체불 피해는 계속 늘어나는 추세다(한겨레신문, 2021.6.4.).

국인과 갈등 4.0%, 작업으로 인한 질병 3.5%, 임금 체불 또는 부당 해고 3.3%, 여권 압류 또는 외출 통제 1.2%, 신체적 위해 및 기타 1.2% 순이었다(이민자 체류실태 및 고용조사).

2013년부터 2017년 7월까지 5년 동안 고용부에 접수된 이주노 동자의 '직장 내 성폭력' 피해 건수는 19건(피해자 22명)이었고, 이 중 17건은 사업주나 관리자가 가해자로 지목됐으나, 8건은 사업주가 과태료를 부과받거나 피해자가 사업장을 옮기는 선에서 마무리됐 다. 국가인권위원회가 2016년 실시한 '제조업 분야 여성 이주노동 자 인권상황 실태조사'에서는 응답자 385명 가운데 45명(11.7%)이 성희롱·성폭행을 겪었다고 응답했다(한겨레신문, 2018.10.5.).

2020년 11월 국가인권위원회가 국내 거주 이주민 307명을 대상 으로 한 설문조사에서 '코로나19로 가장 힘든 점'(복수 응답)으로 '소 득 감소로 인한 경제적 피해'(65.7%)를 꼽았다. 코로나19 관련 정부 정책과 제도에서 차별당한 경험이 있다고 답한 이주민은 73.8%였 다. 이 중 긴급재난지원금 지원 배제(복수 응답)가 30.8%로 가장 많았 고 '이해할 수 없는 언어로 오는 재난문자'(29.8%), '이해할 수 없는 언어로 된 코로나19 관련 안내·상담'(22.8%), '공적 마스크 구입배 제'(16.6%) 등이 꼽혔다(경향신문, 2021.1.2.).[9]

---

9 외국인이주노동운동협의회가 선정한 2020년 이주 인권 10대 뉴스로, 고용허가제 사업장 변경 제한 헌법소원, 이주민 재난지원금 제외, 이주민 공적 마스크 구입 차별, 차별금지법 제정 촉구, 어업 이주노동자 실태 고발, 임금체불 피해자에게 출국 권고한 법무부, 폭우 이 재민의 80%인 이주노동자에 대한 수해지원금 배제 등이 뽑혔다(경향신문, 2021.1.2.).

(6) 정책과제

정부의 이주민 지원은 결혼이민자와 다문화가정에 집중되어 이주노동자에 대한 지원은 인색한 편이며, 미등록노동자는 아예 정책 대상에서 제외되어 있다. 이주노동자에 대한 정책적 지원과 관련하여, 지방자치단체는 법적인 근거가 없기 때문에 적극적으로 나서기가 어렵다. 현행 '외국인 처우 기본법'에 따르면, 지방자치단체는 5년마다 해당 자치단체에 있는 외국인 주민에 대한 정책을 수립하고 이를 집행해야 한다. 이 외국인 주민 중 다문화가정이나 결혼이민자에 90% 이상의 예산이 집중되고 있는데, 외국인 주민의 다수를 점하는 이주노동자에 대한 예산은 매우 부족하다.

"경남은 외국인 주민 예산의 93%가 다문화가족에 들어가고 나머지 7% 정도가 외국인노동자에게 들어갑니다. 중앙정부로부터 예산을 받을 때 외국인 주민 수와 증가 인원을 반영해서 예산을 받는데, 예산을 쓸 때는 다문화가족지원센터에 거의 90% 이상을 지출합니다. 현재 경남의 등록된 외국인 약 7만 8천 명 중 다문화가족이 1만 2천 명이고, 도내 전체 외국인의 60%인 이주노동자에 배정된 예산은 아주 적습니다."

현재, 지자체의 이주노동자 정책은 조례에 근거해 설립한 외국인 주민지원센터를 통해 주로 이주노동자의 지역사회 적응사업에 집중되어 있다. 2020년 개정된 "경상남도 외국인 주민지원조례"에 따라, 경상남도는 외국인 주민에게 필요한 행정서비스를 제공하고 외국인 주민의 지역사회 적응을 위한 사업과 인권 보호 시책을 추진하는 기관으로 '경상남도 외국인주민지원센터'를 설립했다. 현재, 경상남도외국인주민지원센터는 경남이주민노동복지센터에 위탁·운영하고 있는데 주로 상담과 교육, 문화 및 복지 사업을 통해 외국인주민이 일상생활에서 겪는 고충을 상담하고, 한국어교육과 주민의 문화예술 향유 기회 향상, 주거환경 개선과 무료진료사업, 지원 단체 네트워크 구축을 통한 방역 대응 사업을 진행하고 있다.

여전히 임금체불이나 직장 내 인권 침해, 빈발하는 산업재해나 의료체계 접근성, 열악한 주거환경 개선 등과 관련하여 이주노동자에 대한 정책적 과제가 적지 않다. 무엇보다 지자체가 수행할 수 있는 정책적 사업으로 근로기준법 준수나 산업안전과 관련한 사업주의 인식개선 교육이나 교육 참여에 대한 인센티브 제공, 이주노동자 실태조사나 전수조사, 외국인노동자를 고용한 업체들 특히 소수업종에 대한 전수조사가 필요하고, 이를 위한 인력과 예산지원이 확대되어야 한다. 이주노동자의 산업재해가 빈발하고 있는 현실에서, 이주노동자의 입국 전 산업안전 교육을 확대하고, 안전보건 위험 대응방법, 작업중지권, 산업재해 신청권 등 교육체계 전반을 정비하는 것이 필요하다. 또한, 소외계층 무료진료사업에 대해서도 지방자치단체의 예산지원을 대폭 확대해야 한다는 지적이 많다.

"소외계층 무료진료사업이 이뤄지고 있는데, 이게 현재 다른 시도와 비교해 봤을 때, 우리 경남도는 좀 약하다고 말씀드릴 수밖에 없습니다. 예를 들어 부산 같은 경우에 우리보다 숫자가 적거든요. 이주노동자 수는 절반 정도인데 사업비는 우리의 2

배예요. 대구는 더 적은데 사업비는 4배예요."

이주노동자들의 경우 언어나 신분상의 제약, 영세사업장의 현실이 중첩되어 노동시장의 최하층에 있는 취약노동자로, 기본적인 인권과 노동권, 부당한 처우에 대한 사회적 보호가 시급하다. 장기적으로 저출산·고령화에 따라 이주노동자 유입은 증가하고 있지만, 우리 사회의 문화 다양성에 대한 인식은 여전히 취약하다 보니 이주민에 대한 차별과 편견이 적지 않다. 이주노동자에 대한 노동권 보장과 사회적 보호를 위해, 제도의 개선과 문화적 가치의 변화, 일상의 어려움에 대한 실질적 지원이 필요하다.

2) 건설일용노동자

건설노동자는 건설회사에 고용된 정규직 직원을 제외하면 대부분 임시 일용직 형태의 기능 인력이다. 「산업재해보상보험법 시행령」 제23조에 따르면 "일용근로자"는 1일 단위로 근로계약을 체결하고 그날의 근로가 끝나면 사용종속관계도 끝나 계속 고용이 보장되지 않으며, 근로일수에 따라 일당 형식의 임금을 받는 근로자를 말한다. 흔히 '노가다'라는 말이 건설일용노동자를 지칭하는 용어로 사용되기도 한다. 그러나 일용근로자라고 하더라도, 장기간 공사가 진행되는 현장에서는 임금만 일당 형식으로 지급할 뿐 공사가 완료되기까지 고용 관계를 계속 유지하는 경우가 적지 않다.

경남 지역의 건설업 종사자는 2019년 77,419명에서 2020년 82,117명으로 증가했고, 제조업 종사자 수의 1/5을 넘는 규모이

<표 7-10> 종사상 지위별, 시군별 건설업 종사자 수(2019)

	경상남도	창원시	진주시	김해시	양산시	거제시	사천시	밀양시	통영시
전체	86,226	23,205	12,128	10,408	6,323	10,723	3,211	2,489	2,336
상용근로자	43,665	10,801	4,907	5,295	2,212	8,696	1,483	1,366	1,050
임시 및 일용	30,781	8,798	5,629	4,105	2,539	1,675	1,225	793	628
자영업자	5,619	1,852	654	768	538	302	176	184	232
무급가족	1,217	427	121	158	143	49	57	30	50
기타 종사자	4,944	1,327	817	82	891	1	270	116	376

	의령군	함안군	창녕군	고성군	남해군	하동군	산청군	함양군	거창군	합천군
전체	719	1,586	1,356	1,676	1,314	1,355	1,112	1,721	2,815	1,749
상용근로자	409	1,014	680	973	544	667	580	809	1,126	1,053
임시 및 일용	263	335	436	510	559	580	412	657	1,015	622
자영업자	39	115	112	127	116	79	80	76	106	63
무급가족	7	23	21	28	30	13	15	16	18	11
기타 종사자	1	99	107	38	65	16	25	163	550	0

자료: 경상남도, 「경상남도 사업체 조사」

다(고용노동부, 사업체 노동력조사 2020). 〈표 7-10〉 2019년 현재 건설업 임시·일용노동자 686,828명 중 경상남도의 임시일용노동자 수는 30,781명이다. 이는 경상남도 전체 임시일용근로자 149,141명의 20.6%이고 경남의 건설업 상용근로자 43,661명의 70.5%에 달하는 수치다(고용노동부, 사업체 노동실태 현황, 2019).

지역별로 보면, 경남 지역의 건설업 임시일용노동자 3만 781명 중 창원시가 8,798명으로 가장 많고 진주시 5,969명, 김해시 4,105명, 양산시 2,539명, 거제시 1,675명, 사천시 1,225명, 밀양시 793명, 통영시 628명이며, 군 단위에서는 거창군 1,015명, 함양군 657명, 합천군 622명으로 상대적으로 많은 편이다. 지역별로 진주, 창원, 양산, 김해, 사천에서 임시일용노동자 비중이 상대적으로 높으

〈표 7–11〉 건설업 고용현황(상용+임시일용, 2021. 06.)

〈표 7–11〉 건설업 고용현황(상용+임시일용, 2021. 06.)

산업 분류	지역별	종사자 전체	상용+ 임시일용	종사자 기타	입직자 (명)	입직률 (%)	이직자 (명)	이직률 (%)
전 산업	전국	18,811,861	17,638,841	1,173,021	948,787	5.4	901,343	5.1
	경남	1,117,934	1,064,175	53,759	61,227	5.8	57,036	5.4
건설업	전국	1,403,202	1,378,298	24,904	286,186	20.8	281,078	20.4
	경남	79,304	73,980	5,324	28,278	38.7	26,473	36.2

자료: 고용노동부, 사업체 노동력조사

며, 거제, 밀양, 통영, 함안에서는 상용근로자 비중이 상대적으로 높게 나타난다.

〈표 7-11〉 사업체 노동력조사(2021.6.)에 따르면 상용직과 임시일용직을 포함한 건설업의 입직률과 이직률은 각각 20.8%와 20.4%로 전 산업의 입직률 5.4%, 이직률 5.1%의 4배에 달한다. 특히 경남 지역 건설업의 입직률과 이직률은 38.7%, 36.2%로 전국 건설업 평균에 비해서도 고용의 유동성이 높게 나타난다.

(1) 고용 형태

건설일용직 노동시장의 열악한 상태와 관련하여 가장 많이 지적되는 것이 건설업의 다단계 하도급 구조와 중층적 고용 관계다. 방하남에 따르면, 건설업의 생산구조는 주문생산에 따른 건설 수요의 불안정성과 수많은 복합공정을 통해 완성되는 생산물의 복합성으로 요약된다. 건설업은 수요에 맞추어 '선 입찰, 후 수주'의 형태로 영위되며, 발주처가 종합건설업체를 선정해 건설을 맡기면, 전체 건설공정은 다시 하도급 입찰을 통해 여러 전문건설업체가 나누어 맡는다. 전문건설업체들의 입찰 경쟁은 매우 치열하며, 대부분 도급을 받기 위해 최저가 경쟁이 이루어지므로 이윤을 남기기 위해서는 노무비를 포함해 비용을 최대한 줄여야 한다(참여와 혁신, 2019.2.1.). 건설업체들은 고정비용과 수요 불안정에 따른 위험부담을 하도급을 통해 분산시키는 전략을 추구하고, 그 결과 원청-하청-재하청-십장-일용노동자로 이어지는 중층적 하도급 구조가 형성된다. 하도급 입찰을 할 때, 전문건설업체들은 기능 인력을 보유하지 않으며, 일이 있을 때만 계약을 맺는 5~6명 단위의 작업팀이 실제 작업을 담당한다. 하청계약은 일정한 건설공정을 일정 기일에 끝내는 것으로만 계약하고 구체적인 작업 방식이나 비용지출은 하청을 맡은 십장에 맡겨진다(방하남, 1999).

중층적 하도급 구조 속에서 건설업체들은 필요한 최소인력만 직접 고용하고 생산에 필요한 인력 대부분은 임시·일용직에 의존하는 '선택적 고용전략'을 추구하게 된다.[10] 이런 조건에서 건설일용직 노동시장은 공식적 경력이나 승진기회가 없는 완전한 외부노동시장의 성격을 띤다. 외부노동시장에서 노동자의 소득은 작업 일수와 직접 연계되며, 진입과 퇴출에 따른 기회비용이 낮아 노동력 이동이 많고 노동자들은 일시적 고용 관계 속에서 노동법과 사회보장의 사각지대에 남게 된다. 실제 작업조직은 팀장인 십장(오야지) 휘하에 월급제 반장이 있고 그 밑에 숙련기능공, 기능공의 작업을 보조하며

---

10 한국과 달리, 독일은 입찰을 진행할 때 업체가 건설노동자를 고용하고 있을 때만 수주할 권한을 부여하고, 시공 실적이 아니라 실제 건설노동자들의 작업 가능 여부를 확인해, 직접 고용을 유도한다.

기능을 익히는 비숙련 조공, 특별한 기능 없이 공사 진행을 보조하는 단순 노무인력(잡부)이 존재한다. 기능공과 조공은 십장에게 일당을 받는 작업팀을 이루며, 잡부는 시공업체에 일당제로 고용된다(윤영선·안정화, 1992). 건설일용노동자의 취업은 보통 비공식적인 인적 연결망이나 인력시장, 직업소개소를 통해 이루어진다. 보통 이전 공사현장에서 맺어진 관계나 소개를 통해 새로운 공사현장으로 취업이 이어지며, 기능이나 경력이 없는 조공이나 일용잡부는 대부분 인력시장과 직업소개소를 통해 고용된다(방하남, 1999).

> "대기업에서 공사를 따요. 그러면 여기서 계약을 따내고 자기들은 손에 코도 안 묻히고 수익금 챙겨 가면 그 뺀 나머지 그 금액 가지고 하청을 찾아요. 그러면 그 돈이라도 하겠다고 하면, 두 번째 하청이 이거 갖고 하면 우리 돈 남겠냐 안 남겠냐. 우리도 이거 이만큼 먹고 빠지자 그러면서 또 재하청을 줘요. 그러면 제일 밑에 있는 사람들은 법대로 인원 충원해 가면서 일을 하면 손해가 돼요. 그래서 밑으로 내려오면 내려올수록 규정을 안 지킬 수밖에 없어요. 전부 하청 줬잖아요. 그러니까 본사 직원들은 문의가 들어와도 우리가 안 했다고 책임을 회피하잖아요. 그런데 그 일한 팀은 벌써 부도나고 해체되고 없어요."

건설일용노동자의 열악한 고용조건은 중층적 하도급 구조 속에서 공식적 근로계약을 맺지 않는 고용관계와 비공식적인 취업 알선, 노동수요의 불규칙성과 계절성, 그에 따른 고용과 소득의 불안정, 높은 산업재해와 낮은 산재처리, 고용보험 적용의 어려움, 건강보험 및 국민연금과 같은 사회안전망으로부터의 배제, 고령화에 따른 노후불안 등으로 정리될 수 있다.

현재 건설일용노동자의 중요한 특징 중 하나는 50대 이상 고연령층 비중이 매우 높다는 점이다. 2018년 말 현재 전체 건설근로자의 약 75%가 기능 인력인데, 이들의 연령은 20대 5.7%, 30대 13.5%, 40대 28.0%, 50대 36.5%, 60대 이상 16.3%로, 고령화 속도가 매우 빠르다(통계청 '경제활동인구 조사', 심규범, 2019에서 인용). 〈표 7-12〉에서 2019년 현재 건설노동자의 평균연령은 48.6세로 제조업 평균 42.5세에 비해 매우 높고, 평균 근속기간은 2.7년으로 제조업 평균 6.4년에 비해 훨씬 짧아, 고연령 비정규직이 다수를 이루고 있음을 알 수 있다(통계청, '일자리 행정통계').

〈표 7-12〉 산업대분류별 평균연령, 평균 근속기간, 평균소득, 중위소득

	2019				2018			
	평균연령	근속기간	평균소득	중위소득	평균연령	근속기간	평균소득	중위소득
전산업	44.4	5.3	309	234	43.9	5.1	297	220
제조업	42.5	6.4	396	315	42.3	6.0	381	300
건설업	48.6	2.7	245	175	48.1	2.5	234	168

자료: 통계청, 「일자리 행정통계」

최근 1년 이내 퇴직 공제제도에 가입한 이력이 있는 건설근로자 1,222명을 대상으로 한 '2020 건설근로자 종합생활 실태조사'에 따르면, 건설현장 평균 진입 연령은 36.6세이고, 평균 경력은 13.7년이다. 구직경로는 '팀장·반장·기능공 등 인맥' 84.7%, 유료직업소개소 6.8%의 순이며, 응답자의 월평균 근로일수는 동절기 16.1일, 춘

추·하절기 20.2일로 근로일수가 많지 않고 계절적 차이가 크다. 건설근로자의 연간 근로일수는 평균 230.1일로, 한 달에 20일 이상 일하는 경우는 하절기 78%, 동절기 45.8%에 불과했다.

현장의 근로계약 형태를 보면 '계약서를 직접 보고 읽으면서 작성했다'는 응답이 55.6%로 가장 높지만, '서명만 했다'는 응답도 29.0%로 적지 않았다. 플랜트 현장에서는 '계약서를 직접 보고 읽으면서 작성했다'가 77.1%로 높았지만, 소규모 건축현장에서는 '구두계약'이 14.6%, '구체적 계약이 없었다'가 14.2%로 높게 나타났다(건설근로자공제회, 2020.11.19.). 특히 인력사무소를 통해 현장을 소개받는 일용노동자들은 인력사무소로부터 소개수수료를 뺀 일당을 받지만, 공식적인 근로계약서를 작성하는 경우는 거의 없다. 일종의 파견 업체인 인력사무소는 인력이 필요한 건설현장과 노동자를 연결해 주는 역할을 할 뿐이다.

인력사무소의 소개로 일거리를 구할 수 있는지는 개별노동자의 업무능력에 대한 건설현장의 평판에 달려 있다. 인력사무소는 현장의 평판이 좋은 사람들에게 이후에도 더 많은 일거리를 소개하게 되고, 현장의 평판에 따라 건설일용노동자들의 일감 구하기는 큰 영향을 받는다. 소개료를 받고 일감을 소개하는 인력사무소로서는 일을 잘못하거나 현장의 평판이 좋지 않은 사람에게 계속 일을 소개하는 것이 부담스럽기 때문이다.

"인력소개소는 0.8%의 소개수수료를 떼는 거죠. 인력사무소에서 이제 어느 현장을 가든지 이 친구 괜찮다, 다시 불러 달라,

평판이 좋은 사람들은 거의 쉬지 않고 일을 할 수 있고요. 가면 뭐 개기고 일시키는 대로 안 하고 조건 따지고 싸우고 하는 사람은 내보내도 욕을 먹으니까 그런 사람들은 일부러 일을 좀 뜸하게 보내고 하지요. 어차피 인력사무소가 소개업인데, 이 사람을 보냈을 때는 좋은 소리 듣고, 저 사람을 보냈을 때는 나쁜 소리를 듣게 되니까, 나쁜 소리 듣기 싫잖아요. 그러면 저 사람은 덜 내보내는 거예요. 이 사람이 현장에 적응해 그 사람들이 원하는 일을 잘할 때는 다시 불러주는데, 그렇지 않으면 아예 그 사람을 다시 보내지 말라고 이렇게 해버리거든요."

근로계약이 공식적으로 이루어지지 않다 보니, 임금 역시 통장으로 입금하거나 직접 현금을 지급하는 등 인력사무소마다 일당을 지급하는 형태가 다양하다.

"오늘 통장으로 보내주세요. 그러면 난 그런 건 안 한다, 그 내일 아침에 일하러 와서 받아가라, 이런 식으로, 그러니까 자료를 안 남기는 소장이 있어요. 그 근거를 안 남기는. 열 군데 중에 두 군데는 통장, 한 여덟 군데는 현금이라고 보시면 돼요."

이러한 일당 지급 방식 때문에 일용노동자들은 코로나 사태와 같은 재난에 처했을 때 정부의 재난지원금 지원을 위해 필요한 증빙서류를 갖추기가 쉽지 않다.

"정부지원금을 받기 위해서는 증빙자료를 떼야 해요. 여기에 필요한 서류를 써 달라고 했을 때 그걸 꺼리는 소장들이 많아요. 이 사람이 언제부터 언제까지 우리 인력사무소에 나와서 일을 하고 있고 월 며칠 정도 일하고 있다는 내용을 증명하려면, 그 사람의 업무 데이터를 쫙 뽑아 와야 하는데, 그런 일을 하는 경리를 두고 있는 인력사무소는 거의 없어요. 이 사람이 언제 나갔는지, 이 현장에 몇 사람이 나갔는데 얼마씩 받고 일했다는 것을 매일 적어요. 그래서 두 장을 찢어서 하나는 업자를 주고 하나는 인력사무소로 갖고 오는데 이게 전산시스템이 아닌 수기로 정리하다 보니까 요청했을 때 전산시스템으로 서류를 끊어 주는 게 안 되는 거예요. 자격은 되는데 못 받은 사람이 많다는 얘기죠."

보조와 조공을 오래 하면서 일을 잘한다는 평판을 얻게 되면, 작업팀으로부터 스카우트 제의가 들어오기도 하고 기공으로 옮겨 가는 것도 가능하다. 현장 책임자인 소장이나 십장은 같이 현장을 옮겨 다니며 빨리 일을 마무리할 수 있는 사람을 선호하기 때문에 현장에서 알게 된 사람이나 비공식 네트워크를 통해 인력을 충원하다. 같이 일하는 노동자의 숙련과 성실도, 동료와의 호흡이 중요하기 때문이다.

"원하는 사람은 눈치 있는 사람이죠. 내가 작업하면서 그다음에 어떤 공구를 달라고 했을 때 그걸 미리 준비하고 딱 손에 얹어주는 거를 좋아하죠. 내가 이 작업을 하고 나서 이 작업을 할 때 이 공구가 필요했는데 저때는 저 공구가 필요하다, 눈썰미가 있는 사람은 뭐 필요하겠네, 하고 딱 갖다 줘요. 그런데 눈썰미가 없는 사람은 뭐 달라 그러면 막 헤매다가 줘요. 그러니까 아무 생각 없이 그냥 그 현장에 온 거예요. 이런 사람들은 나중에 일 끝나고 나서 저 사람 다시 보내지 말라고 이야기해요."

그러나 새로운 팀의 일원으로 참여하기 위해서는 건설현장을 따라 거주지를 옮겨야 해서, 가족이 있는 사람에게는 쉬운 선택이 아니다.

인력시장은 경기를 많이 타기 때문에, 일거리는 아파트 건설 경기나 리모델링, 개발사업의 진행에 따라 큰 영향을 받는다. 불황기에는 인력시장 내부에서도 일감배분이 양극화된다. 인력소개소에 나가는 인력과 건설 현장에서 요구하는 인력 사이에 격차가 생기고 현장에서 선호하는 인력이 있으면, 줄어든 일감을 골고루 배분하기 어려워지기 때문이다.

"인력 다니는 사람들을 보면, 대부분 신용불량자라든지, 아니면 경제적으로 어려워서 당장 하루 벌어서 하루 먹고사는 사람들이 많거든요. 일거리가 없어서 한 달에 50~100만 원 갖고 생활하기는 힘들잖아요. 그러다 보니까 인력사무소를 바꿔요. 다른 데 가면 괜찮으려나 하고. 그런데 그 인력사무소에도 거기에 몇 년이나 있어 준 가족 같은 사람이 있잖아요. 그러면 이 사람을 우선 보내지, 들어온 지 얼마 안 된 사람을 보내지는 않는다고요. 그렇다 보니까 일을 하는 사람은 계속하고, 못 하는 사람은 계속 못 하게 되는 거죠. 제가 인력사무소를 여러 군데 옮기다 보니까 처음에는 한 40명이 나가더라고요. 한 두세 달 지나니까 20명이 나가요. 그러면 나머지 20명은 노는 거예요. 그래도 일감을 골고루 배분하기 어려운 게, 이게 골고루 로테이션으로 하려면, 모두가 업무 스킬이 똑같아야 해요. 근데 업체에서 업무능력을 보고 이 사람 지명해서 불러 달라고 하면, 그 사람은 로테이션과 상관없이 계속 나갈 수 있는 거예요. 일자리가 스무 개밖에 안 들어왔는데, 이처럼 고정적으로 나가는 사람이 열다섯 명이다 그러면 나머지 다섯 명 일자리 가지고 스물다섯 명이 나눠야 하고, 그러면 한 달에 며칠 못 나가는 사람도 생기는 거죠."

현장에서는 전문 분야별로 작업을 수행하는 숙련된 기공과 이들의 업무를 보조하는 조공이 작업을 함께 한다. 일용직노동자들은 기공들이 현장 작업을 효율적으로 진행할 수 있도록 보조하는 조공의 역할을 하는데, 현장 기술이 없어 숙련공들로부터 부당한 대우를 받거나 자기 권리를 주장하지 못하는 상황이 많이 발생한다.

"하는 일이 뭐냐 하면 조공, 보조라고 보면 돼요. 그러니까 현장에는 기공이 있거든요. 이 사람들이 하루에 이만큼 일을 쳐내야 하는데, 장비 옮기고 준비하는 걸 효율적으로 진행하기 위해 보조하고 도와주는 그런 쪽으로 인력에서 많이 나가죠. 우리를 불러놓고 말을 함부로 한다든지, 돈은 적게 주면서 그 이상의 일을 시킨다든지, 시간이 다 되었는데 요것만 더 합시다, 하면서 시간을 오버해 일을 시키고 돈은 더 안 주려고 한다든지 뭐 이런 상황들이 많아요."

(2) 임금과 근로조건, 사회안전망

〈표 7-13〉 2020년 현재 고용형태별, 산업별 임금 및 근로시간을 보면, 건설업 노동자의 평균 근로일수는 월 16.8일, 총근로시간은 134.1시간이다. 시간당 임금총액은 20,944원으로 제조업과 비교하면 약간 많지만, 근로일수와 총근로시간이 적어 월 임금총액은 275.6만 원으로 제조업 평균에 크게 못 미친다. 비정규직 건설노동자는 근로일수가 11.5일, 총 근로시간이 90.2시간에 불과해, 월 임금총액은 197만 9천 원으로 제조업 평균의 54.0%, 건설업 정규직 노동자의 56.0%에 불과하다.

〈표 7-13〉 산업별 임금 및 근로시간(2020년 이후)

산업분류별		근로일수	총근로시간	시간당임금 총액(원)	월 임금 총액(천 원)
전체	제조업	21.6	182.0	20,358	3,663
	건설업	16.8	134.1	20,944	2,756
정규직	건설업	22.1	177.9	19,786	3,532
비정규직	건설업	11.5	90.2	22,103	1,979

자료: 고용노동부, 고용형태별 근로실태조사

'2020 건설근로자 종합생활 실태조사'에 따르면, 건설기능인력의 평균 일당은 16만 7,900원이며, 팀장·반장이 19만 7천 원, 기능공이 18만 2천 원, 준기공이 16만 3천 원, 조공/일반공이 13만 4천 원이었다. 최근 1년간 임금소득은 전체 평균 3,478만 원이고, 팀장·반장이 4,158만 원, 기능공이 3,688만 원, 준기공이 3,272만 원, 조공/일반공이 2,934만 원이다(매일노동뉴스, 2020.11.20.). 평균소득이 적은 이유는 고된 노동과 일감 부족으로 20일 이상 일할 수 있는 곳이 드물기 때문이다. 실제 건설노동자들이 한 달 동안 근무한 건설현장은 평균 1.3곳, 평균 근무일수는 20.3일이었다(파이낸셜뉴스, 2018.11.18.).

> "2년 반 정도 인력시장을 경험했는데, 인력이라는 거는 25일 내지는 30일을 풀로 해야지 한 3백만 원 정도가 돼요. 그런데 그 풀로 나갈 수가 없거든요. 일이 힘들고 일거리가 연결이 안 되다 보니까, 보통 한 달에 5일에서 25일 사이 정도 일을 하지요. 변동 폭이 커요. 5일 일하면 한 5~6십만 원밖에 안 돼요. 거기다가 풀로 일을 해도 4대 보험이 안 되니까 회사 다니는 것보다 못한 게 인력시장이에요."

건설작업의 성격상 업무의 표준화와 정형화는 어렵지만, 일의 내용과 난이도에 대한 관행적 합의가 있어서 업무에 따른 일당 수준이 있다. 대략적인 업무에 따라서 정해진 일당 수준이 있고, 일종의 임금규칙이 비공식적으로 작동한다. 건설인력시장은 완전경쟁의 외부 노동시장 성격을 갖기 때문에, 고용 기회나 임금 결정 역시 수요-공급, 노동강도와 숙련도에 따라 이루어진다.

> "그 표준이라고 이렇게 임금 표가 있는 게 아니라, 통상적으로 인력소장들이 '곰방'이라고 하는데, 시멘트 40kg짜리를 메고 계단을 올라간다든지, 여기서 저기로 이동을 시킨다든지 이런 일이거든요. 그런 일 같은 경우에는 14~15만 원을 줘요. 그리고 장비 신호수나 화재감시라든지 이런 사람들은 10~12만 원을

줘요. 그러니까 뭔가 어떤 일을 맡기기 위해 사람을 부를 때, 얼마면 됩니까, 그러면 소장이 이 일을 하면 이 정도는 줘야 됩니다, 라고 서로 체결을 하고 사람을 보내거든요."

"업무에 따라 인력을 보낼 때 분명히 이 정도 받아야 하는데, 너무 싸게 사람을 구하거든요. 인력시장에 일이 많으면 그 돈에 우린 못 보냅니다, 라고 할 텐데, 사무소에서 너무 일거리가 없어 하루 나가고 3~4일 쉬고 이러면, 힘들어도 좋으니까 일 좀 보내 달라고 요청을 할 때가 있어요. 그러면 이거 원래 한 열다섯 개 받아야 하는데 열두 개 받고 하렵니까? 아니 그거라도 보내주십시오. 그러면 이제 단가에 안 맞는 돈을 받으면서 가는 경우도 생기게 되는 거죠."

건설업에서는 중층적 하도급 구조 속에서 영세한 하청업체의 임금체불이 빈번하게 발생한다. '2020 건설근로자 종합생활 실태조사'에 따르면, 최근 1년 이내 임금체불 경험이 있다는 응답자가 16.8%로, 이 가운데 46.8%는 1~2주일 뒤에 받았으며, 응답자의 16.3%는 임금을 팀·반장이나 소개소를 통해 '간접적'으로 받았다. 2020년 발생한 임금체불 금액은 총 1조 5,830억 원인데, 이 가운데 건설업의 임금체불액이 2,779억 원으로 제조업 5,603억 원에 이어 두 번째 큰 규모였다. 건설업의 임금체불은 89.7%가 20인 미만 소규모 사업장에서 발생하며, 대부분 무허가 건설업자인 '십장'으로부터 발생한 것이다(내일신문, 2021.8.3.).[11]

---

11 임금체불 문제를 해결하기 위해 정부는 2020년 도급금액 5천만 원 이상, 공사 기간이 30일을 초과하는 공공공사에서는 도급인이 임금과 다른 공사비용을 구분해 지급하도록

인력소개소를 통해 취업하는 건설일용직의 경우 임금은 인력소개소에서 당일 바로 지급하기 때문에 건설업체의 임금체불 위험을 인력소개소에서 떠안는 것이 보통이다.

> "우리는 인력소장한테 매일 돈을 받아요. 인력소장은 업주한테 그거 한 달에 한 번씩 결재를 받든지 두세 달에 한 번씩 결재를 받아요. 자기 돈으로 미리 주고 하니까 우리는 체불이 없어요. 그런데 소장이 돈을 떼이는 경우는 있어요. 우리가 일했는데 업체에서 매일 올려주는 게 아니고 한 달에 한 번씩 정산하는 방식으로 하거든요. 인력사무소에서는 먼저 근로자한테 돈을 지급하고 사후정산을 받는 거죠. 그래서 소장들 중에는 돈 떼인 사람들도 많고."

건설일용노동자에 대한 사회안전망은 매우 취약하다. 일용근로자는 고용보험, 건강보험, 국민연금에서는 "1개월 미만 동안 고용되는 자"를 말하며, 산재보험에서는 "1일 단위로 고용되거나 근로일에 따라 일당 형식의 임금을 받는 근로자"를 말한다. 건강보험과 국민연금은 1개월 이상 근로하면서 월 8일 이상 근로한 사람이 가입 대상이다.[12] 고용보험과 산재보험은 한 회사가 모든 현장을 하나의 사업으로 보고 공사를 개시하는 날로부터 14일 이내에 일괄적으로

법률을 개정했다.

12 2018년 8월 1일부터 개정된 국민연금법 시행령에 따라 건설일용노동자의 사업장가입자 자격요건이 '1개월 20일 이상' 근로에서 '1개월 8일 이상' 근로하는 경우로 변경되었다. 그에 따라 유예기간을 지나 2020년까지 약 45만 명이 국민연금 사업장 가입이 가능할 것으로 예상되었다(머니투데이, 2020.7.20.).

고용보험 관계 성립신고서를 작성하여 보험료를 납부하며, 건강보험과 국민연금은 일괄 적용되지 않아 현장별로 정산한다. 건설노동자의 사회보험 적용대상은 2018년 월 20일 이상 근무한 노동자에서 8일 이상으로 확대되었지만, 이 때문에 일부 사업장에서는 사회보험 적용을 회피하기 위해 일용노동자를 일주일 단위로 채용하는 경우가 늘어났고, 7일 이하 단기근로자 비율이 2019년 이후 급격히 증가했다.

〈표 7-14〉 고용노동부의 2019년 '고용형태별 근로실태조사'에 따르면, 건설노동자의 4대 보험 가입률은 산재보험 99.4%, 고용보험 86.4%, 건강보험 66.4%, 국민연금 68.7%이다. 그러나 건설업 비정규노동자들의 산재보험 가입률 99.7%를 제외하면, 고용보험 78.0%, 건강보험 31.0%, 국민연금 30.6%에 불과해 건강보험과 국민연금 가입률이 매우 낮다. 이는 일용노동자의 다수가 1~2주 단위로 작업장을 이동하는 등 특정 사용자에 대한 전속성이 약하기 때문이다(매일노동뉴스, 2021.8.3.). 특히 2018년 조사에서 60대 이상 고령 근로자의 국민연금 가입률(직장 가입자)이 23.1%로 매우 저조했다(심규범, 2019).

〈표 7-14〉 사회보험 가입률, 노조 가입률

(단위: %, 2019년)

고용 형태	산업분류별	고용보험	건강보험	국민연금	산재보험	노조가입
전체 노동자	전산업	90.3	90.9	91.1	97.7	9.9
	건설업	86.4	66.4	68.7	99.4	1.9
정규직 노동자	건설업	93.9	99.5	99.3	99.0	3.4
비정규노동자	건설업	**78.0**	**31.0**	**30.6**	**99.7**	**0.3**

자료: 고용노동부, 고용 형태별 근로실태조사

"지역 건강보험, 국민연금은 수입이 없어도 내야 되잖아요. 그렇다 보니까 미납된 사람들이 많아요. 산재보험에 대해서는 대부분 잘 몰라요, 자기가 산재보험이 가입되어 있는지 모르고 저도 몰라요. 가입 여부를 잘 모르고, 알려주는 사람이 없어요. 전에 어떤 현장을 가니까 다치지 말라고 그러더라고요. 왜요? 여기서는 산재 안 된다, 뭐 이런 그 말을 들은 적이 있어요."

퇴직금을 받기 위해서는 1년 넘게 한 회사에서 계속하여 근로해야 한다. 그래서 이러한 조건을 충족하기 어려운 건설일용노동자들을 대상으로 '건설근로자 퇴직 공제제도'를 시행하고 있다. 퇴직 공제란 퇴직 공제에 가입한 건설 사업주가 매월 고용한 노동자의 노동 일수에 맞춰 공제부금을 납부하고, 해당 노동자가 건설업에서 완전 퇴직·사망하거나 60세를 넘으면 건설근로자공제회가 퇴직공제금에 이자를 더해 지급하는 제도다.[13] 그러나 건설업체들이 퇴직금을 주지 않기 위해서 고용 계약을 1년 이하로 쪼개는 경우도 많다. 시공업체는 퇴직금을 절약하기 위해 1년이 되기 전에 작업팀을 교체하는 방식으로 일용직 근로자를 해고한다. 일용직 조공들은 자신을 고용한 십장이 해고되면 일거리가 없어지기 때문이다.

"건설업체마다 8개월 정도가 되면 사직권고 얘기를 해요. 그

---

13 정부는 2020년 퇴직 공제제도 의무가입 대상 공사 범위를 공공 3억 원, 민간 100억 원 이상 공사에서 공공 1억 원, 민간 50억 원으로 확대했다. 사업주가 내는 퇴직 공제부금 일액 범위도 현행 '1천 원 이상~5천 원 이하'에서 '5천 원 이상~1만 원 이하'로 늘어난다.

사업장에서 8개월 정도 일한 사람들을 다 내보내고 또 새로운 사람을 받아요. 퇴직금 안 주려고. 회사에서 내보내기 한 달 전에 구두로 공지를 하면 법적으로 저촉을 안 받는 거예요. 1년이 안 차게끔 그 전에 미리 없애버리는 거죠. 10개월까지 가면 아예 두 달밖에 안 남았으니 사람들이 불만을 품을 수 있잖아요. 그러니까 넉 달이 남게 머리를 쓰는 거죠. 같은 현장에서 일하다 보니까 이 팀에서 8개월을 일했어요. 근데 8개월 전에 그만두기 전에 뭘 쓰래요. 그래서 썼더니 이제 자동으로 거기서 나와 제가 일하는 이쪽에서 일하는 거더라고요. 똑같은 현장에서 일하는데 거기서 소속만 달라지는 거지요."

건설업은 계절에 따라 추위와 더위, 위험한 작업환경에 노출되어 있고, 일정 기간 옥외 작업이 이루어지기 때문에 작업자들을 위한 편의시설을 갖추기가 쉽지 않다. '2020 건설근로자 종합생활 실태조사'에 따르면, 편의시설 보유율은 '화장실'이 97.5%로 가장 높지만, 만족도는 가장 낮아 화장실이 있어도 개수나 크기가 부족하고 더럽거나 접근이 불편하다는 응답이 많았다. '샤워실' 보유율은 66.4%로 가장 낮았다(매일노동뉴스, 2020.11.20.). 또한, 적정 휴게시간을 보장하지 않거나 안전장비를 지급하지 않는 소규모 건설현장이 많았다.

"건설현장에는 특별한 경우가 아니면 안전 관리자가 옆에 있어야 하고, 큰 건설업체에서는 보통 휴식시간이 잘 지켜져요. 근데 개인업자한테 일을 나가게 됐을 때는 밥 먹고 쉬는 시간도

안 주고 바로 일을 시키거나 물 같은 거 안 주는 데도 있고. 안
전보호구 있잖아요. 어떤 데는 장갑도 안 끼고 왔어요? 하고 말
하는 데가 있고. 천차만별이에요. 보통 견적을 뗄 때 공사경비
에 안전보호구 가격이 다 들어갈 거예요. 이 사람들이 그 돈도
아끼려고 지급을 안 한단 얘기죠."

(3) 산업안전과 교육 훈련

건설업은 산업재해가 빈발하는 대표적인 산업이다. 건설현장에
서는 높은 건물에서 추락하거나, 끼임, 골절 등의 대형사고, 무거운
자재를 운반하거나 힘든 노동을 수행하는 과정에서 신체적 부담이
많이 발생한다. 〈표 7-15〉 2019년 건설업 재해자 수는 27,211명, 사
망자는 517명으로, 재해율 1.09%, 사망만인율 2.08‰이다.[14] 이는
전체 재해자 수 109,242명의 24.9%, 사망자 수 2,020명의 25.6%
를 차지하는 수치이며, 전 산업 재해율 0.58%, 사망만인율 1.08‰
의 두 배에 달하는 것이다.

〈표 7-15〉 건설업 산업재해 현황(2019)

	사업장 수 (개소)	근로자 수 (명)	재해자 수 (명)	사망자 수 (명)	재해율 (%)	사망만인율 (‰)
전 산업	2,680,874	18,725,160	109,242	2,020	0.58	1.08
건설	378,343	2,487,807	27,211	517	1.09	2.08

자료: 고용노동부, 「산업재해 현황」

---

14 이 수치는 재해 당시의 사망자 수에 요양 중 사망자 수 및 업무상 질병에 의한 사망자 수
를 포함한 것이고, 2019년 현재, 재해 당시 사망자 수는 전체 855명이고 건설업 사망자
수는 428명이다.

고용부의 '2020년 산업재해 사고사망 통계'에 따르면, 2020년 건설업 사망자 수는 458명으로 전체 사망자의 51.9%를 차지했다. 특히 건설업 사고사망자 중 50대가 35.4%, 60대 이상이 41.9%로 전체 사고사망자의 77.3%가 50대 이상 고령자였다. 소규모 현장일수록 사망자가 많이 발생해, 공사금액별로는 사고사망자의 대부분인 87.3%가 120억 미만의 중소규모 건설 현장에서 발생했다. 사고사망 만인율(‰) 역시 1억 원 미만 5.17‰, 1~20억 원 미만 3.36‰, 20~120억 원 미만 1.99‰, 120억 원 이상 0.80‰로 공사금액이 적을수록 사고사망 만인율이 높았다. 재해유형별로는 '떨어짐'(추락사고)이 236명으로 가장 많았다(고용노동부, '2020년 산업재해 사고사망 통계').

그러나 많은 경우 산재 사고 은폐 행위가 공공연하게 이루어지고, 산재에 대한 건설업체의 책임을 회피하기 위한 노력이 다양하게 이루어지고 있다.

"현장에서 사고가 나잖아요. 그러면 사고를 처음 발견한 목격자가 119로 전화를 못 하게 해요. 사고를 봤으면 회사의 안전담당자한테 먼저 전화를 해요. 지금 이렇게 됐는데 어떻게 할까요? 그러면 그 안전담당자가 또다시 어딘가 전화를 해서 조치를 취하는데, 그 과정에서 시간이 지연된다는 거죠. 골든타임을 놓치게 되는 거죠. 119로 연락을 못 하게 하는 거는 119에 신고를 받은 건수는 무조건 기록이 남거든요. 그러면 산재처리가 되는 거죠. 산재처리가 되면 보험수가라든지 노동청이라든지 그런 데서 감사가 많이 나와요. 왜 사고가 났는지 조사를 해야 하니까요, 관련자들을 불러 재발방지대책은 무엇인지 머리 복잡해지거든요. 그 뒷감당이 싫은 거죠."

"건설현장에 가보면, 전에 지병이나 과거 병력을 숨기고 했을 경우 여기서는 책임을 질 수 없다. 안전보호구를 미착용한 사고에 대해서는 우리는 책임을 질 수 없다는 등 무언의 압박을 주는 서류를 줘요. 그 현장에서 일하려면 여기에 사인을 해야지, 이 사인 안 한 사람은 일을 못 해요. 그러니까 나한테 불리한 서류에 사인하고 일하게 해요. 일 시키는 사람이 도망갈 수 있는 상황을 만들어 놓고, 돈이 최소로 적게 드는 상황을 만들어 놓고, 다쳤을 때 네 책임이다, 이렇게 하면서 빠져버리는 거죠."

국가인권위원회의 '산재 위험직종 실태조사' 보고서를 보면 산재를 당한 건설일용노동자 중 산재보험으로 처리된 경우는 20.3%에 불과했고, 58.2%는 공상, 19.0%는 건강보험으로 처리했다(국가인권위원회, 2014). 일용직 노동자들은 사고가 나거나 치료가 필요할 때 비공식적이고 사적으로 처리하는 경우가 많고, 이후에도 일자리를 잃지 않기 위해 서로 양해하는 방식으로 넘어가는 경우가 많다. 큰 사고가 아니라도 작은 질병이나 근골격계와 같은 직업병도 많지만, 일상에서 잔잔한 사고라 보상을 받지 못하는 경우도 적지 않다.

"그냥 뭐 일하다가 조금 찍혀서 뼈 금 간다든지, 베어서 몇 바늘 꿰맨다든지, 눈에 튀어서 안약 넣고 주사 맞고 약 먹고 한다든지 뭐 이렇게 하는 그 정도지요. 어떨 때는 자기 비용으로 해결하기도 하고, 어떤 거는 얘기를 해서 비용을 받아내기도 하고. 가벼운 것들은 이제 그런 식으로 하고, 큰 것들은 심한 경우, 공상 처리가 아니고 과장이나 부장급에서 자기 사비로, 아, 내 돈 없다. 이것만 받아라, 이러면서 치료비를 하든지 뭐 하루 일당 뭐 나름대로 이제 좀 차감 계산해서, 아 요거 먹고 좀 봐도, 뭐 이런 식으로 하고. 밑의 사람이 윗사람한테 현장에서 사고가 난 것을 모르게끔 하는 경우도 있어요."

건설업 현장에서 가장 문제가 되는 것은 산업재해가 발생하기 쉬운 위험 상황에 대한 안전 불감증, 안전조치 미비로 사고가 발생했을 때 본인의 부주의로 책임을 떠넘기는 것이다.

"이 상태에서는 일 못 한다. 그래서 일하러 갔다가 쫓겨난 적도 있어요. 그러니까 왜 시키는 대로 안 하냐 이거죠. 도로 중앙에 가드레일을 설치하는 거예요. 차량 통제하는 신호수도 배치 안 했고 안전조치도 하지 않았어요. 내가 항의한 것 때문에 내가 다니는 인력소장한테 불이익이 가면, 나 오늘 이 사건, 현장에서 있었던 것을 다 고발할 거라고 하니까 아무 말도 안 하더라고요, 그러니까 잘못된 상황에서 윽박지르는 걸로 그냥 일하도록 하는 경우가 많다는 얘기죠. 근데 많은 사람이 아닌 걸 알면서도 그렇게 해요, 그렇게 하다가 사고가 나면, 자기 부주의가 돼버리는 거죠."

"보통 보면 사람들이 손, 눈을 많이 다쳐요. 그라인더나 쇠를 자르든지 하면 비산되는 그런 게 있거든요. 먼지 같은 경우에는 눈물하고 따라 나오는데, 쇳가루는 열을 받았잖아요, 열을 받은 쇳가루는 눈동자에 달라붙어 버려요. 처음에는 만지면 먼지 들어간 거와는 달리 좀 까칠까칠하거든요. 계속 비비면 상처가 나요. 그렇게 되면 안과에서 제거하고 약을 바르고 안약을 넣고 해야 해요. 또, 손 조금 이렇게 딱 됐을 때, 뼈는 안 다쳤는데 뼈가 골절된 것 같은 느낌이 들 때가 있어요, 이것 땜에 며칠 동안 일을 못 하는데 말하기도 그렇고, 말 안 하기도 그렇고. 그런데 현장에서 남들이 안 볼 때 넘어지거나 했을 때 사람들이 일단 겁을 먹고 넘어진 것을 숨기게 돼요. 하룻밤 자고 보자고 했는데 자고 일어나니 못 일어나겠어요. 그러면 왜 어제 얘기 안 했나, 이걸로 딱 걸고넘어지거든요. 집에서 다쳤는지 현장에서 다쳤는지 누가 아는데, 그런 경우들이 많아요. 말하면 또 싫어해요. 말하면 싫어하고, 증명하는 방법도. 만약에 당장 얘기하면 싫어하고, 숨기면 나중에 얘기하면 그거도 그렇게 하고."

최근에는 사고위험을 감안해 건설일용노동자의 취업 가능 연령을 제한하는 경우가 많고, 사고가 많이 발생하는 60대 이상 노동자들이나 혈압이 높은 사람은 일할 기회를 박탈당하기도 한다. 현장의 노동강도와 사고위험을 감안해 건강 체크를 통과해야 하기 때문이다.

"요즘에는 건설업에도 나이 제한이 생겨서 만 60세나 65세가 넘으면 현장 일을 할 수가 없다고 하거든요. 일하다가 뇌졸중이나 뭐 이런 사고가 날 수도 있고 떨어질 수 있고, 정신을 잃는 순간 추락을 한다든지 이렇게 될 수가 있잖아요. 그래서 그 현장마다 처음에 안전교육이라는 걸 받을 때 혈압을 재요. 보통 현장에서는 140~150 수준으로 관리하거든요. 나이도 먹고 술 담배도 심하고 하면 160, 170 나오거든요. 그러면 이 사람들은 일을 못 가는 거예요. 가서 교육받다가 혈압이 안 나오면 돌아오든지 아니면 병원에 가서 의사 소견서를 가져가면 혈압이 좀 오버 되더라도 일을 할 수 있고, 그게 안 되면 못 하는 거죠."

문제는 산재 예방 교육을 많이 하지만 그 실효성이 떨어진다는 점이다. 교육이 산재가 발생했을 때 사측의 알리바이를 만드는 수준에 불과하다는 것이다. 오히려 공기 단축을 위해 안전조치를 무시하는 일이 일상화되어 있다.

"안전 관련해서 그 사람들이 요구하는 게 교육이고 그걸로 법을 피하려고 그래요. 우리는 교육했는데 이 사람이 그걸 이행하지 않아서 난 사고다, 도망갈 수 있는 길을 만들어 놓는 거죠. 교육을 많이 하는데 그 교육 자체가 현실성이 떨어지는 거죠. 왜냐면 어떤 작업을 하는 데 15일은 필요해요. 근데 10일 만에 하라고 해요. 그러면 5일을 단축하려면 사람이 서두르게 돼 있어요. 안전장치를 하는데도 시간이 들어가고 인원이 들어가거든요. 그런데 공기 단축이란 게 들어가 버리면 안전장비 시간, 그 설치할 시간을 빼버리고 안전감시자를 빼버리고, 안전조치가 안 된 상태에서 일을 해야 돼요."

건설현장에 대한 직무교육이 건설일용노동자에게는 고용 기회를 보장할 수 있는 하나의 수단이 될 수도 있다. 문제는 현재의 취업교육이 고용 기회를 만드는 데 별 도움이 안 되고, 교육기간 동안 생계 유지를 위한 대안이 필요하다는 점이다.

"교육에 대한 필요성이 전혀 없지는 않아요. 왜냐면 그 사람이 그 교육을 받고 난 이후에 지식이나 숙련, 안전과 품질의 측면에서 조금 더 나은 상태로 임하게 되는 거죠. 생초보가 와서 공구 이름도 모르고 뭐 아무것도 모르는 사람 백지 상태에서 데려다가 일 시키려고 아, 저 친구 다음부터 오지 말라고 똘똘한 사람, 경험 있는 사람 보내 달라 이렇게 돼버리거든요. 그런 경우는 안 당하겠죠."

(4) 노동기본권과 정책과제

만약 일용직 노동자들이 부당한 처우나 갑질, 근로기준법 위반에 대해 항의하거나 임금 관련 소송을 걸게 되면, 그가 속한 인력사무소와 거래를 끊는 방식으로 보복하기도 하고, 아니면 블랙리스트에 이름이 올라 더 이상 건설일용직 일을 하기 어려워지기도 한다. 〈표 14〉 건설업 비정규노동자의 노조 가입률은 0.3%에 불과해 정규직 노동자 노조 가입률 3.4%나 전산업 노동자의 노조 가입률 9.9%에 크게 못 미친다.

"권리를 찾기 위해서 소송을 걸잖아요. 그러면 괘씸죄로 더 이상 그 인력사무소에 사람을 보내지 못하게 거래를 끊어버려요. 그러니까 아닌 줄 알면서도 인력소장 얼굴을 봐서 참는 거예요. 독한 놈 만나면 인력소장도 제치고 법적으로 받을 거 다 받아내기도 해요. 근데 그다음이 문제죠. 창원시 인력소장들이 한번씩 모여 공사시키고 돈 떼먹는 업자들. 일 나와서 깽판 치는 노동자들, 이런 정보를 공유하거든요. 그러면 이 사람 상황은 이해하지만, 그것 때문에 우리 밥줄 끊긴다. 블랙리스트에 딱 올라가면 이 사람은 창원에서 더는 일을 못 하는 거예요. 그러니까 사람들이 울며 겨자 먹기 식으로 아닌 걸 알면서도 안 싸운다는 얘기지요."

대부분 건설일용직 노동자는 대출과 개인 신용, 개인회생이나 채권추심 등 경제적 부채로 고통을 받는 경우가 많고, 이러한 경제적 곤란이 현금 지급이 이루어지는 건설 일용 노동시장에 머무는 원인이 되기도 한다. 부채와 신용상의 어려움으로 다른 경제활동이 어렵거나 부채상환에 대한 부담 때문에 현금 필요성이 높은 사람들이 많기 때문이다. 경제적 어려움은 가족을 구성하기 어렵게 하고 친구나 동료를 만나는 비용에 대한 부담 때문에 고립된 사회생활을 하는 경우도 적지 않다. 현금 수입을 통해 빚을 갚거나 일상 활동을 소극적으로 영위하면서 오직 하루의 노동으로 생계를 유지하는 사람들도 많다. 인력시장에서도 일거리를 찾지 못한 사람은 당장 생계에 위협을 받을 수밖에 없고, 극단적 선택이나 범죄의 유혹을 받는 경우도 적지 않다.

이러한 불안한 생활조건 때문에 건설일용노동자들은 외국인 노동자들이 자신의 일자리를 잠식하는 데 심각한 위기감을 느끼기도 한다. 대전 비정규센터의 조사에 따르면, '지난 5년 동안 임금이 인상되지 않았다'고 밝힌 316명 가운데 78.2%가 그 원인으로 '외국인 인력 유입'을 꼽았다. '지방자치단체가 시급히 추진해야 할 사업'으로 '외국인 노동자 불법 취업 근절'이 5점 척도에서 4.42점으로 가장 높았고 '지역건설노동자 의무고용제 도입' 4.3점, '건설기능인력 훈련기관 설립' 4.22점 '공공 부문에서 건설일용노동자를 위한 취업기관 운영' 4.18점, '지역 건설노동자들에 대한 정기적 실태조사' 4.15점의 순이었다(대전 비정규직근로자지원센터, 대전건설현장 일용노동자 실태조사 2017.11.22.).

한편, '2020 건설근로자 종합생활 실태조사'에 따르면, 건설노동자들이 '희망하는 복지서비스'는 '퇴직공제금 인상'이 67.7%로 가장 높았고, 취업 알선 34.0%, 건강검진 29.3%의 순이었다(매일노동뉴스, 2021.8.3.).

나. 고숙련 하청·비정규노동자

1) 요양보호사

보육과 요양을 포함한 돌봄 노동은 주로 가족 내 여성의 역할로 간주되어 노동의 가치를 사회적으로 인정받지 못하는 대표적인 영역이다.[15] 대표적인 돌봄 노동자인 요양보호사는 시설 혹은 집으로

---

15 돌봄 노동은 직업 분류상 사회복지 관련직(전문직), 의료복지 서비스직(서비스직), 가사·육아직(단순노무직)을 포함한다. 대표적으로 노인요양 복지시설, 양로복지시설, 보육시설, 사회복지관 등이다. 함선유·권현지에 따르면, 돌봄 부문 여성 비율은 89%로, 연령은 40대 중반으로 3년 이내 단기경력자가 43%로 거의 절반이며 10년 이상 경력자는 15%에 불과하다. 근속연수도 평균 3년으로 직종별로는 전문가 67.1%, 서비스직 29.6%, 단순노무직 3.4%를 차지한다. 돌봄직의 50% 정도가 30인 미만의 소규모 사업장에 종사

찾아가 식사 준비와 제공, 목욕과 옷 갈아입히기, 병원 안내 등 필요한 돌봄 서비스를 제공한다. 2019년 3월 현재 65살 이상 노인 인구 739만 명 중 15만 6,435명이 요양시설을 이용하며, 41만 930명이 방문 요양서비스를 이용하고 있다(한겨레, 2019.5.15.).

현재 돌봄서비스의 생산과 전달은 주로 민간이 담당하며, 정부의 역할은 비영리 민간기관이 운영하는 시설에 보조금을 지급하거나, 정부 시설을 영리 민간기관에 위탁하는 방식으로 서비스공급을 조정하고 감독하는 것이다. 2007년 이후 돌봄서비스 공급은 이용자에게 직접 재정을 지원하는 사회서비스 바우처 방식으로 변경되어, 정부는 서비스의 종류와 내용, 단가를 결정하고 서비스 인력의 자격요건과 보상수준에 대해 지침을 제시해 왔다.[16]

〈표 7-16〉 2019년 12월 현재, 장기요양 기관의 인력 현황을 보면, 전국적으로 총 2만 2,577개의 요양 시설이 있으며, 요양보호사가 444,525명으로 가장 많고, 사회복지사 26,395명, 간호사 3,312명, 간호조무사 12,504명, 물리치료사 2,350명, 영양사 1,131명, 의사 2,358명이다. 이 중 요양보호사는 재가 377,726명, 시설 79,082명으로 전체의 82.6%가 재가 요양보호사이다. 경남의 경우, 요양보호사가 29,711명이고 사회복지사 1,692명, 간호사 166명, 간호조무사 599명, 물리치료사 137명, 의사 138명, 영양사 91명이다. 이중 요양보호사는 재가 26,133명, 시설 3,936명으로 재가 요양보호

한다(함선유·권현지, 2017).

16 바우처제도는 서비스 수급자가 운영기관이 제공하는 서비스를 구매한 뒤 국가 바우처로 서비스 사용료를 지불하는 것으로, 정부는 서비스별 기준 단가를 제시하고 해당 단가의 일정 비율 이상을 인건비로 지급하도록 하고 있다.

〈표 7-16〉 경남 지역 장기요양요원 종사 기관별 현황(2019)

	요양보호사			사회복지사			간호사	간호조무사	물리치료사	영양사
	전체	재가	시설	전체	재가	시설				
전국	444,525	377,726	73,082	26,395	19,610	6,831	3,312	12,054	2,350	1,131
경남	29,711	26,133	3,936	1,692	1,348	345	166	599	137	91
창원의창	2,592	2,368	247	110	87	23	11	42	11	4
창원성산	634	626	8	24	21	3	-	7	-	-
창원합포	2,677	2,464	226	100	76	24	14	34	10	9
창원회원	1,665	1,595	72	64	56	8	8	12	3	-
창원진해	1,621	1,459	173	59	45	14	6	29	7	4
진주	3,927	3,553	401	214	176	38	23	52	12	8
통영	830	674	166	45	33	12	5	17	6	6
사천	1,570	1,297	296	105	70	35	9	35	9	6
김해	3,037	2,777	269	134	115	19	20	53	10	6
밀양	1,401	1,205	225	98	79	19	4	42	9	3
거제	1,180	1,041	147	49	38	11	10	13	6	5
양산	2,553	2,284	299	112	91	21	7	61	11	7
의령	616	560	66	40	34	6	3	12	2	1
함안	1,203	1,065	148	76	57	19	3	22	6	2
창녕	868	782	93	61	51	10	5	11	1	1
고성	652	544	118	40	33	7	-	17	5	5
남해	1,130	1,034	104	60	56	4	-	19	3	3
하동	1,099	964	157	72	60	12	9	21	4	3
산청	1,058	820	241	65	50	15	14	25	6	6
함양	802	670	148	56	39	17	1	27	5	3
거창	656	505	154	64	49	15	9	26	4	4
합천	561	384	179	48	35	13	5	22	7	5

자료: 국가통계포털 「시·군·구별 장기요양기관 전문인력 현황」

사의 비중이 86.9%로 전국평균보다 높다. 지역별로 경남의 요양보호사 29,711명 중 창원시가 9,189명으로 가장 많고, 특히 노인 인구가 많은 마산 지역에 4,342명이 집중되어 있다. 그다음으로 진주시 3,927명, 김해시 3,037명, 양산시 2,553명, 사천시 1,570명, 밀양시 1,401명, 함안군 1,203명 순이다.[17] 2019년 현재, 전체 요양보호사의 94.7%는 여성이며, 연령별로 60대가 전체의 40.4%로 가장 많은 비중을 차지하며, 50대 39.4%, 40대 8.6%, 70대 이상이 8.4%를 차지하고 있다(조혁진, 2020: 99). 2019년 3월 현재 보건복지부의 '요양보호사 자격증 발급 현황'을 보면, 전국 요양보호사 중 여성이 91.3%, 50대 이상이 74.4%를 차지하고 있다(한겨레신문, 2019.5.15.).

현재, 경남 지역에는 중부권을 기준으로 돌봄 기관(시설) 500여 곳, 장기요양 재가 파견기관 400여 곳이 있다. 이 중에는 노인맞춤돌봄서비스나 장애인 활동보조 등 요건을 갖추고 승인을 받은 도 지정기관이 30여 곳이 있고, 재가 요양서비스 대부분은 등록만으로 사업을 수행하는 비지정기관이다. 현재 경남 중부권의 돌봄 노동자 수는 2만 명으로 추산되며, 이 중 요양보호사가 70~80%를 차지하고 있다. 공공 영역에 속하는 노인맞춤돌봄서비스 생활지원사가 2,000여 명, 장애인활동지원사가 2,000여 명으로 추산된다. 요양보호사의 지역 간 격차도 커서, 상대적으로 고령화가 심한 군 단위에는 수요가 많지만 교통이 불편해서 서비스 공급 여건이 열악한 편이다.

(1) 고용 형태와 고용불안

대부분 민간 방문요양센터에 소속된 재가 요양보호사는 기간제

---

17 2019년 경남의 노인시설 종사자 수는 노인 의료복지시설(노인요양시설) 6,005명(여성 5,327명, 남성 678명), 재가 노인복지시설(방문 요양서비스, 주야간보호서비스, 방문 목욕서비스, 재가 지원서비스) 2,966명(창원 589명), 노인 주거복지시설(양로시설, 노인 공동생활가정, 노인복지주택) 169명, 노인 여가복지시설(노인복지관, 경로당, 노인교실) 204명 등이다(경남통계연보, 2020).

로 고용되어 급여도 시급으로 계산한다. 시설에 고용되어 전일제로 계약을 맺는 시설 요양보호사와 달리, 재가 요양보호사는 일 년 단위로 하루 3시간짜리 근로계약을 맺는다. 이들은 장기요양보험 수급 가정을 방문해 매일 3~4시간씩 목욕이나 가사 등 돌봄서비스를 제공한다.[18] 2008년 장기요양보험 제도 도입 당시 1회 4시간으로 책정된 수혜자의 요양서비스 이용시간은 보험재정 부담으로 2017년 3등급 이하 이용자의 경우 3시간으로 줄어들었다. 조혁진에 따르면, 재가 요양보호사의 고용 계약은 ① 사회보험 적용기준인 월 60시간을 넘지 않는 초단시간 노동이라는 점, ② 1년 단위의 계약으로 채용하지만, 재계약 약속을 빌미로 실제 계약 기간을 1년 미만으로 축소하는 사례가 많고, ③ 경력이나 자격을 반영하지 않는 저임금의 시급제라는 문제점을 안고 있다(조혁진, 2020). 2019년 서울대 '국제이주와 포용사회센터'가 시설 및 재가 요양보호사 300명을 대상으로 한 조사결과에 따르면, 근로계약서를 쓰고 고용 계약을 맺은 경우는 시설 요양보호사는 90%이지만, 재가 요양보호사는 77%에 불과했다. 재가 요양보호사는 '고용계약 기간이 정해져 있지 않거나, 계약 기간이 남아 있더라도 고용주가 요구하면 그만둬야 한다'

---

18 재가 요양보호사는 크게 신체활동, 인지활동, 가사활동을 지원한다. 신체활동 지원은 주로 머리 감기, 세수, 목욕, 거동 부축, 옷 갈아입히기, 약 챙기기 등이며, 인지 활동 지원은 치매 어르신에게만 해당하며 월 인지 활동 수당을 받는다. 가사활동 지원은 몸이 불편한 노인에 대한 빨래, 반찬, 설거지, 청소나 병원 동행, 심부름을 포함한다. 장기요양 등급과 필요에 따라 하루 3~4시간, 월 21~27일까지 요양서비스를 이용할 수 있다. 장기요양 등급별로 1~5등급의 월 한도액 범위 내에서 서비스를 이용할 수 있으며, 일반적으로 공단에서 85%를 부담하고 개인이 15%를 부담하는데, 기초 생활 수급자는 본인부담금이 없다.

는 응답이 71%에 달했다. 월 급여가 100만 원에 못 미친다는 응답역시 시설 요양보호사는 3.4%였지만, 재가 요양보호사는 50%에 달했다(경향신문, 2019.12.5.).

요양보호사들은 주로 경력단절을 경험하고 생계비 보전을 위해 취업하지만, 원래 간병인이나 파출부와 같이 비공식 부문에서 일하던 노동자가 제도화된 경우가 적지 않다. 요양보호사는 대부분 경력단절 여성들이 쉽게 진입할 수 있는 일자리로, 자녀들이 성장한 이후인 40~50대 저소득 가구에서 생계비를 벌기 위해 선택하는 경우가 많다. 최근에는 일반 직장이나 생산직으로 일하던 여성들이 퇴직하면서 50대 중후반이 되어 아이 부양보다는 자기 생계비나 여유 있는 삶, 보람된 삶을 위해서 선택하기도 한다. 이 경우에는 단시간 노동을 더 선호하기도 하고, 특히 노인맞춤돌봄생활지원사에 대한 만족도가 높은 편이다.

보통 민간 요양기관 1곳에서 30~50명의 이용자를 관리하는데, 영세한 기관들이 경영상의 어려움으로 폐업을 하는 경우도 적지 않고, 이 경우 수혜자나 요양보호사가 다른 기관으로 같이 옮겨가기도 하지만 고용의 공백기가 생길 수도 있다. 요양보호사의 고용 중단이 발생하는 것은 장기요양 등급을 받은 수혜자들이 평균 2~3년 정도 서비스를 받다가 시설로 들어가거나 사망하는 경우가 많기 때문이다. 보통 새로운 수혜자가 발굴되고 일자리가 연결되기까지 6개월~1년 가량 시간이 소요되기 때문에, 당장 수입이 필요한 사람들은 다른 일자리를 찾아야 하는 경우도 적지 않다.

돌봄 노동자의 고용 관계는 고객인 서비스이용자와 고용주인 요양기관 사이의 삼자 관계이다. 요양보호사는 요양기관과 근로계약을 맺고 서비스이용자들은 요양기관을 통해 서비스를 구매하지만, 서비스를 제공하는 돌봄 노동자와 서비스 수혜자 사이의 관계가 가장 중요하다. 돌봄노동자와 고객인 서비스수급자 사이의 관계가 나쁘면 양자 사이에 부당한 대우나 비대칭적 관계가 발생하기 쉽고, 양자의 관계가 긴밀하다면 어느 한쪽이 요양기관과 갈등이 생겼을 때 함께 기관을 옮겨가기도 한다. 이런 일이 자주 발생하는 것은 돌봄 시장 내에서 기관 간의 경쟁이 치열하기 때문이다.[19]

재가 돌봄노동자들은 서비스 수요자의 부당한 요구로부터 자신의 노동권을 보호할 수 있는 절차나 방법이 없는 경우가 많다. 현재의 바우처제도하에서는 돌봄 노동자가 자신의 권리나 노동권을 주장하면 서비스이용자가 서비스 구매를 중단하고 다른 기관에 가서 서비스 요청을 할 수 있기 때문이다. 돌봄 노동이 대면서비스이기 때문에 서비스 품질이 수요자의 요구에 맞지 않거나 수혜자와 요양보호사 간에 스타일이 달라 분쟁이 발생할 때, 이를 조정하고 관리하는 기준이나 시스템이 필요하다. 이러한 분쟁이 돌봄노동자의 고용불안과 연결되어 돌봄 노동자의 스트레스와 인권 침해가 심각해지기 때문이다. 요양보호사가 이동시간이 너무 많이 걸리거나 수혜

---

19 "요양보호사는 시간제이기 때문에 한 곳 이상의 기관과 근로계약을 할 수 있어요. 다들 시급으로 계약하거든요. 풀타임으로 40시간 이상 근무하시는 분들은 장애인활동지원사 빼고는 거의 없습니다. 그래도 두 가구 이상은 힘들어요. 아무리 걸어간다고 하더라도 10~15분에 휴식시간과 한 곳을 끝낸 이후에 바로 다음 일을 시작하는 것도 힘들어요. 근무시간을 늘리는 방법은 불가능하고 시간당 단가를 더 올릴 수밖에 없지요. 부분적으로는 요즘 복지 수당이나 근속 수당 등 수당을 주는 경우가 있더라고요."

자가 돌보기 까다로운 상대일 때 서비스를 거부하는 사례도 적지 않다. 하지만 불량고객에 대한 서비스를 중단한다고 해도, 돌봄 노동자가 일자리를 잃는다는 사실에는 변화가 없다.

> "실제로 서비스제공을 중단하기도 해요. 감당을 못 해서. 그런데 문제는 이 서비스를 끊을 때는 다 감수하고 끊는 거죠. 도저히 안 되겠다는 판단이 서면, 기관도 수입이 없어지고 요양보호사의 일자리가 사라져도 일단 서비스를 끊게 되지요. 더 이상 보낼 분이 없다는 판단이 들 때 끊습니다."

돌봄서비스의 공공성을 강화하기 위한 시범사업으로 경남 사회서비스원은 3시간 근로계약을 맺는 민간 재가센터와 달리, 하루 8시간의 근로계약을 맺고 시간당 임금을 책정한다. 하지만 현재 경남 사회서비스원의 종합재가센터에 소속된 요양보호사는 41명에 불과할 정도로 규모도 적고, 요양보호사를 월급제로 고용하는 서울사회서비스원과 달리, 지자체의 예산지원 부족으로 시급제 고용을 유지하고 있다. 경남 사회서비스원이 8시간 근무의 월급제 임금을 지급하려면 사업을 확대해야 하지만, 민간 부문의 사업 영역을 침범하지 못하도록 되어 있어 요양보호사의 8시간 일감을 확보하지 못하고 있다.[20]

한편, 2020년부터 제도화된 노인맞춤돌봄서비스 생활지원사는

---

20 그러나 민간 부문보다는 시급 자체가 높고, 직접 고용한 요양보호사들이 노조로 조직되고 수당을 받으며 교육에 참여하기 때문에 근로조건 개선 효과는 적지 않다.

공공 부문에 속하며, 65세 이상 기초생활 수급자, 차상위계층, 기초연금 수급자 중 돌봄이 필요한 노인을 대상으로 맞춤돌봄서비스를 제공한다.[21] 생활지원사는 학력이나 연령, 자격증 제한이 없으며, 주로 식사와 청소관리, 문화 여가활동 지원, 외출동행 지원, ICT 관리 교육 및 안전점검, 대상자 안전 확보 및 말벗 역할, 필요한 정보제공 및 교육 활동 등 개인별 맞춤서비스 업무를 담당한다. 생활지원사는 복지관과 같은 노인맞춤돌봄서비스 수행기관에서 공개모집으로 선발하며, 1년 단위 기간제로 근로계약을 맺고 월급제로 임금을 지급한다. 수행기관과 대상자 가정에서 하루 5시간씩 주 25시간을 근무하며, 1주 12시간을 한도로 연장근로와 야간근로, 휴일근로를 할 수 있다. 보통 생활지원사 1명당 14~18명의 노인을 담당하며, 2020년 기준 최저임금보다 약간 높은 월 112만 원을 기본급으로 수령한다.

또한, 장애인활동지원사는 장애인복지기관에 고용되어 혼자 일상적인 사회생활을 하기 어려운 장애인에게 신체활동, 가사 활동, 이동 보조 등 활동 보조서비스를 제공한다. 장애인활동지원사는 나이 제한 없이 사회복지사 2급이나 교육과정 40시간과 현장실습 10시간을 이수해야 하며, 장애인 자립센터와 계약을 맺고 연결된 장애인에게 서비스를 제공한다. 장애인 이용자는 부여받은 활동 지원 이용시간이 있고, 활동 지원사는 일할 때마다 단말기로 출퇴근을 결제하고 그때마다 이용자의 총 이용시간에서 차감한다. 장애인활동지

21　이는 노인돌봄사업을 노인맞춤돌봄서비스로 개편하면서, 노인돌봄기본서비스, 노인돌봄종합서비스, 단기가사서비스, 초기 독거노인 자립 지원, 독거노인 사회관계 활성화, 지역사회 자원연계 등 6개 노인돌봄사업을 통합한 것으로, 기존 독거노인생활관리사와 노인돌보미를 생활지원사로 통일한 것이다.

원 단가는 매년 결정되며, 2020년 시급은 최저시급보다 약간 높은 13,500원으로 여기에서 소속 기관 운영경비로 20~25%를 공제하기 때문에 100만 원 초반의 저임금을 벗어나기 어렵다.

대체로 요양보호사들은 노인 맞춤돌봄 생활지원사로 취업하기를 선호한다. 주로 민간에서 운영되는 장기 요양기관과 달리, 노인 맞춤돌봄 생활지원사 제도가 2020년부터 시행되면서 지역별로 지정된 복지관을 중심으로 제도 설계과정에서부터 근로조건이나 운용방식이 비교적 체계화되어 있고, 5~6시간 기준 월급제로 운용되기 때문이다. 경력자들이 많이 근무하며 연령도 50대가 많아 상대적으로 다른 요양보호사들에 비해 젊은 편이다.

"요양보호사 자격증이 있고요. 기관 면접을 통해서 뽑는데, 보통 경력자들이 많이 들어와 있습니다. 실제로 노인맞춤생활지원사는 50대로 상대적으로 젊어요. 이 일을 하는 데서 50대는 굉장히 젊은 것입니다. 농어촌으로 가면 60대 후반도 계십니다. 70대 초반도 있고요. 특별히 정년 개념이 없으니까요."

(2) 저임금

요양보호사들은 대부분 최저임금 수령자와 비슷하거나 더 낮은 저임금 상황을 벗어나지 못하고 있다. 다른 수당이 없는 시간급제도하에서 하루 3시간 기준의 초단시간 노동일 뿐 아니라 시간급 자체가 매우 낮게 책정되어 있기 때문이다. 임금 안정성이 낮고 사회보험 가입률도 낮다. 돌봄 노동자의 근로시간이나 임금수준을 보면,

노인맞춤돌봄 생활지원사가 하루 5시간 기준으로 5일 근무에 평균 주 30시간 130만 원 수준이다. 돌봄노동자의 시간당 서비스 단가가 정해져 있기 때문에 월 임금은 근로시간에 따라 영향을 받는다. 재가 요양보호사 역시 주 30시간 정도 근무하며, 장애인활동지원사를 제외하면 주 40시간을 채우기가 쉽지 않다. 주 40시간을 채우려면 하루에 2가구 정도를 방문해야 하는데, 이동시간을 감안하면 쉽지 않기 때문이다. 요양보호사의 저임금 상황은 돌봄 이용자의 선택권을 높이기 위해 운용되는 바우처 제도와 관련이 크다. 종사자의 경력이나 과업의 난이도를 고려하지 않은 채 정부가 일괄적으로 단위 서비스 수가를 정하고 돌봄서비스 구매자에게 직접 재정을 지원하면서, 요양보호사의 임금체계가 월급제가 아닌 시급제로 운영될 수밖에 없고 단시간 근로는 곧바로 저임금으로 이어진다.

2018년 '서울시 요양보호사 처우개선 방안연구'에 따르면 시설 요양보호사의 전체 평균 급여는 136만 원이고, 시급은 7,691원으로 2018년 당시 최저임금인 8,350원을 밑돌았다. 종사자의 36.9%는 '초과근로가 있으며', 34.9%가 '초과근로수당은 지급되지 않는다'고 답해 초과근로수당을 제대로 받지 못하는 것으로 드러났다(경향신문, 2019.10.22.). 함선유·권현지는 돌봄 노동자의 저임금 원인에 대하여, ① 50~60대 고령자의 낮은 인적 자본, ② 여성 노동에 대한 편견, ③ 돌봄 노동의 시장가치에 대한 저평가, ④ 사회서비스의 민영화로 인한 인건비 압박, ⑤ 시간제 임금과 단시간 노동을 초래하는 바우처 제도, ⑥ 경쟁 시장 조성을 위한 영세 업체 난립을 지적하고 있다(함선유·권현지, 2017).

재가 요양보호사는 월 30시간가량 130만 원 수준의 임금으로 생활이 어려워 근로시간과 소득을 늘리기 위해 장애인활동지원사를 선택하기도 한다. 장애인활동지원사는 기본 8시간을 근무하기 때문이다. 장애인활동지원사는 요양보호사와 달리 단시간 노동으로 인한 문제는 없으나 오히려 장시간 노동이나 휴가, 휴게시간 사용에서 어려움이 적지 않다. 근무시간을 이용자와 탄력적으로 조율할 수 있지만, 월 209시간 근로를 넘을 수 없다. 그러나 장애인의 일상 활동이 주 52시간으로 제한되기 어렵고 주말에도 도움이 필요하지만, 이용자들이 여러 명의 지원사를 이용하려 하지 않기 때문에 서비스 이용시간이 훨씬 길다. 활동지원사 역시 시급 단가가 낮은 상황에서 8시간 시급으로 생계를 꾸리기 어려워 근로시간을 연장하는 편법이 활용된다. 1명의 장애인을 돌보는 데 2개 이상의 기관에 등록해 장시간 근로하는 것이다. 이처럼 편법으로 운용되는 연장근로에 대한 수당은 받기 어렵다. 또한, 장애인활동지원사는 4시간 근무하면 30분, 8시간 근로 때 1시간 이상의 휴식시간을 가질 수 있지만, 휴식시간의 대체인력을 구하기 어려워 현실적으로 휴식시간을 보장받기도 어렵다. 그 대안으로 장애인활동지원사들은 30분, 1시간씩의 휴식시간을 모아 유급휴가를 받는 휴식시간 저축제를 요구하고 있다.

　　"돌봄서비스 수혜자들이 여러 사람에게 맡기고 싶지 않다는 생각이 너무 지배적이에요. 이것을 빨리 극복하는 것이 굉장히 필요해요. 장기요양뿐 아니라 아이 돌봄도 마찬가지예요. 내가 휴가를 쓰려고 해도 그 집에 대체인력이 못 들어가니까 자기 휴가를 못 쓰는 경우가 많거든요. 문제는 수혜자가 두 명에게 공동서비스를 받지 않으려고 한다는 것이에요. 배치를 바꾸는 게 쉽지 않거든요. 정말 서비스 수혜자가 누가 오든 그 사람은 전문서비스인이기 때문에 받아들여야 하는데 그게 잘 안 돼요. 굉장히 까다롭게 선택을 합니다. 조금만 안 맞아도 바꿔 달라고 요구해요. 안 바꿔주면 계약종료라고 하니까, 기관에게 계약종료는 곧 수익 축소, 이렇게 이어지니까요."

(3) 노동환경과 인격적 무시

시설에 근무하는 요양보호사의 경우, 낮은 임금, 고용불안, 높은 노동강도, 낮은 사회적 평가 등 열악한 처우뿐 아니라, 심야 노동과 교대근무, 산재, 성희롱과 성추행, 감정노동에 노출되어 있다. 시설 요양보호사들은 주 2일 24시간 교대제나 주 4일 12시간 교대제로 월평균 170시간 이상을 일한다. 그러나 급여는 평균 140만 원 수준이다. 일주일 중 2일의 주간 근무와 2일의 야간 근무, 2일의 휴식으로 이뤄진 근무 일정으로 생체리듬이 유지되기 어렵고, 야간 근무는 인력 부족으로 인한 높은 노동강도를 수반한다.[22]

2019년 12월 서울대 '국제이주와 포용사회센터'가 시설 및 재가 요양보호사 300명을 대상으로 조사한 결과, 시설 근무 요양보호사들은 하루 평균 약 10시간씩 일했고, 이들 중 45.3%는 일주일

---

22   2018년 '서울시 요양보호사 처우개선 방안연구'에 따르면, 시설 요양보호사들은 62.2% 가 혼자서 7명 이상을 돌보며, 9명 이상을 돌보는 이도 11.2%였고, 1명 이상 7명 미만을 담당하는 경우는 15.8%에 불과했다. 노인복지법 시행규칙에 따르면, 요양보호사 1명이 맡는 입소자의 수는 2.5명 이하여야 한다(경향신문, 2019.10.22.).

에 평균 3일가량 야간 근무를 한다고 답했다. 주간 이틀, 야간 이틀 근무를 하고 이틀을 연달아 쉬는 '주주야야휴휴' 근무 형태와 24시간 꼬박 근무 후에 이틀을 쉬는 '퐁당당' 근무가 일반적이다. 4시간 일하면 30분, 8시간 일하면 1시간을 반드시 쉬도록 하는 근무 중 휴식시간 의무화 제도가 2019년 시행됐지만, 시설노동자의 46.0%가 '근무 중 휴게시간에 쉬지 못하고 있다'고 답했다(경향신문, 2019.12.05.).

시설 요양보호사의 업무는 '기저귀 갈기, 목욕·침대 시트 갈기, 손발톱 깎기, 면도, 물통 채우기, 청소, 빨래, 점심 준비, 식사 도움, 양치 도움, 설거지, 빨래 널기, 간식 준비, 프로그램, 간식 도움, 일지 쓰기, 저녁 준비, 저녁 도움, 이동 변기·쓰레기통 비우기' 등이다. 휴식시간에도 노인들을 찍고 있는 CCTV 화면을 지켜봐야 한다(한겨레신문, 2019.5.15.). 요양시설에는 다른 사람의 도움 없이는 식사나 걷기 등 일상생활이 불가능하고 누워서 생활하는 장기요양 1~2등급의 노인들이 많다. 시설 요양보호사들은 옷·속옷 갈아입히기, 용변 처리 돕기, 잠자리나 의자에서 자리 바꿔주기 등 힘을 써서 노인을 부축해야 하는 업무를 수행해야 한다. 그 결과 시설에서 일하는 요양보호사들은 업무에 상당한 신체적 부담을 느낀다. 돌봄 근로환경에서는 근골격계 질환자가 많은데 업무와 관련된 것으로 판단하기 쉽지 않아 산재보험 적용을 받지 못하는 경우가 많다. 무거운 노인을 이동시키고 돌보는 요양보호사들은 근골격계와 허리통증, 예기치 않은 사고에 시달린다.

경기도 고양시의 장기요양기관 종사자 241명에 대한 실태조사

에 따르면, 노인요양시설 종사자들이 "일하면서 힘든 점 3가지"는 1
순위로 '낮은 임금'(60.6%), '높은 노동강도'(41.1%), '일에 대한 낮은
사회적 평가'(26.6%), '대상자나 보호자의 폭언, 폭행 등 비인격적 대
우'(26.1%)의 순으로 나타났다(경향신문, 2019.10.22.).

또한, 장기요양기관에서 요양보호사들의 언행과 표정은 기관의
이미지와 직결되기 때문에 이들이 요구받는 감정노동 수위도 높
다.[23] 장기요양기관은 좋은 평판이 수급자 유치와 직결되고 종사자
들의 고객을 대하는 자세에 따라 기관이 경쟁에서 살아남을 수 있
다. 그 때문에 서비스 질 향상을 위한 높은 노동강도와 고객 관리 행
동지침 준수를 요구하고 있다. 장기요양기관에 입소해 있는 노인 대
부분은 치매, 중풍으로 돌봄을 요하는 상태이다. 낙상 등으로 골절
을 입거나 갑작스러운 의식상실로 응급상황이 발생하면 대부분 돌
봄노동자의 책임으로 귀속되는 경우가 많다. 요양보호사들은 '언어,
신체접촉 등 성희롱이나 성폭력', 구타, 집기 등을 이용한 폭행, 욕설
등 언어폭력을 경험한다.

휴식시간 및 휴가와 관련하여, 전국요양서비스노조가 2020년 6월
요양원에서 일하는 요양보호사 622명을 대상으로 한 조사에 따르
면, 전체의 68.1%가 정해진 휴게시간에 제대로 쉬지 못한다고 응답

---

23 치매 유형의 행동 장애 중 반복 질문을 하는 노인도 있고, 하루에도 수백 번을 반복 물음
에 응대해야 한다. "면회 오는 가족들에게 친절한 응대를 요구받게 되고 그들로부터 일
거수일투족을 감시받는 대상이 된다. 수급자의 요구에 즉각적 대응을 해야 하고 노인의
인권 보호를 위하여 큰 소리로 말하거나, 기분 나쁜 표정을 지어서도 안 된다. 수급자와
수급자 가족들로부터 하찮은 일을 하는 존재 정도로 인격적 손상을 받는 경우가 있고, 치
매 환자로부터 무방비 상태의 폭력과 성희롱을 당하기도 한다."

했다(한겨레신문, 2021.4.30.). 마찬가지로 재가 요양보호사와 장애인활동지원사 다수가 공휴일에 일해도 수당을 받지 못하거나 공휴일을 무급으로 쉬는 것으로 나타났다. 공공운수노조의 유급휴일 실태조사 결과를 보면, 응답한 재가 요양보호사의 63.1%가 관공서 공휴일에 유급휴가를 받지 못했고, 장애인활동지원사의 84.1%가 휴일 근무에 따른 가산수당을 받지 못했다(경향신문, 2021.7.29.).

재가 요양보호사의 경우, 생활지원사, 장애인활동지원사의 업무는 대부분 개별화되어 있고, 기관의 업무지시 역시 주로 카톡으로 이루어진다. 월급제를 하면서 주 2~3회 기관에 들어오는 노인생활지원사를 제외하면, 재가 돌봄 노동자들은 동료들과의 상호작용 없이 개별화되어 있다. 한 달에 1~2회 전체 조회가 있지만, 대부분 업무상의 소통이 웹을 통해 이루어지기 때문에 직장동료라는 개념이 형성되기 어렵다. 업무 배치에서 사용자의 개입 역시 최소화되어 있다. 고용주인 기관이 서비스 수요자에 대한 정보를 가지고 요양보호사들을 배치하지만, 한번 서비스 공급 관계가 맺어지면 쉽게 변경되지 않고 지속되기 때문이다. 특정 수요자와 노동자의 일대일 관계가 장기화되면 서로 간에 적응비용이 들지 않고 안정된 관계를 맺을 수 있는 장점이 있지만, 공식화된 돌봄서비스의 수요-공급 관계가 사적이고 비공식적인 관계로 변형된다. 문제는 돌봄서비스가 비공식적인 사적 관계로 지속되면, 서비스의 전문성이나 휴가와 같은 노동권을 인정받기 어렵다는 점이다.[24]

---

24 "재가방문요양의 경우 '내 돈 주고 일하는 사람을 썼다'는 인식이 강해, 매일매일 대청소, 애완동물 돌보기, 손주들 돌보기까지 시키는 경우가 비일비재하다"(경향신문,

"돌봄서비스는 부모를 대하는 마음으로 평생 이렇게 하면 된다고 생각하게 되면, 서비스 관계가 공식화되지 않는 문제가 생겨요, 돌봄서비스 영역에서 한 명의 수혜자에 대해 일 대 다 서비스가 정착되어야 다양한 종류의 서비스가 전문적으로 이루어질 수 있고, 일정 시기에 돌봄 노동자가 교체되거나 두세 명의 노동자가 한 사람에 대해 공동으로 책임지게 해야 월차나 휴가를 쓰는 게 가능해지거든요, 수요자가 다른 사람이 오는 걸 수용하지 않으니까 못 쉬는 거지요. 일 대 다의 서비스 관계가 형성되어야 수혜자들도 공식적으로 요양보호사가 요양서비스 전문가라고 인정하지, 내 허드렛일 해주는 사람이라고 인식하지 않게 돼요. 그렇지 않으면 돌봄서비스 사업이 전문화되거나 공식화되기 힘들고, 근로감독도 어렵습니다."

(4) 교육 훈련의 필요성

돌봄노동자의 업무는 사람을 대상으로 개인별 특성과 요구에 맞게 적절한 지원서비스를 제공하는 것이기 때문에, 업무와 관련한 지식과 숙련이 필요한 일이고, 노동자들도 직무교육에 대한 필요성을 크게 느끼고 있다. 현재는 요양보호사에 대한 교육 훈련은 개별 기관에 맡겨져 있지만 대부분 형식적이거나 제대로 이루어지지 않고 있다. 대부분의 요양보호사는 처음에 생계를 위해서 돌봄 일에 뛰어들지만, 경력이 쌓이면서 스스로 전문직 종사자라 여기며, 노인을 잘 돌보기 위해 교육을 받았거나 자격증과 전문지식에 따라 임금보

2019.12.05.).

상에 차등을 두는 시스템을 원했다.

　종사자 보수교육은 현재 일 년에 6~8시간의 의무교육이 이루어지지만, 기관 자체 교육으로 형식적으로 이루어지는 경우가 대부분이다. 돌봄노동자가 일하는 과정에서 겪는 스트레스를 해소하거나 서비스 질을 높이기 위한 교육이나 직무교육에 대한 요구가 적지 않다. 치매 노인에 대한 대응이나 응급처치 방법, 여러 가지 기술교육, 감정노동에 대한 심리치료 등 여러 가지 직무교육이 필요한데 이들을 한 공간에 모아서 교육을 진행하기가 쉽지 않다. 또한, 공식적 교육을 진행하기 위해서는 이에 대한 임금도 지급해야 하는데, 예산상의 제약이 가장 큰 어려움이다.

(5) 노동기본권과 정책과제

　요양보호사들은 높은 노동 강도에 비해 낮은 서비스 단가, 단시간 혹은 장시간의 근로시간, 휴게시간과 유급휴가, 교대근무로 인한 건강 위험과 산업안전, 인격적 무시 등의 불만에 대해 소속 기관에 개선을 요구하더라도, 기관이 해줄 수 있는 게 별로 없다. 주로 정부가 규제하는 서비스 단가와 근로시간으로부터 발생하는 저임금, 고객인 서비스이용자와 관계에서 발생하는 어려움이나 불만이 대부분이기 때문에, 서비스대상자를 변경하는 것 외에는 방법이 없는 것이다. 근본적으로 적절한 서비스 단가를 책정하고 인력 기준과 근로시간을 보장하는 것이 필요하다. 지자체 차원에서 복지수당과 위험수당을 통해 보전하는 것이 현실적 대안으로 제시되고 있다. 시설 요양보호사들의 근로조건은 공식적인 고용 관계 속에서 상대적으로 개선되는 추세이지만, 재가 요양보호사의 근로조건은 더욱 열악하다.

정책적인 측면에서, 요양보호사들은 노인, 어린이, 장애인과 같은 취약계층을 대상으로 대면서비스를 제공하기 때문에, 백일해, 독감, 코로나19 등 질병에 대한 예방접종을 지원받을 수 있기를 바란다. 또한, 휴가를 실질적으로 사용할 수 있도록 특별휴가제 파견사업 비용과 같이 대체인력을 지원하는 정책도 필요하다. 현재 사회서비스원에서 대체인력을 포함한 휴가대책 사업을 부분적으로 진행하고 있는데, 무엇보다 월급제를 시행하는 것이 중요하다.

노동자들의 자조 모임이나 조직화와 관련하여, 주5일 월급제로 고용되어 동료 관계가 형성되는 노인맞춤생활지원사의 경우 조직화 움직임이 강한 반면에, 서비스공급이 개별화된 재가 요양보호사의 경우는 조직화나 자조 모임이 쉽지 않다. 이런 점에서 사회서비스원의 확대는 하나의 대안으로 제시되고 있다. 사회서비스원은 지자체로부터 국공립 시설을 위탁받아 운영하고, 서비스 종사자들을 직고용해 관리하는 '돌봄 허브'다. 사회서비스원은 공공성 강화라는 측면에서 공공기관이 직접 시설을 운영함으로써 운영 모델을 개발하고, 민간에서 수행하고 있는 서비스 운영을 지원한다. 사회서비스원의 종합재가센터는 활동 보조와 요양 업무를 수행하는데, 이를 위해 직원을 월급제 정규직으로 채용하는 것을 목표로 하고 있다.[25]

---

25 사회서비스원 설립은 문재인 대통령이 대선후보 시절 공공 부문 81만 개 일자리 창출의 일환으로 내건 공약이다. 이는 요양·보육 등 사회복지서비스 분야의 공공성 강화와 좋은 일자리 창출을 통해 돌봄의 질을 높이려는 취지에서 마련됐다. 이 공약은 보육교사, 요양보호사, 장애재활사, 의료인력 등 사회서비스 제공 인력 34만 명을 광역자치단체별로 설

현재 경남 사회서비스원에 고용된 요양보호사들의 계약상 근로 시간은 8시간이지만, 보통 3시간이나 6시간 일하는 경우가 많다. 민간 부문의 영역을 침범해 수요 자체를 만들기가 쉽지 않은 상황이 어서 실 근무시간을 8시간으로 늘리지 못하고 있다. 사회서비스원 이 월급제를 통해 8시간 실근로시간을 보장하고 있지 못한 상태이 기 때문에, 요양보호사들은 사회서비스원에서 3시간 근무하고 다른 민간센터에서 추가 근무를 통해 임금을 보충하기도 한다. 요양보호 사 입장에서는 공공기관인 사회서비스원이 겸직을 허용해 주기 때 문에 사회서비스원 고용을 선호하지만, 채용이 엄격하고 경쟁도 높 은 편이다. 더욱이 사회서비스원은 창원과 김해 두 곳뿐이어서 근거 리에서 출퇴근이 가능한 두 지역 요양보호사들만 채용할 수 있는 것 이 현실이다. 사회서비스원은 시장에 접근하기도 쉽지 않고 월급제 를 위한 예산이 없어 채용을 늘릴 수도 없는 상황이다.

"사업 확대가 힘든 게 민간에서 하는 것을 사회서비스원이 와 서 한다면 영역 침범으로 보거든요. 민간에서 서비스를 받는 요 양보호 이용자에게 저희가 접근해서 사람을 빼 올 수는 없는 거죠. 그래서 대부분 민간에서 서비스를 받기 어려운 분들이 오

립한 사회서비스 공단에서 직접 고용함으로써 일자리의 양과 질을 개선한다는 내용이었 다. 하지만 민간 이해관계자들이 반발하며 애초 취지가 크게 퇴색했다. 사업 범위는 민 간의 기득권을 침해하지 않기 위해 신규 설립 국공립어린이집, 신규 요양수급자에만 관 여하는 쪽으로 축소되었고, 일자리 양보다 질의 개선에 우선 집중하기로 했다(경향신문, 2019.10.22.). 2021년 6월 '사회서비스원 운영과 지원에 관한 법률'이 국회를 통과했다. 하지만 우선 위탁사업의 범위를 축소하고 노동자 처우개선에 대한 문구가 모호해 우려 가 제기되고 있다.

는데, 그런 대상자들의 수요가 많지 않은 거죠. 계속 찾기가 쉽지 않고, 그래서 요양보호사들의 겸직을 허용하거든요. 민간 재가방문요양사로도 활동하시는 거죠. 하지만, 겸직을 허용하는 순간 원래 취지에 벗어나는 경우가 생길 수 있습니다."

사회서비스원에 많은 기대를 걸었던 것은 요양보호사들을 직접 고용해 과도하게 팽창한 민간 영역을 공공으로 대체해 가는 모델이기 때문이었는데, 고용한 요양보호사들의 풀타임 일거리를 확보하지 못하는 것이 현재의 모습이다. 그리하여 현재 경남 사회서비스원은 커뮤니티 케어센터를 설립해서 지역사회통합 돌봄 정책을 추구하고 있다.

장기적으로 요양보호사의 근로조건을 개선하기 위해서는 장기요양 기관의 영세성을 극복해 공공성을 강화해야 하고, 궁극적으로 영세 업체들을 퇴출시키고 사회서비스원이 이를 대체하는 변화가 필요하다. 복지정책에서 분야별로 아동, 노인, 장애인 같은 분야별 지원기관이 만들어지면 사회서비스원이 경남 지역 복지정책의 허브 역할을 하는 것이 필요하다. 경남 지역의 사회서비스를 기획하고 정책화하는 플랜을 세우고 그 집행 단위들을 체계화하는 역할을 하는 것이다. 현재 노조는 요양보호사가 중심이 되기보다 정규직 조합원들이 사회서비스원 울타리 역할을 하며, 요양보호사들이 단체교섭에 참여하는 방식이다.

"현재 장기요양보험 정책에서 개인이 하는 영세 업체는 퇴출하는 방향으로 가고 있어요. 개인이 했을 때 이득이 남지 않는 구조를 만들고 있거든요. 결국 영세한 곳은 사라지게 될 겁니다. 장기적으로 보면 영세한 민간기관의 수요들을 사회서비스원이 가져오게 되는 거지요."

2) 초등학교 돌봄전담사

학교에는 정규직 교사를 제외하고 다양한 직종의 비정규직과 특수고용직 노동자들이 존재한다. 크게 교원으로 분류될 수 있는 기간제교사와 강사가 있고, 공무직이나 회계직으로 불리는 비정규직과 특수고용직 노동자들이 있다. 2012년 지방선거에서 진보 교육감 당선과 2018년 공공 부문 비정규직의 정규직 전환 정책에 따라 많은 비정규노동자가 무기계약으로 전환되었지만, 근로조건 개선을 둘러싼 갈등은 더욱 커지고 있고 무기계약 전환에서 제외된 특수고용노동자들의 불만도 매우 크다. 학교 종사자들 사이에는 위계질서가 존재하며, 근로조건이나 업무 권한에서도 차이가 매우 큰 편이다. 무기계약 전환으로 교육공무직은 고용안정을 이루었으나 근로조건 격차는 여전히 크다. 학교 비정규직의 직종은 다양하지만, 임금 체계는 기본급을 제외하고 교통보조비, 학비 보조수당, 가족수당, 보육수당, 기술정보수당, 특수업무수당 등 단순한 구조이며, 근속연수에 따른 보상이 이루어지지 않고 있다(진숙경, 2016).

〈표 7-17〉 2019년 현재 경남 지역 전체로 교육공무직은 11,156명이며, 그중 가장 많은 수를 차지하는 것이 조리 실무사와 조리사, 영양사 등 급식종사자이다. 급식노동자를 중심으로 학교비정규직

노조의 활동이 오래전부터 이루어져 왔지만, 최근 사회적 쟁점이 된 것은 돌봄전담사 지자체 이관 문제였다.

〈표 7-17〉 경상남도 교육공무직원 현황(39개 직종) 2019.4.1. 기준

직종명	인원수	공립			사립		
		총계	무기계약	기간제	총계	무기계약	기간제
조리실무사	3,759	3,138	3,060	78	621	512	109
조리사	631	512	510	2	119	111	8
영양사	407	291	283	8	116	94	22
교무행정원	988	842	842	-	146	120	26
청소원	920	855	511	344	65	12	53
돌봄전담사	875	872	848	24	3	3	-
당직전담사	744	685	106	579	59	8	51
특수교육실무원	541	509	500	9	32	27	5
사무행정원	397	331	317	14	66	53	13
전문상담사	378	320	319	1	58	51	7
특수행정실무원	188	187	186	1	1	1	0
전담사서	212	198	193	5	14	11	3
통학차량보호탑승자	222	221	162	59	1	-	1
과학실험원	138	136	134	2	2	2	0
사감(보조)	124	73	59	14	51	23	28
치료사	118	111	110	1	7	4	3
구.학부모회직원(호)	115	111	111	-	4	3	1
시설관리직	54	34	2	32	20	3	17
교육복지사	49	49	48	1	-	-	-
전산실무원	46	42	42	-	4	4	0
구.학부모회직원	33	10	10	-	23	19	4
매점관리원	39	32	28	4	7	1	6
특수학교(급)종일반강사	30	30	25	5	-	-	-
특수통학버스보호탑승자	25	23	23	-	2	2	-
사회복지사	21	21	21	-	-	-	-
임상심리사	20	20	20	-	-	-	-
학부모지원전문가	6	6	6	-	-	-	-
취업지원관	5	5	1	4	-	-	-
공기질측정인력	8	8	8	-	-	-	-
통학차량운전원	6	4	2	2	2	-	2

직종명	인원수	공립			사립		
		총계	무기계약	기간제	총계	무기계약	기간제
방송전문가	2	2	2	-	-	-	-
수련지도사	3	3	3	-	-	-	-
스페셜코디네이터	11	11	11	-	-	-	-
안내원	14	14	12	2	-	-	-
수상안전요원	4	4	2	2	-	-	-
정독실관리자	1	1	-	1	-	-	-
교육지도사	11	11	10	1	-	-	-
도서관운영보조인력	10	10	10	-	-	-	-
신문방송스크랩인력	1	1	-	1	-	-	-
합계	11,156	9,733	8,537	1,196	1,423	1,064	359

자료: 박종국(2020)에서 재인용

(1) 고용 형태 및 고용 관계

돌봄전담사는 "학생의 돌봄 및 보호, 안전관리, 프로그램 관리와 교실 관리, 기타 돌봄 교실 관련 업무 등을 전담하는 인력"으로, 돌봄교실에 대한 법적 규정이 없는 교육공무직으로 분류된다. 이들은 학교 내에서 초등학교 저학년을 대상으로 돌봄교실을 운영한다. 주요 업무는 정해진 매뉴얼에 따라 돌봄 프로그램 수업 준비 및 관리, 돌봄 아동 관리, 학부모 상담(문자답변 포함), 돌봄 아동에 대한 간식 준비 및 정리, 학교행정업무 등이다. 돌봄전담사는 학교장이나 돌봄을 담당하는 교사의 지시를 받지만, 이들의 관계는 우호적이지 않은 경우가 많다.

〈표 7-17〉 2019년 4월 현재, 전국의 초등학교에서 돌봄전담사로 일하는 노동자의 수는 11,643명이다. 이들 중 18.5%만이 8시간 근무 전일제 노동자이고, 나머지 대부분은 4시간 근무 시간제 노동자이며, 3시간 이하의 초단시간 노동자도 17.5%를 차지한다(이태정,

2020). 경상남도의 경우 2019년 기준 돌봄전담사는 875명이며, 그 대부분인 872명은 공립학교 소속이다. 단시간 노동자인 이들은 모두 교육감이 직접 고용하는 무기계약 신분이다. 무기계약 전환 이전에는 학교장과 1년 계약 후 매년 새롭게 공고가 나면 이력서를 쓰고 면접을 보는 형태로 계약이 이루어졌다. 돌봄전담사의 자격요건은 유·초·중등교원 자격증이나 보육교사 2급 이상 자격소지자이며, 4년제 대학을 졸업하고 출산·육아로 경력단절을 경험했다가, 지역아동센터나 학교운영위원회 활동 등 관련 경력이나 추천을 통해 돌봄전담사로 활동하는 경우가 많다.

돌봄전담사의 고용 계약은 노동시간에 따라 8시간 전일제와 4시간 시간제의 두 가지 유형으로 구분된다. 서울시를 기준으로 전일제 노동자의 노동시간은 오전 11:00부터 오후 7시까지 총 8시간이고, 시간제는 오후 1시부터 5시까지 총 네 시간을 기준으로 운영된다 (이태정, 2020: 131). 그러나 경남의 경우는 6시간 노동과 4.5시간 노동, 2가지 형태로 고용이 이루어진다. 같은 무기계약직이지만, 돌봄 교실 초기에 들어온 이들은 6시간이지만, 나중에 들어온 4.5시간 노동자는 1주일에 15시간 미만 초단시간 근무를 하다가 4.5시간 무기계약으로 전환된 경우이다. 이들은 휴게시간 30분을 포함해 5시간을 근무하며 근로조건이 더욱 열악하다. 4.5시간 안에 아이 돌봄, 행정, 수업 준비를 모두 해야 해서 휴게시간을 갖기 어렵고, 시간 비례로 받는 급여에서도 불이익을 받는다. 두 경우 모두 짧은 근무시간에 아이 돌봄은 물론 행정 업무까지 수행해야 해서 초과근무를 하는 경우가 많다. 돌봄전담사 모집공고 시 업무의 큰 틀만 제시하고 학교 사정에 따라 업무가 달라질 수 있다는 단서조항을 넣기 때문에, 학교 상황에 따라 돌봄전담사의 업무가 늘어나는 경우가 적지 않다.

(2) 임금

돌봄전담사는 교육공무직으로 전환되면서 월급제를 적용받고 있으며, 전일제가 아니라 시간 비례로 임금을 계산한다. 6시간 근무자인 면접자의 경우, 급여는 기본금 140만 원에 가족수당 4~10만 원, 근속 수당, 급식비, 교통비를 포함하여 170만 원 정도를 받는다. 노조가 없었을 때는 급식비, 교통비 등의 수당을 받지 못했는데, 현재 단체교섭을 통해 수당으로 산정되고 있다. 그러나 1년 단위로 계약을 갱신하던 돌봄전담사가 2년 전 무기계약으로 전환되면서 교통비가 오히려 삭감되었다. 무기계약 전환 이전에는 교통비를 100% 받았던 데 비해, 무기계약 전환 이후 교통비가 기본급으로 산입되었기 때문이다. 기본급 책정이 8시간 일하는 교직원들을 기준으로 노동시간 비례에 따라 삭감하는 형태여서, 1일 6시간 노동이나 4.5시간 노동을 하는 돌봄전담사는 시간 비례로 기본급이 지급되고, 기본급에 포함된 교통비 역시 삭감되었다.

> "그러니까 단시간 근로가 문제가 되는 거예요. '너희들은 6시간 일하니, 6시간만큼 급식비를 줄 것이고, 6시간 일하니 6시간만큼 교통비를 줄 것이다'라고 책정이 되었어요. 우리는 우스갯소리로 급식실에서 비례로 받으니까 밥 절반만 먹자고 말하

기도 해요. 버스 타다 중간에 내려서 걸어야 한다고 이야기했던 적이 있었죠."

급여와 관련하여, 자격요건으로 교원자격증, 보육교사 2급, 사회복지사 2급, 유치원 정교사 자격증을 요구하면서도 자격 수당이나 면허 수당이 없다. 담임교사가 한 반을 운영하는 것과 같은 업무를 수행하지만, 교사가 받는 담임수당은 받지 못하는 데 대한 불만이 적지 않다.

(3) 노동시간과 휴게시간

노동시간과 관련하여, 돌봄전담사의 6시간 노동시간에는 아이 돌봄 4시간, 수업 준비 30분, 학교행정 업무, 학부모 상담, 간식 준비 및 정리시간이 포함되고, 여기에 휴게시간 30분을 더해 6시간 30분이다. 돌봄전담사의 가장 큰 불만은 초과업무에 대한 인정을 제대로 받지 못한다는 점이다. 돌봄 아동이 돌봄교실을 퇴실해야 업무가 종료되기 때문에 학부모가 늦게 퇴근할 경우 초과업무가 발생한다. 퇴근 후 학부모가 문자나 전화로 문의를 하면 상담 업무를 진행해야 한다. 갑작스럽게 발생한 초과업무에 관해 교장이나 관리교사에 이야기하면, '초과업무를 왜 하느냐, 알아서 하지 말라'는 답변을 듣는 등 초과업무를 인정하지 않기 때문에 학부모들의 요구에 부정적으로 반응하게 된다. 초과업무에 관해 미리 학교의 승인을 받지 않은 이상 이는 자원봉사가 될 수밖에 없고, 특히 무기계약 전환 이전에는 고용불안 때문에 부당한 초과노동을 감내하는 경우가 많았

다. 무기계약 전환 이후 처우는 약간 개선되었지만, 여전히 부당 초
과업무는 적지 않다.

> "부모님들이 아이들을 데리러 오는 시간을 맞춰서 온다면 더
> 이상 업무가 발생하지 않는데, 일을 하시는 분들이다 보니까 본
> 인들 퇴근 시간이나 본인들 사정에 의해서 퇴실 시간이 늦어지
> 는 경우가 있어요. 그럴 때 학교라는 공간이 초과업무나 이런
> 것들에 대해서는 미리 결제하지 않으면, 후에 생기는 일에 대해
> 서는 인정해 주지 않거든요. 그 이후에 아이들을 더 돌보는 상
> 황에서는 자원봉사로 다 했어요."
> "'저 아이가 늦게 가서 한 시간 더 추가됐습니다'라고 말을 하
> 는데, 그러면 '안 하면 되지'라는 식으로 추가를 막아 버리는 거
> 죠. '안 하면 될 것을 왜 해서 말을 하냐'는 식의 어투로 말해요.
> 학부모에게 말해서 빨리 오라고 하면 되지, 왜 이렇게 하냐는
> 거죠. 사후 초과에 대해서는 전혀 인정받지 못한다고 보시면 돼
> 요. 계획에 의해서 사전에 생기는 초과는 계획서 작성을 통해
> 결제를 받는데, 그 이후에 생기는 어떠한 초과시간도 절대 인정
> 받을 수 없어요. 그러다 보니까 부모가 늦게 와서 아이를 늦게
> 까지 데리고 있어야 할 경우, 저희도 매정하게 '어머니, 죄송하
> 지만 제가 이런저런 사정으로 인해서 오늘 빨리 가야 합니다.'
> 이런 방식으로 대하게 되는 것 같아요."

휴게시간과 관련해서, 돌봄전담사는 계약서상으로 11시~11시
30분 준비시간. 11시 30분~12시 휴게시간, 이후 아이 돌봄 시간으
로 명시되어 있다. 이러한 업무시간 및 휴게시간 배분은 코로나 이

전에는 잘 지켜졌지만, 코로나 사태 이후는 상황이 달라졌다. 무기계약 전환 이후에도 휴게시간을 사용하지 못하는 돌봄전담사가 여전히 많다. 학교 상황에 따라 휴식시간 사용이 다른데, 이는 업무시간 및 휴게시간을 포함한 돌봄전담사 노동에 대한 교육부의 공통된 업무 매뉴얼이 없기 때문이다.

> "무기계약 전환 이전에는 휴게시간을 전혀 사용할 수 없었다가, 노조에 가입하고 나서야 휴게시간을 쓸 수 있다는 것을 알게 되었고 근무시간이 6시간으로 되면서 법적으로 휴게시간이 업무 중간에 들어가야 한다고 해서 그때부터 쉴 수 있게 되었어요."

또한, 돌봄전담사는 방학 중 업무와 학기 중 업무의 차이가 크고, 방학 중에는 휴게시간을 전혀 사용할 수 없는 것이 현실이다. 방학 중에는 돌봄전담사가 8시부터 출근하고 아이들 입실 시간은 9시지만, 일찍 출근하는 학부모들은 아이들을 입실시간 이전부터 등교시키기 때문에 돌봄전담사는 휴게시간을 빼앗기게 된다. 방학 중에는 학교 관리자가 아무도 출근하지 않기 때문에, 돌봄교실 내 문제나 애로 사항이 발생해도 돌봄전담사가 모든 책임을 지고 개인적 판단에 따라 업무를 진행할 수밖에 없다.

> "평상시 선생님들도 출근 시간은 정해져 있잖아요. 그런데 아이들은 일찍 와서 문을 열고 앉아 있어요. 그런데 저희는 그게 안 되는 거예요. 안전 때문에 저희가 모든 것을 책임져야 하니

까요. 특히, 방학 중에 아무도 출근하지 않은 상태인데, 아이만 학교에 있는 상황은 큰일 날 수도 있죠. 방학 중에는 행정 업무 시간, 돌봄 시간, 휴게시간이 하나도 안 지켜져요. 그런데 교육청의 매뉴얼에는 정확하게 나누어져 있어요. 현실에 안 맞아요. 그러면 아이들이 있는 시간에 행정 업무나 사전준비 활동은 아이들을 보면서 해야 하는 거죠."

2020년 3월 코로나19로 저녁 7시까지 긴급 돌봄이 시작되면서 상황이 크게 달라졌다. 정규수업이 단축되거나 원격수업으로 전환되면서, 돌봄 교실이 학생들을 수용해야 하는 시간이 길어졌다. 긴급 돌봄 당시 돌봄 아동은 돌봄 교실에서 인터넷으로 학교 수업을 받지만, 학교 교사들은 집에 있는 아이들을 위한 인터넷 수업만 진행할 뿐, 돌봄 아동 지도는 하지 않았다. 돌봄전담사가 하루 10시간 근무하면서 돌봄 교실 아이들을 돌봐야 해서 휴게시간은 전혀 보장되지 않았다. 현재도 정규수업이 단축되면서 아이들은 일찍 돌봄 교실로 이동하고, 돌봄전담사의 아이 돌봄은 5시간으로 늘어났다. 아이들이 등교한 후 단축 수업이 끝나면 11시 반이고, 아이들 모두가 일찍부터 돌봄 교실로 오면서 휴게시간은 지켜지지 않았다.

"총 6시간 근무 안에는 사전 준비시간, 행정 업무시간, 아이 돌봄 시간, 휴게시간이 다 포함되어 6시간 30분이거든요. 저희가 부여받은 아이 돌봄 시간은 4시간입니다. 전체 개학 상황이 되면서 학교에서는 단축 수업이 이루어졌어요. 그래서 4교시를 다 마치면 11시 30분이에요. 밀접접촉을 피하기 위해 쉬는 시간을 10분만 주고, 1·2교시를 합쳐서 블록 수업을 하다 보니까 아이들이 빨리 올 수밖에 없는 거죠. 단축 수업으로 원래 1시에 입실하게 되어 있던 아이들이 일찍 돌봄 교실을 찾으면서 돌봄 시간이 1시간 늘어났어요. 지금은 5시간 아이 돌봄을 하고 있거든요."

"사실 소독도 저희가 해야 하거든요. 그러니까 청소를 못 하고 가는 일이 생겨요. 청소 때문에 시간이 또 초과되는 거예요. 저는 코로나 이후로 편하게 휴게시간을 사용해 본 적이 없었던 것 같아요."

휴게 공간 역시 따로 제공되지 않고 편의시설도 없다. 교실에 돌봄 아동들에게 따뜻한 물을 제공하기 위해 커피포트가 있지만, 돌봄 전담사가 필요한 경우 개인이 음료, 차 등을 준비해 와야 한다. 휴식은 주로 수업 준비 후 돌봄 아동들이 오기 전에 교실 컴퓨터 앞에 앉아서 쉬는 형태로 이루어진다.

"온라인 개학이 시작되면서 오전에는 아이들이 원격수업을 받았어요. 학교에 오는 아이들은 긴급 돌봄이라고 해서 원격수업을 받으며 교사들이 근무시간 안에 자기 반 아이들을 데리고 있으면서 무언가를 진행할 줄 알았어요. 그런데 교사는 집에 있는 아이들을 위해 수업을 준비하기 때문에, 오전 원격수업에서 긴급 돌봄 아이들을 배제했어요. 그런데 저희한테는 교과수업 지도나 이런 권한이 전혀 없거든요. 교육청에서 돌봄전담사들은 원격수업에서 배제하라는 공문이 내려와서, 원격수업은 돌

봄교실을 빌려 오전에 방과후강사 선생님을 투입해 지도하셨
어요. 그러면 저희는 출근해도 있을 공간이 없어지죠. 도서관에
빌붙어 있다가 12시가 되니까 급식 지도를 하라고 해서 급식
지도를 하고 있었어요."

(4) 노동 강도와 감정노동

돌봄전담사의 노동 강도는 센 편이다. 특히 아이들 사이에 분쟁
이 많이 발생하는데, 돌봄 교실에서 문제를 일으키는 아이들을 제재
하기가 어렵다. 독서 지도를 할 때 지나치게 떠들거나 휴대폰을 계
속 가지고 노는 아이들에게 제재를 가하면 학부모로부터 민원 제기
를 받는 경우가 많기 때문이다. 학부모들이 면담을 통해 이를 이해
하기도 하지만, 학교에 민원을 제기하는 경우가 훨씬 더 많다. 학부
모가 항의하거나 민원을 제기할 때 어떻게 대응해야 하는가에 관한
매뉴얼이 없어, 돌봄전담사들은 학부모를 상대로 한 감정노동에서
상당한 스트레스를 경험한다.

"아이들이 한 교실에 25명씩 있잖아요. 제각각 성향이 다 다른
아이들이 있는데, 아이들 사이에서 생기는 분쟁이 없을 수 없거
든요. 사례로, 1학년 아이들이 입학하여 돌봄교실에 왔는데, 첫
날부터 제자리에 앉으라고 하면 앉지 않고 돌아다녀요. 첫날 설
명이라도 해야 하니까, 앉히려고 하면 발버둥을 치는 아이들이
있어요. 그런 아이들 같은 경우는 전체에 피해를 주는 경우가
많거든요. 그런 아이들이 해마다 꼭 있어요. 어쩔 수 없이 제재
가 들어갈 수밖에 없거든요. 이 경우 학부모님께 설명하는 과정

에서 민원이 들어오는 경우가 많아요. 최근에 데리고 있는 쌍둥이 친구들이 있는데, 이 친구들이 독서시간에 핸드폰을 사용하기에 제재를 가했더니 학부모님께 항의 전화가 왔어요. 설명을 드렸더니 알겠다고 말은 했지만, 불만이 많으셨더라고요. 그런 경우가 있어서 민감하게 대하는 부모님들이 계시니까 어떻게 해야 할지, 아이 몇 명 때문에 다른 아이들까지 피해를 보니 제재를 안 할 수는 없는데, 이런 일이 매일 반복되거든요. 저는 사실 어떻게 해야 할지 잘 모르겠어요. 그런 부분에 대해서 단 한 번도 교육을 받은 적이 없습니다."

돌봄 교실에서 아이들의 안전에 대한 스트레스도 적지 않다.

"사고는 정말 순간이라, 매번 집중해야 하니 스트레스가 심해요. 남자아이들은 놀이시간에 몸싸움하는 경우가 많아요. 상처가 생기기도 하니까 이런 스트레스가 업무강도인 것 같아요. 싸워서 부모님들 사이에서 갈등이 생기거나 민원이 발생한다는 거죠. 어머니들은 굉장히 예민하시거든요. 제가 봤을 때는 아이들이 소심해서 다른 아이들이랑 못 노는 것 같은데, 어머니는 돌봄 교실 선생님이나 이런 환경 때문에 아이가 적응하지 못한다고 생각하시는 것 같아요."

(5) 휴가 사용 및 부당한 대우

돌봄전담사가 경험하는 부당한 상황에는 주로 학부모와의 상담 과정에 발생하는 폭언이 가장 많으며, 학교장의 폭언 역시 적지 않다. 고용 형태가 무기계약으로 전환되면서 학교장의 부당 대우는 다소 완화되었다. 무엇보다 학교장에 대한 교육청 교육의 효과가 커서, 돌봄전담사에 대한 부당한 대우를 경고하는 교육청 교육이 이루어진 후 부당한 대우는 많이 개선되는 양상이다.

돌봄전담사는 대체할 인력이 없어서 휴가를 쓰는 데 큰 어려움이 있다. 돌봄전담사가 연가를 쓰면 1, 2학년 담임교사들이 이를 대체해야 하는데, 교사들이 돌봄 업무 대체를 싫어하기 때문에 돌봄전담사는 연가를 쓰기 어렵다. 대부분 돌봄전담사는 휴가를 쓰지 않는다. 대체 인력 풀이 없는 상황에서 학교에 휴가를 요구하면 대체교사를 구하고 가라는 반응이어서, 사실상 휴가를 사용할 수 없다. 면접한 돌봄전담사는 올해 건강검진 대상자였지만 대체인력을 구하지 못해서 아직 건강검진을 받지 못했다.

"연가를 하루 쓰겠다고 말씀드리러 갔더니, 교사도 연가를 안쓰는데 돌봄전담사가 연가를 쓴다고 하시더라고요. 교장 선생님이 그렇게 화내고 문 열고 나가세요. 따라서 나가니까 평가점수 안 좋게 줄 수도 있는데, 그걸 아느냐고 말씀하는 거예요. 다른 사람들이 다 있는데 연가 하루 쓰겠다고 말씀드렸더니 그렇게 화를 내셨어요." "저희를 대체할 수 있는 사람이 없어요. 대체강사가 있으면 부탁드릴 수 있는데, 저희가 빠지면 저희를 대신해서 다른 분이 들어오셔야 하는데, 주로 담당교사나 1, 2학년 담임교사들이 들어올 수밖에 없어요. 그런데 담임교사들은 자기 일이 끝난 뒤에 돌봄으로 대체한다는 것을 굉장히 싫어하세요. 그래서 저희 스스로가 연차를 잘 안 써요."

학교 조직 내에서 학교장-돌봄 관리교사-돌봄전담사로 이어지는 위계적 구조가 강하고 학교가 철저한 계급사회로 운영되기 때문에, 학교 내에서 가장 약자인 돌봄전담사는 무기계약으로 전환되었지만, 여전히 학교장과 교사들의 눈치를 보지 않을 수 없다. 돌봄전담사들은 학교장의 부당한 언사에 대응하기 어렵고, 돌봄전담사의 대우 역시 학교장의 성향에 따라 차이가 크다. 학교의 위계적 구조 속에서 돌봄 교실 운영에 관한 돌봄전담사의 권한이 극히 제한적이고, 학교장과 돌봄 교사의 지시에 따라 업무를 수행해야 하는 점은 무보수 추가 노동이나 업무 외 노동이 발생하는 원인이다.

> "노조를 가입하지 않는 선생님들 많잖아요. 제가 처음에 몰라서 그랬던 것처럼 학교에서 시키는 대로 다 하고 계실 것 같아요. 돌봄 교실이 하나밖에 없거나 하면 더 그럴 것 같아요. 학교장과 교감이 있으면 눈치 보는 상황도 있더라고요. 계급사회라고 느껴서 선생과 돌봄 교사를 나누는 것 같기도 해요."

돌봄전담사는 담임교사와 같은 일을 하지만 교사와 달리 전혀 권한이 없고, 주요 정보와 관련하여 학내 소통 역시 제대로 이루어지지 않는다. 담임교사들은 자신의 업무와 돌봄 업무를 별개 업무로 구분하기 때문에 학생에 관한 정보나 출결 등에 대한 정보를 돌봄전담사에게 제공하지 않는 경우가 많다.

> "저희에게 권한을 주셨으면 좋겠어요. 한 교실을 담임과 똑같이 책임지고 데리고 가는 중이에요. 담임에게는 권한이 많이 부

여되고 인정도 해주는데, 저희는 권한은 없고 책임만 져야 하는 경우가 굉장히 많거든요. 담임선생님과 아이들을 상대로 해서 소통이나 의견을 주고받아야 할 상황이 많아요. 그런데 학교 안에서는 전혀 소통이 안 돼요."

"너희들은 돌봄전담사라고 해서 저희 말을 차단하려는 선생님들을 겪어보기도 했어요. 물론 그렇지 않은 선생님들도 계세요. 정규수업 끝난 이후는 자신의 책임이 아니라고 생각하는 선생님도 계시더라고요. 학교가 계급사회이다 보니까 계급 유지가 많이 돼요. 아이가 결석해도 전해 주지 않는 선생님이 있어요. 그래서 학부모님께 학교 교실과 저희는 별개이기 때문에 담임선생님께 연락을 주실 때 저희에게도 연락을 달라고 해요."

(6) 교육 훈련

돌봄전담사는 아이들에 대한 돌봄과 교육을 분리하기 어렵고, 안전이나 영양, 아이들 교육과 관련하여 적절한 판단을 해야 하는 경우가 적지 않아 직무교육의 필요성이 높다. 업무 관련 교육이 있더라도 대부분 온라인으로 이루어지고, 돌봄 시간 중 업무가 바빠서 형식적으로 교육을 이수하는 경우가 대부분이다. 업무에 도움이 되는 교육이라도 원격으로만 진행되어 큰 도움이 되지 못하기 때문에 반드시 이수해야 하는 교육을 받을 수 있는 시간이 필요하다.

"저희가 간식을 제공할 때 '간식에 고칼로리를 배제해서 제공합니까?' 등 평가란이 있어요. 그런데 저는 한 번도 고칼로리에 대한 교육을 받아보지 못했어요. 이번에 감사가 내려왔는데 감사 지문 안에 그 내용이 들어가 있는 거예요. 제가 간식 담당자인데, 이런 질문은 교육을 해주고 하시라고 말하고 싶었는데 전하지 못했어요. 저희는 식품영양에 대해서 교육을 어디서도 받지 못했어요. 상담에 대해서, 부모님에 대해서, 아이들의 언어폭력에 대한 해결 방법을 가르쳐주지 않아요."

"심폐소생술 교육은 의무교육이라서 반드시 받아야 했는데, 당시 돌봄 노동 중이라서 학교에서 진행되는 교육에 참여하지 못했어요. 의무교육 이수를 위해 사설 교육기관에 가서 개인결제를 하고 교육을 받았는데, 행정실에서 비용을 주기로 했음에도 담당자가 바뀌어 안 된다고 거절해서 개인적으로 비용을 부담해야 했어요."

돌봄전담사에게 시행되는 교육의 질도 높아져야 한다. 면접자의 경우, 돌봄전담사에 대한 집체교육을 10년 동안 1명의 장학사가 동일한 내용으로 진행했다.

"집체교육은 일 년에 딱 한 번 해요. 각 학교에 돌봄전담사가 3명, 2명, 1명이 있다고 한다면, 학교별로 집합 교육을 받는 대표 1명만을 불러서 진행해요. 가서 교육을 들으면 운영과 관련된 길라잡이 책을 교육하는 거예요. 그래서 10년 동안 강사를 한 번도 안 바꾸셨어요. 한 번은 '교육감에게 바란다'를 통해서 10년 동안 강사가 바뀌지 않고, 교육의 내용이 질이 떨어진다는 것을 알고 계신지 쟁점화한 적이 있어요. 그래서 교육청 내에서 강사가 급하게 바뀌었어요."

(7) 노동기본권 보호

비자발적 단시간 노동을 수행하는 돌봄전담사의 가장 핵심적인 요구는 8시간 전일제 근무를 인정받는 것이다. 필요에 따라 시간제 근무를 선호하기도 하지만, 노동과정에서 겪는 어려움의 많은 부분은 제한된 근무시간을 기준으로 임금이 결정되고 업무를 마무리해야 하는 어려움이다. 돌봄전담사들은 아이들을 좋아하고 아이들과 함께 할 수 있는 일일 뿐 아니라 자녀가 어려서 일-가정 양립이 가능할 것 같아 선택하지만, 업무를 하면서 단시간 근로가 좋은 일자리가 아니라는 것을 깨닫는다. 돌봄전담사의 경우, 6시간 혹은 4.5시간 일자리는 고학력 여성들이 일-가정 양립을 위해 단시간 노동을 선택하는 것이라기보다 경력단절 여성들이 선택할 수 있는 질 좋은 일자리가 적기 때문에 선택하는 일자리라는 성격이 강하다. 좋은 일자리를 만들기 위해서라도 8시간제로 가야 하고, 노동강도 측면에서도 6시간으로는 불충분하다는 것이다. 왜냐하면, 돌봄 교실에 오는 아이들에 대한 충분한 보육과 상담, 정서안정, 놀이시간을 확보하기 위해서는 사전 사후 준비과정이 필요하기 때문이다.

"여성이, 더더욱 경단녀가 재취업할 기회나 여건들이 만들어져 있지 않은 상태에서 저희가 할 수 있는 것이 이것밖에 없었고, 저희가 살아보니 계속 여성들에게 이러한 저임금 일자리만 만들어지고 있는 것 자체가 너무 답답했어요. 사회가 정말로 저출산이 이슈로 되면, 제대로 된 일자리를 만들어 놓고 제대로 여성들이 취업할 수 있는 사회적 제도나 이런 것들을 마련해 두라고 하고 싶어요."

"6시간에 맞는 노동강도라는 것은 없는 것 같아요. 제가 4시간
에서 6시간을 해보니 매일 그렇지는 않지만, 아이들과 상담 등
여러 가지 일을 하다 보니 놀이시간에는 아이들이 원할 때 조
금 더 좋은 활동을 제공하기 위해서 수업 준비시간이 충분히
보장되어야 한다고 생각하거든요. 그래서 6시간에 적합한 노동
시간은 없다고 생각해요. 8시간이 주어진다면 조금 더 질 높은
수업을 아이들에게 제공할 수 있을 것이죠. 8시간이 되면 교사
도 돌봄 업무를 할 필요가 없을 것이고, 우리는 우리 일을 온전
히 할 것이고, 좋은 일자리가 만들어질 수 있는 거죠."

이러한 이유로 돌봄전담사들은 자신들과 관련한 최소한의 법 제
도가 마련되고, 학교교육법 내에서 상시 전일제 근무가 되기를 희망
한다. 돌봄전담사는 법적인 지위와 근거가 없어서 법에 따른 보호를
받지 못하고 있다고 생각한다.

"일단 학교교육법 안으로 들어가서 법적 체제가 정비되고, 상
시 전일제로 가야 한다고 생각해요. 그래야 문제가 발생했을 때
법적인 보호를 받을 수 있어요. 그리고 노조와 교육부가 지금
임금이나 단체협약을 협의하고 있는 과정이거든요. 저희가 '같
이 근무하는 공무원에 비해서 우리의 복지가 굉장히 열악하니
까 적어도 복지만큼은 공무원 수준의 80%만이라도 해 달라'고
요구했어요. 그런데 '너희들은 법적인 근거가 없는 단체이기 때
문에 법적인 근거가 있는 공무원들에 비해서 차별을 받는 것은
당연하다'는 거예요."

현재 돌봄전담사에게는 고용 형태를 상시 전일제로 전환하는 것과 돌봄 교실을 교육청으로부터 지자체로 이관하지 않도록 하는 것이 핵심 과제이다. 교육청 소속 교육공무직이지만 교사들의 계급사회 안에서 무시를 당하는데 지자체로 이관되어 학교 직원의 지위조차 상실하면 더 부당한 지시가 많아질 것이라는 우려가 적지 않다.

"지자체로 넘기는 것은 민영화라고 이야기하니까 지자체 이관은 해도 민영화는 안 하겠다고 말하고 있어요. 그런데 저희가 교육공무직원으로 일하고 있는 지금도 계급사회 안에서 엄청나게 무시당하고 있는데, 직원조차 아니고 밖에서 학교 안으로 들어온 파견근로자라고 했을 때는 어떤 형태들이 더 자행될 것인가 훤히 보여요. 지금도 학교 내 돌봄 교실의 질과 처우가 천차만별인데, 이게 지자체로 넘어간다면 얼마나 더 심해질까요. 지역 예산이 다 다르기 때문에 돌봄은 천차만별이 될 거라고 생각해요."

"돌봄노동자는 맞지만, 저희도 충분한 교육을 하고 있고, 아이들과 정서 교류, 자료 제공, 공부를 하고 있는데 교과과정을 배우지 않는다는 이유 하나로 교육이 아니라고 말해 버려요. 수업이후에 그 이상 책임지고 싶지 않은 거죠."

다. 저숙련 독립계약노동자

1) 택배기사

최근 택배기사의 장시간 노동과 빈발하는 과로사가 심각한 사회문제가 되었다. 택배기사는 퀵서비스나 음식배달 노동자, 대리운전기사, 마트 배송노동자, 우체국 집배원 등과 함께 대표적인 이동노동자로서 이들의 열악한 근로조건과 노동환경에 대한 개선 요구가 높다. 택배기사들은 특수 형태 근로자로서 법적으로 개인사업자이지만, 사실상 특정 택배 업체에 전속되어 통제받는 노동자이다. 특히 코로나19 이후에는 비대면 경제로의 전환이 가속화되면서 택배업의 규모가 커지고 택배기사들의 업무도 폭증하고 있다.

택배 서비스는 화물을 보내는 사람(송화인)으로부터 수집하는 집하 업무, 수집된 화물을 목적지별로 분류하여 지역별 거점으로 이동하는 운송(간선) 업무, 지역별 거점에서 수하인에서 전달하는 배송 업무로 구분하며, 이 과정에서 허브나 터미널에서 화물차로 택배 물품을 실어 올리는 상하차 업무가 있다. 택배기사는 분류 및 적재작업을 위해 각 지역의 서브터미널로 출근해 허브 터미널에서 온 간선 차량의 택배물건을 배송할 지역별로 분류한 후, 개인 소유의 차량으로 고객들에게 배송하고, 고객들로부터 받은 화물을 다시 지역 터미널로 보내는 업무를 담당한다.

〈표 7-18〉 전국적으로 택배 업체 관련 사업체와 종사자 수는 2017년 6,385개 업체 48,605명에서 크게 증가해 2019년 현재 7,357개 57,651명이다. 부·울·경에만 1,141개 업체에 7,357명의 종사자가 있으며, 경남 지역만 보면, 584개 업체 3,493명으로 단독 사업체 2,464명, 지점과 영업소에 1,029명이 고용되어 있다. 이는 전국 택배 사업체의 7.94%, 택배 종사자의 6.06%에 해당한다. 퀵 서비스라 불리는 늘찬 배달업 종사자는 전국적으로 1,782개 업체 17,969명이며, 경남 지역에만 99개 업체 794명이 있다. 늘찬 배달

행정구역별		2017		2018		2019	
		사업체 수 (개)	종사자 수 (명)	사업체 수 (개)	종사자 수 (명)	사업체 수 (개)	종사자 수 (명)
택배업	전국	6,385	48,605	6,322	55,377	7,357	57,651
	부산	374	2,570	374	2,727	433	3,065
	울산	78	751	97	759	124	799
	경남	510	2,911	501	3,001	584	3,493
	단독사업체	487	2,329	484	2,257	563	2,464
	지사(점),영업소	22	569	17	744	21	1,029
늘찬 배달업	전국	1,293	11,675	1,516	16,658	1,782	17,969
	부산	96	661	104	998	133	1,148
	울산	13	312	22	524	34	538
	경남	44	268	66	576	99	794
	단독사업체	43	259	61	539	95	754
	지사(점),영업소	1	-	4	34	4	40

자료: 통계청, 전국사업체총조사, 산업별 업체 수와 종사자 수, Kosis

업에서 경남은 전체 사업체 수의 5.6%, 종사자의 4.4%를 차지한다. 경남은 사업체 수와 비교할 때 종사자 수가 상대적으로 적어 택배 업체의 규모가 영세하다.

(1) 고용 형태

택배기사는 대형 택배 업체와 위·수탁 계약을 맺은 대리점이나 영업소와 용역계약을 맺는데, 택배기사의 80% 이상은 대리점 및 영 업소와 계약한다. 과거 택배 업체 직영영업소와 직접 계약을 체결 하는 것으로부터 점차 택배 업체-대리점-택배기사로 이어지는 중 충적인 계약관계가 일반화되었다. 경남의 택배기사는 대리점과 위 탁계약을 맺은 경우가 62.7%로 가장 많았으며, 다음이 본사와 위탁

계약 17.6%, 본사와 고용 계약이 9.8%였다(김도형 외, 2019). 대리점은 보통 10명 내외, 적게는 5인 미만, 많게는 20~30명 정도의 택배기사와 도급계약을 맺으며, 개인사업자인 택배기사들로부터 대리점 관리비용을 받는다(박종식, 2017). 택배기사로 일하기 위해서는 소형 화물 차량을 확보해 개인사업자 등록을 하고 택배회사로부터 물류처리를 할 수 있는 개인 코드를 부여받아야 한다.

김도형 외(2019)의 조사에 따르면, 경남의 택배기사(전체 168명 대상)의 연령은 40대가 34.7%, 50대가 33.5%, 60대 이상 17.4%, 30대 이하가 14.4%로, 40~50대의 비율이 높다. 택배기사 중 여성이 6%를 차지하며, 근무경력은 5년 이상이 54.4%로 절반을 넘었고, 3년 미만이 29.9%였다. 2019년, 택배기사 28명을 대상으로 한 창원대 사회과학연구소 조사에서는 평균연령 42.9세, 경력 4.89년이었다. 이들 택배기사 중 근로계약서를 작성한 이들은 조사대상의 65.1%에 불과했고, 4대 보험 가입률을 보면, 산재보험 21.5%, 고용보험 16.8%였고, 국민연금과 건강보험은 대부분 지역 가입이었다(김도형 외, 2019).

CJ대한통운의 경우, 창원 시내에만 진해 성산터미널, 의창터미널, 마산 회원터미널, 마산 합포터미널이 있고, 장유를 포함해 김해터미널, 거제 A터미널과 B터미널 등이 있다. 터미널별로 60~100여 명의 택배기사가 소속해 있다. 택배기사들의 입사 과정에서는 알바몬이나 알바천국 광고를 통해 영업하는 물류회사가 비싸게 차량을 판매한 후 택배회사 대리점을 소개하거나, 대리점과 직접 계약하고 차량을 구매하면 대리점 소장이 차량 판매 리베이트 받는 경우가 많았다. 계약 후 다른 택배기사와 함께 동승교육을 받고 다음 날부터 일을 시작한다. 택배기사들은 자신들이 근무하기 어려울 때 대체기사를 구해 주는 것 외에는 대리점의 특별한 역할이 없으면서, 택배기사의 배송 수수료에서 15%를 대리점 관리비용으로 가져가는 데 대해 불만을 표시했다. 대리점이 기사들에게 알리지 않은 채 퇴직금 명목으로 일일 1,000원씩 월 26,000원을 공제하거나, 반품용 송장 기계나 스캐너, 모바일 프린트, 종이 등 기계와 재료를 독점적으로 공급하면서 비싼 비용을 징수하고, 기본규격보다 큰 화물인 이형 화물에 대한 수수료에 대한 착복 등 중간착취가 성행한다는 것이다. 노조 입장에서 대리점의 기능은 택배회사들이 단가를 덤핑 수주해 기사들이 반발하면 이를 처리하는 일이 전부다. 실제 경남 지역 택배기사들은 소속사의 횡포가 있거나 매우 많다는 응답이 각각 28.5%와 19.6%에 달해 48.1%가 대리점의 횡포에 시달리고 있었고, 보통이거나 없다는 응답은 38.0%와 13.9%에 불과했다(김도형 외, 2019).

(2) 노동시간과 근로조건

택배기사의 근로조건은 택배 산업의 성장과 경쟁 심화, 독점과 정보통신기술의 활용 등 여건의 변화에 따라 점차 악화해 왔다.[26] 가장 큰 문제는 자동화 및 전산화 설비투자를 통한 운송원가 절감, 업

---

26 택배 산업은 운송의 정확성, 신속성, 편리성에 주안점을 둔 수·배송체계와 현대화된 물류 인프라에 기반한 서비스산업으로, 물량 확대에 맞춰 허브 터미널의 시설 확충이 뒤따르는 대규모의 장치산업이며, 전국적인 택배 배송망을 갖추어야 하는 네트워크 산업이고, 쇼핑을 비롯한 일상에 긴밀하게 연관된 생활 밀착형 산업이다(박종식, 2017: 322).

체 간 과당경쟁으로 택배박스당 평균단가가 계속 하락하고 있다는 점이다. 이로 인해 택배 업체의 이윤율이 떨어지고, 배송 건수에 따라 수수료를 받는 택배기사는 기존 소득을 유지하기 위해 더 많은 물량을 배송해야 해 장시간 노동으로 귀결될 수밖에 없다.[27] 김진하 외에 따르면, 2020년 평균 배송단가는 2,221원으로 20년 전의 2/3 수준이며, 집하 수수료, 상하차 및 분류 인건비, 차량운송비, 기타 비용, 회사 이익을 제외하고 택배기사가 가져가는 배송 수수료는 원가의 40%인 880원이다. 이 중 대리점 관리비 30%를 제외하면, 실제 택배기사의 건당 수수료는 616원에 불과하다(김진하 외, 2021). 이 수수료 수입에서 자기 소유의 차량 유지비와 기름값, 세금을 부담하고 남은 금액이 택배기사의 순수입이 된다.

2019년 경남 지역 택배기사의 실제 임금은 200~299만 원이 32.1%로 가장 많고, 300~399만 원이 26.4%, 400만 원 이상 17.6%, 200만 원 미만이 23.9%를 차지했으며, 최근 월평균 소득이 감소했다는 응답이 52.8%를 차지하고 있다. 실제 수입이 적은 것은 월평균 지출이 보험료 66.8만 원, 유류비 57.3만 원, 대리점 수수료 42.6만 원, 지입료 29.2만 원, 차량 유지비 26.3만 원, 통신비 10.2만 원 등 232.6만 원으로 매우 높기 때문이다(김도형 외, 2019). 창원대 조사(2019)에서도 택배기사의 수입은 250~299만 원이 44.8%로 가장 많고, 300~349만 원이 31.0%, 350~399만 원 10.3%, 400만 원 이상과

---

27 경남 지역 택배기사들은 서비스요금의 적정성에 대해 적정하지 않다 30.7%, 전혀 적정하지 않다 46.4%로 전체의 77.3%의 택배기사는 배송단가가 지나치게 낮다고 생각하고 있다(김도형 외, 2019).

200~249만 원이 각각 6.9%를 차지했다. 이 차이는 창원대 조사에서 주로 노동조합가입자가 대거 포함된 데 기인한 것으로 보인다. 박종식의 조사에서는 월평균 배송 수수료가 500~600원이고 차량 유지비와 세금 등을 제외하고 실제 수입은 350만 원 정도로 보고하고 있다. 문제는 일하는 시간에 비해 수입이 많지 않다는 점이다(박종식, 2017).

낮은 배송단가는 배송 업체 간의 치열한 단가경쟁에서 비롯된다. 배송 업체들은 치열한 단가경쟁으로 이윤이 남지 않음에도 불구하고 물량이 많은 기업 물량을 따내기 위해 출혈 경쟁을 서슴지 않는다. 보통은 기본 단가가 있지만 단가를 약간 올리게 되면 기업고객이 이탈하게 되고, 택배 업체들은 다시 대리점에 물량을 따올 것을 압박한다. 대리점은 기업이 자신이 속한 택배회사와 거래하도록 로비를 한다. 대리점 수수료율은 택배 업체에 따라 차이가 있어 보통 회사별로 5%에서 12%까지 다양하다. 대리점 수수료율이 낮은 경우 택배기사에게 적게 떼어가는 대신에 원청 업체의 지원이 들어가기도 한다.

택배기사들의 근로조건에서 가장 심각한 문제는 장시간 노동과 빈발하는 과로사이다. 고용노동부가 대형 택배 업체 4곳의 택배기사 1,862명을 대상으로 한 "산업안전 보건 감독 및 업무여건 실태조사" 결과를 보면, 성수기 기준 하루 근무시간이 14시간 이상이라는 응답이 41.6%로 가장 많았고, 12~14시간 34.7%, 10~12시간 16.6%로 나타났다. 비성수기에도 하루 근무시간은 12~14시간이 42.3%로 가장 많고, 10~12시간 28.6%, 14시간 이상 17.6% 순이었다. 일과 건강의 조사에 따르면, 주간 평균 노동시간은 71.3시간이고, 업무가 많은 화~금요일엔 하루 평균 12.7시간을 일하는 것으로 나타났다. 택배기사들은 개인사업자이기 때문에 주 52시간 근무제의 적용을 받지 않는다. 택배기사의 하루 배송물량은 성수기에는 350~400개가 20.5%로 가장 많고, 비성수기에는 250~300개가 24.2%로 가장 많았다. 응답자의 58.2%는 코로나19 확산 전보다 노동시간이 30% 이상 늘었다고 답했다(한겨레신문. 2020.12.1.).

경남 지역의 경우, 김도형 외(2019)의 조사에 따르면, 경남 택배기사의 1일 평균 순수 근무시간은 10.71시간이었고, 대기/준비/이동시간이 4.91시간, 식사 및 휴식시간이 0.79시간이었다. 순수 근무시간과 대기/준비/이동시간을 합하면, 하루 15.6시간의 장시간 노동을 하고 있다. 박종식(2017)의 조사에 따르면, 택배기사의 일과는 대략 아침 7시 터미널이나 대리점 출근 후 오전 10~11시까지 분류와 상차작업, 오전 10~11시에서 오후 5시까지 배송작업, 오후 5시~9시 배송과 함께, 집하·송장 작업으로 이루어진다.

"근무시간은 짐을 받는 시간과 배송하는 시간을 합해 하루 평균 12시간 정도이고, 많게는 14시간까지 합니다. 아침 7시 20분까지는 터미널에 출근해 정확하게 7시 20분부터 레일이 돌기 시작해서 7시 29분 되면 자기 첫 물건이 내려옵니다. 그 시간 전까지는 꼭 거기에 서 있어야 합니다. 저희는 주 6일을 일하는데, 일요일에는 모든 업체가 쉬기 때문에 물건을 보내지 않습니다. 그래서 월요일에 짐이 제일 작은데, 토요일 일하는 업체에서 보낸 물건이 평소 1/5 수준밖에 안 됩니다. 월요일에 보낸 짐들이 쏟아지는 화·수요일에 짐이 제일 많고, 목요일부터는 짐 개수가 떨어지기 시작합니다. 노동조합이 생기기 전에는 화·수요일에는 진짜 오후 두세 시까지 짐을 받았어요. 고강도 분류작업을 장시간 하면, 밥 먹을 시간도 없고 화장실 갈 시간도 없고 완전 녹초가 되는 거죠. 막차가 3시에 들어와 짐을 까는 데 한 40분 정도 걸리거든요. 제일 늦게 배송 출발을 나간 게 오후 4시였습니다. 4시에 출발을 했는데 300개를 5시간 동안 배송을 다 하고 집하 작업을 해 밤 9시에는 하차장에 다시 들어와야 해요. 그날 반품 받은 거와 집하 받은 거를 간선 차량에 실어야 해요. 간선 차량이 밤 9시 15분쯤 되면 출발하거든요. 어떤 분들은 그 시간 내 배송을 끝마치지 못하니까 식구를 시켜 집하 화물을 9시까지 하차장에 보내고, 다시 가서 배송을 마저 하세요. 노동조합이 생기고 난 이후로 조합원들은 그날 받은 반품을 올리지 않거든요."

택배기사의 장시간 노동의 주요인은 일명 '까대기' 작업이라 불리는 분류작업이다. 분류작업은 간선 차량에서 내려놓은 화물을 지역별로 분류하고 트럭에 실어 정리하는 업무다. 따로 수수료가 지급되지 않는 무보수노동인 데다가 본격적인 배송업무의 시작을 오후로 늦추어 성수기에는 배정된 물량을 당일 소화하려면 야간작업이 불가피하다. 고용노동부 조사에서 하루 택배 분류작업 시간이 5시간 이상인 경우가 성수기 62.6%, 비성수기 44.3%로 장시간 노동의 주요인이었다. 2020년 9월 '일과 건강'이 821명을 대상으로 벌인 '택배노동자 과로사 실태조사'에서도, 전체 업무 중에서 까대기업무에 해당하는 '분류작업'과 '집화 작업'이 차지하는 비중은 각각 42.8%, 11.1%에 달했다(한겨레신문, 2020.10.15.). 분류작업을 위한 별도의 인력이 있는 경우에도 택배기사 본인이 비용을 부담하는 경우가 44.6%를 차지했다.

창원대 조사(2019)에 따르면, 택배기사들은 '일이 많아 항상 시간에 쫓기며 일하는 경우'가 5점 척도에서 3.18점으로 매우 높은 편이고, '업무 수행 중에 충분한 휴식(짬)이 주어지는가'에 대해서는 1.31점으로 매우 부정적이었다. 5점 척도로 측정한 직장 생활 만족도에서 택배기사는 근무환경 만족도가 평균 1.67점으로 가장 낮고, 다음 노동강도 1.71점, 근로시간 1.97점, 고용안정 2.17점, 임금 2.27점 순으로 낮아 다른 직업군에 비해 거의 모든 측면에서 만족도가 낮았다.

택배기사의 점심 식사 등 하루 휴게시간은 30분 미만이라는 응답이 88.8%로, 업무 중 점심 식사 횟수는 주 1일 이하가 41.2%로 가장 많았고 2~3일 28.1%였다. 식사 장소는 업무용 차량 39.5%, 편의점 23.3%, 식당 11.9%, 서브터미널 9.8% 순이었다(한겨레신문, 2020.12.1.). 업무 중 식사를 하지 못한다는 응답자가 25.6%였고, 끼니를 챙겨 먹더라도 식사시간이 10분 24.8%, 20분 14.9%, 30분 11.8%로 응답자 절반 이상이 30분 안에 식사를 끝냈다(한겨레신문, 2020.10.19.).

"이동하다가 화장실을 가고 싶으면, 자기 배송구역 아파트에 공용으로 쓸 수 있는 데가 있거나 안 그러면 자기 동선에 있는 상가, 은행쯤에서 볼일 보고 싶지 않아도 봐야 하죠. 나중에 볼 때가 없으니까. 그것도 진짜 열악하죠. 기사 중에 어떤 분은 진짜 소변 통을 차에 갖고 다니는 분도 있어요. 화장실 가고 싶은데 갈 데가 없잖아요. 그럼 어쩔 수 없이 차에서 볼일 보시는 거죠."

배송작업에서 2회전이 이루어지는 경우도 적지 않다. 택배기사들의 모든 물량을 한 번에 트럭에 싣지 못한 경우, 1차 배송을 마친 후 다시 터미널로 돌아와 남은 물건을 싣고 2차 배송에 나선다. 2차 배달은 보통 퇴근 시간과 겹치는 경우가 많아 같은 물량이라도 1차 배달보다 시간이 더 걸린다(경향신문, 2020.10.19.). 이처럼 2회전 배송을 하려면 작업 속도를 높여야 해 알바를 고용해야 하고, 분류작업을 위해 택배기사 여러 명이 한 명의 알바를 고용하기도 한다. 하지만 노조가 생긴 이후 노조원들은 12시에 하차 종료를 선언하고 바로 배송작업에 들어가기 때문에 배송 시간을 늦추지 않고 있다.

"저희는 2회전 배송 자체를 안 하죠. 노동조합이 생기기 전에는 막차가 들어오는 시간에 맞춰 출발했는데, 노동조합이 생겨서 12시 하차 종료라고 해서 12시 되면 무조건 나가는 거죠. 식품은 소장이나 직영이 치고, 아니면 다음 날 하는데, 그렇게 하니까 왜 노조만 12시 나가고 우리는 한 시, 두 시까지 짐을 받아야 하냐고 비노조들의 반발이 너무 심하지 않습니까? 전력투구를 해서 12시 전에 작업을 끝나게 합니다. 노동조합이 있는 터미널에는 간선 차량을 12시까지 (분류) 작업이 끝날 수 있게끔 죽을 둥 살 둥 보냅니다. 반면에 노동조합이 없는 터미널은 아직도 3시에 마무리한다고 하거든요."

"알바를 쓰시는 분들이 굉장히 많더라고요. 안사람하고 하시는 분들도 많고 도저히 혼자서는 죽었다 깨어나도 못 치는 개수니까요. 4시에 출발을 시켜놓고는 9시까지 반품을 올리라고 얘기를 하니까 당일 상차가 안 되면 반품 인정하지 않겠다, 이렇게 해버리니까."

경남 지역 CJ대한통운 택배기사들의 불만 중의 하나가 배송구역 급지 지정의 불합리성이다. 우체국 택배에서는 급지 구분이 없이 화물의 단가가 같지만, CJ대한통운 택배에서는 급지에 따라 배송 수수료가 다르다. 택배기사가 담당한 구역별로 인구 밀집 정도나 배송 난이도가 다르고 이동시간이나 차량운행 비용에서 차이가 나기 때문에 배송이 힘든 지역에는 높은 급지를 적용해 수수료 차이를 두는 것이다. 문제는 해당 구역의 급지가 도시환경 변화를 반영하지 못하거나 급지 조정으로 수수료가 낮아지기도 한다는 점이다. CJ대한통운은 12개로 급지를 나누는데, 가장 배달이 쉬운 지역이 1급지이고 가장 어려운 지역은 12급지다. 1급지의 경우 단가가 800원, 12급지의 단가는 1,200원이다. 급지에 따라 월 급여가 크게 차이가 난다. 이러한 급지 조정은 대리점이 택배기사를 통제하는 수단이 되기도 하고 기존 택배기사의 수수료를 삭감하는 수단이 되기도 한다.

"1급지는 처음부터 번화가이거나 대규모 아파트가 형성되어 가기 쉽고 택배가 많이 나오는 곳으로, 급지가 낮아서 돈 조금만 받아도 많이 나오니까 수수료가 적은 거죠. 그게 얼마나 잘

못된 거냐면 ○○ 아파트는 지금 신도시로 변해 완전 번화가입니다. 근데 불과 10년 전만 해도 허허벌판이었어요. 택배를 배달하러 그 시골에 오려고 하면 더 차 기름을 많이 들여야 할 것이고 이동을 하려면 힘드니까 급지가 올라가는 거죠. 근데 지금도 그 급지가 그대로 가고 있는 겁니다. 급지 배정은 소장 마음대로죠. 비노조원 중에는 급지가 좋고 개수 많이 나오는 데 배달하시는 분들이 많습니다. 4층, 5층 계단 아파트 같은 이런 데를 급지를 높게 쳐줘야지, 이거는 뭐 20년 전에 허허벌판이고 지금은 신도시인 데가 12급지, 10급지 이러니까 안 맞는 거죠."

(3) 산업안전과 감정노동

2020년 한 해 동안 16명의 택배기사가 과로로 사망했다(경향신문, 2020.12.23.). '일과 건강'이 조사한 2020년 택배 노동자의 일주일 평균 근로시간 71.3시간은 산재법상 과로사 인정기준인 주당 60시간을 크게 넘어선다. 택배업을 포함한 운수·창고·통신업의 재해자 수는 2018년 4,714명에서 2019년 5,484명으로 증가했고 사망자 수는 157명으로 사망자 수 만인율은 1.80으로 건설업, 어업 다음으로 높은 수준이다(김진하 외, 2021).

장시간 노동과 함께 무거운 택배 물품을 운반하는 과정에서 발생하는 사고와 질병으로 인한 산재 문제 역시 심각하다. 서울시 택배 노동자를 대상으로 한 조사에 따르면, 근무시간 중 위험 노출 시간이 1/4 이상인 노동자의 비율을 보면, 택배기사들은 중량물 취급에 77.3%, 피로/통증 유발 자세에 72.2%, 지속적 기립 자세 69.6%, 반복적 동작에 67.2%가 노출되어 있다. 특히 어깨, 목, 팔 등의 근육통

과 하지의 근육통이 각각 95.7%와 90.9%에 달했고, 고객을 상대로
한 정신적 위험 82.5%, 화난 고객 상대 28.3% 등 감정노동도 매우
심각했다(김진하 외, 2021).

"3층, 4층, 5층 계단 아파트 사시는 분들이 아주 많습니다. 실
제로 기업 집하물로 오는 게 26~28kg짜리가 엄청나게 많습니
다. 그런 큰 짐이 하루에 2~3개 있어도 굉장히 스트레스 받는
거죠. 계단 4층에 그거를 들고 올라가려고 한번 생각해 보십시
오. 실제로 무거운 물품을 배송하다가 허리를 다치는 분들이 많
아요. 산재 전면적용도 지금 택배법 쟁취에서 저희가 내놓은 슬
로건 중 하나죠. 산재 적용도 굉장히 안 해주고요. 누가 봐도 산
재인데 자기들이 볼 때는 산재가 아니라고 판단하는 거죠."

경남 지역 택배기사의 질병 및 사고의 위협에 대해서는 '있거나'
'매우 높다'가 각각 29.6%와 25.8%를 차지했고, '보통' 30.8%, '없
는 편' 13.8%에 불과했다. 교통사고로 입원한 경험이 있는 경우가
11.5%였으며, 치료비는 대부분 자부담이거나 민간보험으로 처리했
다. 질병으로는 목·허리 디스크가 응답자의 35.8%, 위장병 22.1%,
시력장애 10.8%, 두통 10.3% 등이었다(김도형 외, 2019).

창원대 조사(2019)에 따르면, 지난 1년간 업무로 인한 신체적, 정
신적 질병을 경험했는지를 물은 결과, 경남의 택배기사들은 신체적
질병 경험 48.3%, 정신적 질병 경험 3.4%, 신체적, 정신적 질병 모
두 경험 6.9%로 특히 신체적 질병에 대한 경험 비율이 높은 편이
다. 지난 1년 동안 의사에게 주로 진단받은 질병은 근골격계 질환이

42.3%로 가장 많고, 소화 장애 23.1%, 우울증 7.7%, 없음이 34.6% 였다. 지난 1년간 아플 때 병가를 사용했는가 하는 질문에 대해 무려 63.0%가 '아팠는데 대신 일할 사람이 없어서 사용할 수 없었다' 고 응답했고, 7.4%는 '아팠지만 눈치 때문에 병가를 사용하지 못했' 으며, 비용 때문에 병가를 사용하지 못한 경우도 14.8%에 달했다. 눈치를 보면서 병가를 사용했다는 비율이 11.1%에 불과했다.

택배기사들은 고객과의 관계에서 상당한 감정노동을 수행하며 정신적 스트레스를 경험한다. 고객으로부터 부당한 요구나 반말, 폭언과 욕설에 시달리기도 한다. 창원대 조사(2019)에 따르면, 경남의 택배기사들은 하루에 응대하는 평균 고객 수가 101.6명이고 1명당 평균 소요시간은 4.2분이었다.[28]

"고객들이 너무 힘들게 하고 계속 전화가 와요. 고객이 전화해서 '내 물건 내려왔는데 언제 갖다줄 건데' 하고 처음부터 반말하면 거기서부터 속이 상하죠. 저 많은 300개를 오늘 배송을 다 해야 하는데 이 아줌마 때문에 기분이 나빠 이러면 300개를 배송하는 내내 기분이 나쁘고 힘들다는 거죠. '내 물건 빨리 받아야 하는데 받으러 가면 안 되겠나' 해서, '그럼 받으러 오세요' 했단 말이에요. 근데 택배기사는 계속 옮겨 다니잖아요, '지금

---

28 택배기사들은 고객들에게 배송 출발 시 문자를 보낸다. 택배기사가 사용하는 앱에는 배송 출발과 배송 완료 버튼이 있어서, 배송 전 물건을 받아 스캔하면, 배송 상자가 찍히고, 전송을 누르면 이동 동선에 따라, 짐이 어느 구역에 보내야 하는지 분류가 된다. "각 구역은 2시간대로 나누어져 있고, 택배기사는 한 구역을 마치면 다음 구역에 배송 출발 문자를 다 보내요." 만약 고객이 집에 없을 것 같으면 다시 문자를 보내오는데, 택배기사는 운전 중 계속 이를 보고 배송해야 할 위치를 확인하면서 배송을 진행해야 한다.

어디세요' 하면 미치겠는데요. 그 전화 받는 시간에 5개, 10개를 더 배송할 수 있는데, 그게 스트레스인 거죠. 계속 전화기를 귀에 달고 있어야 하니까. 또, '오늘 반품이 있는데 언제 올 거예요?', '왜 아직도 안 갖고 갔어요?', '이거 누가 훔쳐 가면 책임지실 거예요?' 이런 것들이 너무나 스트레스라는 거죠. 몇 시 전으로 간다고 하면, 몇 시 전이 아니라 몇 시 몇 분까지 오는지 얘기해 주세요. 이러면, 스트레스가 너무 강하다는 거죠."

"제일 스트레스가 뭐냐면 그분들이 욕한다고 같이 싸우면 시간이 가잖아요. 다음 배송을 가야 하고 9시까지 반품을 올려야 하는데 시간이 가잖아요. 택배기사는 시간이 돈이거든요. 집에 갈 시간은 계속 늘어지는 거죠. 시간이 가는 것에 대한 스트레스를 굉장히 많이 받는 거죠."

창원대 조사(2019)에서, "감정노동으로 인한 피해와 고충을 줄이기 위한 여러 방안 중 가장 시급한 것"으로 3가지를 선택하게 한 결과, 택배기사들은 1순위에서 "충분한 휴식시간 및 휴식을 위한 편의시설 지원"이 42.9%로 가장 많았고, "업무량 감소와 민원 발생, 고객만족도 평가결과에 따른 불이익 제한"이 각각 17.9%였고, "악성 고객에 대한 응대를 거부할 권리 부여" 10.7%, "고객에 대한 과도한 친절 요구를 제한하는 것" 7.1%였다. 택배기사들은 '휴식공간이 없는 경우'가 72.4%에 달하며, '휴식공간이 있으나 미흡한 경우'도 27.6%였다.

(4) 노동기본권과 정책과제

택배기사들은 ① 개인사업자로 대리점과 용역계약을 맺지만, 대리점을 통한 구역 배정이나 작업수칙 위반 시의 불이익 처분, 주기적인 서비스교육 등의 사용 종속성, ② 여러 곳의 택배회사와 복수의 계약을 체결하기 어렵고, 택배 업체가 운송료를 일방적으로 결정하는 경제적 종속성, ③ 택배 업체의 업무에서 배송업무가 차지하는 수익구조상의 중요성이라는 측면에서, 택배 업체에 대한 종속성이 매우 높아 단순히 개인사업자로 보기 어렵다(조돈문 외, 2015; 박종식, 2017). 더욱이 ④ 스마트폰 애플리케이션의 위치정보를 통해 업무처리 과정에서의 자율성 역시 통제받고 있다.[29]

경남 지역의 경우 2017년 12월에 노조가 만들어졌고, 이후 대리점에서 노조원과 비노조원에 대한 차별이 공공연히 이루어졌다. A 터미널의 경우, 노조원이 절반가량인데, 비노조원들이 노조에 가입하지 않는 이유는 주로 대리점 소장과 채무 관계로 얽혀 있거나 구역 배정에 대한 불이익 우려 때문이었다. 이미 택배기사들은 수차례에 걸쳐 파업을 진행했고, 코로나19 이후 빈발하는 과로사가 사회문제화하면서, 택배 노동자 과로사 문제를 해결하기 위한 사회적 합의를 진행했다.

2020년 말 정부는 택배기사 과로 방지대책을 발표했다. 이는 장시간 노동으로 인한 업무환경 개선과 산재보험 사각지대 해소를 위

---

29 이러한 조건은 택배기사와 유사한 업무를 수행하면서, 대형마트 협력 업체와 위·수탁 계약을 맺고 있는 마트 배송기사들, 우체국 물류지원단 소속 특수고용직인 위탁배달원, 새벽 배송을 담당하는 비정규직 쿠팡맨 경우에도 크게 다르지 않다.

해 업계 표준계약서를 도입하고, 과로 원인인 '분류작업'을 분리하는 것이다. 노동계는 장시간 노동 문제 해소를 위한 사업주 의무 강화, 토요일 휴무제 추진, 표준계약서 도입, 불공정 관행 개선, 적정 수수료 제공을 위한 택배 가격구조 개선 등에 대해서는 긍정적으로 평가했지만, 오후 10시 이후 심야 배송을 제한하는 노동시간 단축이나 산재보험 적용제외 신청을 허용한 것에 관해서는 부정적 반응을 보였다(경향신문, 2020.11.12.).

2021년 1월 택배노동자 과로사 대책을 위한 사회적 합의 기구의 합의문은 택배노동자의 기본작업 범위를 '택배의 집화, 배송'으로 규정하여 분류작업을 택배 업체의 책임으로 명확히 했다. 택배사가 분류작업을 위한 전담인력을 투입하고 그에 따른 비용도 부담하기로 하고, 과도기적 상황에서 택배노동자가 불가피하게 분류작업을 할 수밖에 없는 상황일 경우 수수료를 지급하도록 했다. 또한, 분류, 집화, 배송, 상차 작업에 소요되는 주 최대 작업시간은 60시간, 하루 최대 작업시간은 12시간을 목표로 하며, 심야 배송은 오후 9시까지로 제한하되 배송물량 증가 등 불가피한 사유가 있을 때는 10시까지로 1시간 늘리기로 했고, 배송이 지연되는 경우에도 배송 예정일로부터 최대 2일 뒤까지 책임을 묻지 않기로 했다(경향신문, 2021.1.21.). 문제는 합의문의 작업시간 규정이 현장에 적용하기에는 모호하다는 점이다. 더욱이 현행 수수료 체계가 유지되는 한에서 작업시간 제한은 임금 감소로 이어질 수밖에 없다.

택배기사들의 장시간 노동과 과로사의 근본적 해법은 택배 단가의 정상화다. 2002년에는 1건당 배송 수수료가 1,200원이었던 반면, 2020년 배송 수수료는 1건당 800원 내외다(경향신문, 2020.11.12.). 수수료 하락에 따라 일정 수입을 유지하기 위해서는 더 많은 물량을 배송할 수밖에 없다. 실제로 코로나19 이후 택배 물량이 크게 늘었지만, 택배 단가가 떨어지면서 상황이 더욱 악화하고 있다. 노조는 이러한 상황을 변화시키기 위해서는 택배법이 제정되어야 하며, 근본적으로 대리점을 없애고 택배회사와 직접 계약을 맺을 것을 주장했다. 택배기사의 과로 방지를 위해 필요한 조치로 '추가인력 투입' 46.1%, '배송 지연에 따른 불이익 금지' 27.9%, '배송물량 조정' 13.5%, '배송기한 연장' 7.6% 등이 꼽혔다(한겨레신문, 2020.10.15.).

> "예전에 택배 처음 시작할 때는 한 개 배송하면 택배기사한테 2,000원의 수수료가 떨어졌습니다. 그렇게 되면 하루에 100개만 배달을 해도 우리가 200~300개 배달하는 수수료가 나오지 않습니까? 이게 돈을 맞추려고 하다 보니까 개수가 많아야 하고, 개수가 많다 보니까 시간이 많이 필요하고, 그러다 보니까 서비스가 안 되는 거고, 열악한 환경이 계속 가는 거죠."

2) 대리운전기사

대리운전기사는 타인의 차량을 대신 운전하여 차량과 고객을 목적지까지 운송하는 서비스를 수행한다. 특히 경찰의 음주운전 단속이 확대되고 휴대전화가 일반화되면서 대리운전에 대한 수요가 증가하였고, 경기불황으로 취업에 어려움을 겪는 사람들이 대거 진입하면서 현재와 같은 대리운전 시장이 형성되었다. 대리운전 시장은

① 콜센터를 운영하며 서비스 주문을 접수하는 대리운전 업체와 ②
이들로부터 받은 콜 정보를 대리운전자들에게 공유하는 관제프로
그램 업체,[30] ③ 서비스를 제공하는 대리운전기사로 이루어져 있다.

국토교통부 보고서(2020)에 따르면, 2020년 2월 현재 국내 대리
운전 업체는 3,058개소, 대리운전기사는 163,000~165,000명으로
추산된다.[31] 이는 2013년 3,851업체 87,000명과 비교할 때, 업체 수
는 줄고 대리운전자 수는 두 배로 증가한 수치다. 대리운전 업체당
평균 운전기사 수는 159.4명이며, 소속 운전기사 중앙값은 80명이
다. 경남 지역의 대리운전 업체는 254개로 전체의 8.3%를 차지하
며, 부산·울산을 합치면, 359개로 전체 대리운전 업체의 11.8%를
차지한다. 김도형은 2017년 기준 경남의 대리운전기사 수를 3,700
명에서 5,000명으로 추정했다(김도형 외, 2019). 정확한 종사자 수를
확인하기 어려운 것은 대리운전업이 사업자등록만으로 영업할 수
있는 자유업이고, 대리운전기사 역시 등록이나 신고의무, 자격요건
도 없기 때문이다.

"마산·창원·진해·김해까지 3천 명으로 보고 있어요. 경남대
리운전연합에 등록된 사람만 3천 명 이상인 걸로 알고 있습

---

30 2016년부터 시작된 카카오T 대리는 대리운전 업체와 관제프로그램 업체가 통합된 형태
로 운전자와 이용자를 직접 연결한다.

31 이러한 추산은 카카오T 대리에 가입된 대리운전자 수와 대리운전 업체별 평균 대리운
전자 수를 통해 추정한 것으로 카카오T 대리운전자 15만 명 / 카카오T 대리 등록비율
0.9175=163,500명이다. 또 다른 추산 방식으로는 (대리운전 업체 3,058업체* 업체당 평
균 운전자 수 80명 / 운전자 1인당 평균 등록 업체 수 1.67) / 업체 가입률 0.89+업체에
가입하지 않은 운전자 수=164,600명이다.

니다. 연합을 안 하시는 분들이 5백 명 정도 되지 않을까 해요. 경남연합에 포함되지 않는 양산에도 별도로 기사들이 계시고, 진주가 지금 500명 약간 넘는다고 하더라고요. 경남 전체로 하면 6,000~7,000명 될 것 같아요. 인구가 비슷한 부산이 6,000~7,000명 정도 되니까 경상남도 다 합하면 6,000~7,000명 되지 않을까 보고 있습니다."

국토교통부 보고서(2020)에 따르면, 대리운전자 700명 응답자 중, 남성이 88.5%, 여성이 11.5%였고, 대리운전 외에 다른 경제활동을 하지 않는 전업 대리기사가 전체의 52.4%였다. 연령대는 30대 이하가 18.2%, 40대 35.1%, 50대 35.9%, 60대 이상 10.9%로 40~50대가 대부분이다. 경남 지역 대리운전기사 184명을 대상으로 한 조사에서도, 30대 이하가 13.0%, 40대 31.3%, 50대 43.8%, 60대 이상 12.0%로, 50대 비중이 특히 높고, 전업 비율도 76.9%로 더 높게 나타났다(김도형 외, 2019).

"연령은 보통 50대가 주축이고, 50대, 40대 분들이 보면 안타까운 분들이 많아요. 이게 경제활동인데 수입이 원활하지 않으니까. 그렇다고 해서 신용불량 상태인 사람들은 금융기관에서 대출이 안 되잖아요. 이쪽에 일수나 사설 금융업자들이 엄청나게 많아요. 사채죠. 연 200%에 가까운 고율 이자를 내가면서 큰돈도 아니고 100만 원 빌려 쓰시는 분들도 있고. 신용불량이나 경제활동이 힘들어 대리운전하시는 분들이 한 20% 이상 되지 않을까 싶어요. 저도 지금 개인회생 시작한 지 오래됐고 곧 끝나가지만, 그것도 하지 못하는 분들도 있어요."

대리운전기사들의 경력을 보면, 1년 미만은 18.2%에 불과하고, 1~3년 24.9%, 3~5년 17.7%, 5~10년 22.1%, 10년 이상 17.0%로, 5년 이상 장기근속자의 비중이 39.1%에 달했다. 부산·울산·경남 지역의 경우, 5년 이상 경력자의 비중이 52.1%로 대리운전기사의 경력이 전국 평균보다 더 길게 나타났다(국토교통부, 2020). 창원대 조사(2019)에서 대리기사의 평균연령은 49.4세이고 근무경력은 6.37년이었다.

"저는 대리운전 한 지 8년 됐는데, 저보다 훨씬 고참도 많이 계시고요. 보통 대리운전은 오래 하지 않는다고 생각하시는데 5년 장기간 하시는 분들 엄청나게 많아요. 투잡을 계속하기는 힘들고요. 5년 정도 하시면 힘들다고 그만두시더라고요. 만약 투잡을 하신다면 대리가 주업이라고 봐야죠. 저도 회사 일거리가 줄어 수입을 보전하려고 투잡으로 육 개월 했다가 이후에 전업으로 하고 있지요, 일이 년 정도 하다가 다른 직업을 구해 이동하려고 했는데 직장이 잘 안 구해지더라고요. 임금을 맞추기가 힘들어서."

(1) 고용 형태

고객이 대리운전 업체의 대표전화로 서비스 요청을 하면, 대리운전 업체는 대리운전 프로그램에 고객의 콜 정보를 입력한다. 관제프로그램 시스템은 대리운전 업체 연합 내 기사에게 콜을 배분하고,

대리운전기사가 자신의 스마트폰 앱에 표시된 고객의 콜을 터치하면 거래가 성사된다. 이후 대리운전기사는 확인된 고객정보를 바탕으로 고객이 있는 장소로 이동하여 고객과 차량을 목적지까지 운송한 후 서비스요금을 수령한다.

보통 대리운전 업체들은 고객의 콜 정보를 같은 프로그램을 사용하는 업체들과 공유하거나 몇몇 업체가 구성한 연합 내에서만 공유한다. 대리운전 업체마다 사용 프로그램이나 연합이 다르기 때문에 대리운전기사는 복수의 업체와 계약을 맺고 콜 정보를 받는 게 일반적이다. 대리운전 업체와 계약할 때 대리기사는 업체의 거래은행에 가상계좌를 만들어 업체에 등록한 후, 해당 업체가 소속된 업체 연합과 계약을 맺은 프로그램을 스마트폰에서 실행하고 가상계좌 계정을 입력하면 된다. 대리운전 프로그램을 이용해 콜 배정을 받기 위해서는 개인별로 부여된 가상계좌에 보증금을 충전해야 하고, 대리운전 업체는 대리운전기사가 서비스요금을 받을 때마다 건별 혹은 일별로 알선수수료와 보험료, 프로그램 사용료를 인출한다(조돈문 외, 2015; 박은정 외, 2015).

보통 대리기사들은 더 많은 콜을 받기 위해 여러 대리운전 업체에 소속되어 복수의 프로그램을 사용한다. 대리운전 업체와 대리운전기사 사이에 표준계약서가 없는 상태에서, 대리운전 업체의 과도한 수수료 부과, 이중 보험료 납부, 부당한 계약 해지 및 배차제한 등의 문제가 발생하기도 한다. 대리운전기사는 많은 콜을 수행하기 위해 복수의 업체에 가입해 복수의 프로그램을 사용함으로써 수수료를 이중 납부해야 하는 부당한 계약관계가 존재한다. 특히 2016

년 카카오T 대리서비스가 시작된 이후 대리운전기사의 90% 이상이 카카오T 대리에 가입하면서, 소속된 대리운전 업체 수나 사용하는 관제프로그램 수가 더 늘어났다. 대리운전기사들이 계약한 업체 수는 평균 1.9개였고 사용하는 관제프로그램의 수도 평균 3.0개였다. 부산·울산·경남 지역에서는 3개 이상의 업체에 가입한 대리운전 기사의 비중이 53.1%로 가입 업체 수도 더 많고, 사용하는 프로그램 역시 평균 3.2개로 타 지역보다 많았다(국토교통부, 2020). 창원대 조사에서 경남 대리운전기사는 하루 7.05명의 고객을 상대하며, 1건당 37분가량의 운전을 하는 것으로 나타났다.

대리운전 기사들은 서비스요금에서 콜 알선수수료, 프로그램 사용료, 대리운전 보험료와 수수료, 셔틀 이용료 등의 비용을 업체에 납부해야 한다. 국토교통부 보고서(2020)에 따르면, 대리운전기사는 업체별로 대리운전 요금의 평균 21.4%를 콜 알선수수료로 내는데 많게는 40%에 달했다. 대리운전기사 개인별로 콜 알선수수료는 평균 22.7%로 20~30% 미만이 72.3%로 가장 많았지만, 30~40% 미만도 21.9%를 차지했다. 부·울·경 지역 대리운전 기사의 경우는 수수료가 더 높아 평균 26.7%였으며, 30~40% 미만 46.9%, 20~30% 미만 41.6%, 20% 미만 6.2%, 40% 이상 5.3%였다.

또한, 관제프로그램 사용료로 1개월당 15,000~20,000원을 내는데 운전자 1인당 평균 3개의 관제프로그램을 사용하기 때문에, 1인당 월평균 관제프로그램 사용료로 38,000원을 지출했다. 부·울·경 지역은 대리운전기사의 91.2%가 프로그램 사용료를 지불하고 있고, 금액은 평균 37,749원이었으며, 프로그램 사용료 외에 추가적인 프로그램 사용 수수료를 지불하는 경우도 84.6%였다. 여기에 대리운전 단체보험의 월평균 보험료가 98,650원이며, 다시 보험료의 30% 수준을 수수료로 납부하고 있다. 부·울·경 지역의 대리운전 단체보험 월평균 보험료는 95,085원이었으며, 단체보험 가입 시 보험료 외에 수수료를 받는 경우가 31.0%였고 수수료는 월평균 30,466원이었다.

대리운전 기사의 39%가 업체에서 운영하는 셔틀버스를 이용하며, 셔틀버스 이용료는 1회당 평균 2,435원으로 3,000원대가 46.9%로 가장 많았다. 1개월당 평균 7만 원 정도를 셔틀 이용료로 납부하며, 부·울·경 지역의 대리운전기사 경우는 93,393원으로 다른 지역에 비해 셔틀 이용도가 높았다. 이뿐만 아니라, 대리운전기사들의 51.4%는 대리운전 업체로부터 콜 목표 달성을 요구받은 경험이 있고, 콜 목표를 달성하지 못했을 때, 배차정보 제한과 계약해지, 프로그램 사용정지 등 제재를 받았다. 콜을 취소한 경우에는 대리운전기사의 58.1%가 제재를 받으며, 평균 1,500원의 콜 취소 수수료를 내거나 평균 34.5시간의 프로그램 사용제한이라는 제재를 받았다(국토교통부, 2020).

(2) 임금과 노동시간

이처럼 낮은 진입장벽과 대리운전 업체의 횡포 등으로 대리운전 기사들의 직종에 대한 만족도는 '매우 불만' 30.2%, '불만' 37.1%, '보통' 30.2%로 매우 부정적이다(국토교통부, 2020). 대리운전은 진입장벽이 없어 경쟁이 매우 치열하고 소득이 높지 않을 뿐 아니라, 근무하지 않는 동안에도 콜을 빼앗기지 않기 위해 한시라도 휴대폰에서 눈을 뗄 수 없는 긴장 상태에서 대기해야 하고, 야간시간에 먼 거리를 끊임없이 이동해야 하는 고된 노동이다.

대리운전 업계에서는 경쟁이 격화되고 진입장벽이 없어 대리운전기사의 저임금이 고착되어 있고, 낮은 수준의 소득을 벗어나기 위해서 장시간 야간노동을 할 수밖에 없는 구조가 만들어졌다. 실제로 응답자들은 수입의 유지를 위하여 불가피하게 업무시간을 늘려야 했다. 경쟁이 치열해지면서 대부분 대리기사는 수입을 유지하기 위하여 여러 업체에 등록해 사용하는 프로그램 수를 늘리고 노동시간을 연장하는 것으로 대응하고 있으나, 비용이 늘어나 소득은 정체하고 있다(김주환·이철, 2015).

국토교통부 보고서(2020)에 따르면, 대리운전기사 1명당 평균 운행횟수는 5.4회이며 1개월 평균 21.7일 근무한다. 부·울·경 지역은 평균 근로일수가 22.9일로 25일 이상 일하는 경우가 56.6%로 전국 평균보다 약간 높았다.[32] 대리운전 하루 평균 업무시간은 7.4시간이며, 부·울·경 지역은 8.0시간으로 약간 길었고, 특히 9~11시간가량 일하는 경우가 42.5%에 달해 장시간 노동이 많았다. 대리운전기사들은 보통 오후 7~8시경에 일을 시작해서, 오전 1~2시(1시대 27.0%, 2시대 23.1%, 3시대 12.3%) 사이에 일을 마치는 경우가 가장 많고, 부·울·경 대리운전기사들의 경우 다른 지역보다 더 늦게까지 일하는

---

32 김도형 외의 조사(2019)에서는 근무 일수와 근로시간이 이보다 더 많아, 경남 지역 대리운전기사의 월평균 근무 일수는 25.2일이며, 하루 평균시간은 8.94시간, 대기/준비/이동시간이 3.89시간이며, 식사 및 휴식시간이 0.95시간이었다.

모습을 보였다. 창원대 조사(2019)에서 경남 지역 대리운전기사의 주당 평균 근무시간은 59.4시간이고 하루 평균 휴게시간은 61.5분이었다.

"저녁 8시부터 나오면 새벽 4시, 5시까지 하죠. 처음에 제가 시작했을 때는 저녁 6시경부터 제법 콜이 있었어요. 그때 비해서 음주문화도 바뀌고 경기도 많이 나빠졌죠. 경기가 안 좋아지면 대리운전기사들은 이중으로 피해를 봐요. 콜 수는 감소하는데, 오히려 투잡 하려고 들어오시는 분들은 더 많아져요. 그러니까 투잡, 쓰리잡 하려고 들어오는 분들하고 경쟁이 심해지는 거죠. 자기 월 임금의 10% 이상은 다 다운되었다고 하죠."

"콜을 많이 받으시는 분들은 10건 이상도 받으시고 적게 받으면 3~4콜 정도죠. 새벽 1시에 평균 6콜은 했어야지 4시 되면 7~8콜 되는 건데. 보통은 8시 반부터 11시 반까지 콜이 많이 발생하거든요. 12시 전까지 5콜 이상은 따놔야지 평균치에 접근해 가는데 요즘 들어서 많이 안 좋아요. 명절이 끼거나 휴가철, 5월은 사람들이 돈 쓸 때가 많아 비수기죠. 연말이 성수기죠. 그때는 콜이 많은 걸 아니까 성수기일수록 기사분들이 많이 들어오죠."

대리운전기사의 수입은 전국적으로 100만 원 미만 18.9%, 100~199만 원 48.9%, 200~299만 원 24.3%, 300만 원 이상 8.0%로, 절반 이상인 67.8%가 최저임금 수준인 200만 원 미만의 저소득자였다(국토교통부, 2020). 김도형 외(2019)에서도, 경남 지역 대리운전기사의 소득은 100~199만 원이 53.9%로 가장 많고, 200~299만 원 26.2%, 100만 원 미만 14.1%, 300만 원 이상이 5.8%의 순으로, 200만 원 미만의 저소득자가 68.0%였다. 2019년 현재 경남 지역 대리운전기사의 92.3%는 소득이 감소하였으며, 소득 감소의 주요한 원인은 치열한 경쟁 34.2%, 업계의 각종 수수료 상승 11.6%, 건당 요금 정체나 감소 9.5%, 기타 37.9%였다.

"임금은 얼마 안 됩니다. 최저임금보다 낮은 수준이죠. 대체로 대리하는 분들이 처음 시작할 때 투잡을 하지 않으면 힘든 분들이나 신용불량으로 다른 경제활동을 하기 힘들 때 많이 시작하거든요. 그렇다 보니까 수입이 적더라도 해야 하고 그런 경우가 많이 있고요. 가정이 있으신 분들은 보통 투잡 맞벌이로 많이 하시고, 저희가 실태조사를 해보면 실수입이 수도권 쪽은 한 180~185만 원, 이쪽은 175~180만 원 정도인 걸로 알고 있습니다. 이 정도 수입을 얻으려면 하루 8시간, 9시간 정도 일을 하면서 보통 일주일에 하루 정도 쉬고 한 달에 24~25일 해야 합니다."

경남 지역 대리운전기사의 월평균 지출을 보면, 45.9만 원으로, 이동비용이 19.1만 원, 보험료가 10.8만 원, 통신비가 9.96만 원, 프로그램 사용료가 6.15만 원이었다. 이들은 서비스 이용요금의 적정성에 관하여 전혀 그렇지 않다 62.0%, 그렇지 않다 23.4%로 업무에 비해 단가가 너무 낮다고 생각했다(김도형 외, 2019).

경남 지역 대리운전기사들의 4대 보험 가입률 역시 고용보험

4.4%, 국민연금 29.5%(직장 5.5%, 지역 24.0%), 건강보험 62.3%(직장 6.0%, 지역 56.3%), 산재보험 4.0%에 불과해, 경남 지역 대리운전기사의 90%는 고용보험과 산재보험 모두에 가입하지 않았다. 2018년부터 산재보험 적용 대상에 추가됐으나, 여러 업체의 콜을 동시에 받아 처리해야 하는 업무 특성 탓에 산재보험료를 전적으로 부담해야 해 그 혜택을 받기 어렵다.

부·울·경 지역에서 대리운전 종료 후의 이동수단으로는 업체가 운영하는 셔틀 이용이 74.3%로 가장 많고 심야버스가 65.5%, 택시 38.9%, 자전거 8.8%, 도보 8.0%, 개인차량 2인 1조 이동 7.1%, 개인형 이동수단 5.3%로 수도권과 비교해 셔틀과 자전거 이용 비중이 높았다(국토교통부, 2020).

"통합창원시하고 김해를 오가는 게 대부분이고 지역별로 기사들이 다니기 좋아하는 지역이 있습니다. 집의 거리에 따라서 다릅니다. 외곽으로 나가시는 분들도 있어요. 나갔다가 돌아올 때는 대리기사들 돈으로 움직이는 셔틀버스를 이용하지요. 셔틀버스 배차는 생각보다 자주 있습니다. 진해에서 창원 쪽으로 들어오는 차가 지금 15분에 한 대씩 있고 율하, 장유 거쳐서 창원 쪽으로 들어오는 버스가 10분에 한 대씩 있거든요. 총 42대로 운행되고 있습니다. 48대 운영하다가 좀 줄었어요."

"저는 동선이 주로 창원시 안에 다녀요. 몸이 좀 많이 힘든 일이죠. 대신에 고정적으로 수입을 가져갈 수 있는 시스템인 것 같아서 좀 힘들지만 그렇게 하고 있죠. 대구 이런 데 가서 장거리 좋아하시는 분들도 있어요. 장거리는 자주 있지 않을 것 같지만, 의외로 많아요. 남지, 함안, 고성 이런 데도 가시고. 보통 창원은 콜이 뜨는 데가 정해져 있어요. 용호동, 상남동, 중앙동 이렇게 모이고 명곡로터리, 유흥가 쪽이지요. 제가 콜 받고 사파동 갔으면 자전거 타고 다시 상남동으로 내려와요. 상남동에 기사들이 몇백 명이 깔려 있어요. 쉼터를 고정적으로 이용하시는 분들도 있지만, 쉼터 들어가 보면 좁아요."

(3) 산업재해와 감정노동

대리운전은 술 취한 고객을 대신하여 차량을 운전하는 일이기 때문에 근무하는 동안 술 취한 고객을 상대해야 하는 매우 고달픈 감정노동이자, 야간 운전으로 인해 교통사고의 위험에 쉽게 노출되는 위험한 노동이다. 무엇보다 대리운전기사들은 취객의 폭언, 폭행, 성희롱에 노출되어 있고, 술 취한 고객과의 요금이나 이동 경로, 주차 문제 등을 둘러싼 갈등이 끊임없이 발생한다. 대리운전기사의 24.4%는 교통사고를 당한 경험이 있으며, 68.4%는 욕설 등 괴롭힘, 성추행과 같은 고객으로부터의 피해 경험이 있다. 피해 유형은 욕설 등 위협과 괴롭힘이 가장 많은 97.1%였고, 신체적 폭행 및 구타 20.9%, 성희롱 5.4%, 성추행 3.8%였다(국토교통부, 2020).

"대리운전 처음 시작할 때는 고객들한테 받는 스트레스가 엄청나게 심했어요. 이런 일을 안 해 봤으니까. 처음에 탔는데 반말하고 인마, 전마 하고 욕도 하고. 저는 별의별 상황도 다 당해봤어요. 저는 만 오천 원으로 알고 갔는데 만 원밖에 안 줘요. 달라고 하면 막 욕하고 멱살 잡고 때리기도 해요. 그다음에 취해서 돈이 있는데 대리운전 요금을 안 주는 거예요. 파출소 가요, 그냥."

"또 타면 주무시잖아요. 대리기사들은 시간이 돈이니까 빨리 내려드리고 나오는 게 돈이니까. 근데 본인이 가는 길하고 제가 가는 길하고 다르다고 욕을 하더라고요. 욕을 하지 말고 제대로 가고 있습니다. 그러면 알겠다고 하고, 또 눈떠서 욕을 하고, 그걸 다섯 번을 했어요. 그래서 할 수 없이 차를 거꾸로 돌렸어요. 콜 받은 데로 내려드리고 센터에 전화해서 도저히 안 된다고 다른 기사 불러 달라고 하기도 하고. 어떨 때는 동네에 깡패들 있잖아요. 그럼 뭐 이 새끼 저 새끼 하면서 뒤통수 때리고. 요즘은 괜찮아졌어요. 예전에는 한 달에 한 번 이상씩 있었어요. 근데 요즘은 분기에 한 번 정도, 한 달에 한 번보다는 적게 있는 것 같아요."

경남 지역 대리운전기사를 대상으로 한 연구에서 대리운전기사들은 질병 및 사고위협에 대해 '매우 높다'가 48.8%, '위협이 있다'가 32.2%로 응답하여, 전체의 81.0%가 사고 및 질병 위협을 느끼고 있었다. 대리운전 경력 시작 이후 앓게 된 질병이 있다고 응답한 이도 전체의 81.7%에 달했으며, 주요한 질병은 수면장애 43.9%, 소화기 계통 질환 21.3%, 신경 계통 질병 19.0%, 우울증 6.7%였다. 고객으로부터의 폭언 폭행을 당한 경험은 '월 1회' 22.0%, '월 2회' 21.0%, '월 3회' 16.5%, '월 4회' 20.5%, '5회 이상' 20.0%로 빈번하게 나타났다. 고객으로부터 무시당한 정도는 '그렇다' 40.6%, '매우 그렇다' 23.2%로, 매우 높게 나타났다(김도형 외, 2019).

"술 취한 사람들이기 때문에 요금 시비나 폭력을 행사하거나 아주 심한 경우 경찰서를 가지만 보통은 그냥 넘기죠. 대리운전기사들 마인드는 오래 할수록 가능하면 신경 안 쓸려고 그래요. 거기에 뺏기는 시간이 아까우니까. 실랑이하면 할수록 자기만 손해라고 생각하니까. 하지만 스트레스 엄청나게 받아요. 저는 작년 겨울에 멱살 잡히고 한 그 사건은 한 5개월 정도 가더라고요. 목도 긁히고 성이 나서. 술이 많이 취했었어요. 파출소에서 왔더라고요. 근데 경찰한테도 욕하고 나중에 억지로 30분 만에 떼어놨어요. 근데 가끔 자다가 생각나고 울화가 치밀고 했죠. 근데 5개월 정도 지나니까 잊히더라고요.

창원대 조사(2019)에 따르면, 대리운전기사들은 직장 생활의 모든 측면에서 만족도가 매우 낮으며, 감정노동으로 인한 스트레스와 감정 손상도 매우 높게 나타났다. 5점 척도로 측정한 직장 생활 만족도에서 대리운전기사는 임금 1.41점, 고용안정 1.12점, 근로시간 2.24점, 일의 내용 1.88점, 근무환경 1.18점, 개인발전 가능성 1.19점, 의사소통 인간관계 만족 1.62점, 노동강도 1.38점으로 모든 측면에서 만족도가 극히 낮다.

"콜이 계속 취소되면 중간에 일하다가 열받아서 때려치우고 집으로 간 적도 있어요. 고객 중에는 자기가 아는 대리운전 번호가 있으면 여러 개를 동시에 불러요. 그러면 제일 빨리 오는 거를 타고 가버리고. 전화하면 전화도 안 받아요. 전화라도 받아서 취소한다고 하거나 회사에 전화해서 취소한다고 하면 되는

데, 그런 것도 안 하고 그냥 가는 거예요. 그러면 달려간 나머지 대리기사들은 열받지요. 카카오는 기사가 콜을 수행하고 나서 고객평가를 할 수 있게 해놨어요. 고객 블랙리스트도 만들고 하는데 여기는 안 해요."

(4) 업체의 횡포와 중간착취

대리운전기사들은 고객에 대한 감정노동으로 스트레스를 많이 받지만, 부당한 처우와 관련해서는 대리운전 업체의 횡포에 더 큰 분노를 나타내고 있다. 대리운전 업체들이 부당한 수수료와 비용을 전가하고 있고, 대리운전기사들에 대해 횡포를 부린다는 것이다.

대리운전기사들은 고객으로부터 받는 요금에서 대리운전 업체가 떼어 가는 알선수수료와 보험료, 프로그램 사용료, 기타 수수료를 제외한 금액이 실수입이기 때문에, 소속된 대리운전 업체의 횡포와 중간착취에 대한 불만이 높다. 특히 대리운전업이 체계화되어 대형 업체들을 중심으로 시장이 재편되고 업체 간 경쟁이 심화한 데다가 불황으로 대리운전 기사공급이 급증하면서, 대리운전 기사들의 부담 역시 증가하였다. 실제, 국토부 조사에서 대리운전기사들은 42.6%가 제대로 된 계약서를 작성하지 않았으며, 소속사의 횡포에 대해 '매우 많다' 63.8%, '있는 편이다' 20.8%로 부정적으로 응답했다(국토교통부, 2020).

"우리 지역의 콜은 ○○대리운전연합이 거의 60%를 장악하고 있고, 그 콜들은 대부분이 '콜많어'라는 프로그램으로 올라와요.

그 프로그램의 경남총판장이 ○○○사의 사장이에요. 그래서 그 사람을 통하지 않으면 이 프로그램에 들어갈 수가 없어요. 잘못 보이면 쫓겨나는 거죠. 쫓겨나면 대리기사들도 수입이 확 줄어 버리니까 업체에서도 함부로 못 하지요. 셔틀버스도 못 타고 이 동하는 게 힘들어지죠. 콜 없는 지역으로 나갔다가 콜이 있는 지역으로 다시 돌아와야 하는데 그럴 수가 없는 거죠."

이처럼 대리운전 업체들은 매출액의 일정 비율을 알선수수료로 받으면서도 여러 가지 형태의 별도 비용을 징수하며, 판매목표 달성을 강요하는 등 대리운전 기사에게 불리한 거래조건을 일방적으로 부과하고 이를 지키지 못했을 때 불이익을 주는 횡포를 부리고 있다. 문제는 대리운전 업체와 프로그램사, 보험사가 부당한 커넥션을 구축하여 대리기사에게 과도한 부담을 강요하고 있다는 점이다. 대리운전기사들은 평균 20%의 수수료를 업체에 내고 있음에도 프로그램 사용료와 보험료 등을 별도로 부담해야 하며, 그 결과 과도한 보험료, 프로그램의 쪼개 팔기, 부당한 페널티 등으로 번 돈의 60% 정도만을 가져갈 수 있을 뿐이다(김주환·이철, 2015). 대리운전 업체들은 보험사와 대리운전기사들 사이에서 단체보험료 일부를 할인받거나 리베이트 명목으로 되돌려 받기도 하며 이중 가입을 조장하기도 한다. 또한, 업체의 영업비나 광고비 등의 명목으로 관리비를 징수하기도 하고, 셔틀 버스비에 대해 콜당 수수료를 받기도 한다(곽현주, 2014).

"대리운전 업체들이 남겨 먹는 구조는 엄청나게 많아요. 콜 수수료 안에서도 기사 복지기금, 연합자금, 셔틀 버스비도 또 있어요. ○○대리운전연합을 제외하고, '○○콜'은 먼저 돈을 내고 콜을 타요. 콜을 타든 안 타든 수수료를 내는 거예요. 그 안에 셔틀버스 내용하고 다 들어 있어요. 대리운전 하려면 보험료, 프로그램 사용료를 내는데, 프로그램 사용료도 저희가 하루에 5백 원씩 내요. 4개니까 2천 원이죠. 프로그램 사용료만 한 달에 6만 원씩 나가요. 자기들끼리 콜을 공유하는데도 각각 프로그램 사용료를 따로 받아서 이익을 취하고 있는 거죠. 그걸로 한 달은 프로그램사에 주고, 한 달은 자기들이 먹어요. 매달 프로그램사에 올려주는데, 두 달에 한 번씩 돈이 다시 돌아와요. 백마진을 받는 거지요. ○○대리운전연합이 사용하는 프로그램이 4개예요. '콜많어'라는 프로그램이 3개가 있고 '콜마트' 프로그램 한 개로 총 네 개인데 여기에 각 프로그램에 연합장 네 명이 이걸 나눠 가져요."

실제 부·울·경 지역 대리운전기사가 가입한 평균 대리운전보험 수는 2.1개로 다른 지역보다 중복가입이 심각했다. 대리운전 업체는 관리 용이성, 이용자의 보험 해지 방지를 위해 대리운전 단체보험을 강제하는데, 대리운전자가 2개 이상의 업체에 소속되는 경우 업체별로 중복가입에 따른 보험료 중복 납부가 발생한다. 실제로 단체보험에 1개 가입한 경우는 34.8%에 불과하고, 2개 38.4%, 3개 16.1%, 4개 6.3%, 5개 이상 4.5%로 부·울·경 지역 월평균 대리운전 보험료는 135,368원으로 전국 평균 118,017원에 비해 부담이 큰 것으로 나타났다(국토교통부, 2020).

> "보험료 같은 경우에도 ○○대리운전연합에서 단체보험에 들
> 어요. 센터는 13개 고객센터 단위로 단체보험이 들어가는데,
> 이 보험 모집을 두 군데서 하거든요. 그 보험을 모아, 서울 쪽에
> 전국적으로 보험을 모집하는 사무실로 올려 보내죠. 그럼 중간
> 진이 있고, 또 단체 규모에 따라 또 돈을 받고, 이걸 관리하는
> 비용도 또 대리기사들한테 받아요. 일부 업체들은 보험회사하
> 고 기사를 직접 연결하는 시스템이 있는데, ○○대리운전연합
> 은 그게 안 되어 있어요. 직접 하면 더 싸거든요. 그런 걸 다 자
> 기들이 갖다 쓰고 남겨 먹어요. 근데 말을 못 해요. 대들었다가
> 는 잘라내니까. 부당하게 너무 많은 이익을 업체에서 가져가고
> 있는 거죠. 실제로 셔틀버스 사용료, 보험료, 프로그램 사용료
> 쪽 해보면 업체에서 부당하게 돈을 가져가는 부분이 한 사람당
> 한 달에 15~20만 원은 돼요."

부·울·경 대리운전기사들은 대리운전 업체로부터 콜 목표 횟수
달성을 요구받은 경험이 있는 경우가 70.8%에 달했다. 콜 목표를
달성하지 못하면, 주로 배차정보 제한을 받는 경우가 93.6%이고,
계약해지/퇴사/ 프로그램 사용정지를 당한 경우가 2.8%였다. 대리
운전 기사는 콜 취소 시 업체로부터 제재를 받는 경우가 58.1%였으
며, 제재를 받는 경우 72.5%는 프로그램 사용제한, 52.6%는 콜 취
소 수수료였다. 그러나 부·울·경 지역에서는 콜 취소 수수료를 내야
하는 경우가 97.8%, 프로그램 사용제한을 받는 경우가 31.1%로 주

로 콜 취소 수수료 납부가 주요한 제재 방식이었다. 콜 취소 시 수수료 발생 시점 역시 전국적으로는 콜 수행 승낙 시점으로부터 평균 6.2분이었으나 부·울·경 지역은 평균 4.6분으로 취소 수수료가 더 일찍 발생했다. 부·울·경 지역 대리운전 기사의 콜 1건당 취소 수수료는 평균 1,594원이었고, 프로그램 사용제한 시간은 평균 34.6분이었다(국토교통부, 2020).

> "요즘은 고객보다 업체에서 받는 스트레스가 더 심한 경우가 많아요. 대리기사를 을 중의 을이라고 이야기하는데 고객들이 갑질하고, 업체가 갑질하고 이중으로 당하는 거죠. 여기서 제가 콜을 받아 고객이 있는 목적지까지 가려면 몇 분 걸리잖아요. 이때 자기들이 정해 놓은 룰이 있어요. 3분 안에 전화하고, 고객과 통화가 잘 안 되면 '대기'라는 보고를 하라고 해요. 콜을 수행할 수 있을지 없을지 판단이 잘 안 되는데, 그걸 조금이라도 늦으면 보고가 안 된다고 해요. 손님이 전화를 안 받거나 못 받아 운행이 안 되면 '완료'를 하라고 해요. 그러면 운행도 못했는데 수수료만 떼이는 거죠. 그런 경우가 비일비재해요."

응답자의 43.9%가 다른 대리운전 업체로의 이직 경험이 있고, 이직 이유는 타 업체의 대우가 더 좋거나(18.6%) 소속 업체와의 불화(14.6%) 때문이다. 부·울·경 대리운전기사들의 경우는 이직 경험이 평균보다 약간 높은 45.1%였는데, 소속 업체와의 불화 때문인 경우가 21.2%로 상대적으로 높았다(국토교통부, 2020).

대리운전 업체의 사용자들은 주로 예전에 대리운전기사를 하던 사람들로, 과거에는 전화번호만 잘 받으면 쉽게 업체를 운영할 수 있었다. 좋은 전화번호를 기반으로 확장하면서 기업 규모를 키우고 있다는 것이다.

"카카오 같은 경우에는 전국적인 인프라 시스템을 만드는 데 천억 원 정도 든다고 하더라고요. 지금은 힘들지만, 예전에는 번호 좋은 거 자기들이 사서 대리운전기사를 했지요. 집에서 사무실 차려놓고 해도 돼요. 한 명은 전화 받고 다른 한 명은 영업하고 하면 충분히 할 수 있거든요. 번호를 잘 받는 게 최우선이에요. 그게 점점 커지고 확장해서 권력을 갖게 된 거죠. 대리운전은 영세 업체가 아니에요. 실제로 ○○대리운전연합 안에 전화번호가 600~800개 정도 등록되어 있다고 하더라고요. 저희 노조가 가지고 있는 번호도 있고. 그런 번호들이 6백 개 정도예요. △△△ 같은 경우에는 하루에 6백 콜가량 돼요. 6백 콜에 2,500원씩 남는다고 계산하면 엄청나게 많이 남아요. ××콜은 8백 콜, 33콜은 9백 콜 정도 올라온다고 알고 있어요. 몇몇 번호만 돈을 많이 벌지 나머지는 별거 없어요. 한 달에 엄청나게 벌어요. 우리가 말하는 골목 소상공인 이런 거 아니에요."

경남 지역 대리운전노조는 업체에 대해 셔틀버스 공개 요구를 제기하고 있다. 이 과정에서 노조 대표자가 업체로부터 배차제한의 징계를 당하고 업체가 운영하는 셔틀버스 이용을 제한당하기도 했다. 더욱이 셔틀은 실정법상 불법운행에 해당하며, 적절한 편의 수준과 안전 수단조차도 확보되지 않아 사고 시에는 아무런 보상도 받을 수 없다(김주환·이철, 2015).

"저희가 알기에 셔틀버스가 돈이 많이 남아요. 이쪽 지역만 이용자가 3천 명이 넘는 것으로 알고 있는데, 실제로 1,500명 돈이면 기사들 임금 주고 운행되고도 남는다고 보고 있거든요. 그래서 계속 셔틀버스 사용 내역을 밝히라고 요구하고 있어요. 셔틀버스를 이용하려면 타든 안 타든 하루에 3,500원을 내야 하거든요. 셔틀버스를 탈 일이 없는데도 자기는 내야 하는 거죠. 선택권이 없습니다. 회사에서 일률적으로 징수합니다. 3천 명이 월 10만 5천 원씩 내면 3억 얼마인데, 실제 운행에는 1억 5천만 원이 채 안 드는 것으로 알아요. 평균적으로 기사들한테 지입비로 주는 게 3백만 원이 안 돼요."

(5) 정책과제와 노동기본권

대리운전 업계의 해결해야 할 문제점은 복수 응답으로 '각종 수수료 과다'를 지적한 경우가 79.0%로 가장 높았고, '업체의 불공정 계약' 51.6%, '연계교통수단 등 편의시설 부족' 32.9%, '인권 문제' 29.7%였다. 부·울·경 지역 대리운전기사의 경우는 '각종 수수료 과다'가 83.2%로 특히 높았고, '업체의 불공정 계약' 61.9%, '편의시설 부족' 31.0%, '인권 문제' 20.4%였다(국토교통부, 2020).

"대리운전이 생겨난 지 20년 정도 지났는데 아직 대리운전 법이 없어요. 국토부 장관이 이야기했다는데. 대리운전, 퀵, 택배업은 사회적으로 봤을 때 경제적 완충작용을 하는 역할을 많이 하니까, 법을 만들어서 다른 사람이 못 들어오게 진입장벽을 만들기보다 이 시장을 자유롭게 개방해야 한다는 거예요. 근데 실제로는 전업 기사가 76%로 나와요. 나머지 24% 정도만 이 시장에 들어왔다 나가고 하는 사람들이지 실제로 전업으로 하는 사람들이 많거든요. 그럼 전업으로 하는 사람들을 보호하는 게 우선인데, 법안이 벌써 3번째 국회에서 계류되었다가 사라졌어요."

대리운전기사들은 삶의 질 향상을 위해 필요한 정책으로 노동기본권 보장 38.9%, 업체의 부당한 시스템에 대한 적극적 행정조치 30.8%, 적극적인 복지정책으로 생존권 보호 7.6%로 응답해 대리운전기사와 대리운전 업체의 권력 관계 변화에 대한 기대를 나타냈다 (국토교통부, 2020).

현재 대리운전노조는 보험 중복가입 문제해결을 주요한 요구로 제기하고 있다. 대리운전기사 한 명이 업체별로 하나의 보험회사에 여러 개의 중복 단체 대리운전 보험을 가입해야 하지만, 이는 재해보험이기 때문에 중복보장을 받을 수 없는 보험이다.

"대리기사 한 명이 카카오도 kb보험, 다른 데도 kb보험 이렇게 한 보험회사에 여러 개 보험이 들어가 있어서 보험 단일화를 해달라고 했어요. 재해보험이거든요. 중복보장을 못 받아요. 자동차 보험을 한 군데만 넣듯이. 사고 한 건에 한 번밖에 보장을 안 해주는데 왜 여러 번 넣어야 하냐는 거죠. 금감원에서는 보험회사에서 반대한다는 거죠. 그래서 대리운전법을 만들어 달라고 하는 게, 법이 만들어지면 이런 것들이 모두 이 틀 안에서 이루어질 수 있잖아요. 대리운전법을 통해 대리운전기사가 노동자라는 걸 명확히 했으면 좋겠고요. 고용보험, 산재보험에 들어가 있는 대리기사가 아주 드물어요. 의료보험도 지역 가입으로 되어 있는데, 이를 해결할 수 있는 거죠."

하지만 대리운전기사들이 스스로 조직화와 단체교섭을 하기에는 자원이 부족하고 개인적인 부담도 적지 않다. 조합 간부 활동을 위해서는 수입이 거의 절반으로 감소하는 것을 감수해야 하고, 조합비로는 사업비를 쓰기에도 부족하기에 조합원들의 성금으로 인건비를 조달하기도 한다.

경남의 경우 대리운전노조는 민주노총과 한국노총 산하에 200명, 60명 수준으로 각각 존재한다.[33] 민주노총의 경우 2013년 대리운전노조 지도부가 회계 문제, 조합원 징계와 관련된 문제로 제명된 이후 한동안 노조가 없다가 2016년 2기 노조 집행부가 구성되었다. 문제는 대리운전기사가 전속성이 없어서 근로기준법상의 노동자성 인정을 받지 못했고, 단체교섭이 진행되지 못하고 있다는 점이다. 주로 사용자와의 대화는 경남대리운전연합을 대상으로 협의회 비슷한 형식으로 진행하고 있다. 노조가 요구하면 공정거래위원회에

---

[33] 2005년 조직한 대구 지역 대리운전노조는 2012년 지역 업체들과 단체협약을 맺었다. 2011년 지역노조로 조직 변경 신고를 하였고, 2012년 지역노조들이 모여 전국대리운전노동조합을 건설하였다. 대구 지역의 투쟁과 성과에 영향을 받아 전국대리운전노동조합이 출범했다. 전국단위 대리운전기사 노동조합은 노동기본권 쟁취 투쟁을 통해 2020년 7월 노조설립신고 428일 만에 신고필증을 받았다.

서 조정을 통해 협의를 진행한다. 경남대리운전연합은 한국노총 산하 대리운전노조를 교섭 대표노조로 정해 교섭을 진행했지만, 고용노동부로부터 정식 교섭으로 인정받지 못하고 있다.

> "조직화 사업을 위해서 기사들이 많이 다니는 길이 있어요. 그 길에서 무료 커피 해가면서 노조 홍보하고 업체 이야기하면서 바꾸자고 하고. 조합원 복지는 저희 전화번호 대리로 그 돈을 가지고 전적으로 저희 대리기사들 복지를 위해 써요. 일하다가 다치고 그러면 위로금 5만 원 10만 원 주고, 일하다가 대리기사들이 다치면 면책금 30만 원이 있는데, 그 30만 원 중 10만 원을 내주고 합니다. 저희 자체적으로."

> "애초에 저희가 이동노동자 쉼터를 기획할 때 쉼터에서 개인별 상황에 따라 대처 방법이나 법률상담 그런 걸 하길 원했어요. 서울 같은 경우에는 금융상담도 하고 악성 채권 이런 것을 사서 소각을 해줬다고 하더라고요. 도덕적 해이 문제와 연관되어 있긴 하지만 실제 10년 넘게 의료보험 못 내고 숨어 다니는 사람들이 있어요. 대상을 면밀하게 정해서 실질적으로 그런 부분이 필요한 사람 있으면 해주고. 전북 같은 경우에는 전북은행이 대리운전기사에게 대출도 해줘요."

라. 고숙련 독립계약노동자

1) 방과후학교 강사

학교에는 교원으로 분류될 수 있는 비정규노동자 중에 가장 많은 직종이 기간제 교사와 방과후학교 강사다.[34] 시간강사는 2011년부터 초등학교에서 가장 많이 증가했는데 돌봄 성격의 방과후학교 활성화의 영향이 크다(진숙경, 2016). 2010년대 이후 대부분의 학교 비정규직이 무기계약으로 전환되었지만, 이로부터 제외된 대표적인 직종이 기간제 교사와 방과후학교 강사다. 초·중·고 학생들에게 정규 과목 외에 다양한 교육 기회를 제공하고 사교육비를 줄이기 위해 1995년에 도입된 특기적성교육은 2006년 '방과후학교'로 이름을 바꿔 운영되어 왔다. 기간제 교사는 고용불안이 큰 대신 시간당 임금에서 정규직과 동일하지만, 방과후강사는 공교육과 사교육의 경계에 서 있는 단시간 노동자다. 이들은 특수고용노동자로서 여전히 고용불안과 저임금에 시달리며 코로나19로 가장 큰 타격을 받은 집단이다(조혁진, 2020). 방과후강사는 학생들을 가르치는 업무를 수행한다는 점에서는 교원과 같지만, 단시간 노동자로 교원 지위를 인정받지 못한 가운데, 교원과 교육공무직 어디에도 속하지 못하는 사각지대에 놓여 있다.

(1) 고용 형태 및 고용 관계

방과후학교는 "학생과 학부모의 요구와 선택을 반영하여, 수익자 부담 또는 재정지원으로 이루어지는 정규수업 이외의 교육 및 돌봄 활동으로, 학교계획에 따라 일정한 기간 계속 운영하는 학교 교육

---

34 기간제 교사는 2016년 4만 1,467명으로 전체 교사 42만 8,404명의 약 10%에 해당하는 수치다. 남기곤에 따르면, 기간제 교사는 초등학교 교원의 4%, 중·고등학교 교원의 14%에 달하며, 사립고등학교에서는 기간제 교사 비율이 19%를 넘어서고 있다(남기곤, 2018).

활동"으로 규정된다. 2014년 현재 초중고 학교의 337만 명(71.2%)이 방과후학교 프로그램에 참여하며, 단위학교가 직접 운영하기도 하지만 다수는 외부 업체에 위탁 운영한다(진숙경, 2016). 2019년 기준 교육부 통계로 교과 프로그램과 특기 적성 프로그램을 담당하는 인원은 총 197,750명이며, 이 중 외부 강사가 116,760명이다. 전국방과후강사노조는 조직대상이 12만 5천 명이며 이 중 여성이 80% 이상일 것으로 추산하고 있다(조혁진, 2020: 66-67). 고등학교의 방과후수업은 현직 교사들이 맡는 경우가 대부분이기 때문에, 방과후강사는 일부 중학교 강사를 제외하면 대부분 초등학교 근무자이다.

방과후강사는 "방과후학교 프로그램을 운영할 자질과 능력이 있다고 인정된 자로서 학교운영위원회의 심의를 거쳐 학교의 장과 계약한 사람"으로, 학력이나 연령을 제한하지 않는다. 방과후강사가 되기 위해서 공식적인 자격증을 요구하는 것은 아니지만, 미술, 음악, 특기 적성 등 특별한 과목과 관련한 전문지식이 필요하며, 아이를 키우는 여성이 시간 활용에 유리하기 때문에 선택하는 경우가 많다.

"이게 거의 전문직이거든요. 그래서 어떤 특별한 과목에 대한 전문지식이 없는 상태면 수업을 할 수가 없어요. 굉장히 전문성이 강한 부분이기 때문에 다른 선생님들도 가장 잘하는 일이고 특히 여성이 가질 수 있는 직업으로서는 아마 선택된 게 아닐까. 왜냐면 결혼을 해서 아이들을 키우는 과정이고 또 시간을 많이 내서 온종일 수업을 할 수 없는 경우, 직장을 다닐 수 없는 경우에는, 오전에 아이들을 돌보고 오후에 직장을 다닐 수 있고 하기 때문에 저처럼 전문가이면서 가장 시간을 잘 쓸 수 있기 때문에 선택된 경우가 많지요."

방과후강사의 고용 형태는 대부분 위탁계약으로, 학교장에 직접 고용된 개인 강사와 위탁업체를 통해 고용된 경우 2가지 형태가 있다. 위탁업체를 통한 고용은 학교가 방과후수업 전체나 일부 과목을 전문 업체에 위탁하여 운영하는 방식으로, 영어나 컴퓨터와 같이 시설이 들어가는 경우 많이 이루어진다, 학교에서는 위탁업체와의 전체 과목 위탁계약을 선호하는 것이 일반적이다(조혁진, 2020: 71). 그러나 위탁업체 선정은 최저가 입찰 방식인 경우가 많고 위탁업체도 이윤을 남겨야 해서, 방과후강사는 더 극심한 고용불안과 열악한 근로조건에 노출된다.

위탁 형식은 지역마다 차이가 있다. 경남과 부산은 위탁업체가 많지 않지만, 울산은 대부분 민간위탁업체가 방과후학교를 위탁받고 있고, 진주에도 대형 위탁업체가 들어와 있다. 민간 위탁업체가 방과후수업을 위탁받아 운영하는 경우, 방과후수업의 질이 떨어질 수밖에 없다. 왜냐하면, 위탁업체가 이윤을 늘리기 위해서는 강사료를 줄일 수밖에 없고 수수료를 떼고 남은 돈으로는 좋은 강사를 구하기 어렵기 때문이다. 정규직 교사들은 정규수업 뒤에 이루어지는 방과후학교 업무를 기피하기 때문에, 서울이나 인천, 충남, 전주, 울산에서 민간위탁이 늘어나고 있다. 민간위탁업체는 학교와 방과후강사 사이에서 수수료가 주 수입원이다.

"노조를 만들기 전에는 위탁업체에서 강사한테 수수료를 40%

나 뗐어요. 그 뒤로 교육부가 20%로 정했지만, 여전히 더 떼는 업체도 있어요. 어떤 업체들은 바둑이나 로봇 과목 등의 교재나 교구를 자신들이 정한 것만 쓰라고 해요. 업체 돈벌이를 위해 창고에 박힌 싸구려 교재를 써야 합니다. 퇴직 교장들이 대부분 발을 걸치고 있는 업체와 학교장 사이의 결탁 문제도 있고요.”(한겨레신문, 2021.5.19.).

“일단 개인 강사와 학교 사이에 민간 위탁업체가 끼게 되면, 좋은 강사를 구하기가 굉장히 어려워요. 위탁업체에 수수료 다 떼고 조금 주는 강사료 그거 받으면서 좋은 강사들이 거기에 들어오겠습니까? 업체 같은 경우는 교육재료 판매에서 이익을 창출하려고 하기 때문에 개인 강사와는 다른 시스템으로 운영돼요. 일단 전문성이 굉장히 약해질 수 있고요. 학부모님들은 학교와 선생님이 하라고 하고 교육청에서 하라는 것이 학생을 위해 최선일 거라고 생각하지만, 절대 그렇지 않아요. 교육청과 학교에서는 그 여러 가지 업무가 자기들한테 오는 게 너무 싫거든요. 그래서 업체는 작은 일까지 모든 일을 자기들이 다 해요. 하지만 개인 강사의 경우는 교사들한테 업무 부담이 조금 갈 수밖에 없지요. 그 업무 부담을 덜어줄 수 있는 부서나 시설을 만들어 지원해 줘야 하는데, 그게 아직 안 되거든요. 그래서 교사들이 방과후학교를 싫어해요.”

개인 강사는 매년 학교와 새롭게 계약을 체결한다. 최근에는 1년 계약을 하고 1년 후 학생과 학부모 대상 만족도 조사에서 90점 이상이 넘으면 자동으로 고용이 연장되는 방식으로 바뀌었다. 만약 만족도 조사에서 90점에 못 미치면, 자동연장이 안 되고 다시 면접을 보는 경쟁 선발 과정을 거쳐야 한다.

"우리 방과후강사들이 매년 면접을 다시 보잖아요. 그래서 어떤 대꾸나 반발도 하지 못하는 거예요. 약점으로 잡힌 거죠. 잘못하면 채용이 되지 않을 거니까. 1년마다 면접을 다시 봐야 하고. 문제를 일으키거나 어떤 반발을 했을 때 다시 채용되지 못할 확률이 너무 높으니까 어떤 문제가 있어도 내색을 하지 못하고 있었어요."

방과후강사는 계약 후 2년째가 되면, 만족도 점수와 상관없이 무조건 면접을 다시 봐야 한다. 면접을 다시 본다는 것은 재계약이 안될 수도 있다는 것을 의미하기 때문에, 강사는 큰 부담을 갖게 마련이다. 면접결과는 학교장의 재량이기 때문에 교장의 눈 밖에 날 수 있는 문제 제기나 노동권 보장을 요구하기가 쉽지 않다.

방과후강사들은 고용 계약을 통해 오랫동안 이 업무를 하고 있음에도 불구하고 교사 혹은 노동자로서 사회적 인정을 받지 못하며, 이를 하나의 아르바이트 일로 생각하는 사회적 인식 때문에 불이익을 받는다. 특히 코로나19 확산으로 방과후학교 운영이 되지 않는 가운데, 소득 중단에 대한 어떠한 보상을 받지 못하고 사회안전망에서도 배제되었다.

"저는 개인 강사인데, 민간위탁업체에 속해 있는 강사분들도 되게 많고요. 방과후강사 경력이 저 같은 경우는 5년 차인데 이 정도면 경력이 짧은 편이거든요. 한 학교에 10년 이상 근무하신 선생님이 굉장히 많아요. 저도 5년째 두 학교를 다녔는데, 한 번도 다른 학교로 이직한 적이 없어요. 지금 방과후학교가 이름 바뀐 것하고 통합하면 25년 정도 되거든요. 계속 그 일만 하고 계신 선생님들이 많죠."

방과후수업의 과목 수는 학교마다 학생 수에 따라 결정되는데, 경남의 주요 도시 초등학교에는 보통 19~21개 정도의 강좌가 개설된다. 방과후강사들은 한 학교에서 한 과목을 가르치고 다른 학교에서 같은 과목을 가르치는 방식으로 여러 강좌를 맡기도 한다.

(2) 임금

방과후강사의 급여는 수익자부담 원칙에 따라 방과후수업에 참여하는 학생들의 수강료와 학생 수에 따라 결정된다. 방과후학교의 목적이 사교육비 절감이기 때문에, 수강료를 결정하는 학교운영위원회는 수강료를 싸게 책정하며, 계속 월 2~3만 원 수준에서 동결해 왔다(조혁진, 2020: 75). 그 때문에 방과후강사는 한 한기 방과후수업 계약을 했다고 하더라도, 만약 천재지변으로 강의가 이루어지지 못하면 강사료를 받지 못한다. 강사가 몸이 아파서 수업을 진행하지 못해도, 강의를 못 한 시간만큼 수업료를 환불해 주어야 한다.

"수업 날 천재지변, 태풍이 갑자기 와서 옷 입고 나가려고 하는데 통보가 와서 '오늘 방과후수업은 하지 않습니다' 하고 교육청에서 통지가 내려오면, 일 못 하는 거예요. 학교 사정으로 방과후수업을 열지 못하는 경우, 소풍 가고 생존 수영 갈 때도 다

빼줬어요. 월별로 수강료를 책정할 때는 괜찮은데 횟수로 계산하는 곳이 있는 거예요. 1개월 단위로 묶어서 강의료를 책정할 때는 천재지변이나 학교 일이 있을 때 상관없이 강의료를 다 주고요. 그런데 학부모님들이 욕심을 부려서 우리는 월별이 아니고 수업 횟수로 해달라고 하는 거예요. 그와 관련한 가이드라인이 잘못되어 모든 게 강사가 손해를 보게끔 제도가 만들어져 있어요."

"방과후강사들은 수익자부담이거든요. 그렇지 않고 농어촌순회 강사라고 있어요. 농·어촌에는 아이들이 많지 않아 수익자부담으로 운영할 수 없으니까, 교육청 예산으로 방과 후 수업을 해요. 순회 강사는 교육청 예산이 다 책정이 되어 있거든요. 그런데도 주지 않은 거예요. 아직 개선되지 않고 있는 상황입니다."

또한, 해당 과목에 대한 학생들의 선호도가 높아 수강 학생 수가 많아지면 급여를 많이 받지만, 수강 학생 수가 적으면 급여가 크게 줄어드는 등 과목의 성격이나 학생들의 선호도에 따라 강사들 사이에서도 급여 차이가 매우 크다.

"천차만별이거든요. 지금 방과후 시스템 자체가. 임금을 많이 갖고 가시는 분들도 계세요. 사실은 조금 많다 싶을 만큼. 그런데 또 그에 비해서 직장이라고 할 수 있을까 할 만큼 정말 수입이 없는 분들도 계세요. 대체로 초등 아이들이 배우기 힘들어하는 부분들, 뭐 악기 중에는 기타, 플룻 그런 정도가 있고. 아이들이 굉장히 좋아하는 과목으로 요리, 운동하는 음악 줄넘기 이런 과목 같은 경우는 굉장히 선호도가 높아요."

방과후학교는 방학 때 쉬는 다른 공무직과 달리, 원하는 아이들이 있어서 방학 때도 수업을 진행한다. 방학 중 급여를 받을 수 있지만, 수강료 이외의 수당이나 상여금, 4대 보험은 전혀 없다. 공식적으로 2021년 여름부터 고용보험이 적용되지만, 구체적인 프로그램은 명확하지 않다. 방과후강사의 임금은 평균 230만 원이 약간 넘으며, 10년 전과 비교해 거의 변화가 없다.[35] 급여가 학생 수와 수강료에 따라 결정되는데, 수강료 인상을 요구하기가 쉽지 않기 때문이다.

"'물가 인상이 계속되고 있는데, 어떻게 수강료는 하나도 바뀌지 않냐'는 말을 계속하고는 있으나, 잘 적용이 되지 않고 있죠. 강사들 스스로가 위축되다 보니까 교육청에서 물가상승을 고려해서 몇 프로 올려도 된다, 지난해에 이런 말을 한 걸로 알거든요. 근데 강사들 스스로가 여기서 탈락하면 안 되고, 유지해야 하고 다른 경쟁자가 들어왔을 때 내가 또 좀 더 많이 올려서 떨어지면 어떻게 하나. 이런 위축감이 들죠. 해마다 면접을 봐야 하기 때문에, 그걸 스스로 올리는 부분도 굉장히 힘들어하는 거예요."

"강사 월급을 왜 세금으로 보전하느냐며 우리가 가르치는 걸 아예 공교육으로 인정하지 않으려는 일각의 태도에 절망을 느낀다. 마트에서 시식 코너를 열듯 학기 시작 전 일주일 동안 공짜로 '맛보기' 수업하면서 학생을 최대한 끌어모아야 간신히 학

---

35 2020년 9월 전국서비스연맹 설문(1,247명 응답) 조사를 보면, 코로나 위기 이후 방과후강사의 월평균 수입은 1년 새 216만 원에서 13만 원으로 뚝 떨어졌다.

급을 개설할 수 있다. 학교 프로그램인데도 백화점 문화센터보다도 못하다는 생각이 든다"(한겨레신문, 2020.5.10.).

방과후강사는 비정규직과 특수고용직 어느 것으로도 인정받지 못했기 때문에 사회보험에서도 사각지대에 위치한다. 학교와 계약을 맺고 있는 개인 강사는 프리랜서로 간주하기 때문에 4대 보험에서 배제되어 있으며, 일부 고용보험에 가입해 있는 강사들은 특고 지원금에서 배제되었고, 코로나19 상황에서 개별 학교나 위탁업체와 가계약 상태이기 때문에 다른 직장을 구할 수도 없었다.

"올해 특고 지원금이 편성돼서 내려왔는데, 방과후교사도 이 예산을 받을 수 있는지 여기저기 알아보니까, 관공서나 사회 전반에서 아예 방과후강사가 뭐 하는 직종인지 자체를 모르는 거예요. 방과 후 강사들이 이것을 직업으로 삼지 않고 아르바이트처럼 한다고 인식하고 있는 거죠. 방과후교사가 특수 형태 근로자라고 해도, '그거 아니다. 당신들 프리랜서다'라고 얘기를 하더라고요. 어디에 속해져 있는지 구분도 안 되고 새로 생긴 직업도 아니고 25년이나 됐는데. 그리고 어떤 지원금도 받을 수 없는 사각지대에 놓인 것을 올해 특고 지원금 때문에 알게 됐어요. 학교에서도 지원해 주지 않고, 나라에서도 지원해 주지 않고, 교육청에서도 책임지지 않고 완벽한 사각지대에 놓여 있는 것을 알게 됐거든요."
"희한하게 고용보험 들어가 있는 어쩌다가 한 분씩 1인 업체를 갖고 있거나 이래서 고용보험에 들어 있는 선생님들이 한 분씩 있었는데, 그런 분들은 고용보험 들었다고 지원금도 안 주더라고요. 이것도 저것도 아무것도 안 되고. 일을 못하지만 가계약 상태이기 때문에 다른 직장을 또 구할 수 없더라고요. 프리랜서라고 해놓고 학교에서는 너네 자영업자라고 얘기하거든요. 근데 은행에 가서 '자영업자니까 대출 좀 해주세요' 하면 당신은 자영업자 아니고 노동자라고 하면서 대출이 안 된다고 하는 거예요. 그래서 그게 사각지대라는 거죠. 다 사각으로 몰아놓고 이것도 안 된다고 하고 저것도 안 된다고 하고."

(3) 작업환경과 사회관계

급여나 계약과 관련해 모든 가이드라인이 광역시·도 교육청마다 다르고, 가이드라인이 있어도 사실상 교장 재량으로 의사결정이 이루어진다. 방과후학교가 공교육 속으로 들어온 지 25년이 넘었지만, 관련 법령이 없는 상태에서 교육청별로 방과후학교 가이드라인이 있을 뿐이었고, 대부분 학교장 재량으로 고용이 이루어졌다.

"교육부에서 한 개의 가이드라인으로 18개 시도에 보내주면 좋을 텐데, 시·도 교육청마다 상황이 다르니까 그렇게 하지 않는 거죠. 지금 상황은 교육부에서 전체적인 가이드라인을 가지고 있고, 지역마다 가이드라인이 다 달라요. 전체적인 교육부가 가지고 있는 가이드라인이 노동자에게 필요한 내용을 명확하게 명시해서 하라고 하면 좋은데, 방과후학교는 가이드라인이 있어도 상관이 없는 게 대부분 교장 재량인 거예요. 가이드라인은 이렇게 제시되어 있으나 학교 상황에 맞춰서 교장이 알아서 해라, 이렇게 되었죠. 그래서 그 안에 너무나 많은 편법이 일어 나고 있죠. 쉽게 얘기하면 갑질이 일어나는 거죠."

방과후강사의 애로 사항 중 가장 큰 것이 교실에 대한 공간 이용 문제이다. 방과후학교 수업은 기존 교실에서 수업이 진행되기 때문에, 방과후강사는 교실의 원래 주인인 교사로부터 교실을 빌려 사용 하는 임차인이다(조혁진, 2020: 76). 방과후수업을 진행하는 중에 원래 교실의 주인인 교사로 인해 수업 진행에 방해를 받는 경우가 자주 발생한다.

"교실을 사용하는 부분에 있어서, 수업이 시작되면 기존 선생 님들이 교실 밖으로 나가주셔야 하잖아요. 그런데 교실 밖으로 안 나가고 전화를 받고 아이들이 떠들면 조용히 하라고 소리를 빽 지르고 해요. 강의를 하면 누구도 침해하면 안 되는 게 강의 권인데. 그렇게 하지 않는 예가 지금까지 너무 많아요. 저는 미 술수업을 하기 위해, 과학실을 쓰는데, 거기에 도구들이 너무 많은 거예요. 빨리 수업을 진행해야 하는데, 예를 들어 설탕, 소 금이 막 뒤엉켜서 책상 위에 있다고 치면 그걸 20분을 치워야 하는 거죠. 수업시간이 40분인데 20분을 언제 치웁니까."

방과후강사 위에는 방과후학교를 관리하는 부장 선생님이 있고, 그 밑에 방과후강사의 행정 업무를 맡은 코디네이터가 있어서 이들 의 지휘와 연락을 받는다. 학교에서 방과후강사에게 알려야 할 상황 이 있으면 대부분 문자로 통보한다.

방과후강사들은 자기 수업을 진행하는 시간 외에는 학교에 머무르지 않으며, 공유하는 휴게공간이 있는 것도 아니어서 다른 방과후강사와 일상적으로 상호작용하는 경우가 많지 않다.

　　"공간이 없습니다. 휴게실이 있거나 수업을 하기 전에 만나서 같이 업무를 보거나 끝나고 난 뒤 업무를 볼 시간이 있으면 친밀도가 높을 수 있는데, 전부 각자거든요. 휴게공간이 있는 것도 아니고 만날 기회도 계약하는 날 또 계약하고 난 이후에 모임 한 번 그 정도밖에 없지요. 일부러 만나지 않고서는 학교 안에서 10년씩 일을 해도 많이 볼 수 있는 상황은 아닙니다."
　　"행정 업무 같은 경우는 매달 해야 하는 정리 부분이 따르거든요. 그거가 시간이 꽤 많이 걸려요. 그래서 그 부분을 학교의 어떤 공간이 없고, 그렇기 때문에 집에서 이뤄지거나 다른 곳에서 시간을 많이 쓰죠. 그리고 수업을 준비하는 데 있어서 시간이 많이 필요한 과목들도 많습니다."

　　방과후강사들은 수업 외에 학교에 머무는 시간도 짧고 바로 퇴근하기 때문에 다른 교사들과 부딪힐 일도 별로 없어서 상대적으로 학교 내 언어폭력이나 성희롱과 같은 문제에 직면하는 경우는 많지 않다. 다만 어떤 특정한 선생님에 의해서 부당해고를 당한 사례는 적지 않다.
　　방과후강사들은 대부분 여성이라 맞벌이인 경우가 많으며, 생계를 책임지는 경우도 적지 않다. 부부가 함께 방과후강사를 하는 경우도 있다. "그러니까 그냥 아르바이트가 아니라 생계수단인 직업입니다."

권력 관계에서 가장 취약한 지위에 있는 방과후강사들은 대부분 부당한 대우나 애로 사항에 대해서, 일단 참는 방식으로 대응한다.

"방과후강사들은 지금까지 이십몇 년을 너무 억압 속에 산 거예요. 그래서 자기를 드러낼 줄을 몰라요. 이게 잘못된 줄 모르는 거예요. 안으로 삭이는 거죠. 가장 큰 문제가 조금만 눈을 돌려서 자기 스스로가 목소리를 내고, 이건 좀 바꿔주세요. 너무 힘듭니다. 이런 이야기를 못 하면, 주변에 도움을 줄 사람을 찾아야 하는데 그것조차도 못 하는 거예요. 너무 억압된 생활을 지금까지 해서. 자기 스스로 만들어져 버린 거죠. 그만큼 방과후강사들이 열악한 환경과 처우 속에 있거든요. 방과후강사들이 전문성이 강한 선생님이 많다 보니까 분야별로 일 처리는 너무 잘하는데, '선생님들 모여 주세요' 하면, 아무도 안 모여요."

(4) 노동기본권 보호

방과후강사노조가 2018년에 결성되었지만, 방과후강사들은 노조 가입에 여전히 소극적이다. 해마다 면접을 봐야 하는 고용조건에서 학교의 눈 밖에 나는 것을 우려하기 때문이다.

"노조는 한 2년 전부터 있었지만, 노조에 가입하는 것을 굉장히 꺼려했지요. 해마다 면접을 봐야 하고 학교에서 눈 밖에 나면 다시 채용되는 게 어려워서 꺼렸는데, 코로나 때문에 조합원이 많이 늘어났지요. 처음에는 만족도 조사 합격선 90점이 부당하지 않으냐, 그다음에 매년 면접 보는 게 부당하지 않으냐 하고 문제 제기하는 상황이에요."

방과후강사들은 방과후수업이 학교장과 위·수탁 계약 방식으로 이루어지는 것을 가장 큰 문제로 지적한다. 대부분의 방과후강사가 한 학교에 10년 이상 근무하는데 매년 면접을 새로 보고 학교장과 계약서를 다시 쓰는 위·수탁계약 방식이 문제라는 것이다. 25년간 제도가 지속적이고 안정적으로 운영되고 있는 학교교육의 일부인데, 고용에 대한 책임을 지지 않는다는 것이다. 특히 비슷한 조건의 스포츠강사나 영어회화강사가 교육청 소속 무기계약 전환이 이루어진 점을 준거로, 노조는 방과후강사의 교육감 직접 고용을 요구하고 있다.

"방과후학교의 제일 큰 문제는 계약 방식이거든요. 계약 방식이 바뀌면 가이드라인을 조금 더 잘 지킬 것이고 그렇게 되면 좀 나아질 수 있겠죠.""스포츠강사, 영어회화 전담강사 이런 분들이 있어요. 이분들은 방과 후 학교가 만들어지고 한참 후에 생겼는데. 그들은 우리 같은 상황에 처했을 때 목소리를 낸 거예요. 그분들은 계속 목소리를 내서 교육청 소속으로 다 전환이 됐거든요. 그분들은 안정적으로 교육청에서 근로계약을 하고 학교에서 4년씩 근무를 하고, 옮겨 가거나 하거든요. 우리를 사용하고 있는 사용주는 교육감인데 왜 이렇게 하냐고 목소리를 낸 거죠. 방과후강사는 지금까지 아무도 문제를 제기한 사람이 없는 거죠.""근데 방과후강사는 못 해주는 핑곗거리를 찾다 보니,

학교 두 군데 다니면서 소속감이 부족하잖아, 이런 식으로 하게 된 거죠. 그러니까 지금 코로나가 딱 터져서 크게 문제화된 게 그분들은 이미 교육청 소속으로 코로나 터져서 수업 못 하게 되는 부분에 있어서 강사료를 받았어요. 근데 방과후강사들은 아무도 책임지지 않는, 완전히 사각지대에 놓이게 된 거죠."

방과후강사는 여성이 많고, 풀타임으로 직장을 다닐 수 없는 상황에서 아이를 키우며, 자신의 전문성을 발휘하는 일을 할 수 있다는 점에서, 열악한 근무조건에도 불구하고 근무를 지속하고 싶어 한다.

"교육청에서도 '이렇게 열악한 환경인데도 하고 싶으시다는 거죠?'라고 묻더라고요. 좋지 못한 환경일지라도 지금까지 10년, 오래 한 선생님은 20년을 하신 선생님들도 저 같은 경우도 방과 후 선생님은 5년이지만. 그전에도 계속 아이들과 같이 있는 직업을 갖고 있던 사람이라서 소중하죠. 아이들과 함께 있는 것이."

방과후강사에게 가장 중요한 것은 매년 반복되는 학교장과의 위·수탁 프리랜서 계약을 도 교육청을 사용주로 하는 직접 고용 관계로 전환해 고용을 안정시키는 것이다. 방과후강사노조는 이를 위해 "초중등교육법 강사규정에 우선 방과후강사를 포함하는 법제화를 중요한 목표로 하고 있다. 방과후강사에게는 교육청을 사용자로 안정된 고용 관계를 형성하는 것이 무엇보다 중요한 과제이다. 대부분 학교에서 방과후학교를 공교육으로 인정하지 않고 방과후강사를 외부사업자로 취급하는 경우가 많기 때문이다.

> "교육청 소속으로 가야만 고용안정이 이루어지고, 또 문제가
> 발생했을 때 어디서든 책임을 질 수 있는 정확한 고용주가 드
> 러나게 되니까, 일단 사각지대에서 벗어나 고용이 안정화되는
> 것이 중요하다고 봅니다."

4. 취약노동자 보호를 위한 정책과제

〈표 7-19〉창원대학교 사회과학연구소 경남 지역 취약노동자 조
사(2020)에서, 하청·비정규노동자들은 '삶의 질 개선' 위해 시급하게
개선해야 할 사항으로, 1순위에서 고용불안 43.3%, 저임금 21.1%,
복지 부족 5.5%로 많이 지적했고, 그 외에 과도한 업무량, 장시간
노동, 사고위험, 노동 존중문화, 휴식시간과 휴일 준수, 휴게시설, 기
타 유해물질 노출, 다단계 하도급 구조, 체불임금, 원청 책임 회피,
블랙리스트 순으로 언급하고 있다. 특수고용직 노동자들 역시 1순
위에서 고용불안 53.4%, 저임금 17.2%, 복지 부족 9.4%로 많이
지적했고, 이어서 장시간 노동, 사고위험, 과도한 업무량, 노동 존
중문화, 휴식시간과 휴일 기타 다단계 하도급 구조, 원청 책임회피,
휴게시설, 체불임금, 블랙리스트, 유해물질 노출의 순으로 언급하
고 있다.[36]

---

36 경남 지역 취약노동자 실태조사에 따르면, 하청·비정규직 노동자(비정규직조사 ⓐ형)는
    시간당 임금 9,686원으로 경남 취업자 평균(266만 원)의 74.9%(199.4만 원)이고 가구

	하청비정규노동자 (3,846명)			특수고용직노동자 (3,157명)		
	1순위	2순위	3순위	1순위	2순위	3순위
고용 불안	43.3	9.6	8.5	53.4	11.7	7.7
저임금	21.1	22.8	13.7	17.2	26.3	14.3
부족한 복지 혜택	5.5	13.2	19.0	9.4	22.2	22.3
과도한 업무량	5.9	9.8	7.5	2.6	4.4	5.1
장시간 노동	5.4	9.8	6.8	3.4	5.1	4.9
사고 위험	5.0	8.9	6.0	3.4	5.6	4.7
노동 존중문화	3.9	4.1	11.8	2.6	6.1	12.9
부족한 휴게(중식)시간 및 휴일	2.1	5.9	5.6	1.5	3.7	4.6
유해물질 노출	1.8	3.1	3.1	0.3	0.8	1.3
부족한 휴게 시설	1.6	4.3	4.6	0.5	2.6	6.4
다단계 하도급구조	1.6	2.3	3.3	2.2	3.3	3.1
원청 책임 회피(임금, 안전보건)	0.9	2.7	4.8	2.2	4.1	6.7
체불 임금	1.4	2.2	3.7	0.9	1.9	2.8
블랙리스트	0.5	1.3	1.8	0.6	2.3	3.0
합계	100.0	100.0	100.0	100.0	100.0	100.0

취약노동자들의 최우선 요구는 압도적으로 고용불안을 해소하는 것이고, 이와 함께 저임금, 복지혜택에 대한 개선요구가 공히 높게 나타나지만, 특수고용노동자들은 고용불안과 복지 및 다단계 하도급 구조와 원청 책임 회피와 같은 제도적 문제에 대한 불만이 상대적으로 높고, 하청·비정규노동자들은 저임금과 과도한 업무, 장시간

당 소득은 373.4만 원(3인)이다. 특수고용직 노동자(특고 조사 ⓑ형)는 시간당 임금이 26,309원으로 훨씬 높지만, 임금총액에서는 경남 취업자 평균의 54.2%(144만 원)에 불과하며 가구당 소득 역시 300.7만 원으로 더 낮아, 하청·비정규직노동자에 비해 특수고용노동자들의 경제적 조건이 더 어려움을 알 수 있다. 가구소득으로 보면, 택배기사와 학습지교사, 보험모집인, 학원강사, 방과후교사가 상대적으로 높고, 육아도우미, 가사도우미, 대리운전, 음식배달, 퀵서비스, 시설관리, 카드모집인의 가구소득이 낮다.

<표 7-20> 경남에서 추진해야 할 노동정책의 필요성

	하청비정규노동자 (3,846명)			특수고용직노동자 (3,157명)		
	합계	필요	매우 필요	합계	필요	매우 필요
안정된 일자리 지원 (공공부문 비정규직의 정규직화, 일자리 안정자금 지원 등)	78.8	32.3	46.5	83.8	28.1	55.7
안전하고 건강한 일터 지원 (산업안전, 작업환경, 감정노동 업무 조건 개선 사업 등)	76.5	35.4	41.1	83.1	31.5	51.6
일과 생활 균형 지원 (여성 친화적 일터, 휴일·휴가 지원 등)	70.4	31.8	38.6	78.7	30.4	48.3
취약계층 노동인권보호 (정기적 실태조사, 권리구제 등)	66.8	35.3	31.4	75.8	35.1	40.7
협력적 노사관계 구축 (노사 상생의 노사관계 구축, 노사분쟁 조정 등)	62.1	32.7	29.4	74.0	32.0	42.0
노동기본권 향상과 노동자 대변기구 활성화 (노동조합, 노사협의회, 근로자협의회 지원 등)	62.1	31.6	30.5	72.2	30.9	41.3
노동존중 문화 조성 (홍보캠페인, 노동 상담, 노동인권교육 등)	61.9	32.7	29.2	70.0	35.0	35.0

노동, 사고위험 등 작업환경에 대한 불만이 상대적으로 높음을 알 수 있다.

실제로 <표 7-20> 경남 지역에 필요한 지역노동정책에 관해서도 하청·비정규노동자들의 경우, 안정된 일자리 지원 78.8%, 안전하고 건강한 일터 지원 76.5%, 일과 생활균형 지원 70.4%, 취약계층 노동인권보호 66.8%, 노동기본권 향상과 노동자대변기구 활성화 62.1%, 노동 존중문화 조성 61.9% 순으로 필요하다는 응답을 보였다. 특수고용노동자의 경우에도 안정된 일자리 지원 83.8%, 안전하고 건강한 일터 지원 83.1%, 일과 생활균형 지원 78.7%, 취약계층 노동인권보호 75.8%, 노동기본권 향상과 노동자대변기구 활성화 72.2%, 노동 존중문화 조성 70.0% 순으로 그 필요성에 동의하는 비율이 더 높았다. 특수고용노동자들이 '노동자성' 인정 문제로 노동법의 보호를 받지 못하는 경우가 더 많기 때문에 하청·비정규노동자들에 비해 고용불안이 더 크고, 취약한 제도적 권리를 확보하기 위해 노동정책에 대한 요구가 상대적으로 더 높은 것으로 보인다.

상대적으로 안정된 일자리 지원이나 안전하고 건강한 일터 지원, 일과 생활균형 지원과 같이 노동시장에서 일자리의 질을 개선하기 위한 노동정책에 대한 기대와 요구가 높지만, 노동존중 문화 조성이나 노동기본권 향상과 노동자 이익대변기구 활성화, 취약계층 노동인권보호와 같은 작업장 내 권력 관계 변화가 필요한 영역은 상대적으로 행정적, 정책적 수단에 기대하지 않는 것으로 보인다.

〈표 7-21〉 조사대상의 90%에 가까운 노동자들은 노조 자체가 없거나 노조가 있어도 가입대상이 아니며, 노조에 가입한 경우는 하청·비정규노동자의 7.5%, 특수고용노동자의 4.0%에 불과하다. 다만 특수고용노동자의 경우 가입대상이지만 가입하지 않은 경우가 8.1%에 달해 개인화 경향이 상대적으로 높다는 점을 알 수 있다. 하지만 권리 보호 및 노동조건 개선을 위한 단체의 필요성에 대해서는 하청·비정규노동자의 52.5%, 특수고용직 노동자의 62.1%가 필요하거나 매우 필요하다고 응답하여, 이익 대변 단체의 필요성에 대한 특수고용노동자들의 요구가 더 높음을 알 수 있다. 실제로 부당한 대우를 받았을 때 그냥 참은 이유를 확인해 보면, 특수고용노동자들의 15.3%는 '일거리 매출에 미칠 영향'을 걱정하기 때문이고

'귀찮아서'나 '대응 방법을 몰라서'와 같은 응답은 하청·비정규직노동자와 비교해 현저하게 낮았다. 즉, 특수고용노동자들은 권리 보호 및 노동조건 개선을 위한 이익 대변 단체의 필요성을 더 강하게 느끼고 있지만, 노조가 있어도 적극적으로 참여하지 않는 개별화된 노동자의 비중이 상대적으로 높다고 볼 수 있다. 취약노동자들의 부당대우나 차별 문제를 개선하기 위해서는 당사자들이 집합적 목소리를 낼 수 있어야 하고 이해대변 기구가 필요하다. 문제는 취약노동자들이 노조 설립과 운영 모두에서 어려움을 겪는다는 점이다. 취약노동자들의 조직적 능력을 높이기 위한 정책적 지원이 꼭 필요한 이유다.

〈표 7-21〉 조합원 여부와 이익 대변 단체의 필요성

조합원 여부	하청비정규노동자	특수고용직노동자	이익 대변 단체의 필요성	하청비정규노동자	특수고용직노동자
노동조합이 없다	82.6	84.4	필요하지 않다	19.4	15.7
있지만 가입 대상이 아니다	6.6	3.5	보통이다	28.1	22.1
가입 대상이지만 가입하지 않았다	3.3	8.1	필요하다	36.9	38.0
노동조합에 가입하였다	7.5	4.0	매우 필요하다	15.6	24.1
합계	100.0	100.0	합계	100.0	100.0

취약노동자들의 객관적 현실을 보면, 이들은 여러 측면에서 사각지대에 방치되어 있다. 특고 및 프리랜서는 노동법 및 사회보장제도의 바깥에 있으며, 법적 적용대상이 되더라도 실제 법의 보호를 못 받는 경우가 많다. 중앙정부의 노동 행정이 취약노동자들에까지 미

치지 못한 경우가 많기 때문에, 지방정부가 법적 사각지대에 있는 취약노동자의 권익 보장과 노동 복지를 위해 적극적으로 나서야 할 필요성이 크다. 취약노동자들의 현실과 요구를 감안할 때, 취약노동자들은 노동기본권을 보장하기 위한 중앙정부 차원의 법 제도 개선, 열악한 일자리의 질을 개선하기 위한 지방정부의 행정적 지원, 노동조합과 같은 이익대변기구의 활성화를 요구하고 있는 것으로 보인다.

취약노동자들은 열악한 근로조건과 제도적 배제, 부당한 대우에도 불구하고 스스로 보호할 능력이 취약한 노동자들이라는 점에서, 취약노동자 보호를 위한 정책적 과제는 첫째, 제도적 권리 부여하기, 둘째, 사회적 보호 강화하기, 셋째, 조직적 능력 지원하기라는 세 가지 측면에서 접근할 필요가 있다.

제도적 권리 부여하기가 노동법과 사회보장제도의 사각지대를 해소함으로써 노동기본권과 사회안전망을 보장하는 것이라면, 사회적 보호 강화하기는 제도적 권리와 무관하게 지방정부의 행정적, 예산상의 지원을 통해 노동현장의 열악한 근로조건과 일상적 위험, 부당한 대우와 차별, 인권 침해로부터 취약노동자들을 보호하는 것이다. 조직적 능력 지원하기는 취약노동자들의 집합적 목소리가 들릴 수 있도록 이익대변기구를 활성화하고 중요한 의사결정에 이들의 요구가 반영될 수 있는 기제를 확립하는 것이다. 취약노동자들이 겪는 고충이나 애로 사항들은 집단별로 상이하여 맞춤형 정책이 필요하며, 이를 위해서는 취약노동자 집단별로 스스로 집단적 목소리를 통해 자신들의 주장과 요구를 공론화할 수 있어야 한다. 제도적 권리의 인정과 사회적 보호의 강화는 법·제도의 변화와 행정적 지원

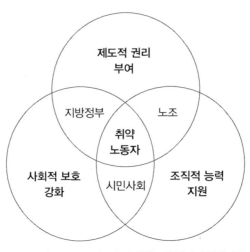

〈그림 7-1〉 취약노동자 보호를 위한 정책과제와 행위자들

의 문제라는 점에서 중앙정부와 지방정부의 역할이 두드러진 부분이며, 집합적 목소리를 부여하는 조직적 능력 지원하기는 노동조합의 역할과 시민사회의 지원이 중요한 영역이다.

취약노동자, 특히 특수고용노동자들의 고용안정은 '노동자성' 인정이나 공식적 고용 관계를 명확히 하기 위해 관련 법령을 제정하는 제도적 권리 부여하기와 깊이 관련되어 있다. 이는 노동조합의 일차적 과제이자 정부의 역할이기도 하다. 또한, 제도적 권리를 법제화하고 정책적으로 구체화하기 위해서는 취약노동자들의 집합적 목소리를 확보할 수 있는 조직적 능력을 강화하는 것이 필수적이다. 취약노동자의 집합적 목소리를 수렴하고 조직적 능력을 강화하는 데는 노동조합의 역할이 중요하다. 하지만 미조직 취약노동자를 새로 조직하고 안정화하는 것은 기존 노동조합의 역량을 넘어서는 경우가 많기 때문에, 시민사회와의 연대와 협력을 통해 취약노동자 의제를 지역사회에서 쟁점화하고 공론화하는 '주체화' 과정이 필요하다.

또한, 취약노동자 입장에서는 고용불안과 저임금, 복지혜택과 같은 근로조건 개선이 최우선 관심 사항일 수밖에 없다. 취약노동자들이 경험하는 취약한 노동시장 지위와 사회안전망을 보완하고 사회적 보호를 강화하는 데는 필요한 예산과 인력을 지원할 수 있는 지방정부의 역할이 중요하다. 지방정부의 노동정책은 제도적 지원과 지역사회 노동 복지를 통해 취약노동자에게 실질적 도움을 줄 수 있을 뿐 아니라, 취약노동자의 자립·자조를 위한 집합적 노력을 지원하고 촉진하는 조치를 통해 조직화를 위한 정치적 기회를 제공할 수 있다. 이를 위해서는 지방정부의 정치적, 정책적 의지가 무엇보다 중요하다.

사회적 보호와 조직적 능력을 강화하기 위한 일차적인 정책과제는 무엇보다 취약노동자 집단에 대한 정확한 실태조사다. 취약노동자 집단별로 처한 상황과 어려움이 다르기 때문에, 취약노동자 집단의 객관적 상황을 파악하고 이를 통해 정책 형성과 개입의 방향을 설정하는 것이 중요하다. 노동법 위반 사항이나 인권 침해 실태, 요구 사항과 애로점을 정확히 파악하는 것은 지역노동정책 추진뿐 아니라 노조의 조직화 전략에도 매우 중요한 사항이다. 이주노동자, 청년 알바나 청년실업자, 중고령 청소·경비노동자, 영세중소 업체 노동자, 장애노동자, 민간위탁사업 노동자와 같이 스스로 집합적 목소리를 내기 어려운 취약노동자의 경우, 노동자들 스스로 집합적 목소리를 내고 공통의 목표를 설정하기 위해서는 실태조사를 통해 집단적 목소리와 요구를 모으는 작업이 필요하다.

둘째는 취약노동자들에게 실질적인 도움이 될 수 있는 상담과 권리구제, 교육훈련과 캠페인, 정책을 구체화하고 집행하는 중간지원조직을 잘 설계하고 활성화함으로써, 노조와 시민사회, 지방정부의 자원과 역량을 효율적으로 배치하는 거버넌스를 구축하는 것이다. 셋째, 취약노동자들이 온라인 모임이나 오프라인 자조 모임, 공제회, 커뮤니티, 협동조합, 노동조합 등을 통해 자율적인 이익대변기구를 형성하고 자신들의 문제를 집합적으로 해결하기 위한 자조 노력을 진행하고, 이를 지역사회 행위자들이 지원하는 것이다. 이처럼 조직적 실태조사를 통한 요구 수렴 → 중간지원조직을 통한 지원과 정책 집행 → 취약노동자들의 자조 모임과 이익대변기구의 형성과 활성화가 지역사회에서 취약노동자의 주체화의 한 과정이 될 것이다.

그 시작점에서 제도적 사각지대의 일자리 질을 개선하는 노력으로 지역노동정책이 필요하고, 지역노동정책에 대한 정책적 의지는 지역사회의 정치구조, 시민사회의 압력과 역할에 큰 영향을 받는다. 특히 지방의회의 조례제정은 이러한 정책적 자원을 동원하는 중요한 계기가 될 수 있다. 지역노동정책이 지역사회 취약노동자의 제도적 권리와 조직적 능력을 강화하는 '주체화'를 촉진하기 위해서는 노조와 시민사회의 관심과 노력, 지방정부와의 협력이 중요하다.

참고문헌

Alstyne, M. et al. 2017. *Platform Revolution*. W W Norton & Co Inc (이현경 역.『플랫폼 레볼루션』. 부키)

Bazillier, R., Boboc, C. and Calavrezo, O. 2016. "Measuring Employment Vulnerability in Europe." *International Labour Review*. Vol. 155(2): 265-280.

Bergmann, B. 1974. "Occupational Segregation, Wages and Profits When Employers Discriminate by Race or Sex." *Eastern Economic Journal*. Vol. 1(2).

Bewley, H. and Forth, J. 2010. "Vulnerability and Adverse Treatment in the Workplace." *Employment Relations Research Series*. No.112. London: BIS.

Bocquier, P., Nordman, C. and Vescovo, A. 2010. "Employment Vulnerability and Earnings in Urban West Africa." *World Development*. Vol. 38(9): 1297-1314.

Brown, C., Eichengreen, B. and Reich, M. (eds.) 2010. *Labor in the Era of Globalization*. Cambridge: Cambridge University Press.

Burgess, C. and Winterton, J. 2013. "Vulnerable Workers, Precarious Work and the Role of Trade Unions and HRM." *The International Journal of Human Resource Management*. Vol. 24(22): 4083-4093.

Chambers, R. 1989. "Editorial Introduction: Vulnerability, Coping and Policy." *IDS bulletin*. Vol. 20(2): 1-7.

Chandler, A. 1990. *Scale and Scope: The Dynamics of Industrial Capitalism*.

Cambridge: Harvard University Press.

DTI (Department of Trade and Industry). 2006. *Success at Work: Protecting Vulnerable Workers, Supporting Good Employers*. London: Department of Trade and Industry.

Esping-Anderson, G. 1990. *The Three Worlds of Welfare Capitalism*. Princeton Universitry Press (박시종 역. 2007. 『복지 자본주의의 세 가지 세계』. 성균관대학교출판부)

Eurofound. 2018. *Employment and Working Conditions of Selected Types of Platform Work*.

Fine, J. and Lyon, G. 2017. "Segmentation and the Role of Labor Standards Enforcement in Immigration Reform." *Journal of Migration and Human Security*. Vol: 5(2): 431-451.

Greenan, N. and Seghir, M. 2017. "Measuring Vulnerability to Adverse Working Conditions: Evidence from European Countries." InGRID Working Paper.

Hall, A., Hall, R. and Bernhardt, N. 2020. "Dealing with 'Vulnerable Workers' in Precarious Employment: Front-line Constraints and Strategies in Employment Standards Enforcement." *Economic and Industrial Democracy*. Article first published online: March 19, 2020

Heckscher, C. and Carre, F. 2006, "Strength in Networks: Employment Rights Organizations and the Problem of Co-ordination." *British Journal of Industrial Relations*. Vol. 44(4): 605-628.

Hoang, L., Blank, G., and Quan-Haase, A., 2020, "The Winners and the Losers of the Platform Economy: Who Participates?" *Information, Communication & Society*. Vol. 203(3): 1-20.

Hudson, M. 2006. *The Hidden One-in-Five: Winning a Fair Deal for Britains*

Vulnerable Workers. London: Trade Union Congress.

ILO. 2009. *Global Employment Trends*.

ILO. 2021. *Digital Platforms and the World of Work in G20 Countries: Status and Policy Action, Paper prepared for the Employment Working Group under Italian G20 Presidency.*

Jacobs, Anna W. and Padavic, I. 2015. "Hours, Scheduling and Flexibility for Women in the US Low-Wage Labour Force." *Gender, Work & Organization* Vol. 22(1): 67-86

Kalleberg. I. 2000. "Nonstandard Employment Relations: Part-time, Temporary and Contract Work." *Annual Review of Sociology* Vol. 26: 341-65.

Lazonick, W. 1991. *Business Organization and the Myth of the Market Economy*, Cambridge: Cambridge University Press.

Lazonick, W. and O'Sullivan, M. 2000. "Maximising Shareholder Value: A New Ideology for Corporate Governance." *Economy and Society.* Vol. 29(1): 13-35.

LCO (Law Commission of Ontario). 2012. *Vulnerable Workers an Precarious Work. Toronto.*

Marshall, A. 1989. "The Sequel of Unemployment: The Changing role of Part-time and Temporary Work in Western Europe". in Rodgers, G. and Rodgers, J. (eds.) *Precarious Job in Labour Market Regulation: The Growth of Atypical Employment in Western Europe.* Geneva: ILO.

Noack, A. and Vosko, L. 2011. *Precarious Jobs in Ontario: Mapping Dimensions of Labour Market Insecurity by Workers' Social Location and Context: Vulnerable Workers and Precarious Work.* Ontario: LCO (Law Commission of Ontario).

O'Halloran, S. 2005. "Logit and Probit model." Sustainable Development U9611 Econometrics 2 Lecture note.

O'Regan, S., Hill, D. and Neathey, F. 2005. "The Vulnerable Worker: A Definition and Research Approach." Brighton: Institute for Employment Studies.

OECD. 2019. *Measuring the Digital Transformation*.

Ombuds Office. 2020. *Report of the activities of the Ombuds Office of the Code of Conduct for Paid Crowdsouring*.

Piore, M. and Sable, C. 1984. *The Second Industrial Divide: Possibility for Prosperity*. New York: Basic Books.

Pollert, A. and Charlwood, A. 2009. "The Vulnerable Worker in Britain and Problems at Work." *Work, Employment and Society*. Vol. 23(2): 343-362.

Sennett, R. 1998. *The Corrosion of Character: The Personal Consequences of Work in the New Capitalism*. W W Norton & Co Inc (조용 역. 2002. 『신자유주의와 인간성의 파괴』. 문예출판사)

Srnicek, N. 2020. *Platform Capitalism*. Polity Press. (심성보 역. 2020. 『플랫폼 자본주의』. 킹콩북)

Standing, G. 1997. "Globalization, Labour Flexibility and Insecurity: The Era of Market Regulation." *European Journal of Industrial Relations*. Vol. 3(1): 7-37.

Standing. G. 2011. The Precariat: The New Dangerous Class. (김태호 역. 2014. 『프레카리아트: 새로운 위험한 계급』. 박종철 출판사)

Taylor, S. 2008. "Defining and Researching 'Worker Vulnerability'." unpublished research paper. Department for Business, Enterprise and Regulatory Reform.

TUC Commission on Vulnerable Employment. 2008.. *Hard Work, Hidden Lives: The Full Report of the Commission on Vulnerable Employment.* London: Trades Union Congress.

Vosko, L. 2000. *Temporary Work: The Gendered Rise of a Precarious Employment Relationship.* University of Toronto.

Warren, T. 2015. "Work-Life Balance/Imbalance: The Dominance of the Middle Class and the Neglect of the Working Class." *The British Journal of Sociology* Vol. 66(4): 691-717.

Weil, D. 2014. *The Fissured Workplace: Why Work Became So Bad for So Many and What Can Be Done to Improve It.* Harvard University Press (송연수 역.『균열 일터: 당신을 위한 회사는 없다』. 황소 자리)

Williams, S., Heery, E. and Abbott, B. 2011. "Non-union Worker Representation through Civil Society Organisations: Evidence from the United Kingdom." *Industrial Relations Journal.* Vol. 42(1).

경남사회조사연구원. 2021.『경남청년비정규직근로실태조사』

경남연구원. 2020.『경상남도 청년실태조사』

고용노동부. 2020. "특수형태근로종사자 고용보험 적용, 고용보험법 개정안 설명자료"

고용노동부. 2021. "개정노동조합 및 노동관계조정법 설명자료"

고용노동부. 2021. "노무제공자 고용보험 적용 설명자료"

곽현주·최은영. 2014. "대리운전기사의 일자리 질에 대한 탐색적 연구".『민주사회와 정책연구』제27권.

광주청년유니온. 2018.『광주지역 산업단지 청년노동자 실태조사 보고서』. 광주청년센터 the 숲.

국무조정실. 2019. "청년정책수요조사"

권영준, 2009. "취약계층 근로자를 위한 산업보건 1 - 취약계층 노동자의 정의 및 국내 실태". 『산업보건』 254: 27-34.

권현지·김영미·권혜원, 2015. "저임금 서비스 노동시장의 젠더 불평등". 『경제와 사회』 통권 제107호: 44-78.

권혜원. 2014. "유통서비스 산업 조직화 사례 분석을 통해 본 노동조합의 이해 대변 위기와 대응". 『산업관계연구』 24(4): 93-119.

권혜원·권현지·김영미. 2016. "대학 청소 용역 서비스 작업조직 내 범주적 불평등의 지속과 균열". 『산업관계연구』 26(2): 111-139.

김강식·이정언. 2010. "취약 저소득 경계 계층의 고용서비스와 개선방안의 탐색". 『경상논총』 28(1): 73-96.

김경희·강은애. 2010. "가족 내 돌봄책임이 성별 임금에 미치는 영향". 『아시아여성연구』 49(2): 121-155.

김근주. 2020. "고용안전망 체계 개편의 방향과 정책적 검토사항". 『노동정책연구』 20(1): 123-153.

김근주·정영훈. 2018. "플랫폼 노동의 고용보험 적용을 위한 법적 검토". 『노동리뷰』 40-52.

김도균 외. 2016. 『경기도 노동인권보호를 위한 지역노동정책 발전방안 연구』. 경기연구원.

김도형·양인선·김원정. 2019. 『경상남도 이동노동자 쉼터 설립을 위한 근로환경 실태조사』. 경남연구원 현안연구.

김명희·김세연·이상윤·정우준. 2020. 『산재보험 사각지대 해소 및 형평성 강화를 위한 연구 보고서』. 노동건강연대.

김보배·고석남. 2017. "재직자 직업훈련의 임금효과 추정: 회귀이중차분모형의 적용". 『사회과학연구』 33(1): 149-175.

김성률. 2016. "소규모 사업장의 산업재해 현황 및 개선방안에 대한 연구". 『법이론실무연구』 4(1): 33-54.

김영범. 2003. "비정규 근로자의 결정 요인에 대한 연구". 『사회보장연구』 19(2): 117-136.

김영순. 2013. "경남 청년층 고용 현황, 특징과 시사점". 경남발전연구원.

김유빈·최충. 2017. 『청년층 노동시장 실태와 정책과제 연구』. 한국노동연구원.

김유선. 2009. "한국 노동시자의 임금결정요인". 『산업관계연구』 19(2): 1-25.

김유현·김기형. 2021. "청년정책, 경남은 양질의 일자리 창출을 위한 투자 확대가 요구된다". 경남연구원, G-Brief, 103.

김정선 외. 2016. "고졸청년 여성의 취업과 직장 경험에 관한 연구: 광주지역 특성화고 졸업자를 중심으로". 『취업진로연구』 6(2): 71-96.

김종진. 2016. 『함께 걷는 노동』. 서울연구원.

김주환·이철. 2015. "이동노동자지원센터의 의미와 과제". 『동향과 이슈』. 서울노동권익센터.

김준영. 2014. "한국 노동시간 미스매치의 규모와 특징: 비자발적 장시간 노동을 중심으로". 『산업노동연구』 20(3)

김진하. 2018. "기업규모별 비자발적 비정규직의 결정요인 분석". 『노동경제논집』 41(1): 39-81.

김진하·황민영. 2021. "택배기사 근로환경 문제와 개선 방안". 서울연구원 정책리포트 03

김진하·황민영. 2021. 『서울시 중소기업 노동환경 현황과 정책 개선 방안』. 서울연구원 정책리포트

김철식 외. 2019. 『플랫폼노동종사자 인권상황 실태조사』. 국가인권위원회.

김철식. 2010. "모듈화와 가치사슬구조 변화: 한국 자동차산업 사례". 『산업노동연구』 16(1): 235-273.

김철식. 2011. 『대기업의 성장과 노동의 불안정화: 한국 자동차산업의 가치사슬, 생산방식, 고용관계 분석』. 백산서당.

김철식. 2015. "프랜차이즈 거래관계 실태연구: 편의점을 중심으로." 『월간노

동리뷰』2015년 10월호. 한국노동연구원.

김철식. 2018. "프랜차이즈 사업의 중층적 고용관계와 비용전가 연쇄: 편의점 사례를 중심으로."『한국사회학』52(3): 165-205.

김현아. 2015. "청년여성의 불안정 노동경험과 가족 실행 전략에 관한 연구". 성공회대학교 석사학위논문.

김혜선, 2015. "제조업 외국인 근로자의 산업안전보건과 사업장변경의 딜레마".『산업노동연구』21(2)

김화순. 2006. "취약계층 고용서비스 전달체계의 새로운 방향".『한국사회정책』13(1): 93-127.

나영선 외. 2003.『지식강국건설을 위한 국가인적자원개발(Ⅱ): 취약계층 인적자원개발 방안』. 한국직업능력개발원.

남기곤. 2018. "기간제 교사 규모 팽창의 원인 분석과 정책대안".『동향과 전망』103: 190-228.

남재욱 외. 2018."고졸청년 노동자의 노동시장 불안정 연구".『사회복지연구』49(1): 221-262.

남준우·이한식·허인. 2016.『계량경제학』. 청문각.

노성철·정흥준·이철. 2018. "노동운동의 새로운 시도 혹은 제도적 포섭?".『산업노동연구』24(2).

매일노동뉴스. 2021. 06. 03. "중노위, 'CJ대한통운, 특수고용직택배노조와 교섭해야'"

매일노동뉴스. 2021. 10. 08. "카카오모빌리티-대리운전노조 단체교섭한다"

문지선. 2017. "한국의 초단시간 노동시장 분석".『산업노동연구』23(1).

민인식·최필선. 2012.『STATA 기초통계와 회귀분석』. 지필미디어.

박근수. 2017.「고졸청년 노동자의 노동관에 관한 연구」. 순천향대학교 박사학위논문.

박명준·권혜원·유형근·진숙경. 2014.『노동 이해 대변의 다양화와 새로운 노사관계 형성과정』. 한국노동연구원.

박명준·김이선. 2016. "주변부 노동자 이해 대변을 위한 비노동조합적 시도".
『산업노동연구』 22(2): 35-37.

박선희. 2020. "플랫폼의 전유와 저항". 『언론과 사회』 28(4): 5-53.

박성국. 2021. "플랫폼 노사관계와 단체교섭: 음식배달·대리운전·퀵서비스 사
례". 『노동리뷰』. 2021.01

박성희 외. 2020. 『대리운전 실태조사 및 정책연구 최종보고서』. 국토교통부.

박은정 외. 2015. 『대리운전기사 산재보험 적용을 위한 전속성 기준마련 연
구』. 국제노동법연구원. 고용노동부 보고서.

박은정. 2020. "지금 왜 다시 사용자인가: 플랫폼 노동관계에서 사용자 찾기".
『노동법포럼』 31: 215-252.

박자경·서예린. 2012. "코로나19시대, 청년들의 고용취약성은 보장되는가?"
『직업과 자격연구』 10(1): 91-114.

박정선. 2009. "산업안전보건서비스 사각지대에 있는 취약노동자, 그들은 누
구이고 얼마나 많은가?" 『산업보건』

박정훈. 2021. 『배달의 민족은 배달하지 않는다』. 빨간소금.

박종국. 2020. "학교 비정규직의 근무실태와 차별 양상: 경남지역 초등학교 비
정규직 근무환경을 중심으로". 창원대학교 노동대학원 석사학위논문.

박종식. 2013. "취약노동자(vulnerable workers)에 대한 시론적 논의". 금속노
조 노동연구원 이슈페이퍼.

박종식. 2017. "산업별 사례연구: 택배업의 디지털 기술변동과 고용 관계".
『21세기 디지털 기술변동과 고용 관계: 이론과 현실』. 한국노동연구원.

박주상. 2018. "부산 지역 대졸 청년층의 취업 및 노동시장 성과 분석". 부경
대학교 박사학위논문.

박지순·조준모. 2018. "특수형태근로종사자 보호에 관한 최근 논의의 쟁점과
과제: 법경제의 관점에서". 『한국경제포럼』 11(2): 117-152.

박찬임·박성재·김화순·김종일. 2007.『취약계층 고용서비스 이용실태 및 서비스 강화방안』. 한국노동연구원.

방하남. 1999. "건설업 일용 노동시장의 구조와 과정: 고용, 임금 및 근로조건을 중심으로".『한국사회학』 33호.

방하남·강신욱. 2012.『취약계층의 객관적 정의 및 고용과 복지 연계 방안』. 경제사회노동위원회 용역보고서.

방하남·이상호. 2006. "좋은 일자리 개념 및 결정요인의 분석".『한국사회학』 40(1).

백두주·조형제. 2009. "시스템 합리화와 노동유연성-현대자동차 사내하청을 중심으로".『산업노동연구』 15(2): 349-383.

백학영. 2013. "정규직과 비정규직의 임금 격차와 불평등 그리고 빈곤: 연령집단별 차이를 중심으로".『사회복지정책』 40(3): 75-105.

산업안전보건연구원. 2021.『제6차 근로환경조사 설문지 및 자료이용 설명서』. 산업안전공단 산업안전보건연구원.

서울시 청년허브. 2016. "구로공단 노동자의 일과 삶에 관한 연구: 첨단지식산업 청년노동자를 중심으로".

석재은. 2020. "코로나 19 국면에서 재조명된 장기요양 돌봄 노동자의 취약성과 사회적 과제".『한국사회복지학』 72(4).

손정순. 2009. "금속산업 비정규 노동의 역사적 구조 변화: 산업화 이후 금속산업 사내하청 노동을 중심으로". 고려대학교 경제학과 박사학위 논문.

손정순. 2011. "후발 산업화와 금속부문 대공장내 사해하청 노동의 도입과 전개: 철강업종의 포항제철 사례를 중심으로".『산업노동연구』 17(1): 177-208.

손정순. 2018. "비정규노동자 이해대표 기제로서 비노조 이해대표에 관한 연구".『산업노동연구』 24(2).

송민수·유병홍. 2015. "고용 관계의 새로운 현상: 제 3행위자의 등장".『산업

노동연구』21(3)

송부용·김기영. 2011.『경남 청년 일자리 창출 방안』. 경남발전연구원.

시사저널. 2020. "배달플랫폼 노사의 상생: 라이더스, 이제 노동자 인정받는 다". 2020.10.6

신경아. 2017. "비정규직 여성노동자의 교차적 차별 경험에 관한 연구".『한국 여성학』33(4) 77-118.

신경아·김영미·김진·남우근·오민홍. 2013.『비정규직 여성근로자 임금실태 조 사』. 서울: 국가인권위원회.

심규범. 2019. "건설현장의 고령자 취업실태와 정책과제". 서형수 의원 '건설 산업 고령자 취업실태와 정책과제' 토론회.

심상완. 2021.『2020년 하반기 경상남도 지역고용동향 돋보기』. 창원대학교 사회과학연구소 노동연구센터, 경남고용포럼.

심인선. 2017.『경상남도 청년 실태조사 및 기본계획』. 경남발전연구원.

양경욱·채연주. 2018. "커뮤니티 유니온의 다양성: 청년유니온과 아르바이트 노동조합의 비교연구".『산업노동연구』24(2).

양승훈. 2021. "'제가 그래도 대학을 나왔는데' 동남권 지방대생의 일경험과 구직".『경제와 사회』131: 10-54.

오선정. 2018.『아르바이트 노동의 개념과 특성』. 한국노동연구원.

오호영. 2020. "정규직-비정규직 간 훈련격차와 임금효과".『노동경제논집』 43(3): 33-61.

우상범·임상훈. 2013. "비정규직 이해와 노조 조직화 방식의 다양성 연구". 『사회과학연구』29(3)

유경준 외. 2004.『취약계층 보호정책의 방향과 과제』. 한국개발연구원

유경준. 2009.『비정규직 문제 종합연구』. KDI 연구보고서 2009-03.

윤상우. 2021. "플랫폼 노동의 법제도적 쟁점과 대응방안에 대한 비판적 검 토".『한국사회』22(1): 97-140.

윤영삼. 2019. 『부산지역의 노동 존중방안연구: 취약노동자 정책을 중심으로』. 부산연구원. 부산발전포럼.

은수미. 2007. 『2007년도 노사관계 실태분석 및 평가: 사내하청 노사관계를 중심으로』. 노동부.

은수미. 2008. "원청의 노사관계 전략-제조업 사내하청을 중심으로". 『노동정책연구』 8(3): 125-157.

은수미. 2011. "한국의 사내하도급 원인과 대책". 『한국사회정책』 18(3): 9-38.

은수미·이병희·박제성. 2011. 『사내하도급과 한국의 고용구조』. 한국노동연구원.

이경용 외. 2006. 『산재취약계층 실태분석』. 한국산업안전공단·산업안전보건연구원.

이광석. 2017. "동시대 청년 알바 노동의 테크노미디어 적재 구성". 『한국언론정보학보』 83: 157-185.

이기쁨·지상훈. 2010. "비정규직 고용과 근로조건: 2020년 8월 경제활동인구조사 부가조사를 중심으로". 『노동리뷰』 51-65.

이병훈·이시균. 2010. "취약노동자집단의 실체에 관한 연구: 정규직임시일용노동자들을 중심으로". 『경제와 사회』 87: 204-236.

이승윤 외. 2021. "작은 사업장 노동자의 불안정성과 법·사회보장제도 경험". 『산업노동연구』 27(2).

이승윤·백승호·남재욱. 2020. "한국플랫폼 노동시장의 노동과정과 사회보장제의 부정합". 『산업노동연구』 26(2): 77-135.

이승윤·서효진·박고은. 2018. "노동자는 왜 불안정한가? 하청 여성 청소노동자와 한국 사회안전망의 허구성". 『산업노동연구』 24(2).

이영호·이희영. 2019. "최근 부산 경남 지역 고용변화 요인분석 및 시사점". 『경남경제의 진단과 신성장동력 확보를 위한 전략』. 한국은행경남본부.

이재인. 2018. "산업재해 부상자에 대한 요인 간 유의성 및 영향 요소 분석".

『대한인간공학회지』 37(1) : 43-62.

이정희·김종진·박종식·송용한·안정화·정재우·진숙경. 2016. 『비정규직의 이해 대변구조와 노사관계』. 한국노동연구원.

이주희. 2019. "서비스업 불안정 노동 재생산 기제". 『산업노동연구』 25(3).

이태정. 2018. "안산지역 이주노동자의 노동 이주유형과 지역-사회관계". 『산업노동연구』 24(3).

이태정. 2020. "요양보호사 사례". 『성별화된 노동시장과 여성 중심직종 노동자의 이해대변』. 한국노동연구원.

이태정. 2020. "초등학교 돌봄 전담사 사례". 『성별화된 노동시장과 여성 중심직종 노동자의 이해대변』. 한국노동연구원.

이태정. 2021. "코로나 19 위기의 장기화와 이주노동". 『산업노동연구』 27(1).

이호근. 2015. "산업재해보상보험법상 적용대상 범위 관련 개선 방안: 특수형태근로종사자 산재보험 적용방안을 중심으로". 『산업노동연구』 21(1).

이희자. 2010. "산업재해보상보험법상 과로성 재해에서의 상당인과관계 판단". 『노동법학』 36: 475-505.

임운택. 2018. "건설일용직 노동자의 사회보험 의무가입을 위한 기금확충 규모 추계와 정책적 과제". 『산업노동연구』 24(1).

임유진. 2016. "고졸청년의 좋은 일자리 이행에 영향을 미치는 요인에 관한 연구". 이화여자대학교 박사학위논문.

장귀연. 2015. "자본의 노동 포섭 형태 변화와 자영노동의 실질적 종속." 『경제와 사회』 107: 79-106.

장귀연. 2020. "노동유연화로서 플랫폼 노동의 노동조직 과정과 특징". 『산업노동연구』 26(2): 183-223.

장연주. 2020. 『경상남도 노동정책 방향 연구: 취약노동자 지원을 중심으로』 경남연구원 중점정책연구 현안연구.

장연주. 2021. 『경상남도 필수노동자 범위설정 및 업종별 노동실태 현장조사』

경상남도 용역보고서

장지연. 2017. "취약노동자는 누구인가: 최저임금과 실업보험을 기준으로". 『한국의 사회동향 2017』. 통계청.

장지연. 2020. "돌봄노동의 임금수준은 향상되었는가?". 『노동리뷰』7-22.

장지연. 2020. "플랫폼 노동의 규모와 특징". 『고용 · 노동브리프』104: 1-8.

장지연·이호근·조임영·박은정·김근주·Enzo Weber. 2020. 『디지털시대의 고용안전망: 플랫폼 노동 확산에 대한 대응을 중심으로』. 한국노동연구원

장진희·손정순. 2019. 『지역 수준 취약계층 보호 방안연구: 서울시 음식배달노동자를 중심으로』. 한국노총 중앙연구원 연구총서 09.

장희은. 2019. "불안정 창의 노동자들의 정체성과 고용 형태의 변화: A사 프리랜서 구성작가의 정규직화 과정 사례를 중심으로". 『산업노동연구』 25(1).

장희은. 2020. "플랫폼 경제에서의 노동자 보호를 위한 해외 정책 동향". 『산업노동연구』26(1).

전영준·엄태호. 2017. "지방공기업의 비정규직 고용비율에 영향을 미치는 요인에 관한 연구: 내부노동시장의 구성요소를 중심으로". 『한국자치행정학보』31(4): 1-22.

정윤경. 2021. "고령근로자의 고용불안정 상태, 고용불안과 우울증상의 관계". 『한국사회복지교육』53: 1-25.

정이환. 2007. "기업규모인가 고용형태인가: 노동시장 불평등의 요인 분석". 『경제와 사회』73: 332-355.

정이환. 2013. 『한국 고용체제론』. 후마니타스.

정흥준·이정희·조혁진·노성철. 2019. "노동자 이해 대변의 다양화와 매개조직의 역할". 『산업노동연구』25(3).

조돈문. 2015. 『민간부문 비정규직 인권상황 실태조사: 특수형태근로종사자를 중심으로』. 한국비정규직노동센터 국가인권위원회.

조돈문. 2016.『초단시간 근로자 인권상황 실태조사』. 한국비정규노동센터, 국가인권위원회.

조막래. 2005. "대졸 청년층의 노동시장 진입 및 지위 결정 요인에 관한 연구". 전북대학교 석사학위논문.

조성재. 2004. "하도급구조와 중소기업 노동자의 주변화".『아세아연구』47(4): 43-64.

조용만. 2020. "4차 산업 혁명시대 프랑스 노동법의 대응".『노동법논총』49: 99-125.

조혁진. 2017. "시설관리서비스산업의 노동 특성과 작업장의 사회적 관계구조에 대한 연구".『산업노동연구』23(3).

조혁진. 2020. "학교 방과후강사 사례".『성별화된 노동시장과 여성 중심직종 노동자의 이해 대변』. 한국노동연구원.

조효래. 2008. "사내하청 노조 운동의 발생과 성장에 관한 비교 연구".『산업노동연구』14(1): 125-164.

조효래. 2009. "제조업 사내하청 고용관계의 다양성: 경남지역을 중심으로".『산업노동연구』15(2): 61-98.

주진우·신경희, 이정용 외 2명, 2015.『서울시 노동정책 발전전략』서울연구원. 서울연구원 정책과제 연구보고서

진금주. 2017.『경남 남해안 지역 20~30대 청년 어업인후계자들의 수산업과 어촌 정주 환경 인식 분석』. 한국연구재단.

진숙경. 2014. "학교 비정규직 조직화 활동". 박명준 외.『노동 이해 대변의 다양화와 새로운 노사관계형성과정』. 한국노동연구원.

진숙경. 2016. "교육서비스업". 이정희 외.『비정규직의 이익 대변구조와 노사관계』. 한국노동연구원.

진형익·이미숙. 2019. "심층면접조사를 통한 창원시 제조업 청년노동자 실태분석".『한국혁신학회지』. 14(3): 33-57.

통계청. 2019. 『2018년 전국사업체조사』.

통계청. 2020. 『지역별고용조사 통계정보보고서』. 2020.10.

한국노동연구원. 2012. 『경남지역 고용실태 조사·분석 연구』. 경상남도.

한인상. 2021. "플랫폼노동 관련 최근 입법동향 및 과제". 『노동법논총』 51: 203-235.

한인상·신동윤. 2019. "플랫폼 노동의 주요현황과 향후과제". 국회입법조사처 현안분석보고서.

함선유·권현지. 2017. "돌봄직 종사자의 저임금 기제 연구". 『산업노동연구』 23(3)

허남재·석재은. 2014. "재가 장기요양 돌봄 노동의 특성과 돌봄 관계에 대한 시민권적 접근". 『노인복지연구』 63

허은. 2019. "사회서비스 정책 결정의 트릴레마와 노인 돌봄 노동의 저임금". 『산업노동연구』 25(3)

허은. 2020. "'부유한 노동자 도시'의 여성: 울산과 창원 여성 일자리의 실태와 특성". 『지역사회연구』 28(3): 87-113.

취약
노동자

**경남의 노동현실과
지역노동정책의 과제**

초판인쇄 2022년 5월 31일
초판발행 2022년 5월 31일

지은이 심상완, 조효래, 권순식, 황현일, 김보배, 진형익
발행인 채종준

출판총괄 박능원
편집장 지성영
책임편집 양동훈
디자인 김화, 김연자
마케팅 문선영, 전예리
전자책 정담자리

브랜드 이담북스
주소 경기도 파주시 회동길 230 (문발동)
문의 ksibook13@kstudy.com

발행처 한국학술정보(주)
출판신고 2003년 9월 25일 제406-2003-000012호

ISBN 979-11-6801-484-8 93330